U0541323

全國高校古委會資助項目
江蘇省社科基金資助項目
蘇州大學211工程學科經費資助出版

敦煌文獻通讀字

王繼如 吳蘊慧 撰

商務印書館
The Commercial Press

图书在版编目（CIP）數據

敦煌文獻通讀字 / 王繼如, 吳蘊慧撰. — 北京: 商務印書館, 2022（2023.5 重印）
ISBN 978-7-100-21203-8

Ⅰ.①敦… Ⅱ.①王… ②吳… Ⅲ.①敦煌學—文獻 Ⅳ.① K870.6

中國版本圖書館 CIP 數據核字（2022）第 087722 號

權利保留，侵權必究。

DUNHUANG WENXIAN TONGDUZI
敦煌文獻通讀字
王繼如　吳蘊慧　撰

商　務　印　書　館　出　版
（北京王府井大街36號　郵政編碼100710）
商　務　印　書　館　發　行
北京虎彩文化傳播有限公司印刷
ISBN 978-7-100-21203-8

| 2022 年 8 月第 1 版 | 開本 787×1092　1/32 |
| 2023 年 5 月北京第 2 次印刷 | 印張 22½ |

定價：138.00 元

目次

i 前言
vii 凡例

1 敦煌文獻通讀字研究芻議
45 敦煌文獻通讀字音序字目表

1—574 敦煌文獻通讀字

附錄

575 再説"掉以輕心"
586 伯 3303 號印度製糖法釋讀商榷
595 跋
—— 尋覓冷僻字用例的語音踪迹

610 主要參考文獻
613 字目四角號碼索引

前　言

19世紀的最后一個年頭（1900年）6月22日（清光緒二十六年五月二十六日），堆滿了四五萬件文獻的敦煌莫高窟十七號窟極其偶然地被發現，成爲上一世紀初中國考古學三大發現之一（其他兩大發現是甲骨文和居延漢簡），但這個發現來的太不是時候了，其時八國聯軍正向天津推進，滿清政府在前一天向各國"宣戰"，這以後的結果人所共知。腐敗昏瞶顢頇的滿清政府無暇顧及這個發現，甘肅的官員也不把流出的敦煌文獻當一回事，一直到英籍匈牙利人斯坦因、法人伯希和等人欺騙掠走大量敦煌文獻珍品之後，時至1910年，清廷才佈置將剩下的敦煌文獻運京師圖書館（這其中又出現許多舞弊）。於是敦煌文獻發現的意義被外國學者首先闡發，不能不說是中國學術界的傷心史。中國本土大批敦煌學研究成果的出現，那還是到了改革開放以後。由於科技的進步，互聯網的發達，今天要看藏在世界各國的敦煌文獻的圖像，已經不是難事，這對敦煌文獻的研究是大有助益的。今天，我們可以說：敦煌學研究的中心已經回歸本土。

敦煌文獻中，大量的是漢文文獻，但這些文獻要讀懂，也不是那麼容易的。這裏有文字辨認的問題，早期文字的辨認採用點劃分析法是不合適的，應該使用構件分析法，有如分析古文字那樣。文字辨認清楚之後，有如何解讀的問題。解讀關係到字義的歷史演變的探索，關係到該字指稱事物的理解及研究，關係到通過字音用上另一個字的意義這樣的通讀問題，等等。所以，即使是不長的一段文字，也是會經過反復研讀的。

如斯0343-10v《放良書樣》：

> 其婢厶乙，多生同處，勵力今時，効納年幽，放他出離。如魚得水，任意沉浮；如鳥透籠，翱翔弄翼。娥媚秀柳，美娉窈窕之態；拔鬢抽絲，巧逞芙蓉之好。

"美"下一字，中國科學院歷史研究所資料室編《敦煌資料》第一輯頁448（中華書局1961年版）未能認識，作一方框，唐耕耦、陸宏基編《敦煌社會經濟文獻真迹釋錄》第二輯頁160（全國圖書館文獻縮微複製中心1990年7月版），沙知《敦煌契約文書輯校》頁504（江蘇古籍出版社1998年版）校出"娉"字，"能"字校作"態"字。"拔鬢抽絲"，《敦煌資料》第一輯"拔"字錄作"板"，沙知"拔"字錄作"板"後校作"拔"，"絲"字錄作"綜"後校作"絲"。

這樣一段文字，校錄起來就要花這麼大的勁，釋讀起來就更費氣力了。請看：

前言

"効納年幽","効納"大概是出力貢獻的意思。"年幽"何義?"幽"字當是由空間之深引申指時間之長,"年幽"就是年深,年長的意思。"幽"字這個引申義,當今的辭書並未注意到。

"如鳥透籠","透"是跳出之意,如唐·沈佺期《釣竿篇》:"朝日斂紅烟,垂竿向緑川。人疑天上坐,魚似鏡中懸。避楖時驚透,猜鈎每誤牽。"此義辭書已揭示,但如果只是解釋爲"跳躍",未落實出離義,則仍未準確,無法解釋"透籠""驚透"。

"美娉窈窕之能(態)","娉"字的問名、嫁娶、訪問義都不適用於此,我以爲可以讀作"聘"。《集韻·勁韻》此二字同爲匹正切,"聘,視也",視有顯示義,如《漢書·項籍傳》:"已渡,皆湛舡,破釜甑,燒廬舍,持三日糧,視士必死,無還心。"此謂美滋滋地顯示其窈窕之態。"聘"字,《漢語大字典》收有,但無書證,今據此例,可見"聘"以同音的"娉"出現在"美娉窈窕之能(態)"中。有了這個例證,"聘"字就活起來了。

"拔鬢抽絲"的"拔",原卷寫作"板"是俗寫,直接録作"拔"也不誤,古鈔本、印本中也有寫作"扳"的。"絲"字原卷如是,不必認作"綜"再校作"絲"。問題是"拔鬢抽絲"不可解。此句和上文"娥媚秀柳"是對舉的。"媚"讀作"眉",意謂娥眉秀出柳葉般的美麗,"拔鬢"之"拔"是否可以讀作"髪"？《集韻·月韻》"髪"是方伐切，"拔"是房越切，韻母同爲臻攝合口三等，聲母是幫、並旁紐，具備通讀的語音基礎。"髪鬢"組成一詞是常見的，但"抽絲"在此處如何解釋？還待研究。

從這個例子可以看出，敦煌漢文文獻的釋讀涉及文字的認定、字詞的解釋等多方面的問題，字詞的解釋中，通讀字是一大宗。

我自1988年到南京大學文獻情報學系任教後便注意到這個問題，1995年來蘇州大學文學院後仍舊注意這個問題，並獲得高校古委會和江蘇省社科研究基金的立項資助，2005年結項後邊尋求出版邊繼續打磨，直至今日得到蘇州大學文學院211工程學科經費的資助，在商務印書館的幫助下才得以出版。

敦煌文獻通讀字的研究，涉及到一些理論問題，我本來要寫個敦煌文獻通讀字論，但因年事已高，身體欠佳，只能用發表在《文史》2003年第2輯（總第63輯，中華書局2003年5月版）的《敦煌通讀字研究芻議》（現在爲明確起見在"敦煌"下加"文獻"二字）來代替，不過，我對敦煌通讀字的基本看法文章中已經表達清楚了。

這裏有三個問題需要交代：一、以往談到敦煌文獻的通讀字，許多學者是用不大明確的甚至是上古音的音韻系統來說明的，產生了一些迷誤。我們明確了研究這個問題必需用廣切韻系統做坐標，必要時指出聲和韻的變化（是否有當時西北一帶

前　言

的音韻特點尚待研究），而不能用其他的音韻系統。二、關於通讀字的義界，我們認爲包括了社會所認可的通假和抄手臨時所用的同音替代兩種狀況。其中也就包括了後代出現專字的情況（也就是字的孳乳，或曰古今字）。通假字和古今字並不是一個邏輯平面上的區分，因此存在交叉的情形。這個論點參見王繼如的《漫談通假字的義界》（載其《訓詁問學叢稿》一書中，江蘇古籍出版社 2001 年 12 月版）。當然，通讀字不是異體字，不是俗體字。三、凡是按照本字講得通的，都不宜再去尋求通讀字。對一些疑難的問題，只有在辨識俗體字的基礎上，再來探討是否通讀字的問題。

　　本書蒐集了敦煌變文、王梵志詩、敦煌社會經濟文獻等通俗文獻中的通讀字，按照今天的普通話讀音做成了一個字典式的彙編，有 1199 個字頭（本前言所舉例子不在其中），便於查檢，有若干字因爲通讀採用了不常見的冷僻音，書後附四角號碼檢字可供查找。由上面的敘述可知，雖然是彙編性質，但並非所見即錄，而是有作者自己的考辨在裏邊的，作者本人多年的研究成果也收集在裏邊。這一方面爲敦煌學的深入研究提供了新的工具書，另一方面又是提供了可供討論研究的材料。

　　在敦煌通讀字的收集、整理、考辨、打磨的過程中，發現所通的本字有時是很冷僻的，是辭書中找不到用例的。我曾參加過《漢語大詞典》的編纂，《漢語大詞典》的編纂有一個原則，凡無用例的字不收。因爲既然無用例，就不會有人來查，這些字是"死字"。對於詞典（而非字典）而言，這個原則不能說不對。但通過對敦煌通讀字的考辨，發現這些"死字"會借用同音或音近的字而活在敦煌俗語言中，因此寫了本書的"跋——尋覓冷僻字用例的語音踪迹"。本前言前面提到的"娉"讀作"聘"，爲顯示義。"聘"的顯示義，辭書未載用例，但它借用"娉"字而活在"美娉窈窕之能（態）"中，亦是其例。

  寫這個前言時，深感敦煌通讀字還有大量的研究工作要做，這本小書，如果能成爲進入更深入研究的一級台階，於願足矣。

王繼如
2021 年 1 月 2 日於三學堂

凡　例

1. 本書單字條目按漢語拼音音節順序編排，同音字按四角號碼次序編排。聯綿詞按第一個字的音節順序編排。如："弊例"讀作"薛荔"即放在"bì"音節下。

2. 本書所注通讀字和本字之音以《廣韻》爲準，如《廣韻》未收或所收字音未能較好地體現出通讀關係，則取《集韻》之音補充；如《廣韻》《集韻》均未收，則取其他字書。注音後對通讀字和本字的音韻關係加以説明。説明是以廣切韻系統的音系爲坐標的，用丁聲樹、李榮的系統。涉及到同攝同開合口同等的兩個字，如果韻目相承，其下就説"韻母相同"，不再交代韻目相承；如果雖同等而韻目並不相承，只是相鄰，其下就説"而韻目鄰近，韻母相近"，以示區别。

3. 本書所引例句前標明敦煌寫本的卷號（背面文字用"V"表示）：

法藏敦煌文獻編號前用"伯"表之，如伯 2685；

英藏敦煌文獻編號前用"斯"表之，如斯 0343 10V；

俄罗斯科学院东方研究所圣彼得堡分所藏文獻編號前用"俄藏 ДХ"（敦煌編號）和"俄藏 Ф"（符盧格編號）表之，

如俄藏 ДХ1391，俄藏 Ф96；

北京圖書館藏敦煌文獻編號前用"北"表之，如北 8418；凡《敦煌遺書總目索引新編》未收卷目仍按千字文編號，如北圖殷字四十一（《敦煌社會經濟文獻真跡釋錄》注：此件未查到原件，錄文據敦煌雜錄過錄）；

上海博物館藏敦煌文獻編號前用"上博"表之，如上博 8958（2）；

其他卷號還有：

Ch969—72（《敦煌社會經濟文獻真跡釋錄》注：此件錄文轉錄自中國古代籍帳研究 348—350 頁）

列 1456（《王梵志詩校注》列寧格勒分所藏文獻）

李盛鐸舊藏

羅振玉舊藏

新疆博物館 73TAM53

天津藝博 0735 背

伯希和非漢文文書

4. 本書所解説的文句以現已出版的敦煌文獻釋錄本爲依據，部分文句核對了敦煌寫本原卷圖版。爲求行文簡潔，黄征、張涌泉校注《敦煌變文校注》簡稱《校注》，項楚校注《王梵志詩校注》簡稱《梵志》，唐耕耦、陸宏基編《敦煌社會經濟文獻真跡釋錄》簡稱《釋錄》。爲便于讀者檢索，所引文句後標明各自的出處、頁碼和行數，王梵志詩標明編次（據項

凡　例

楚校本）。

　　5. 如所據敦煌文獻錄文有誤，有逕改者，也有説明者，不求一律，如：伯2187《破魔變文》："男則朱嬰（纓）奉國，筐（匡）負聖朝；小娘子眉奇（齊）龍樓，身臨帝闕。"（《校注》頁531/19）"男"字《校注》錄作"兒"，原卷實作"男"，這是逕改的。斯133《秋胡變文》："花藥、茂樹，並是白檀、烏楊、歸樟、蘇方（枋）、梓檀、騰（藤）女，損凡（風）香氣，"（《校注》頁233/3-4），其下【説明】中交代"凡"字潘重規校作"風"，這是説明的。説明的方式也不統一。如系敦煌寫本有誤，則出校語。如斯6981年代不明《諸色斛斗破曆》："酒壹瓮，翟蘭（似當爲闍）梨收姟骨時造頓用。"（《釋錄》第三輯，頁144/38）原卷"蘭"字當爲"闍"之誤。

　　6. 凡所錄文字有待商榷者，其後用（？）表之，底本闕字用□表之，如能據殘卷或文意補出者，在該字上加□表之，如不能確定所缺字數者用 ▢ 表示。例句中用（　）表示夾注，用〈　〉號表示刪去（此種情況其下沒有［　］出現）或待下校改（此種情況其下必有［　］出現），用［　］表示增添（此種情況其上無〈　〉號）或校改（此種情況其上有〈　〉號）。

　　7. 所引例句中如有某字出現不止一次，而通讀用法僅出現一次，則在通讀之字下用"﹏"注明。如不注，則表示均當通讀。如斯6537 2V《家童再宜放書一道（樣式）》："將次放良福分，先資亡過，不曆三途；次及現存，無諸爲障。"（《釋錄》

第二輯，頁 179/12-14）

8. 通讀字如爲多音字，字書如有明確用某音通某者，則用通讀之音，如"以"讀作"似"時，因"以"有象齒切（《集韻·止韻》）之音而與"似"通讀，字書置於 si 音之下，本書也同樣處理。字書如未能明確者，則列出諸音並分情況討論。有多個讀音者，據《廣韻》《集韻》出意義相關之音。

9. 需要説明者，詞條後出"【説明】"一項。

10. 本書所解説的文句，基本依據上述三種著作，並標明頁碼和行數，已如上述。但所説通讀情況，有與所據著作相同者，也有與所據著作不同者。相同者，既已標明出處，則示不敢掠美；不同者，既已標明出處，則便於研究商討。敦煌文獻的一些通讀字，見仁見智，一直有不同的看法，通過討論，可以引導我們的認識更加深入。

敦煌文獻通讀字研究芻議

敦煌文獻的難于讀懂，除了一些詞語因年代變遷而今人不易理解之外，便是抄本中的文字使用在今人看起來相當混亂。但在當時當地，這些抄本讀起來應該是問題不大的，因爲當時當地的人理解這種語言和書寫習慣。既然如此，這不易懂的文字中必然有某種規律性的東西。存在有規律性的東西，我們便可以進行研究。就語詞研究方面來說，蔣禮鴻師叔取得了巨大的成就，現在所能做的工作大概只能是個別詞語的補苴，大面積的發現似已不可能。但蔣禮鴻師叔由於條件所限，不大能看到抄卷的影印件，所以文字上的研究未能展開。隨着《敦煌寶藏》，特別是四川人民出版社的英藏敦煌文獻，上海古籍出版社的法藏、俄藏敦煌文獻，江蘇古籍出版社的中國國家圖書館藏敦煌文獻的陸續問世，我們如今已可以有條件做敦煌文獻文字方面的研究工作了。就文字研究方面來說，抄卷中的文字問題，無非是三方面：一、誤字。如果能把這些誤字都收集起來（當然，要做到全部是很難的，但至少可以選擇相當一部分），做成一本敦煌文獻誤字字典，探索其致誤之由，一定可以大大豐富校勘學的内容。二、俗字（包括別字）。這方面張涌泉君做了許多工作，取得了很大的成績，爲學界所矚目。但收字的範圍基本上局限於敦煌字書、韻書，客觀地說，這些字書、韻書中的俗字、別字是比較規範的了，識別的問題不大，俗文學和其他世俗文書中的俗字、別字的識別就難得多。另外，張涌泉君對俗字、別字採用了楷定的方法，這就他所研究的對象是字書、韻書來說，是可行的，但如果是俗文學和其他世俗文書中的俗字、別字，許多是楷定爲難的，有些能楷定即可識別，難就難在楷定。筆者近年來便是在張涌泉君未曾涉及的這部分文獻做辨識俗字、別字的工作，並用描摹俗字、別字的辦法，通過對其構體（即形旁、聲旁）的分析來辨識其字。令筆者高興的是，這一方法已得到學界的認可，已有一批學者也繼起用此方法。這一方法如何運用，可參見筆者的《敦煌俗字研究法》。筆者所作的俗字、別字卡片，已可成一字典。近日也已找到用電腦來將此類文字編成字典的方法，免去了描摹可能產生的誤差，更爲準確可靠，而且速度將大大提高。三、通假字、同音替代字。這兩種情況都是以音同而借用，其區別在於通假字是社會約定俗成的，而同音替代是臨時性的。從理論上來說，是可以區別開來的。如《敦煌變文集·伍子胥變文》："恩澤不用語人知，幸願娘子知懷抱。"（頁6——下引變文皆出《敦煌變文集》頁碼）原卷（即丙卷）"澤"作"擇"。"擇"應該是臨時性的同音替代字。同篇："丈夫爲雠發憤，將死由如睡眠。"（頁7）是丙卷之文，丁卷"憤"作"分"，也應該是臨時性的同音替代字。而"由"之讀"猶",則應該是社會約定俗成的。但這種區分僅限於舉例,要逐個區分是約定俗成抑或是臨時替代,有時是很難做到的。如敦煌抄卷中大量的"而""如"通讀的例子,我們就很難分清是社會約定俗成的呢,還是臨時性的同音借用(此兩字在當時當地應是音同或者音極爲相近的)。因此,還是總其名爲通讀字較方便些。

敦煌抄本中文字上的誤字、通讀字兩種情況,從理論上來說,是可以分得相當清楚的。但具體到某字,是否可依本字爲解,抑或是誤字、抑或是通讀字,並不是那麼容易搞清楚的。如:

《伍子胥變文》:"兒有貧家一㜽,敢屈君飡。情裏如何?希垂降步。"(頁5)

項楚先生校云:"'裏'當作'衷',形近而訛。"注云:"'情衷'謂内心感情。"○郭在貽等先生校:"'裏'字項楚、袁賓皆校作'中(衷)',似可不必。'裏'、'中'、'下'等方位詞往往可以互換,'情裏'猶'意内'、'意下'。如王梵志詩《眾生眼盼盼》:'口中不解語,情下極慌忙。''情下'同'情裏',袁賓謂'情裏'不辭,未妥。"

項楚先生是以"裏"爲誤字。郭在貽等先生則依本字爲解。

如按:疑"裏"爲"理"的通讀字。"情理"義爲思慮，想法，如《北史·尒朱榮傳》："朕之情理，卿所具知，死猶須爲，況必不死！寧與高貴鄉公同日死，不與常道鄉公同日生。""情衷"側重於心曲之感情，似不當用於此。

斯343號有《願、亡文》，中有云："憂（悠）遊常樂之階，永舉無生之境。"

黃征先生《敦煌願文集》校"舉"爲"攀"（頁17）

如按：黃校顯誤。"舉"或可讀"居"。依《廣韻》，舉，居許切，遇攝合口三等上聲語韻見母；居，九魚切，遇攝合口三等平聲魚韻見母，[1]僅聲調有平上之別。《集韻》御韻則兩字同有又音居御切。所以此兩字的通讀是有語音基礎的。這是從通讀方面來考慮。從字義方面來考慮，則"舉"又有出生義（此義當從哺育義引申而來），如黃庭堅《嘲小德》："中年舉兒子，漫種老生涯。"此處是否可用出生義來解釋？只是這類"舉"字，用於及物，而"永舉"句的"舉"是不及物，尚須更爲切近的例子方可證明。

---

[1] 本文所説的等，依韻不依聲，據丁聲樹先生編録、李榮先生參訂的《古今字音對照手冊》。與傳統説法的異同，見該書例言之6。

這些問題是需要討論的。

俗別字的問題是個識別的問題，一般來說，是不會和通讀字或誤字的問題混淆的。但俗別字正確識別之後，有時也仍有個通讀的問題。茲舉二例：

《伍子胥變文》："天道相饒[1]，雠心必宄。"（頁19）

袁賓先生校："'宄'系'允'字形誤，'允'義爲'平'，同篇下文：'大將軍得允讎心。'正作'允'字，是其確證。"○項楚先生注用袁說。○蔣紹愚先生校："'宄'丙卷作'宊'，即'穴'，18.12（此爲《敦煌變文集》的頁碼、行數，下蔣文同此——引者）'貓鼠同宊'可證。'穴'通'雪'。（'穴'屑韻，'雪'薛韻。）"○郭在貽等先生校引蔣說後云："此字僅存丙卷，爲'穴'之俗字無疑，但穴、雪二音清、濁不同，又不同部，未見有通假之例，故所校之字未確。又袁賓校作'允'，亦恐未確。"○黃、張兩先生校注則用袁賓說。○方一新先生《敦煌變文校讀劄記》云："'宄'爲'究'之俗省，

---

[1] "饒"有厚賜之義，如《史記·陳丞相世家》："今大王慢而少禮，士廉節者不來；然大王能饒人以爵邑，士之頑鈍嗜利無恥者亦多歸漢。"《漢書·溝洫志》："作之十餘歲，渠頗通，猶未得其饒。""相饒"謂厚賜於我。

不誤。《捉季布傳文》：'唯我罪濃憂性命，究竟如何問此身。''究'字辛卷作'宄'，是其例。'究'有達到、實現義，《韓非子·難一》：'有擅主之臣，則君令不下究，臣情不上通。'《漢書·武五子·燕刺王旦傳》：'惡吏廢法立威，主恩不及下究。''下究'即下達。'仇心必究'即仇心必達，謂報仇之心定能實現。本篇下文即有'臣聞將軍仇冤得達，喜賀快哉'之語，可證。"

如按："宄"字，蔣先生校作"穴"，合於原卷（即丙卷）。丙卷"市無二價，貓鼠同穴"之"穴"作"A_1"（見文末所附字形表，下同），而此"宄"字實作"A_2"，應爲"穴"字無疑。但是説"穴"通"雪"，音韻上難以通過，"穴"爲匣母，"雪"爲心母，聲母距離甚遠。郭在貽等先生謂此二字清、濁不同，似亦未明音韻之理。"穴"字何所取義？筆者以爲可讀"抌"。《集韻》屑韻此二字同爲胡決切，可通讀。"抌"下云："抌，揰擊。""揰"義也爲"擊也"（見《集韻》庚韻），則"抌"即擊義。"隹心必穴"，謂報仇之心，必付之一擊。伯3633號《辛未年（911年）七月沙州百姓等一萬人上迴鶻大聖天可汗狀》有云："當爾之時，見有吐蕃節兒鎮守沙州。太保見南蕃離亂，乘勢共沙州百姓同心同意穴白趁却節兒，却着漢家衣冠，永抛蕃醜。"文中"穴白"一詞不可解，有以爲"冗迫"者，也難講通。今與此參校，可知"穴"也可讀"抗"，取擊義。而"白"可讀"擤"（《集韻》陌韻，此二字同爲博陌切），也取擊義。"穴白（抗擤）"爲同義複詞。"穴白趁却節兒"，即"打擊趕走節兒"之意。依此解，文從字順。

同篇："老臣監監[1]，光咒我國。"（頁 26）

蔣紹愚先生校："'光'丙卷作'兇'當爲'先'字。200.1'有先峰馬探得蕭磨訶領軍二十餘萬'可證。"○項楚、郭在貽等先生均贊成此説。○而蔣紹愚校録之本却作"兇兇"，似又以丙卷字實作"兇"。○黄、張兩先生校注本也改變原説而作"兇"字。

如按：丙卷原卷實作"B"，参《集韻》旨韻"兕"的異體作"兇"、《龍龕手鏡》雜部上聲"兕"的所謂古體（實即俗體）作"兇"，則"B"可定作"兕"字。字或可讀"矢"。據《廣韻》，兕爲徐姊切，矢爲式視切，同爲止攝開口三等上聲旨韻字，雖然聲母有邪母、書母

---

[1] 項楚注："監監：明察貌。這裏指過分明察，吹毛求疵。"○郭在貽等云："袁賓校作'尷尬'，義爲'行不正'。此説疑非，'監'可通'鑑'，17頁'的審監（鑑）貌'即其例。"○如按：以"明察貌"或"行不正"解之，似均不合上下文之意。"監"當讀"獖"，《廣韻》檻韻："獖，惡犬吠不止也。""監監"，譏刺伍子胥之多言如惡犬之狂吠不止。

之別，但還是同爲齒音，是有通讀的條件的。與"咒"同小紐有從矢聲的"芡"，可爲旁證。"矢"有直義，如《陳書·宣帝紀》："各舉所知，隨才明試。其蒞政廉穢，在職能否，分別矢言，俟茲黜陟。"變文"光咒我國"校讀作"矢咒我國"，則文從字順。[1]

有時會由於某字的誤定，而影響到對有關聯的字的判斷，於是也會關聯到通讀的問題。茲舉一例：

《敦煌變文集·阿彌陀經講經文（二）》："言地淨者，金銀等七寶，爲地所草，不並是香花，或是衆寶。"（頁476）

原校："'不'字疑是衍文。"○潘重規先生校："'不'疑是'木'。"（《新書》頁171）○項楚先生云："'爲地'屬上句，'所草'屬下句。'不'字校記疑是衍文，是。此數句應作：'言地淨者，金銀等七寶爲地，所草並是香花，或是衆寶。'"（項楚《敦煌文學叢考》頁419）○黃、張兩先生校注謂"項校近是"，而全據項校錄文。（《校注》頁686）

---

[1]"矢"又有誓義。《詩·鄘風·柏舟》"之死矢靡它"，毛傳："矢，誓。"此義似亦可用於"矢咒我國"，則"矢咒"爲近義複詞。

如按："所草並是香花"句不通。"草"字誤定，字應爲"䕃"。察原卷，該字所從之"早"上有一撇，下"十"的右上亦有一撇，其形作"C"，不宜定作"草"，而據筆勢，可定作"䕃"字。英藏 Ch.00207v（BM.SP77v）《乾德四年（966）五月九日歸義軍節度使曹元忠夫婦修北大像功德記》有云："次願城隍晏謐，兵甲休行，無聞刁斗之聲，永罷鼓鼙之響。""鼙"字作"D"，其下所從之"卑"字與此類似，可比較。此字既定作"䕃"，則"不"字非衍。"䕃"有覆蔽義。《史記·淮陰侯列傳》："夜半傳發，選輕騎二千人，人持一赤幟，從閒道草山而望趙軍，"裴駰《集解》引如淳曰："草音蔽。依山自覆蔽。"司馬貞《索隱》："案：謂令從閒道小路向前，望見陳餘軍營即住，仍須隱山自蔽，勿令趙軍知也。草音蔽。蔽者，蓋覆也。《楚漢春秋》作'卑山'，《漢書》作'箄山'。《說文》云'箄，蔽也，從竹卑聲。'""不"讀爲"覆"。《集韻》宥韻："不"字爲方富切，"覆"字爲扶富切。二字僅聲母清濁有異，可得通假。"覆，蓋也。""䕃覆"便是蔽覆。原文校讀作"所䕃覆並是香花，或是衆寶"，則文從字順。這是由於"䕃"得到辨認後，認識到"不"非衍字而可作通讀處理。

所以俗別字的研究，也仍與通讀字的研究有關。但下文還是主要談字的認定以後的通讀問題。

研究通讀字要注意一些方法，否則易產生判斷的錯誤。下面提出一些問題來討論。這些問題並非同一邏輯層面的劃分，容或有交叉之處。

一、遇到不易理解的文字，儘量考慮通讀的途徑，不要貿然認作誤字而予以校正。而似乎可通的文字，仔細捉摸，或者也存在通讀問題。

敦煌俗文學、俗文書中不易讀通的文字甚多，根據上下文意，有許多是可以猜出其大概意思的。爲了能體現所猜出的意思，校讀者便對文字作了一些校訂。但所校訂不一定靠得住。如果我們多從通讀方面來考慮，或許可以理解得更爲熨帖些。茲舉四例：

《伍子胥變文》："江水淼漫波濤舉，連天沸或淺或深。"（頁 12）

潘重規先生校："'或'疑'鬵'字之誤，'鬵沸'又誤倒爲'沸鬵'。"〇黃、張校注云："恐未確。"

如按："沸或"之"或"當讀"淢"。《集韻》職韻二字同爲越逼切，"淢"下云："《説文》疾流也。"字或作"㦣"，在《集韻》德韻獲北切下，"或"仍與同小紐。

《淮南子·本經篇》："抑減怒瀨，以揚激波。"高誘注："減，怒水也。"

同篇："大丈夫兒（"兒"字當定作"見"）天道通，提戈驟甲遠從戎，"（頁24）

如按："驟甲"，郭在貽等先生校云："'甲'疑當作'馬'，形近而誤。"此説恐未是。《集韻》宥韻："鞦，鞍也。"音側救切；而"驟"在同韻鉏救切。二字聲母分別爲莊母、崇母，僅有清濁的不同，可以通讀。"鞦"謂以鞍加於馬上，引申有裝束義，用同"披"，《廣韻》真韻："鞦，裝束，鞦馬。"上爲引申義，下爲本義。此文謂披甲於身。可見"甲"字不誤，問題在於"驟"字當通讀爲"鞦"。

《敦煌變文集·秋胡變文》："自從封爲宰想（相），有孝有忠，李金石，威名播起於萬里，"（頁157）

"李金石"不可通。項楚先生云："有脱誤。"○郭在貽等先生校云："疑爲'比於金石'。"理由是"於"字草書與"李"字相近易混。

如按：疑"李"字讀爲"勒（泐）"。《廣韻》勒、泐，盧則切，來母德韻；李，良士切，來母止韻，存在陰聲與入聲的對轉關係（這種關係源于上古音"李"在之部,"勒"在職部,之職部存在對轉關係)。"李金石"可能即是勒石之意,"金"字連類而及。上文謂秋胡"煞或(馘)邊戎,摧兇定寇,無怨不休,無伎(使)不朝"(頁156),故可推斷有勒石記功之舉。《管子·法法》有"皋陶爲李"之文,"李"讀"理"(上古音同在來母之部)。"理"的本義爲治玉,引申爲玉之紋理;"泐"的本義爲水石之紋理,引申則爲刻石。二字實有同源之處。讀"李"爲"泐",似非無據。又,"起於萬里"似宜作一讀,"起"通"豈"。意謂勒於金石,威名遠播,豈止萬里。

同篇:"玉面映紅妝,金鉤弊採桑。"(頁157)

"金鉤",項楚先生校作"金絢",謂此爲"鞋的美稱"。說恐未是。疑"金鉤"爲採桑的工具。《新唐書·禮樂志五》記皇后親桑儀式云:"初,皇后將詣望瘞位,司賓引内外命婦采桑者、執鉤筐者皆就位。(内外命婦一品各二人,二品、三品各一人。——原注)皇后既至,尚功奉金鉤自北陛升,進。典製奉筐從升。皇后受鉤,采桑,典製以筐受之。皇后采三條止,尚功前受鉤,典製以筐俱退。皇后初采桑,典製等各以鉤授内外命婦。皇后采桑訖,内外命婦以次采,女史執筐者受之。内外命婦一品采五條,二品采九條,止,典製等受鉤,與執筐者退,復位。"看起來,皇后親桑是用金鉤鉤下桑條,不是一片一片地採葉。民間採桑，可能採葉之外，也有採條的。今蘇南養蠶，幼時採葉，三眠四眠後採條，因此時所需桑葉甚多，而蠶已能吃老葉。採條需用桑剪。唐時採條，當是用鈎。民間所用而言"金鈎"者，文學作品中狀其華美而已。"弊"當讀"蔽"，謂隱於桑間。"金鈎"正關係於採桑，因此才説"金鈎蔽採桑"。

把上面四例中校改文字所表達的意思和文字通讀所表達的意思作一比較，便可知從通讀入手來理解更爲準確些。有時勇于校改文字的結果，還會造成理解上較大的誤差。茲舉一例：

伯3303號一張寫經的背面有印度製糖法的殘卷，今按通行字錄其文如下：

西天五印度出三般甘蔗：一般苗長八尺，造沙唐（糖）多不妙；第二，挍一二尺短，造好沙唐（糖）及造最上煞割令；第三般亦好。初造之時，取甘蔗莖，棄卻擤（通讀爲梢。據《廣韻》肴韻，擤音鉏交切，梢音所交切，僅聲母有崇、生之别，無妨其通讀）葉，五寸截斷，着大木臼，牛拽，搗出汁，於瓮中承取，將於十五個鐺中煎。旋寫（瀉）一鐺，着筋瘦小（少）許。冷定，打。若斷者，熟也，便成沙唐（糖）。不折，不熟。又煎。若造煞割令，却於鐺中煎了，於竹甑内盛之。禄（漉）水下，閉門滿十五日開卻，著瓮承取水（疑此句當乙轉在閉門滿十五日開卻之前），竹甑内煞割令禄（漉）出，乾，後手遂一處，亦散去，曰煞割令。其下來水，造酒也。其甘蔗苗莖似沙州、高昌麋，無子。取莖一尺，截埋於犁壠便生。其種甘蔗時，用十二月。

季羨林先生在《一張有關印度製糖法傳入中國的敦煌殘卷》（原載《歷史研究》1982年第1期，收入《季羨林學術論著自選集》中，北京師範學院出版社1991年版）一文中作細緻的錄文後又詳加詮釋。平心而論，由於季先生接觸的敦煌寫卷並不多，所以對一些俗別字的認定語多猶豫。特別是他覺得"麋"字不可理解，便把它認作"置"的誤字，並認爲其下"漏掉了一個'灰'字"，這便產生比較大的誤解。"麋"字前後的文句，季先生是這樣詮釋的：

然後用15個鐺來煮煉，再瀉於一個鐺中，放上竹筷子（？），再加上點灰（？）。冷卻後，就敲打，若能打斷，就算熟了，這就是砂糖。否則再煉。

季先生解釋説：

殘卷漏掉了一個"灰"字。煉糖時，瓮中插上筷子，中國文獻講得很清楚。《糖霜譜》說："插竹編（引者按：文淵閣庫本字作徧，即遍字，作編恐誤）瓮中"，講的就是這種情況。至於煉糖加石灰,《天工開物》説:"(每汁一石,)下石灰五合於中",《物理小識》説:"以石灰少許投調",説得也很明白。

這就把〔南宋〕王灼《糖霜譜》所説造糖霜之法與此印度造砂糖法混淆起來了。

這裏關鍵的問題是:"瘨"字是否就是"置"?然後再來考慮是否該增"灰"字。

檢原卷,"瘨"字録文無誤。《集韻》先韻有此字,音亭年切,義爲"病也",不合用此。同小紐有"摶"字,義爲"引也",於此正合。"瘨"當讀"摶"。《集韻》真韻癡鄰切下有云:"伸,申也,引戾也。或作……摶。"亦證"摶"有引義。"着筯摶少許"當作一句讀,意爲用筷子在鐺中沾出一些。十五個鐺中的蔗汁煎後濃縮成一鐺再煎,已經很稠了,要檢驗它是否已熟(成砂糖),方法是用筷子到鐺中沾出一些來。沾出的糖稀下垂成條狀,等它冷卻後,以敲打是否斷折來判斷鐺中的糖稀是否已熟。這在工藝上方是可取的。"斷""折"二字用在這樣的語境中也才恰當。"瘨"字既然通讀爲"摶"字便怡然理順,自然不必再加"灰"字了。

難通之處,可能存在通讀的問題。似乎可通之處,仔細捉摸，也不一定就能通，此時可能也有通讀的問題。茲舉一例：

《伍子胥變文》："波浪舟兮浮没沈，唱冤枉兮痛切深，"（頁15）

如按："波浪舟"這一詞組幾乎没有人注意到如果按字面來理解少了一個動詞。仔細琢磨，"浪"當讀"摙"，擊義。《集韻》宕韻"浪"爲郎宕切，同小組有"摙"，云"擊也"。《文選·孔稚珪〈北山移文〉》："今又促裝下邑，浪拽上京。"[1]"拽"同"枻"，即船槳。"浪拽"即擊楫。這是"浪"有擊義之例。就此兩例來看，"浪"用于水擊或擊水的場合。

二、本義可通的，不必説通讀；該説通讀的，不可强以原義爲解。

下面舉五個不必説通讀的例子：

斯343號有《願、亡文》，中有云："然後坐連（蓮）

---

[1] 王力《古代漢語》第四册1283頁（中華書局1999年校訂重排本）於《北山移文》下注："浪，放。拽，通枻，等於説放手行船，即使船快行的意思。"説"浪"字義誤，説"拽通枻"亦不妥。

臺如（而）聽法，入寶殿以安祥。辭四生之泥犁，到涅槃之彼岸。"黄征先生《敦煌願文集》將"四生"校作"死生"。（頁17）

如按：黄校誤甚。佛典自有"四生"之術語，謂一切動物，無非卵、胎、濕、化四種出生的途徑。《佛光大辭典》説："指三界六道有情産生之四種類别。據《俱舍論》卷八載，即：（一）卵生，由卵殼出生者，稱爲卵生。如鵝、孔雀、雞、蛇、魚、蟻等。（二）胎生，又作腹生。從母胎而出生者，稱爲胎生。如人、象、馬、牛、豬、羊、驢等。（三）濕生，又作因緣生、寒熱和合生。即由糞聚、注道、穢廁、腐肉、叢草等潤濕地之濕氣所産生者，稱爲濕生。如飛蛾、蚊蚰、蠓蚋、麻生蟲等。（四）化生，無所託而忽有，稱爲化生。如諸天、地獄、中有之有情，皆由其過去之業力而化生。以上四生，以化生之衆生爲最多。此外，又以'四生'或'四生衆類'等語泛指一切之有情衆生，或作爲有情衆生之别稱。"（節引）此處即是作爲有情衆生之别稱來使用的。佛家輪迴之説，人亦可輪迴而爲蟲蟻蚊蚋，故以"辭四生之泥犁，到涅槃之彼岸"爲真正的解脱（蘇州西園寺宗舜法師説）。

《伍子胥變文》："豈緣小事，敗我大儀。"（頁12）

項楚先生注:"原文'儀'當作'義','大義'指正義的事業。"○蔣紹愚本校:"'儀'通'義'。"○黃、張先生校注:"'大儀'亦寫作'大義',爲大法之意,此指大事,故不煩校。"

如按:"儀"有謀度義,"大儀"即大計之意。《國語·周語下》:"儀之于民,而度之于群生。"汪遠孫發正:"《説文》:'儀,度也。'是'儀'亦度也。"《大戴禮記·四代》:"公曰:'吾未能知人,未能取人。'子曰:'君何不觀器視才!'公曰:'視可明乎?'子曰:'可以表儀。'"王引之《經義述聞》云:"儀,度也。'可以表儀',謂可以其形於外者揆度之。"儀有弩上望山(即瞄準部件)之義,由此引申,自然有測度,規謀之意,其同源之字,同在《集韻》支韻魚羈切下的,有"譏,謀度也。""䑏,度牲體骨曰䑏,通作儀。"亦可爲證。如是,則不宜讀"儀"爲"義"。

同篇:"飛沙蓬勃遮雲漢(當據丁卷改作"雲漢"),清風激浪喻摧林。"(頁12)

如按:"喻摧林",郭在貽等先生校作"摧榆林",并謂:"'雲漢'指天上銀河,'榆林'指地上長城,二者相對,極其工穩。"此説恐非。此時伍子胥已"至吴江北岸","江水淼漫波濤舉"以下七句所詠爲眼前景物,不可能遠及榆林塞。蔣紹愚本校謂"喻"通"欲",恐亦不可從,"喻"在遇韻,"欲"在燭韻,相距較遠。實則"喻"有如同之義,項楚先生注言之甚明,所舉例有韓愈與李正封《晚秋郾城夜會聯句》李正封句:"誘接喻登龍,趨馳狀傾蕢。"可爲證。《全唐詩》中尚有他例,如駱賓王《久戍邊城有懷京邑》:"秋濤飛喻馬,秋水泛仙艫。"(卷79)元稹《與楊十二李三早入永壽寺看牡丹》:"曉入白蓮宮,琉璃花界淨。開敷多喻草,淩亂被幽徑。"(卷400)

同篇:"所由修造楪水蓬飛。"(頁20)

如按:"楪水蓬飛"是一個經過多次討論的老問題了。陳治文先生校"楪"爲"撲",郭在貽等先生校同;項楚、蔣紹愚先生則校爲"模",讀"幕"。此字原卷(即丙卷)實作"E_1",而同卷上文"歎言'痛哉!痛哉!'自撲魂(渾)搥"(頁7)之"撲"字作"E_2",斯343號亡僧號"渾金樸玉,湮(諒)屬其人"之"樸"作"F",均可幫助將"E_1"定爲"撲"字。然則"撲水蓬飛"何義?陳氏以爲是滅火所用的唧筒一類器械,恐乏根據。郭在貽等先生校"撲水"作"撲火",云:"蓋謂所由(吏卒)修造船艦,如同救火一般緊急、飄蓬一般迅速。"筆者以爲此語可不須改字,亦不必求之過深,只按字面理解爲"所由（項楚先生注云：指督造舟船的吏人）修造的船艦性能優良，撲向水面，其速度有如飛蓬"即可。這樣的解釋，似乎更直截了當。

同篇："以君賤臣。"（頁21）

項楚先生校："'賤'當作'踐'，作踐、殘害之義。《釋名·釋姿容》：'踐，殘也，使殘壞也。'"

如按：此指鄭王將其臣子尚送與楚王之事，"賤"依本字解之可通。"賤"的意動用法，已有輕視之義，如《戰國策·齊策四》："左右以君賤之也，食以草具。"引申又有廢棄義，如《禮記·樂記》："廣則容姦，狹則思欲，感條暢之氣而滅平和之德，是以君子賤之也。"孔穎達疏："賤，謂棄而不用也。"輕視廢棄之義，可用於此。

當然，問題也有另一面，該説通讀的地方，强以原義爲解也不妥。如：

《伍子胥變文》："敕既下行（原卷作行下），水楔不通，"（頁4）

項楚先生注："原文'楔'是'洩'字音誤。"〇黄、張先生校注："'水楔不通'意自可通，不煩校改。《説文》：'楔，櫼也。從木，契聲。'段注：'今俗語曰楔子。'

其作爲動詞，則義爲將楔子打入縫隙。《世説新語·政事》：'陶公性檢（下當補厲字——引者），……官用竹，皆令錄厚頭，積之如山。後桓宣武伐蜀，裝船，悉以作釘。'此竹釘用同木楔，用來堵塞船艙漏隙。'水楔不通'蓋謂連水都被堵塞不得流通，以喻關卡極爲嚴密。至於'水泄不通'，據《辭源》始見於元雜劇《范張雞黍》，未足以校改唐人成語。"

如按：察原卷（即丙卷），"楔"作"G_1"，字從"扌"，不從"木"。下文"將軍告令，水楔不通"（頁19），字亦從"扌"不從"木"，字作"G_2"。據《集韻》薛韻，揳、楔、洩均音私列切，故得通讀。項氏雖未細察字形，但所説通讀甚是。

黃、張兩先生所説，恐未可從。"楔"用作動詞的楔入義恐與堵塞之義不屬同一義位。"水泄不通"之語，據《漢語大詞典》，宋代《五燈會元·龍門遠禪師法嗣·龍翔士珪禪師（核原書，實爲西禪文璉禪師——引者）》中已見（中華書局點校本卷20，頁1311），怎見得唐代一定没有此語？[唐]善導集記的《觀無量壽佛經疏》卷2就有此語，文云："三明夫人奉教禁在深宮，内官守當水泄不通，旦夕之間唯愁死路。"（《大正藏》卷37，頁0257a欄）另外，《世説新語·政事》之例，是説用竹釘來拼合木板。竹釘不銹，强於鐵釘，尤適用於木船。筆者二十多年前學木工時聽老木工如是説。黄、張理解爲以竹釘塞漏，恐非。

同篇："上承天子之教，爲父報讎俠冤"（頁19）

項楚先生選注：俠冤：報仇。《無明羅刹經》卷下有"瞋恚羅刹，俠怨羅刹，小惡重報羅刹"之語。

如按：同篇下文尚有"慮恐楚卒人多，俠讎之心不達。"（頁25）"俠讎"與此用同。《集韻》洽韻：佮音訖洽切，同小紐有"㾀"，云"創也"。疑"俠"讀此字。冤指怨家，即仇人。讎指仇家。"俠"字本身無此義，似讀"㾀"方妥。項氏所引《無明羅刹經》見《大正藏》卷16，頁856，其校勘記謂宋、元、明三藏本與日本宮内圖書寮本（舊宋本）"俠"作"挾"。則《無明羅刹經》的"俠怨"是心懷仇怨，抑或報仇之意，尚難確定。

《燕子賦（甲）》："脊上縫箇服子，仿佛亦高尺五。"（頁251）

"縫箇服子"是敦煌學界討論過多次的老問題了。蔣禮鴻師叔《敦煌變文字義通釋》："胎子"條校作"膛箇胎子"，謂："腫起的一堆。……'服子'没有意義，應是'胎'字形體相近之誤。……作'縫'的寫本則應是'膛'字的錯誤。"○江藍生先生校作"觩個襆子"○劉堅、項楚先生則謂"襆子"即包袱，雀兒被打腫如背個包袱。郭在貽、張涌泉、黃征等先生則謂"襆"實即"襆"字俗寫。"襆"即"襆"之俗字，與"幞"同。"服子"即"襆（襆）子"，即包袱。此"服子"、"襆子"不僅不是"胎子"之誤，而且也不是腫塊之喻體，乃是確確實實背上擔着一個包袱。伯2870《十王經》有"罪人擔襆圖"可爲證。

如按：蔣禮鴻師叔之說，筆者以爲近是，但謂"服"是"胎"之誤，也難成定論；劉堅、項楚二位先生解爲雀兒被打腫如背個包袱，由於原文并無表示比喻的字樣，似有增字解經之嫌。郭在貽、張涌泉、黃征等先生依據自己擬名的"罪人擔襆圖"提出的新說，也不盡合乎事理；此時"雀兒臥地"，恐怕無法再用脊背"擔"甚麼東西，因所擔之物不能懸空，無法形成"擔"的態勢；而枷可施于項頸，未聞施於"脊上"；圖中的包袱綴於枷邊，也未"擔"或"縫"於"脊上"；包袱中所包，筆者疑是石塊之類的重物，而不是衣服之類，恐怕不能稱"襆"，讀"服"爲"襆"也就失去了依託。因此，儘管郭在貽等先生對此說自持頗堅，但考之原文，卻間隔良多，未足服人。

筆者以爲，如果把"服"或"襆"讀作"棚"，這個困擾敦煌學界多年的老問題或許可以得到較爲圓滿的解決。

"服",《集韻·覺韻》有弼角切一音,同小紐有"髉"字,云"肉胅起",就是皮肉腫起的意思。《山海經·西山經》:"西四十五里,曰松果之山。……有鳥焉,其名曰螞渠,其狀如山雞,黑身赤足,可以已髉。"是其用例。這兩個字既然同在一小紐,便有了通讀的音韻前提。"襆"校改作"襆"後,似也不宜依本字讀之,而仍可讀作"髉"。"襆",《集韻·屋韻》博木切,雖音有小別,但該小紐的"撲"字又音弼角切,與"髉"同小紐,同從"菐"聲又同小紐的"襆"讀作"髉",應該是可以通得過的。況且,《集韻》中還有不少"暴"聲"菐"聲互易而成爲異體的字,如《覺韻》的"攝、撲",《屋韻》的"甗、䆐",也足爲佐證。"服"與"暴"聲字的通讀,漢代已有其例。《漢書·東方朔傳》:"舍人不勝痛,呼謈。"服虔曰:"謈音暴。"師古曰:"謂痛切而叫呼也,與《田蚡傳》'呼服'音義皆同。"(《漢書·田蚡傳》有"謼服謝罪",《史記·魏其武安侯列傳》作"專呼服謝罪"。)如此,則此文"縫"讀"塍","服"讀"髉",就是腫起一個包。意思甚爲清楚明白。

三、同篇異卷的異文,最便於判斷通讀字。

敦煌俗文學作品和佛偈頌讚中,同一篇而有數個寫卷的很多，這不同的寫卷有許多異文，其中不乏此卷用通讀字而他卷用本字的情況，這爲敦煌通讀字的研究提供了許多方便。兹舉二例：

《伍子胥變文》："風塵慘面，蓬塵暎天，精神暴亂，忽至深川。"（頁7）

如按：此爲丙卷之文。"精神"句丁卷作"神情悖亂"。"悖"字見於《集韻》巧韻博巧切之下，云："悖也。""悖亂"爲同義並列複詞。丙卷之"暴"當讀"悖"。據《集韻》，"暴"在號韻，音薄報切。從聲韻上看，這兩個字還是有一些差別的。"暴"是並母效攝一等去聲，"悖"是幫母效攝二等上聲，但有此異文，斷其通讀可無疑。

《伍子胥變文》："子永少解陰陽，遂即畫地而卜，"（頁8）

如按："少解"以下爲丙卷之文，丁卷"畫"作"獲"，字當讀"畫"。《漢書·地理志上》"畫埜分州"，師古曰："畫音獲"。《燕王劉澤傳》"齊人田生遊乏資，以畫奸（讀干）澤"，師古亦曰："畫音獲。"《廣韻》"畫"有胡卦切（在卦韻）、胡麥切（在麥韻）二音，而下一音與"獲"同小紐。據顏注，唐代"畫"作劃分，計劃義時讀與"獲"同,故丁卷用同音的"獲"字。黃、張兩先生校注已發此說,此處再補充點證據。

四、判斷某字與某字通讀,須注意聲韻問題。

通讀的物質基礎(就聲音是語言的物質外殼而言)是兩字的聲音相同或相近。這是没有疑義的。如果兩個字之間聲韻上距離太大,要認定其爲通讀字是困難的。自然,敦煌俗文學、俗文書的通讀字,其物質基礎是唐至宋初的聲韻系統,並非上古的聲韻系統。現在有些先生談到敦煌通讀字的時候,仍然習慣於使用上古音的聲母韻部系統,這是不可取的。這個問題就不必贅言了。下面要談的是聲韻距離太遠而誤説通讀的例子:

《伍子胥變文》:"手提三尺之劍,清(請)託六尺之軀。"(頁1)

徐震堮先生校:"校以'清'爲'請',恐未確。"○郭在貽等先生校:"'清'字原卷如此,當是'請'字之誤,寫卷中'言'旁多有寫作"氵"的,易與'氵'旁相混。《變文集》原校可從。"○項楚先生注:"原文'清'字疑是'寄'字音誤。"

如按:"清"與"寄"聲韻相去均甚遠,據《廣韻》,"清"爲清母清韻,"寄"爲見母寘韻,不可能音誤。項説不可從。徐氏以《變文集》校"清"作"請"爲未確者，因"請"字於此無説。郭氏等所説，似未明其意，所謂搔不著癢處者也。筆者以爲"清"如讀"倩"，或可解徐氏之疑。《集韻》静韻中此二字同爲七正切，可通讀，云："倩，假也。"此義即承《方言》卷12"倩，借也"而來。其意如今語之"借助"。白居易《虎丘山》詩："酒熟憑花勸，詩成倩鳥吟。"即其例，"倩鳥吟"就是"藉鳥吟"。《舊唐書·蘇味道傳》："託於味道，援筆而成。"《新唐書》同傳作："倩味道作章，攬筆而具。"是"倩""託"同義。[1]變文"清（倩）託六尺之軀"，是"藉託六尺之軀"之意。

同篇："長巡子將，絞略横行。"（頁20）

如按："絞略"，項楚、蔣紹愚先生均謂通"剿略"，意爲搜掠財物。此説音韻上恐難通過，"絞"是見母，"剿"是精母，聲母相距甚遠。郭在貽等先生則謂："似當作'校略'，是騒擾之義。"但"校略"一語，未見用例，《燕子賦（甲）》的"入來皎掠"（頁249）未見得與此相當。而且此文意在渲染吴軍的勇武，爲何要大講他們掠奪財物？如果尋繹上文，把它作爲"子胥告令軍兵"之

---

[1] 此例系研究生陳琪所説。

語，則更無從理解爲子胥告令長巡子將去大肆剿掠。筆者以爲"絞略"依字面即可得解。"略"有巡行之義，此古籍所習見，如《左傳》昭公二十二年："六月，荀吳略東陽。"杜預注："略，行也。"《資治通鑒》周赧王八年："趙武靈王北略中山之地，至房子，遂至代。"胡三省注引杜預曰："略者，總攝巡行之名也。""絞"有急切直截之義，如《論語·陽貨》："好直不好學，其蔽也絞。"邢昺疏："絞者，絞切也。"《後漢書·李雲傳論》："曷其絞訐摩上，以銜沽成名哉？"李賢注："絞，直也。訐，正也。"此"絞訐"謂直指君王之誤。然則"絞略"謂急切直巡，與"橫行"義正相足。此"橫行"非胡作非爲之義，而是高適《燕歌行》"男兒本自重橫行"中的縱橫馳騁義。"絞略橫行"意爲縱橫巡行，馳騁略地。

至於《燕子賦（甲）》中的"皎掠"，"皎"大概可讀作"絞"，取急切義。"皎掠"是急切地抄掠，與此"絞略"相較，"掠""略"義有不同。

有時候通讀的兩字之間，上古音、中古音都相同，這似乎根據更足些。如：

《秋胡變文》："誓不見仕，達知臣患（忠）。"（頁 155）
如按："誓不見仕"不可通。"誓"當讀"逝"。《廣韻》祭韻此二字同爲時制切，可通讀。《詩·魏風·碩鼠》："逝將去女，適彼樂土。"鄭箋："逝，往也。"《公羊傳》昭公十五年徐疏引"逝"作"誓"，是讀"誓"爲"逝"。此文謂往而不見仕，故上表自薦。

但更多的時候，通讀的兩字，就聲或韻而言，對廣切韻系統是有所突破的，這就要考慮到當時語音的流變了。如：

《伍子胥變文》："晝即途中尋鬼路[1]，躡影藏形恒夜遊。"（頁16）

如按："躡影"之"躡"，疑當讀"攝"，攝有收斂義，常見的《莊子·胠篋》"則必攝緘縢"即是。"躡""攝"二字在《廣韻》中雖然有泥母與書母之別，但因同從"聶"得聲，故可通讀。《漢書·張耳陳餘傳》："吏嘗以過笞餘，餘欲起，耳攝使受笞。"《史記》"攝"作"躡"，用本字。今潮汕話中此二字尚同音，音［niap］（陰入調），即用"聶"音。郭在貽等先生謂"躡"當作"匿"，恐未是。

《敦煌變文集·醜女緣起》："割肉祭於父王"（頁787）

---

[1]"即"用如"則"。此爲丙卷之文，丁卷"即"便作"則"，二字此處用同，見裴學海《古書虛字集釋》頁604（中華書局1980年版）。

"祭"字，劉復先生録作"際"。○江藍生先生云："'祭'原作'際'，今正。"

如按：今檢乙卷（此文僅見乙卷），字實作"H"。當可定爲"際"。《變文集》和江氏作"祭"，似以祭祀義爲解，非是。此字當讀爲"濟"。祭聲與齊聲，古有通讀之例，《儀禮·士冠禮》"加俎嚌之"，鄭玄注："嚌當爲祭字之誤也。"是其證。《廣韻》：際，子例切，精母祭韻；濟，子計切，精母霽韻，唯韻部有小別，不妨礙其通讀。列藏 φ96 號《雙恩記》第 488 行："雨珠金，弘救濟，平等利生際困弊。""際"即讀"濟"。《敦煌變文集補編》（下簡稱《補編》）頁 22 録作"除"，恐未細察原卷。《韓擒虎話本》："應是文武百寮大臣不冊冴濟，心内疑或（惑）。""不冊冴濟"讀作"不測涯際。"伯 2838 號《雲謡集雜曲子》中《傾杯樂·憶昔笄年》"每道説水濟鴛鴦"，"濟"讀"際"。此均二字通讀之例。此文"際"之讀"濟"，取"濟接"義，即《雙恩記》第 294 行"願得王之飲食，濟接飢人"之義。

割肉濟於父王，出失譯名《大方便佛報恩經》卷1《孝養品》，説一小國王，攜妻挈子，逃避怨家，誤入險道，糧盡待斃，其子須闍提言于父曰："可日日提刀，就子身上，割三斤肉，分作三分，二分奉上父母，一分還自食之，以續身命。"父母依言而行，終於脱險，其子因有來世作佛之宏願，在天帝釋故意試驗之後，即身體平復如故。〔元魏〕西域三藏吉迦夜共曇曜譯《雜寶藏經》卷1亦述此事，大同小異，而題目作"王子以肉濟父母緣"，用了"濟"字（敦煌遺書伯3000號亦載此緣）。

以上兩例，一例是廣切韻系統聲母有別，一例是韻母有別，但從當時語音流變的實際出發，它們的通讀是有根據的。有的時候，韻母系統突破得更厲害，如：

《維摩碎金》："佛竟（意）比來徒（圖）教化，人心只是愛榮花（華）。爭知於（如）是一場夢，未會人爲四毒蛇[1]。"（53行）

如按："爭知於是一場夢，未會人爲四毒蛇"是極工整的對仗句。"於"與"人"相對，不當斷爲"如"之訛，而應讀爲"伊"，第三稱，指人世的榮華。下文68行"君與於[2]，禮如來，無漏之言直敢猜"，"於"也當讀爲"伊"。意謂你和他（即指大家），都來禮拜如來，猜想如來要宣講的是無漏之言[3]。變文中，遇攝字與止攝字常通讀，如"須"

---

[1] 所謂"四毒蛇"是指人的身體，佛教認爲人的身體也是由地、水、火、風四者組合而成的，四者不調，便造成病或死，故稱爲"四毒蛇"。
[2] "於"字《敦煌變文集補編》誤錄爲"相"，黃、張先生校注仍之。
[3] "無漏"謂聲聞惑業已斷，無復漏落三界生死。

與"雖","與"與"以"。"於"讀"伊",也是此類。

《伍子胥變文》丙卷:"妾家住在荒郊側,四迥無鄰獨棲宿,"(頁9)

丁卷"四迥"句作"四過若鄰獨星息",郭在貽等先生已言及"若"爲誤字,"星"爲"棲"之音借。

如按:"星"、"棲"二字,韻母似乎相差太大,但從音韻史來看,實在有密切的關係,郭說是可信的。據《廣韻》,星,桑經切,心母青韻,梗攝開口四等平聲;棲,先稽切,心母齊韻,蟹攝開口四等平聲。齊韻青韻之間,歷來存在密切的對轉關係,故可通讀。

以聲旁來通讀,這是漢代竹簡帛書中常見的通讀形式,敦煌抄卷也有承用,雖然不是太多。茲舉一例:

《維摩碎金》:"飲醁醑而擲金杯,只知富貴。"(92行)

如按:原卷"杯"字作"不",存其聲旁。這是用聲旁來通讀,和漢簡中的情形相類似。儘管此時"杯"與"不"的音韻距離已比較遠。由於了解到"不"可以讀爲"杯",同篇"須知酒是衆怨門,聚會之時□□飲"(19行)所缺字的釋讀問題也就增加了解決的依據。所缺兩字原卷有,字形作"Ⅰ　Ｊ"只是不可識別。筆者考定其字爲"奮不","不"讀爲"杯",全句作"聚會之時奮杯飲",其意便可知了。[1]

以聲旁來通讀,在敦煌文獻中也有些發展、變化,它不一定如漢簡那樣只讀成同聲旁的字,而是可以讀成與此聲旁音韻相同或相近的字。如:

《秋胡變文》:"損凡香氣,"(頁155)
如按:"凡"字潘重規先生校作"風",甚是。"損"字不可解,疑以其聲旁"員"而通讀於"薰"。《廣韻》元韻中"塤、壎"同字,文韻中"勛、勳"同字,是其聲旁可通讀之證。"員"在《廣韻》中有王分切一音,雲母文韻合口三等,"薰",許雲切,曉母文韻合口三等,二字韻全同,聲母雖略別而有轉化之迹,是有通讀的語音基礎的。"薰風"與"香氣"並舉,則其意可明。在這個例子中,如果固執地要尋求與"損"音近的通讀字,那就困難了。這種現象是怎樣產生的呢?我們是否可以這樣設想:"薰"以音近而寫作"員","員"字輾轉傳抄而誤作"損"?

---

[1] 詳見拙文《敦煌疑字尋解》,文載日本《俗語言研究》第四期,1997年8月出版。

五、一些借用的字，實有專字，依其聲韻尋覓，或者可得。如：

《伍子胥變文》:"慮恐此處人相掩，捻腳攢形而暎（實作暎，即映）樹；"（頁4）

項楚先生注"捻腳"爲"輕提腳步"。

如按：項說是。"捻"有專字作"踗"。此字在《集韻》帖韻中與"捻"同爲諾葉切，云："行輕也。"今"躡手躡腳"之"躡腳"，似可溯源至此。躡在《集韻》葉韻，音昵輒切，與"踗"只有三、四等之別而已。"捻腳"之"捻"今音應爲niè。黃、張先生校注謂"'捻腳'義當爲彎腿"，引《燕子賦（一）》"兒捻腳曳"爲證。如按：所引文有"曳"字，恐非同類。

同篇："子若表我心懷，更亦不須辭謝。"（頁14）

如按："表"有外現之義，外現則人可明見，故省察、明鑒可言"表"，其專字作"覼"。《集韻》小韻俾小切下云："覼，《說文》目有察，省見也。""表"與同小紐。〔金〕董解元《西廂記諸宮調》卷7："負心的天地表！天地表！"淩景埏注："表，鑒察的意思。"甚是。《說文》之"覼"實與"瞟"同字。"瞟"下云"暸也"，"暸"下云"察也"。是"瞟"有察義，與今日"瞟"用於斜着眼看一下已有所不同。注《説文》諸家於載籍中未見用例，不意今日于變文中得之，大喜。

六、同一個字，可以通讀的字有不同的看法時，可依文意確定何字爲是，有時候還得考察文化背景。如：

《伍子胥變文》："調律吕以辯陰陽。"（頁1）

項楚先生認爲"辯"讀"辨"，注云："此處'調律吕'和'辯（辨）陰陽'都比喻治理國家。"〇蔣紹愚校録本逕作"辨"。〇郭在貽等先生校："'辯'字爲'變'的同音借字。《莊子·逍遥遊》：'若夫乘天地之正，而御六氣之辯，以遊無窮者，彼且惡乎待哉？''六氣'爲陰、陽、風、雨、晦、明；'辯'與'正'相對，必得讀爲'變'。此'御六氣之變'與'調律吕以辯（變）陰陽'義近。又《漢書·武帝紀》：'朕聞天地不變，不成施化；陰陽不變，物不暢茂。《易》曰"通其變，使民不倦"。《詩》云"九變復貫，知言之選"。朕嘉唐虞而樂殷周，據舊以鑒新。''陰陽不變'之'變'不可易爲'辯'。"

如按：郭氏等説誤，項氏讀"辯"爲"辨"是。古代以十二管校定樂律，此十二管管徑相同而長短各異，分陽律六（稱爲律），陰律六（稱爲吕），故"調律吕"須"辨陰陽"。然項氏謂此"比喻治理國家"亦非。古代以禮樂爲文治的基礎，《史記》有《禮書》和《樂書》，《漢書》有《禮樂志》，足見"樂"在文治中的地位。"調律呂以辨陰陽"意味著整頓文治的基礎，並非比喻之義。

同篇："有一婦人出應，遠蔭弟〔語〕聲，遙知是弟子胥。"（頁7）

項楚先生校："'蔭'字疑爲'聽'字之訛。"○黃、張兩先生校注謂"蔭"疑爲"飲"之同音借字，"飲"有"受"義，如"飲泣吞聲"，"遠蔭弟聲"當即"遠飲弟聲"，"飲"表聽到之意。

如按：疑"蔭"當讀"諳"，熟悉之意。據《廣韻》，諳，烏含切，影母覃韻；蔭，於禁切，影母沁韻。兩字聲母相同，韻母旁轉，可以通讀。正因爲熟悉其聲，所以遙知是弟。黃、張所說，雖不改字，但要證"蔭"有"聽"義，頗爲牽強。

同篇："用水頭上攘之，將竹插於腰下，又用木劇（屐）倒著，"（頁8）

徐震堮先生校："'攘'案文義當作'禳'。"項楚選注，黃、張校注均從之。

如按：此爲丙卷之文。丁卷"攘"作"禳"。"攘"、"禳"均當讀"瀼"，水淤也。此三字《集韻》養韻均汝兩切，可通讀。諸家謂當作"禳"，意謂取"作法術以清除災禍"之義，恐未確。下文"子永……占見阿舅頭上有水，定落河傍"（頁8），即指伍子胥頭上淤水。伍子胥用此法來欺騙子永，以躲避追捉。

同篇："玉響清泠（冷當依項楚校作泠，丙卷原卷實作冷），金鞍瓘錫。"（頁25）

項楚先生校："'瓘錫'當作'歡暢'。"○黃、張兩先生校注："'錫'應作'鍚'，……'瓘鍚'即馬額之玉飾，'金鞍'與'瓘鍚'為並列關係。"

如按："瓘錫"之"錫"，丙卷原卷實作"K"，當定作"鍚"。黃、張先生校字是。疑"瓘鍚"讀"煥揚"。《集韻》換韻，"瓘"為古玩切，"煥"為呼玩切，聲母同為牙喉音，可通讀。《集韻》陽韻，"鍚""揚"同為余章切，亦可通讀。"煥揚"謂光彩四照，用之於"金鞍"，甚是妥帖。黃、張理解為馬額之玉飾，則此句便沒有述語，不完整了。

七、不可將借字與本字易位。

這類問題應該是偶然的疏忽，茲舉一例：

《伍子胥變文》"葫蘆盛飯者內苦外甘也，苦苣為薑

（齏）者以苦和苦也。義合遣我速去速去，不可久停。"便即辭去。（頁7）

如按：此爲丙卷之文。丁卷"䪥"作"齏"，通讀。苦辣之菜切碎而拌和曰䪥，齏則爲菜名。原校於"䪥"下出校作"齏"，非是，潘重規先生校已言之。

八、通讀字的研究有助於聲韻學的深化。

通讀字的研究有賴于聲韻學的研究。聲韻不明，通讀字的研究就很困難。但通讀字的研究，又可以揭示許多廣切韻系統未見的音韻現象，這又可以深化音韻學的研究。

如上所說，敦煌卷子有不少同一篇而有數種抄卷的情形。這些同篇異卷的異文，歸納起來，也無非是：一、誤字，二、異體字，三、通讀字。這些同篇異卷的異文中的通讀字，其中固然有大量與廣切韻系統一致的，但也有不少突破廣切韻系統的。後面這一類材料對於揭示廣切韻系統未見的音韻現象是極其珍貴的。

比如敦煌中有大量的止攝字和遇攝字的通讀，上面所說"於"讀作"伊"即是眾多例子中的一個，現再舉一例：

《伍子胥變文》："仰歎檳榔，何時遠志。"（頁10）
如按：此爲丙卷之文。丁卷"志"作"處"，疑

"處"讀作"志"。據《廣韻》,志,職吏切,止攝開口三等去聲志韻章母;處,昌據切,遇攝合口三等去聲御韻昌母。二字聲母旁紐,韻母分在止攝和遇攝,敦煌文獻中此二攝有相通之例。[1]

這眾多的例子使人不能不想到止攝和遇攝的讀音近似或者混同,開初我們會以爲這也許只是敦煌或擴展到西北地區的語言現象,但如果我們看到長期隱居於天台山的寒山詩中也有此類現象時,我們恐怕就不能說這僅僅是西北方言的特點了。

據研究生苗昱的依項楚先生的《寒山詩注》本所作的調查,寒山詩中止攝与遇攝通押的情形如下(入韻字右下角注《廣韻》韻目):

第170首《儂家暫下山》:裏止、美旨、膩至、紫紙、氣未、意志、去御、齒止、異志、魅至、地至

第173首《自聞梁朝日》:士止、使止、理止、累紙、爾止、利至、去御

第181首《多少天台人》:子止、語語

第248首《昨到雲霞觀》:士止、水旨、比旨、祕至、去御、

---

[1] "檳榔"諧音"擯郎",謂被排擯的夫君。"志"有記義,"遠志"謂遠離記憶。"何時遠志"就是牢記心中。兩味藥名的暗含義如此。

理止、地至、鬼尾、比旨、是紙、擬止

第249首《余家有一宅》：主虞、露暮、雨虞、爾紙

又如：

《伍子胥變文》："阿妹（原卷實作姊）抱得弟頭，哽咽聲嘶，不敢大哭。"（頁7）

如按：此文據丙卷。丁卷"嘶"作"嘶"，似不宜簡單地看作訛體。"新"似與"斯"同樣作爲聲旁。據《廣韻》，斯在心母支韻，新在心母真韻，聲母相同，韻母分屬於止、臻二攝，其中或者透露止、臻二攝相近的某種信息。

而寒山詩中也有止臻通押之例，苗昱調查的情形如下：

第190首《摧殘荒草廬》：蔚未、日質、出術、物物

說明：蔚出現於"摧殘荒草廬，其中煙火蔚"句中，據《集韻》，"蔚"作盛貌解，在未韻；作草名解，在迄韻（《廣韻》在物韻）。此處是煙火彌漫之意，在未韻，屬止攝。

再如曾攝與梗攝的相近，敦煌文獻中也有其例：

《伍子胥變文》："適別龍顏，遊於纏市，"（頁17）

如按：此爲丙卷之文，丁卷"適"作"轍"（即"職"），通讀。楊樹達《小學述林·詩袞職有闕解》釋《詩·大雅·丞民》"袞職有闕，仲山甫補之"云："職者，適也，乍也，言袞乍有闕，則仲山甫即補之也。袞爲上服，補爲補衣，二字文義上下相承。知職當訓適者，成公十六年《左傳》曰：'識見不穀而趨，無乃傷乎？'王念孫云：'識猶適也。《晉語》作屬見不穀而下。韋昭注云：屬，適也。'（見《經傳釋詞》卷九）職與識聲類同，識可訓適，知職亦可訓適也。""識"之訓"適"，當由音近通讀。上古音"識"爲書母職部，"適"爲書母錫部，韻部相近，收音均爲〔-k〕，聲母相同，故可通讀。"職"上古音在章母職部，章母與書母爲旁紐，故亦可讀"適"。至於此處丁卷以"職"讀"適"，大概是由於唐代敦煌此二字音近，不見得是承用《詩經》。據《廣韻》，適，施隻切，梗攝開口三等入聲昔韻書母；職，之翼切，曾攝開口三等入聲職韻章母。看來職韻昔韻音亦相近。

聲母中也有頗值得注意的，如：

《伍子胥變文》："手持輪鈎，欲以（似）魚（漁）人，"（13/3）

如按:"以"之爲"似",倘非形誤而爲聲近,則頗透露音韻方面的信息,即以母與邪母的相近。今廈門話和潮汕話仍有此痕迹。

這類例子如果能找到更多,則有利於説明以母的流變。

這些問題,目前僅僅是處於設想的階段,它的解決,必須在敦煌文獻通讀字全面深入展開之後。

引用文獻

1. 王重民、王慶菽、向達、周一良、啓功、曾毅公編《敦煌變文集》,人民文學出版社,1984年版。

2. 潘重規《敦煌變文集新書》,文津出版社,1994年版。

3. 周紹良、白化文、李鼎霞編《敦煌變文集補編》,北京大學出版社,1989年版。

4. 黄征、張涌泉《敦煌變文校注》,中華書局,1997年版。

5. 劉復《敦煌掇瑣》,中央研究院歷史語言研究所刻本,1925年出版。

6. 蔣禮鴻《敦煌變文字義通釋》,上海古籍出版社(原爲中華書局上海編輯所)。1960年版,1981年版,1988年版。

7. 徐震堮著《夢松風閣詩文集》,華東師範大學出版社,1991年版。

8. 項楚著《敦煌文學叢考》，上海古籍出版社，1991年版。

9. 項楚《敦煌變文選注》，巴蜀書社，1989年版。

10. 杭州大學古籍研究所、浙江省敦煌學研究會、中國敦煌吐魯番學會語言文學分會合編《敦煌語言文學論文集》，浙江古籍出版社，1988年版。

11. 劉堅、蔣紹愚主編《近代漢語語法資料彙編·唐五代卷》，商務印書館，1990年版。

12. 郭在貽、黃征、張涌泉《敦煌變文釋詞》，《語言研究》1989年第1期。

13. 黃永武主編《敦煌寶藏》，新文豐出版公司印行。

14. 《英藏敦煌文獻》，四川人民出版社出版。

15. 陳祚龍《敦煌古抄文獻會最》，新文豐出版公司印行，1982年版。

16. 台灣、中華電子佛典協會製作電子版《大正藏》第1至第55冊暨第85冊。

字　形　表

宂	宂	光	草	聲	模
A$_1$	A$_2$	B	C	D	E$_1$
模	摸	摸	摸	路	盜
E$_2$	F	G$_1$	G$_2$	H	I
尒	錫				
J	K				

敦煌文獻通讀字音序字目表

A

ān（1）

安

àn（1）

按

A

bǎi（2）

伯捭捭

bān（3）

斑般

bǎn（5）

版

bàn（5）

伴伴伴半

bàng（7）

謗傍

bāo（7）

苞

bǎo（8）

堡保保寶

bào（9）

豹暴

bēi（10）

陂

bèi（10）

輩倍倍備備貝

bǐ（13）

彼彼

bì（14）

必婢畢壁辟弊弊例弊

biān（17）

邊

biǎn（17）

褊 褊

biàn（18）

辨 辨 辯 辮 變 弁 遍 開

biǎo（22）

表

bīn（22）

賓 賓 賓 濱

bìn（23）

殯

bǐng（24）

併 炳

bìng（25）

並 並 并

bō（26）

波 波 波 播

bó（28）

白 襏 泊 博 博 勃 搏

bū（31）

晡 餔

bǔ（31）

補 捕

bù（32）

部 不 不 不 步 簿

C

cái（34）

才 裁 裁

cǎi（35）

綵 採 採

cài（36）

菜

cāng（37）

蒼 蒼 倉 倉

cāo（38）

操

cáo（38）

曹

cè（39）

側 側 側 冊 惻

céng（41）

嶒

chá（41）
茶
chà（42）
刹
chāi（42）
苁差
chán（43）
纏禪嬋嬋躔
chāng（44）
倡
cháng（44）
償償長長長尚常常常常
chàng（47）
暢
chāo（47）
超抄抄
chén（49）
晨辰臣陳
chèn（50）
疹襯櫬

chéng（51）
誠誠誠丞丞程城城成成成成呈呈
chěng（56）
逞逞逞
chí（57）
池遲持持馳
chì（59）
赤忕
chōng（60）
充冲
chóu（61）
酬
chuān（61）
川
chuàng（61）
創愴
chuī（62）
吹
chuí（63）
垂

chuò（63）

綴

cí（63）

慈

cǐ（64）

此 此

cì（64）

次 次 次 次 賜 賜

cōng（67）

葱 摐

cū（68）

粗

cù（68）

醋 蹙 簇

cuī（69）

催

cuǐ（70）

漼

cuì（70）

悴

cūn（70）

村

cùn（71）

寸

D

dā（71）

答

dá（72）

怛 怚

dà（72）

大

dài（73）

代 岱 待 大 戴

dān（75）

擔

dǎn（75）

亶

dàn（75）

但 旦 啖

dāng（76）

當

dǎng（76）

讜 黨

dǎo（77）
島 擣 蹈
dào（78）
到 道 道 菿
dé（80）
德 得
dēng（81）
登 登 燈
dī（82）
伍 滴 嘀
dí（83）
的 嫡 狄
dǐ（84）
底 底
dì（85）
地 娣 弟 第 第
diān（87）
瘨
diàn（87）
電 奠
diāo（88）
彫

diào（89）
掉 掉
dié（89）
牒
dǐng（90）
頂
dìng（90）
定
dòng（90）
動
dū（91）
都
dú（91）
讀 瀆 瀆 毒 毒
dǔ（93）
覩
dù（93）
度 度
duàn（94）
斷 段
dùn（95）
鈍

duō（95）

掇

duó（95）

剟

duò（96）

挅 墮 隓

E

é（97）

俄 娥 愕

ēn（97）

恩

ér（98）

而 胹

ěr（99）

耳

èr（99）

二

F

fān（99）

番 蕃 蕃 蕃 蕃

fán（101）

凡

fāng（101）

方

fáng（102）

房 防

fǎng（102）

仿

fēi（103）

非 非 菲

fěi（104）

匪

fēn（105）

訜 芬雲 芬 芬 分 分

fèn（106）

糞

fēng（106）

豐 峯 峰

féng（107）

縫 逢 逄

fěng（108）

風

fèng（109）
奉

fó（109）
佛

fū（109）
夫

fú（110）
伏 伏 福 福 浮 苻 扶 扶 颰 服 服 符 符

fǔ（115）
府 府 府 府 府

fù（117）
覆 覆 副 付 付 付 負 負 復 復 福 複 赴 赴 附 附 阝 服

G

gāi（122）
姟

gǎi（122）
改

gài（123）
丐

gān（123）
扞 肝 忏

gǎn（125）
敢 敢 感

gàn（126）
檊

gāng（127）
剛

gāo（128）
高 高 峉 槁

gǎo（129）
槁

gē（129）
歌

gé（130）
格

gè（130）
各 各

gèn（131）
艮

gōng（131）
功 功 功 供 供 宫 窮 共 公

gòng（134）
共
gǒu（134）
狗 狗
gū（135）
孤 估 菰 姑 咕
gǔ（137）
古 古 穀 穀 穀 股
gù（139）
雇 故 故 故 故 固
guǎ（141）
寡
guà（142）
卦 掛
guān（142）
官 官
guàn（143）
瓘 灌
guǎng（143）
廣
guō（144）
彉

guǒ（144）
裹 粿
guò（145）
過

H

háo（146）
毫 豪
hào（146）
滈
hé（146）
何 紇 紇 河 河 盍 荷
hè（149）
赫 賀 嚇
hèn（150）
恨
hóng（150）
弘 弘 紅 洪 洪 鴻
hóu（152）
喉
hòu（152）
後 後 逅

hū（153）

忽 惚

hú（154）

胡 胡 胡

huā（155）

花 花

huá（156）

華 華 釪

huái（157）

懷

huài（157）

壞

huán（157）

環 還

huàn（158）

免 幻 患 換 喚

huáng（160）

皇 惶 煌

huī（161）

灰

huí（161）

佪 迴

huǐ（162）

誨

huì（162）

繪 惠

hūn（163）

昏 惛

huò（164）

霍 或 或 或

J

jī（165）

幾 幾 穄 積 緝 萁 飢

jí（168）

疾 急 級 汲 藉 戢 即 籍

jǐ（170）

己 己 幾

jì（171）

計 計 記 記 記 祭 紀 濟 寄 既 際

jiā（175）

佳 佳 俠 家 夾 加 加 加 駕

jiǎ（178）

賈 甲 甲

jià（179）

賈 價 稼 假 嫁 駕 枷

jiān（181）

間 間 間

jiǎn（183）

儉 減 咸 揀

jiàn（184）

諫 澗 賤 監 監 箭 箭

jiāng（187）

將 漿

jiāo（188）

交 交 交 交 郊 傲 嬌 蟭 蟟

jiǎo（191）

皎 僥 僥

jiào（192）

醮 校 校 校 教 教 挍

jiē（194）

皆

jié（194）

結 劫

jiě（195）

解

jiè（196）

界 界

jīn（196）

斤 金 今 今 筋

jìn（198）

近

jīng（198）

經

jìng（198）

竟 竟 靖 徑 逕 境 敬 静 静

jiǒng（201）

迥

jiǔ（201）

久 九

jiù（202）

就

jū（202）

居 居

jǔ（203）

咀 舉 舉

jù（204）

劇 俗 拒 拒 巨 具 具 具 懼

juàn（207）

卷

jué（208）

爵 掘

jūn（208）

君 軍 均

jùn（209）

郡 俊

K

kān（210）

勘

kāng（210）

康

kǎo（211）

考

kē（211）

稞 棵 顆

kè（213）

刻 課 尅 恪 恪 恪

kěn（216）

懇

kǒng（216）

恐

kǔ（217）

苦

kuà（217）

跨

kuāng（217）

筐

kuáng（218）

狂

kuàng（218）

況 壙 曠

kuī（219）

窺

kuí（220）

夔

kuì（220）

媿 匱 愧

kuò（221）

闊

L

là（221）

臘

lài（222）

瀨

lán（222）

蘭闌

lǎn（222）

攬擥

làng（223）

浪

láo（224）

牢澇勞勞

lí（225）

離梨棃黎

lǐ（226）

裏裡理理禮李李李里里里

lì（231）

麗例利歷曆勵勵

lián（234）

連蓮憐

liàn（236）

練

liáng（236）

良梁量量粮糧

liàng（238）

兩量量

liáo（239）

寮遼尞

liǎo（240）

了

liè（240）

列烈烮烈裂裂戾

lín（243）

霖璘隣麟

lǐn（244）

廩槀

lìn（245）

遴

līng（245）

拎

líng（246）
令 令丁 零 靈 鴒
　　　lǐng（247）
領 領 領
　　　lìng（248）
令
　　　liú（249）
流 流 溜 留
　　　liù（250）
六
　　　lóng（251）
隆 籠
　　　lǒng（251）
隴
　　　lóu（252）
㞖 玀 嫝
　　　lòu（253）
漏 陋
　　　lú（253）
廬
　　　lǔ（254）
魯

　　　lù（254）
鹿 鹿 碌 淥 祿 祿 祿 路 錄 錄
　　　lǚ（258）
侶 呂 吕 履
　　　lǜ（259）
綠
　　　luán（259）
鸞
　　　lüè（259）
略
　　　lún（259）
論 倫 倫 綸 淪 輪
　　　luó（261）
羅 羅 囉
　　　luò（262）
樂 洛 洛 洛 落 落

M

　　　mǎi（264）
買

mài（265）

麥賣

　　　mǎn（265）

滿

　　　màn（266）

謾慢

　　　máng（267）

芒忙忙恾

　　　máo（268）

旄毛

　　　mào（269）

帽冒

　　　mèi（270）

媚

　　　mén（270）

門

　　　méng（270）

盟蒙

　　　měng（271）

猛

　　　mí（272）

靡縻麋縻

　　　mì（273）

蜜

　　　miǎn（274）

勉免

　　　miàn（274）

面

　　　mǐn（274）

愍憗敏

　　　míng（275）

名明眀

　　　mō（276）

摸

　　　mó（277）

模

　　　mò（277）

漠没没末

　　　móu（278）

謀

　　　mù（279）

木墓幕募暮暮暮暮目

N

nà（282）
内

náo（283）
硇

nǎo（283）
腦

ní（284）
尼 怩

nǐ（284）
擬 擬

niē（285）
捻

niè（286）
躡

níng（286）
儜 凝 寧 疑

nóng（288）
濃 穠 膿 膿

nú（289）
奴

nǔ（290）
努

nù（290）
怒

nuó（290）
儺 那

nuò（291）
喏

O

ōu（291）
毆 歐

pà（292）
怕

P

pān（292）
潘 潘 攀

pán（294）
盤 般 槃

pàn（295）
畔 判

pào（296）

泡

péi（296）

裴 偣 倍 陪 陪 陪

pēn（300）

噴

péng（300）

蓬

pī（300）

被 帔 披 披

pì（301）

僻 辟 辟

piān（302）

偏 偏

piāo（303）

漂 漂 漂 遥

piào（304）

慓

pín（304）

嬪

pō（304）

頗 坡

pū（305）

撲

pú（305）

僕 襆 葡 蒲

pǔ（307）

浦

Q

qī（307）

柒 期 慼

qí（308）

齊 齊 綺 衹 祁 其 其

qǐ（311）

玘 豈 啟 起 乞 乞

qì（313）

訖 契 氣 氣 氣

qiān（315）

謙 謙 阡 僉

qián（317）

虔 犍 乾 黔 前 錢 錢 鈐

qiāng（319）

槍 槍

qiǎng（320）

搶

qiāo（320）

敲

qiáo（320）

橋

qié（321）

伽

qiè（321）

妾 妾 切 切

qīng（322）

頃 清 清 清 青 卿

qíng（325）

情

qǐng（325）

傾

qiū（326）

揪

qiú（326）

毬 求 求 求

qū（328）

軀 佉 蛆 區 屈 屈

qǔ（330）

娶 取

qù（331）

去 去 趣

quán（332）

詮 詮

què（333）

碻 却

qún（334）

羣 群 裙

R

rán（335）

然

ráng（335）

穰

rǎng（335）

壤 攘

rǎo（336）

遶

rào（337）

繞 撓

rén（337）

壬仁人

rì（338）

日

róng（339）

融容溶榮荣

róu（341）

柔

rú（341）

儒如如

rǔ（342）

汝女

ruǎn（343）

㛇㛇

rùn（344）

潤閏

S

sè（345）

色

sēng（346）

僧

shā（346）

沙沙煞

shān（347）

珊

shǎng（347）

賞

shàng（348）

上尚

shāo（349）

捎

shǎo（349）

少

shé（350）

舌

shě（350）

捨

shè（351）

社

shēn（351）

伸身身身莘申

shén（353）

神神

shèn（354）
慎
shēng（354）
生 昇 昇 勝
shī（356）
施 絁
shí（357）
識 識 石 碩 實 十 蒔 時 食
shǐ（359）
始 始 駛
shì（360）
示 示 仕 仕 適 士 式 世 事 事 事 事 事 拭 是 是 是 是 飾
shǒu（367）
手 守 首
shòu（368）
瘦 受 受 售 壽 授
shū（371）
疏 殊 殊 舒
shú（372）
孰

shǔ（372）
暑
shù（373）
述 束
sī（374）
司 斯 斯 思
sì（375）
似 以 嗣 兕
sòu（377）
嗽
sū（377）
蘇
sú（377）
俗
sù（378）
訴 肅 素 素
suī（380）
雖
suí（380）
隨
suì（381）
遂 誶

sǔn（381）
損
　　　suǒ（382）
所

T

　　　tài（383）
態
　　　tán（383）
譚 談 彈 壇
　　　táng（384）
唐
　　　tǎng（385）
儻
　　　tàng（385）
駦
　　　tāo（386）
濤 韜
　　　táo（387）
洮 桃 陶
　　　tè（387）
貸

　　　téng（388）
騰 騰
　　　tí（389）
提 蹄
　　　tì（389）
替
　　　tián（389）
佃 田
　　　tiáo（390）
調 條 韜
　　　tiē（391）
帖
　　　tīng（392）
廳
　　　tíng（392）
亭 庭
　　　tóu（393）
頭 頭
　　　tú（394）
徒 徒 徒 駼
　　　tuō（396）
託

敦煌文獻通讀字音序字目表

    tuò（396）
柘

W

    wān（396）
剜

    wǎn（397）
宛 菀 晚

    wàn（398）
萬 腕

    wáng（399）
亡 亡 亡

    wǎng（400）
王 往 網 兩

    wàng（401）
忘 忘 忘 忘 忘 妄 望 望 兩

    wēi（404）
微

    wéi（405）
爲 爲 爲 爲 嵬 峗 違 韋 唯 唯 唯

    wěi（408）
猥 愇

    wèi（409）
謂 謂 爲 爲 爲 未

    wén（412）
文 玟

    wèn（412）
聞 問 問

    wò（414）
握 握

    wū（414）
鎢

    wú（415）
吾 吾 吴 無

    wǔ（416）
武 武 武 憮 仵 舞 午

    wù（418）
誤 務 勿 物 悟

X

    xī（420）
西 西 悉 悉 悉 奚 昔 昔 膝

兮 錫
　　xí（424）
席 席
　　xǐ（425）
喜
　　xì（426）
繫
　　xiá（427）
俠 狹
　　xià（427）
下
　　xiān（428）
先 先
　　xián（429）
纖 咸 咸
　　xiàn（430）
現 見
　　xiāng（431）
香
　　xiáng（431）
詳

　　xiǎng（431）
想
　　xiàng（432）
向 向 像 像 象
　　xiāo（433）
霄 宵 逍 驍
　　xiǎo（435）
小
　　xiào（436）
効 肖 笑
　　xié（437）
頡 挾 叶 斜
　　xiě（438）
寫
　　xiè（439）
解 解 解 瀉 揳
　　xīn（440）
新
　　xīng（441）
星 星
　　xíng（441）
刑 刑 形 形

xìng（443）
姓 性
　　xiōng（444）
兇 兇 凶 凶 胸
　　xiū（445）
修 修 脩 羞
　　xiù（446）
繡
　　xū（447）
呼 須
　　xù（448）
序 畜 續
　　xuān（449）
宣 喧 暄
　　xuán（449）
玄 懸 縣
　　xuàn（451）
渲
　　xué（452）
穴 學
　　xūn（453）
勳 薰

　　xùn（454）
訓 徇 巽

　　Y

　　yā（455）
押 厭
　　yá（455）
衙 芽 牙 牙
　　yà（457）
俹
　　yān（457）
烟
　　yán（458）
言 顔 延 巡 莚
　　yǎn（460）
儼 淹 奄 捵
　　yàn（461）
彦 燕 燕 厭
　　yāng（463）
殃 央
　　yáng（463）
洋 楊 楊 揚 易 陽 陽 羊 鍚

yǎng（466）
佒
　　　yāo（467）
要 妖 腰
　　　yáo（468）
姚 姚 媱 搖
　　　yào（469）
藥
　　　yé（469）
耶
　　　yě（470）
也
　　　yè（470）
夜 葉
　　　yī（471）
意 衣 衣 依 依 依 悠
　　　yí（474）
疑 疑 疑 移 儀 儀 宜 宜 夷
　　　yǐ（477）
已 已 已 倚 以 以 以
　　　yì（480）
疫 亦 亦 亦 意 弈 議 議 億

易 異 義 義 憶
　　　yīn（485）
音 蔭 蔭 因
　　　yǐn（487）
隱
　　　yìn（487）
印
　　　yīng（488）
膺 英 嬰 鸚
　　　yǐng（489）
影
　　　yōng（490）
邕
　　　yóng（490）
遇
　　　yǒng（491）
踴
　　　yōu（491）
憂 優
　　　yóu（492）
疣 油 遊 猶 由 由 由

yǒu（495）
有有有有友友
yòu（496）
右右又
yú（498）
於於於於於于于魚榆
蜩愚喻舁歟餘
yǔ（503）
語語宇與與與與
yù（505）
預遇遇或喻
yuān（507）
冤
yuán（508）
緣源源園員員圓圓原
yuàn（511）
怨苑
yuè（511）
説樂越越曰
yùn（513）
運運蘊

Z

zài（514）
再再在載載載
zàn（515）
贊
zào（516）
噪
zé（516）
擇睪
zè（517）
昃
zēng（518）
繒增曾曾曾憎憎
zhān（520）
沾粘
zhǎn（521）
搌
zhāng（521）
章章彰彰
zhǎng（522）
掌

zhàng（523）
仗 仗 杖 杖 丈 丈 障 長
zhāo（527）
招 昭 剑
zhào（528）
照
zhě（528）
堵
zhēn（529）
珍 貞 禎
zhēng（529）
静 徵
zhěng（531）
整
zhèng（532）
正 政 政 政 争
zhī（533）
織 之 之 之 之 之 支 支 支 支 枝 脂 知 知 知
zhí（539）
皸 皸 皸 直 直

zhǐ（541）
旨 指 指 指 只 趾
zhì（543）
至 至 至 至 致 製 袟 志 志 志 志 質 雉 智 智
zhōng（549）
中 中 忠 鍾 鍾
zhǒng（551）
種
zhòng（551）
重 重 重 中 眾
zhōu（553）
州
zhóu（553）
軸
zhòu（553）
驟
zhū（554）
諸 珠 珠 珠 朱 銖
zhǔ（556）
主 主 囑

zhù（557）

註住住注柱貯築

zhuāng（559）

裝莊

zhuō（560）

棳掇焯

zhuó（561）

酌勺濁濯叕

zī（562）

資資滋孳兹

zǐ（564）

子

zì（564）

自自自字恣事

zōng（566）

宗蹤

zǒng（567）

總

zòng（567）

從縱

zōu（568）

鄒

zòu（568）

奏

zū（568）

租

zú（569）

族足

zǔ（570）

祖阻

zuǎn（570）

纘

zuǐ（571）

觜觜

zūn（571）

樽

zuǒ（572）

佐

zuò（572）

作坐座祚

敦煌文獻通讀字

ān

安 讀作鞍。[鞍同鞌,安、鞌二字《廣韻》同爲烏寒切,平寒,影。]

伯2685年代未詳[公元八二八年?]《沙州善護、遂恩兄弟分家契》:"畜乘安馬等兩家取☐壹領拾叁增,兄弟義讓,□上大郎,不入分數。"(《釋錄》第二輯,頁142/2-4)伯2685年代未詳[公元八二八年?]《沙州善護、遂恩兄弟分家契》:"遂恩:鐺壹口并主鏊子壹面,銅鉢壹,龍頭鐺子壹,種金壹付,鐮壹張,安壹具,大釿壹,銅灌子壹,钁□壹具,絹壹丈柒尺,黑牸牛壹半。"(《釋錄》第二輯,頁143/23-25)

àn

按 讀作案。[二字《廣韻》同爲烏旰切,去翰,影。]

伯2862背、伯2626背唐天寶年代《燉煌郡會計牒》:"按板壹,手羅壹,帨巾壹,白氎伍領……"(《釋錄》第一輯,頁476/100)伯2613唐咸通十四年(公元八七三年)

正月四日《沙州某寺交割常住物等點檢曆》："漆按几貳。"（《釋錄》第三輯，頁 10/25）伯 2613 唐咸通十四年（公元八七三年）正月四日《沙州某寺交割常住物等點檢曆》："按架壹，在鄧寺主。"（《釋錄》第三輯，頁 11/54）伯 2613 唐咸通十四年（公元八七三年）正月四日《沙州某寺交割常住物等點檢曆》："經按壹。"（《釋錄》第三輯，頁 12/84）

bǎi

伯 讀作百。［二字《廣韻》同爲博陌切，入陌，幫。］

伯 2653《燕子賦（二）》："一年十二月，月別伍伯文。"（《校注》頁 415/15）伯 2697 後唐清泰二年（公元九三五年）九月《比丘僧紹宗爲亡母轉念設齋施捨放良迴向疏》："敬誦諸佛菩薩壹萬句，誦般若心經伍伯遍，誦無量壽呪壹千遍，誦滅罪真言壹千遍，設齋壹伯人供，放家童青衣女富來並男什兒從良，施細緤壹疋，粗圭貳疋，布壹疋充見前僧儭。"（《釋錄》第三輯，頁 89/1-4）Ch.969—72 唐 ［開元九年？］《于闐某寺支出簿》："出錢壹伯文，新莊先陳狀，又請掏山水渠，鄉原沽酒，供百姓用，付直歲僧'幽潤'"（《釋錄》第三輯，頁 292/（一）16）伯 2155 背《弟歸義軍節度使曹元忠致甘州迴鶻可汗狀》："又去五月十五日被肅州家一雞悉歹作引道人，領達坦賊壹伯已來，於瓜州會稽兩處同日下，打將人口及牛

馬。"(《釋録》第四輯，頁402/15-18）

捭 讀作備。[捭，《廣韻》北買切，上蟹，幫。備，《廣韻》平秘切，去至，並。二字聲母旁紐。]

伯2249背壬午年（公元九二二年或九八二年）《康保住雇工契》："如内欠闕，佳（皆）自排捭，自雇如後，便須造作，不得抛工壹日。若亡示抱（忙時抛）（以下空白）"（《釋録》第二輯，頁71/3-5）排備，安排、準備。

捭 讀作被。[捭，《廣韻》北買切，上蟹，幫。被，《廣韻》皮彼切，上紙，並。二字聲母旁紐。]

伯3324背唐天復四年（公元九〇四年）《衙前押衙兵馬使子弟隨身等狀》："右伏緣伏事在衙已來，便即自辦駝馬馳驅，不諫三更半夜，唤召之，繼聲鼓亦須先到，恐罪有敗闕（？）身役本無處身説口馳商量更亦無一人貼，遂針草自便，典家買（賣）舍口置（？）鞍馬，前使後使見有文憑，復令衙前軍將子弟隨身等判下文字，若有户内別居兄弟者則不喜（許）霑捭。"（《釋録》第二輯，頁450/2-9）霑被，滋润庇荫。

bān

斑 讀作班。[二字《廣韻》同爲布還切，平删，幫。]

伯2625《敦煌名族志殘卷》："五代義居，承家孝悌，忠誠奉國，各受其斑。"(《釋録》第一輯，頁102/54)伯2729《賀賜征馬和謝改授僧官等書狀十四件》："兄弟素無才術，累授崇斑。"(《釋録》第五輯，頁353/24)

般 讀作搬。[般，《廣韻》北潘切，平桓，幫。搬，《字彙·手部》音般。二字同音。]

斯542背戌年（公元八一八年）六月《沙州諸寺丁口車牛役簿附亥年一卯年注記》："靈圖寺車兩乘般稻穀入城，車牛一日，載塼一車修倉用。"(《釋録》第二輯，頁393/195)伯2942唐永泰年代（公元七六五一七六六年）《河西巡撫使判集》："非直軍州有詞，抑亦般運難致。"(《釋録》第二輯，頁621/24)伯2040背後晉時期《净土寺諸色入破曆祘會稿》："麵貳拾陸碩（石）柒卧伍勝（升），四月廿七已後至六月十四日已前中間，看博士及局席般沙墼車牛人夫及徒衆等用。"(《釋録》第三輯，頁401/（一）9-10)伯2032背後晉時代《净土寺諸色入破曆祘會稿》："五月廿三日至六月十三日，中間廿一日，工匠及衆僧般砂車牛人夫等三時食用。"(《釋録》第三輯，頁464/（三）163-164)伯2811唐廣明元年庚子歲（公元八八〇年）《侯昌葉直諫表》："志誠進狀，强奪波斯之寶，抑取帙店之珍，渾鏢櫃坊，全城般運，使千門悲悼，

万户銜冤。"(《釋録》第四輯，頁 333/25-26）

bǎn

版 讀作板。[二字《廣韻》同爲布綰切，上潸，幫。]

斯 446 唐天寶七載（公元七四八年）《册尊號赦》："其京城父老，宜入（人）各賜物十段，七十已上；仍版授本縣令，其妻板授縣君，六十已上版授本縣丞。"(《釋録》第四輯，頁 262/26-27）斯 446 唐天寶七載（公元七四八年）《册尊號赦》："天下侍老，百歲已上，版授下郡太守，婦人版授郡君，九十已上版授上郡司馬，婦人版授縣君，八十已上版授縣令，婦人版授鄉君，仍並即量賜酒麵。"（《釋録》第四輯，頁 262/29-31）板授，指授予高齡老人榮譽職銜。

bàn

伴 讀作絆。[伴，《廣韻》蒲旱切，上緩，並；又蒲半切，去換，並。絆，《廣韻》博慢切，去換，幫。二字同爲山攝合口一等，韻母相同，聲母旁紐。]

俄藏 Φ365《妙法蓮華經講經文（二）》："因此業緣相繫伴，永沉生死瀑流河。（《校注》頁 719/7）

伴 讀作拚。[伴，《廣韻》蒲旱切，上緩，並；又蒲半切，去換,並。拚,《古今字音對照手册》普官切,平桓,滂。二字韻母相同,聲母旁紐。]

伯4017《出賣口分地契殘片》:"▢▢▢▢當房兄弟及別人▢▢▢▢擾該論來者,一仰□兒並伴覓上好地充替。"(《釋錄》第二輯,頁17/4-6)

【説明】拚有割捨、不顧惜之義,此謂盡力也。

伴 讀作畔。[伴,《廣韻》蒲旱切,上緩,並。畔,《廣韻》薄半切,去換,並。二字僅聲調有别。]

伯2553《王昭君變文》:"左邊盡着黄金甲,右伴芬雲(紛紜)似錦團。"(《校注》頁157/13)

俄藏Ф365《妙法蓮華經講經文(二)》:"即於前來臺伴,更有無量□□□□(諸天人衆),皆作百千種種伎樂,供養日月净明德□(佛)及聲聞衆。"(《校注》頁719/4)俄藏Ф101《維摩詰經講經文(二)》:"階前砌伴,清泉之遠(似當作繞)竹潺潺;林下溪邊,雪檜之摇風切切。"(《校注》頁810/18-19)

半 讀作絆。[二字《廣韻》同爲博漫切,去換,幫。]

斯2144《韓擒虎話本》:"思量言訖,莫不草繩自縛,黄麻半肘,直到將軍馬前。"(《校注》頁302/15)

bàng

謗 讀作訪。[謗,《廣韻》補曠切,去宕,幫。訪,《廣韻》敷亮切,去漾,敷。謗在宕攝開口一等,訪在宕攝合口三等,二字聲母同爲脣音。]

伯4092《新集雜別紙》:"自寰宇大定,車書混同,方始謗尋,近知所止。"(《釋錄》第五輯,頁430/205)

【說明】"謗"之當作"訪",也可能是書寫時將"方"旁誤寫作"旁"。

傍 讀作榜。[傍,《廣韻》蒲浪切,去宕,並。榜,《廣韻》北朗切,上蕩,幫。二字韻母相同,聲母旁紐。]

伯4634、斯3375、斯1880、伯4634唐永徽二年(公元六五一年)《令卷第六東宫諸府職員》:"左監門率一人掌門禁籍傍。以下不注職掌者,掌同左衛率府。副率二人。"(《釋錄》第二輯,頁546/(二)28)

bāo

苞 讀作包。[二字《廣韻》同爲布交切,平肴,幫。]

伯3593唐開元二十五年(公元七三七年)《律疏——名例律疏殘卷》:"然王者居宸極之至尊,奉上天之寶命,同二儀之覆載,作兆庶之父母,爲子爲臣,惟忠惟孝,乃敢苞藏凶慝，將起逆心，規反天常，悖逆人理，故曰謀反。"（《釋錄》第二輯，頁 533/8-12）斯 1438 吐蕃佔領時期《沙州守官某請求出家狀等稿四十多件》："或刻木成形，苞含万像；方圓咫尺，備寫百靈。"（《釋錄》第五輯，頁 318/67-68）

bǎo

堡 讀作保。[二字《廣韻》同爲博抱切，上晧，幫。]

伯 2811 唐廣明元年庚子歲（公元八八〇年）《侯昌葉直諫表》："即得金城永堡，世路和平。"（《釋錄》第四輯，頁 334/39）

保 讀作寶。[二字《廣韻》同爲博抱切，上晧，幫。]

斯 2144《韓擒虎話本》："衾虎答言：'某乙弟三要陳叔保手（首）進上隋文皇帝，即便却迴。'"（《校注》頁 301/17）伯 4640《沙州釋門索法律窟銘》："屬天保之末，逆胡内侵，土蕃承危，敢犯邊境。"（《釋錄》第五輯，頁 96/16）

保 讀作報。[保，《廣韻》博抱切，上晧，幫。報，《廣韻》博耗切，去號，幫。二字僅聲調有別。]

斯 4654《舜子變》："老［□］（人）保郎君：'昨從寮

楊（遼陽）城來，今得阿耶書信。'"（《校注》頁200/11-12）伯2344《祇園因由記》："其友保曰：'舍衛長者大臣聞君有女，故來求婚。'"（《校注》頁601/11-12）伯2305《解座文匯抄》："望兒孫，行孝義，保塞我一生錯使意。"（《校注》頁1175/1）伯3489戊辰年正月廿四日《旌（？）坊巷女人社社條（稿）》："一，或有凶事榮親者，告保錄事，行文放帖，各自兢兢，一一指實，記錄人名目。"（《釋錄》第一輯，頁276/4-5）斯0343 10V《放良書（樣式）二件》："前緣所及爲尊貴。果保不同，充爲下輩。"（《釋錄》第二輯，頁160/（一）2-3）

寶 讀作報。[寶，《廣韻》博抱切，上晧，幫。報，《廣韻》博耗切，去號，幫。二字僅聲調有別。]

伯4638《大番故敦煌郡莫高窟陰處士修功德記》："南墻畫西方净土、法花、天請問、寶恩變，各一鋪。"（《釋錄》第五輯，頁225/55）

bào

豹 讀作暴。[豹，《廣韻》北教切，去效，幫。暴，《廣韻》薄報切，去號，並。豹在效攝開口二等，暴在效攝開口一等，二字韻母相近，聲母旁紐。]

斯2073《廬山遠公話》："時有堅牢樹神，走至殿前唱

啗，狀如豹雷相似。"（《校注》頁 252/17）

暴 讀作饱。[暴，《廣韻》薄報切，去號，並。饱，《集韻》博巧切，上巧，幫。暴在效攝開口一等，饱在效攝開口二等，二字韻母相近，聲母旁紐。]

斯 328《伍子胥變文》："風塵慘面，蓬塵暎天。精神暴亂，忽至深川。"（《校注》頁 4/17）

【說明】此爲丙卷之文。"精神"句丁卷（伯 2794）作"神情饱亂"。"饱"字見於《集韻·巧韻》博巧切之下，云："悖也。""饱亂"爲同義並列複詞。丙卷之"暴"當讀"饱"。

bēi

陂 讀作波。[陂，《廣韻》彼爲切，平支，幫；又彼義切，去寘，幫。波，《廣韻》博禾切，平戈，幫。陂在止攝開口三等，波在果攝合口一等，二字同聲母。]

俄藏 Ф96《雙恩記》："必若因循遭失墜，檀陂羅蜜大難修。"（《校注》頁 937/3）

bèi

輩 讀作背。[二字《廣韻》同爲補妹切，去隊，幫。]

伯 2305《妙法蓮華經講經文（一）》："便請仙人昇輩

上，與我如今早説經。"(《校注》頁710/6）

倍 讀作背。[倍，《廣韻》薄亥切，上海，並。背，《廣韻》補妹切，去隊，幫。倍在蟹攝開口一等，背在蟹攝合口一等，二字聲母旁紐。]

斯2144《韓擒虎話本》："衾虎十步地走馬；二十步地臂上捻弓；三十步腰間取箭；四十步搭闊（括）當弦，拽弓叫圓；五十步翻身倍射。"(《校注》頁304/7-8）

【説明】背，《廣韻》補妹切，背脊。

倍 讀作背。[倍，《廣韻》薄亥切，上海，並。背，《廣韻》蒲昧切，去隊，並。倍在蟹攝開口一等，背在蟹攝合口一等，二字同聲母。]

斯2144《韓擒虎話本》："責而言曰：'叴耐遮賊，心生爲（違）倍，効（淆）亂中圓（原），今日把來，有甚李（理）説！'"(《校注》頁302/18）斯6300丙子年二月十一日《僧隨願共鄉司判官李福紹結爲兄弟契》："一人看端正，二乃兄弟名幸，有甚些些，不得倍逆，便仰昔問同心，便歡悦之地（？）此師兄口弟，不憑文字，願山河爲誓，日月證盟，地轉天迴，執憑爲驗耳。"(《釋録》第二輯，頁201/4-7）

【説明】背，《廣韻》蒲昧切，棄背。

備 讀作被。〔備，《廣韻》平秘切，去至，並。被，《廣韻》皮彼切，上紙，並。二字同在止攝開口三等而韻目鄰近，韻母相近，聲母相同。〕

斯 2073《廬山遠公話》："道安備難，度（杜）口無詞，恥見相公，羞看四眾。"（《校注》頁 265/13）斯 2144《韓擒虎話本》："陳王備側（責），度（杜）口無詞。"（《校注》頁 302/18-21）斯 3491《破魔變》："故知佛力垂加備，姊妹三人勝於前。"（《校注》頁 536/8）伯 4640《陰處士碑稿》："德備周親，賢資近感。"（《釋錄》第五輯，頁 71/37）

備 讀作賠。〔備，《廣韻》平秘切，去至，並。賠，《古今字音對照手冊》薄回切，平灰，並。備在止攝開口三等，賠在蟹攝合口一等，二字同聲母。〕

李盛鐸舊藏唐開元二十五年（公元七三七年）《律疏——雜律疏殘卷》："即不滿十分者，一當一分論，謂請九事爲九分之類，亦依亡失毀傷，准分爲罪，仍依令備償。"（《釋錄》第二輯，頁 529/30-32）又："議曰：官私器物，其有故棄毀，或亡失及誤毀者，各備償。"（《釋錄》第二輯，頁 530/42-43）又："注云，謂非在倉庫而別持守者，謂倉庫之外別處持守而有棄毀亡失及誤毀官私器物，始合備償。"（《釋錄》第二輯，頁 530/43-45）

【說明】錢大昕《恒言錄·單字類》："賠，此字不見《玉篇》《類篇》等書，古人多用備字，或作陪。明《永樂實錄》追陪字皆不从貝旁。《唐律》：'諸應輸備贓沒入之物，及欠負應徵違限不送者，一日笞十。'疏云：'備謂亡失官私器物各備償。'"《漢語大詞典》引元代關漢卿《裴度還帶》第四摺已見"賠"字，文云："聖人方知前因。聖人可憐，將老夫賠過贓三千貫盡給還老夫。"《字彙》賠字音裴。

貝 讀作背。［貝，《廣韻》博蓋切，去泰，幫。背，《廣韻》補妹切，去隊，幫。貝在蟹攝開口一等，背在蟹攝合口一等，二字同聲母。］

斯 2144《韓擒虎話本》："五道將軍聞語，囗（嚇）得甲（洽）貝汗流：'臣啟大王：莫道三日，請假一月已來總得。'"（《校注》頁 304/19-20）

bǐ

彼 讀作比。［彼，《廣韻》甫委切，上紙，幫。比，《廣韻》卑履切，上旨，幫。二字同在止攝開口三等而韻目鄰近，韻母相近，聲母相同。］

斯 4504 乙未年（公元八七五年或九三五年）《就弘子等貸生絹契（抄）》："其絹彼至西州迴來之日，還絹裹

（利）頭立機緤壹疋。"（《釋錄》第二輯，頁 110/（一）3-4）

彼 讀作被。[彼，《廣韻》甫委切，上紙，幫。被，《廣韻》皮彼切，上紙，並。二字僅聲母有小別，但屬旁紐。]

斯 2073《廬山遠公話》："眾生從無量劫來，彼此風搖動不定。"（《校注》頁 267/5）伯 2938 背壬辰年《某某狀稿》："其長清新婦彼捉，今有言語，發遣一字。"（《釋錄》第五輯，頁 29/2）

bì

必 讀作畢。[二字《廣韻》同爲卑吉切，入質，幫。]

斯 2144《韓擒虎話本》："修書寄（既）必，遂差一小將直至周羅侯寨内送書。"（《校注》頁 303/2）斯 3050《不知名變文（二）》："善惠説法已必，却歸大雪山南面，到蓮花城中，付（敷）設道場，縣零（鈴）杆鈸。"（《校注》頁 1134/16）

婢 讀作被。[婢，《廣韻》便俾切，上紙，並。被，《廣韻》皮彼切，上紙，並。被在止攝開口三等，婢重紐，二字音極近。]

上博 8958（2）年代不明《平康鄉百姓索鐵子牒及

判》："又後索定子於□□債，貧不經巡，日日夜夜婢債主行逼，寸步□□計思量，裴（叛）逆世界，偷取押衙王善信馬定子頭取甘州，去捉不得。"（《釋錄》第二輯，頁319/4-6）

畢 讀作必。［二字《廣韻》同爲卑吉切，入質，幫。］

斯2073《廬山遠公話》："世間妙術，只治有命之人，畢死如何救得！"（《校注》頁260/11-12）斯6836《葉净能詩》："净能奏曰：'臣見陛下飲似不樂，臣與陛下邀得一個飲流，此席的畢歡矣。'"（《校注》頁336/16）

壁 讀作璧。［壁，《廣韻》北激切，入錫，幫。璧，《廣韻》必益切，入昔，幫。璧在梗攝開口四等，壁在梗攝開口三等，韻母相近，聲母相同。］

斯328《伍子胥變文》："懷中壁玉以贈。"（《校注》頁8/9）伯2553《王昭君變文》："河（何）慼尺壁，寧謝寸陰！"（《校注》頁156/17）俄藏Ф365《妙法蓮華經講經文（二）》："休說隨珍兼趙壁，莫誇宮錦及川羅。"（《校注》頁723/3）

璧 讀作壁。［璧，《廣韻》必益切，入昔，幫。壁，《廣韻》北激切，入錫，幫。璧在梗攝開口三等，壁在梗攝開口四等，二字同聲母。]

斯530《索法律和尚義責窟銘》："小子有功將士前河西，節度御史（旁注：押牙）大夫，天資秀異，神假英靈；孝悌於家，忠盡於國；登鋒履刃，猛氣超群；鐵辟攢槍，先衝八陣；提戈從事，每立殊勳。"（《釋錄》第五輯，頁156/54-56）

弊 讀作蔽。[弊，《集韻》毗祭切，去祭，並。蔽，《廣韻》必袂切，去祭，幫。二字同在蟹攝開口三等，韻母相同，聲母旁紐。]

斯133《秋胡變文》："玉面映紅粧，金鉤弊採桑。"（《校注》頁234/13）弊讀作蔽，謂隱於桑間。

弊例 讀作薜荔。[弊，《集韻》毗祭切，去祭，並。薜，《廣韻》蒲計切，去霽，並。弊在蟹攝開口三等，薜在蟹攝開口四等，二字同聲母。例，《廣韻》力制切，去祭，來。荔，《廣韻》郎計切，去霽，來。例在蟹攝開口三等，荔在蟹攝開口四等，二字同聲母。也就是這個本來是四等字的聯綿詞"薜荔"被寫成三等字的"弊例"。]

斯2073《廬山遠公話》："緣牆弊例枝枝渌（綠），赴（覆）地莓苔點點新。"（《校注》頁253/18）

弊 讀作幣。[弊,《集韻》毗祭切,去祭,並。幣,《廣韻》毗祭切,去祭,並。二字同音。]

伯2942唐永泰年代（公元七六五一七六六年）《河西巡撫使判集》："又判　自屬艱難,万事減省,明衣弊帛,所在不供。"（《釋錄》第二輯,頁623/69）

biān

邊 讀作鞭。[邊,《廣韻》布玄切,平先,幫。鞭,《廣韻》卑連切,平仙,幫。邊在山攝開口四等,鞭在山攝開口三等,二字同聲母。]

斯4654《舜子變》："妾有姑（孤）男姑（孤）女,流（留）在兒婿手頂（底）,願夫莫令邊耻。"（《校注》頁200/4）

【說明】鞭耻,鞭笞以羞耻之。《唐律疏議》卷一《笞刑五》疏云："笞者,擊也,又訓爲耻。言人有小愆,法須懲誡,故加捶撻以耻之。"

biǎn

褊 讀作偏。[褊,《廣韻》方緬切,上獮,幫。偏,《廣韻》芳連切,平仙,滂。二字同在山攝開口三等,韻母相同,聲母旁紐。]

伯4640《陰處士碑稿》："徵修部落,亞押褊裨。"

（《釋錄》第五輯，頁75/77）

褊 讀作編。[褊，《廣韻》方緬切，上獮，幫。編，《廣韻》卑連切，平仙，幫。二字同在山攝開口三等，韻母相同，聲母也同，僅聲調有別。]

俄藏Ф96《雙恩記》："初，頻婆娑羅王都在上茅宮，褊户之家頻遭火害。"（《校注》頁925/5-6）

biàn

辨 讀作辦。[辨，《廣韻》符蹇切，上獮，並。辦，蒲莧切，去襉，並。辨在山攝開口三等。辦在山攝開口二等。二字韻母相近，聲母相同。]

斯466後周廣順三年（公元九五三年）《龍章祐、祐定兄弟出典土地契》："其地佃種，限肆年内，不喜（許）地主收俗（贖）。若於年限滿日，便仰地主辨還本麥者，便仰地主收地。"（《釋錄》第二輯，頁30/5-7）斯0778《富者辨棺木》："富者辨棺木，貧窮席裏角。"（《梵志》卷一，頁56，011首）

辨 讀作辯。[二字《廣韻》同爲符蹇切，上獮，並。]

伯3490背《於當居創造佛刹功德記》："故得志謀廣博（此句當羨一字），能懷辨捷之功；得眾寬弘，乃獲怡和之性。"(《釋錄》第五輯，頁 236/8-9）辯捷，能言善辯，才思敏捷。

辯 讀作辨。[二字《廣韻》同爲符蹇切，上獮，並。]

伯 3213《伍子胥變文》："開山川而［□］（迥）地軸，調律吕以辯陰陽。"（《校注》頁 1/3）斯 2073《廬山遠公話》："筋（雞）皮鶴髮，常欲枯乾；眼暗耳聾，青黄不辯。"（《校注》頁 260/5）又："如是家中養得一男，父母看如珠玉，長大成人，纔辯東西，便即離鄉别邑。"（《校注》頁 261/15-16）又："第十無足者，雖即爲人，是事不困，不辯東西，與畜生無異，此即名爲無足。"（《校注》頁 263/8-9）伯 2187《破魔變》："强風忽起，拔樹吹沙；天地既不辯東西，昏闇豈知南北。"（《校注》頁 533/7）伯 2324《難陀出家緣起》："斷　若論家内辯齋餐，百味珍羞總不難。"（《校注》頁 590/19）

【説明】《伍子胥變文》之例，《校注》"辯"讀作"變"。項楚讀"辯"爲"辨"是。古代以十二管校定樂律，此十二管管徑相同而長短各異，分陽律六（稱爲律），陰律六（稱爲吕），故"調律吕"須"辨陰陽"。"調律吕以辨陰陽"意味著整頓文治的基礎。

辯 讀作辨。[辯，《廣韻》符蹇切，上獮，並。辨，《廣韻》

蒲莧切，去襇，並。辯在山攝開口三等，辦在山攝開口二
等，二字同聲母。]

斯 1398 宋太平興國七年（公元九八二年）《吕住盈、
阿鸞兄弟典賣土地契（稿）》："自賣餘後，任▢▢若住
盈、阿鸞二人能辯修潰此地來，便容許▢▢兄弟及別
人修潰此地來者，便不容許修續（贖）▢▢"（《釋録》
第二輯，頁 13/5-7）

變 讀作辨。[變，《廣韻》彼眷切，去線，幫。辨，《廣韻》
蒲莧切，去襇，並。二字同在山攝開口三等，韻母相同，
聲母旁紐。]

伯 3730 吐蕃酉年（公元八二九或八四一年）正月
《金光明寺維那懷英等請僧淮濟補充上座等狀并洪辯判
辭》："右件人，學業英靈，僧眾准的，寬洪變物，公府且
明。"（《釋録》第四輯，頁 38/3）辨物，治理万物。

弁 讀作辯。[弁，《廣韻》皮變切，去線，並。辯，《廣韻》
符蹇切，上獮，並。二字同在山攝開口三等，韻母相同，
聲母相同。]

俄藏 Ф365《妙法蓮華經講經文（二）》："不知聖主慈
悲意，合爲眾生賜弁才。"（《校注》頁 719/14）又："净
明端座（坐）寶花臺，普爲人天啟弁才。"（《校注》頁

720/9）又："欲弁鋪陳舡幕者，共於三昧更何殊。"（《校注》頁721/12）

遍 讀作變。[遍，《廣韻》方見切，去霰，幫。變，《廣韻》彼眷切，去線，幫。遍在山攝開口四等，變在山攝開口三等，二字韻母相近，聲母相同。]

斯0343 10V《放良書（樣式）二件》："山河日月，並作證盟；桑田遍海，此終不改。"（《釋錄》第二輯，頁160/（一）6-7）

【説明】據丁聲樹、李榮説，《廣韻》列"遍"在線韻，但依方見切，當在霰韻，王韻、《集韻》都在霰韻。

開 讀作變。[開，《廣韻》皮變切，去線，並。變，《廣韻》彼眷切，去線，幫。二字同爲山攝開口三等，韻母相同，聲母旁紐。]

伯3051丙辰年（公元九五六年）《僧法寶貸絹契（抄）》："兩共對面平章爲第，不許開，故立☐☐☐（此契），用爲後驗。押字爲第。"（《釋錄》第二輯，頁125/5-6）

【説明】《釋錄》注："不許開，文意不通，當爲不許'翻悔'之誤。"今按：開當讀作變，指反覆變化。此字不當看作"關"的俗體，依其音，與"變"僅聲母有清濁之異，不妨其通讀。此謂不許反覆變化。

biǎo

表 讀作覞。〔二字《集韻》同爲俾小切，上小，並。〕

斯328《伍子胥變文》："子若表我心懷，更亦不須辭樹。"（《校注》頁8/13）

【説明】"表"有外現之義，外現則人可明見，故省察、明鑒可言"表"，其專字作"覞"。《集韻·小韻》俾小切下云："覞，《説文》目有察，省見也。""表"與同小紐。〔金〕董解元《西廂記諸宮調》卷7："負心的天地表！天地表！"淩景埏注："表，鑒察的意思。"甚是。《説文》之"覞"實與"瞟"同字。"瞟"下云"瞭也"，"瞭"下云"察也"。是"瞟"有察義，與今日"瞟"用於斜着眼看一下大不相同。

bīn

賓 讀作濱。〔二字《廣韻》同爲必鄰切，平真，幫。〕

伯2187《破魔變》："阿奴身年十五春，恰似芙容出水賓。"（《校注》頁535/11）

賓 讀作嬪。〔賓，《廣韻》必鄰切，平真，幫。嬪，《廣韻》符真切，平真，並。二字同在臻攝開口三等，韻母相同，聲母旁紐。〕

斯6836《葉净能詩》："時囑（屬）初秋之月，凉風漸侵。大內宴賞，與賓妃酕樂，同飲數巡，歌吹濱（繽）紛。"(《校注》頁336/12-13)

賓 讀作擯。[賓，《廣韻》必鄰切，平真，幫。擯，《廣韻》必刃切，去震，幫。二字同在臻攝開口三等，韻母相同，聲母相同。]

斯6537 7V-8V《立社條件（樣式）》："一，社內不諫大少，無格席上喧拳，不聽上下，衆社各決丈（杖）卅棒，更罰濃（醲）醞一延（筵），衆社破用，其身賓出社外，更無容〈始〉[免]者。"(《釋錄》第一輯，頁284/13-15)

濱 讀作繽。[濱，《廣韻》必鄰切，平真，幫。繽，《廣韻》匹賓切，平真，滂。二字同在臻攝開口三等，韻母相同，聲母旁紐。]

斯6836《葉净能詩》："時囑（屬）初秋之月，凉風漸侵。大內宴賞，與賓（嬪）妃酕樂，同飲數巡，歌吹濱紛。"(《校注》頁336/12-13)

bìn

殯 讀作擯。[二字《廣韻》同爲必刃切，去震，幫。]

斯 2041 唐大中某年《儒風坊西巷村鄰等社約》："罰酒壹瓮，決［杖］十下，殯出。"（《釋録》第一輯，頁 271/二 4）

bǐng

併 讀作餅。［二字《廣韻》同爲必郢切，上静，幫。］

斯 2894 1V 壬申年（公元九七二年）十二月廿二日《社司轉帖》："右緣常年建福一日，人各爐併壹雙，粟壹㪷。"（《釋録》第一輯，

頁 332/2）伯 3372 背壬申年（公元九七二年）十二月廿二日《社司轉帖》："右緣常年建福一日，人各粟壹㪷，爐併壹雙，鵰翎箭壹具，畫被弓壹張，幸請諸公等，帖至限今月四日卯時，於端嚴寺門前取齊。"（《釋録》第一輯，頁 335/2-4）斯 6452（2）辛巳年（公元九八一年）十二月十三日《周僧正於常住庫借貸油麵物曆》："連麵壹斗，造䴺餅都料送槳用。廿二日，白麵叁斗，造䴺併局席用。廿三日，白麵貳斗，造胡併東窟局席用。"（《釋録》第二輯，頁 240/30-32）伯 4909 辛巳年（公元九八一年）十二月十三日《後諸色破用曆》："䭔併麵陸㪷"（《釋録》第三輯，頁 185/11-12）伯 2040 背後晉時期《净土寺諸色入破曆祘會稿》："油叁勝，初春造食飰及菜併衆僧喫用。"（《釋録》第三輯，頁 418/（三）273）

炳 讀作柄。[炳,《廣韻》兵永切,上梗,幫。柄,《廣韻》陂病切,去映,幫;《集韻》補永切,上梗,幫。二字同在梗攝開口三等,韻母相同,聲母相同。]

伯4092《新集雜別紙》:"伏以玉炳北指,金翼南飛,陳儀獻宗廟之羊,表瑞集文昌之雀。"(《釋錄》第五輯,頁404/41-42)

bìng

並 讀作病。[並,《廣韻》蒲迥切,上迥,並。病,《廣韻》皮命切,去映,並。並在梗攝開口四等,病在梗攝開口三等,二字韻母相近,聲母相同。]

斯6341壬辰年(公元九三二年?)《雇牛契(樣式)》:"若是自(牸)牛並死者,不關雇人之是(事)。"(《釋錄》第二輯,頁40/3-4)

並 讀作搒。[二字《集韻》同爲蒲浪切,去宕,並。]

伯2653《燕子賦(一)》:"人前並地,莫更吚吚。"(《校注》頁379/8-9)

【說明】《校注》説"並"讀作"背"。但並、背二字,韻母差別較大,並,《廣韻》蒲迥切,上迥,並;《集韻》蒲浪切,去宕,並。背,《廣韻》蒲昧切,去隊,並。是否能通讀,有待研究。字當讀作"搒"。搒,《集韻》蒲浪切，去宕，並。與並同音。其義爲"地畔也。"也就是在旁邊的意思。這與甲卷（伯2491）作"煨（隈）地"正相應。"隈地"就是在一旁的意思。這句話的意思是：在人前或在旁邊，都不要説個不停。

并 讀作餅。［并，《廣韻》畀政切，去勁，幫；《集韻》必郢切，上静，幫。餅，《廣韻》必郢切，上静，幫。二字同在梗攝開口三等，韻母相同。并如取《廣韻》反切，則二字僅聲調有别；如取《集韻》反切，則二字同音。］

伯3503背年代未詳［辛未年？］《社司轉帖（抄）》："右縁建福一日，人各盧并一雙，粟一斗，幸請諸公等，帖至，限今月卯時，於龍興寺門前"（《釋録》第一輯，頁324/1-2）斯1366年代不明［公元九八〇一二年］《歸義軍衙内麵油破用曆》："鐵（餞）并二百五十枚"（《釋録》第三輯，頁285/60-61）

bō

波 讀作疲。［波，《集韻》班糜切，平支，幫。疲，《廣韻》符羈切，平支，並。二字同在止攝開口三等，韻母相同，聲母旁紐。］

俄藏Ф101《維摩詰經講經文（二）》："接引衆生寧厭倦，提携含類没勞波。"（《校注》頁810/8）

【說明】此"波"字讀作"疲",不宜取《廣韻》博禾切,平戈,幫之音。

波 讀作婆。[波,《廣韻》博禾切,平戈,幫。婆,《廣韻》薄波切,平戈,並。二字韻母相同,聲母旁紐。]

斯1366年代不明[公元九八〇一二年]《歸義軍衙內麵油破用曆》:"漢僧三人,于闐僧一人,波羅門僧一人,涼州僧一人,共麵二斗、油一升。"(《釋錄》第三輯,頁286/74-75)

波 讀作頗。[波,《廣韻》博禾切,平戈,幫。頗,《廣韻》滂禾切,平戈,滂。二字韻母相同,聲母旁紐。]

斯5647《分書(樣式)》:"更若後生加謗,再説偏波,便受五逆之罪,世代莫逢善事。"(《釋錄》第二輯,頁171/57-172/60)伯3223《永安寺法律願慶與老宿紹建相諍根由責勘狀》:"阿你老宿是當尖佛赤子,作此偏波,抵突老人,死當不免,實乃紹建掉杖僧官,過重丘山,愆深滄海。"(《釋錄》第二輯,頁310/20-22)

播 讀作潘。[當以同從番得聲而通讀]

伯3290背宋至道二年(公元九九六年)三月《索定遷改補充節度押衙牒》:"況某天生英哲,稟性獷玃。陣上播生而盡命，爲國防虞而守隘。"(《釋錄》第四輯，頁302/6-9) 獷獵，機靈，幹練。

【説明】潘，拚卻，割捨。《敦煌變文集·捉季布傳文》："九族潘遭違勑罪，死生相爲莫憂身。"是其例。《集韻·桓韻》鋪官切下有"潘"，其義爲淘米水，與此文無涉。又有"拌"，云："《方言》：'楚人凡揮棄物謂之拌。'俗作拚，非是。"則拚卻，割捨義之本字，應該作"拌"，今音 pān。

bó

白 讀作帛。[白，《集韻》博陌切，入陌，幫。帛，《廣韻》傍陌切，入陌，並。二字韻母相同，聲母旁紐。]

伯 3565 甲子年（公元九六四年或九〇四年）《汜懷通兄弟貸生絹契》："甲子年三月一日立契，當巷汜懷通兄弟等，家内欠少正白，遂於李法律面上貸白生絹壹疋，長叁仗（丈）捌尺，福（幅）闊貳尺半寸。"(《釋錄》第二輯，頁 128/1-3) 伯 4093 庚寅年（公元九九〇年或九三〇年）四月六日《燉煌鄉百姓鄭繼溫貸絹契（抄）》："丁亥年四月庚寅年四月六日立契，燉煌鄉百姓鄭繼溫伏緣家中欠少正白，遂於洪潤鄉百姓樊鉢略面上貸帛練壹疋……"(《釋錄》第二輯，頁 134/1-2)

襆 讀作膊。[襆,《廣韻》補各切,入鐸,幫。膊,《集韻》伯各切,入鐸,幫。二字同音。]

伯2583申年《比丘尼修德等施捨疏十三件》:"九綜布袈裟覆襆一對,九綜布裙衫一對⋯⋯"(《釋錄》第三輯,頁67/(七)2。錄文倒作"襆覆")

泊 讀作粕。[泊,《廣韻》傍各切,入鐸,並。粕,《廣韻》匹各切,入鐸,滂。二字韻母相同,聲母旁紐。]

伯4640《沙州釋門索法律窟銘》:"既名蹤兮糟泊,是(?)地久兮天長。"(《釋錄》第五輯,頁101/76-77)

博 讀作薄。[博,《廣韻》補各切,入鐸,幫。薄,《廣韻》傍各切,入鐸,並。二字韻母相同,聲母旁紐。]

斯328《伍子胥變文》:"客行由(猶)同海泛舟,博暮飯巢畏日晚。"(《校注》頁4/4)

博 讀作膊。[博,《廣韻》補各切,入鐸,幫。膊,《集韻》伯各切,入鐸,幫。二字同音。]

伯2583申年《比丘尼修德等施捨疏十三件》:"□(官)絁檀七條袈裟並副博黃穀子頭巾共一副,十綜布七條袈裟並副博頭巾□(共)一副"(《釋錄》第三輯,頁64/(二)1-2)伯2583申年《比丘尼修德等施捨疏十三件》:"亡尼堅正衣物。八綜布七條袈裟並頭巾覆博一對，黃布偏衫一，單經布偏衫一，夾緣坐具一，單緣坐具一，赤黃九綜布八尺，八綜一定卌八尺，槐花二升半。"(《釋錄》第三輯，頁 69/（十一）1-3）伯 2583 申年《比丘尼修德等施捨疏十三件》:"單經故破七條一，單經故破裙衫一對，故破黃絁布裹候襉一，故布付博一，頭巾二故（故字當下屬）。(《釋錄》第三輯，頁 70/（十三）3）伯 2567背癸酉年（公元七九三年）二月《沙州蓮臺寺諸家散施曆狀》:"新帛綾襖子一，尼絹裙衫一對，紫絹覆博一，紅絹衫子一，帛絹衫子二……"(《釋錄》第三輯，頁 71/16-17) 伯 2567 背癸酉年（公元七九三年）二月《沙州蓮臺寺諸家散施曆狀》:"黑布柒條袈裟覆博頭巾一對，黃布偏衫一，布衫一領，黃布袈裟頭巾覆博偏衫一對……尼黃布偏衫覆博一對"(《釋錄》第三輯，頁 72/24-27）

【說明】據《釋氏要覽》覆膞是古代僧人依律制作的一種僧衣，音譯名叫祇支，意譯名叫覆膞，也叫掩腋衣。此衣长覆左膞及掩右掖，袒右肘。

勃 讀作悖。[二字《廣韻》同爲蒲没切，入没，並。]

斯 1438 吐蕃佔領時期《沙州守官某請求出家狀等稿四十多件》:"某蒙恩，勃逆之人，已聞伏法；脅從之類，錮送瓜州。"(《釋錄》第五輯，頁 319/81）

搏 讀作博。[二字《廣韻》同爲補各切，入鐸，幫。]

伯3730寅年正月《尼惠性牒並洪辯判辭》："亡外甥僧賀闍梨鐺一口，鐙三隻，皮裘一領遺書外，鎖兩具，緣窟修拭未終，擬搏鐵，其窟將爲滅辦。"(《釋錄》第四輯，頁111/2-3)

bū

晡 讀作逋。[二字《廣韻》同爲博孤切，平模，幫。]

伯6005《釋門帖諸寺綱管》："若有晡慢，必不容恕。"(《釋錄》第四輯，頁121/23)逋慢，怠慢不敬；不遵法令。

陠 讀作甫。[陠，《廣韻》博孤切，平模，幫。甫，《廣韻》方矩切，上麌，非。陠在遇攝合口一等，甫在遇攝合口三等。]

斯2052《新集天下姓望氏族譜一卷并序》："涇州安定郡出八姓 梁、皇陠、席、伍、胡、安、蒙、程"(《釋錄》第一輯，頁93/12)皇甫，複姓。

bǔ

補 讀作布。[補，《廣韻》博古切，上姥，幫。布，《廣韻》博故切，去暮，幫。二字同在遇攝合口一等，韻母相同，

聲母相同，僅聲調有別。]

伯2344《祇園因由記》："太子曰：'必若須賣者，地則戾（仄）補黃［金］，樹須盡挂銀錢。'"（《校注》頁602/9-10）伯2344《祇園因由記》："太子具上被誑之由，次（咨）說補金之事。老人意爲須達，先言所說太子具（俱）是。"（《校注》頁602/12-13）又："雖然東宮且先許他，言地補黃金，樹掛銀錢。"（《校注》頁602/14）

捕 讀作布。[捕，《廣韻》薄故切，去暮，並。布，《廣韻》博故切，去暮，幫。二字韻母相同，聲母旁紐。]

斯2073《廬山遠公話》："須臾白莊領諸徒黨來到寺下，於是白莊捕陣於其橫嶺，排兵在於長川，喊得山崩石烈（裂），東西亂走，南北奔衝，齊入寺中，唯稱'活捉'。"（《校注》頁255/6-7）

bù

部 讀作簿。[二字《廣韻》同爲裴古切，上姥，並。]

斯2630《唐太宗入冥記》："催子玉却據□□而坐，檢尋文部：'皇帝命禄歸盡。'"（《校注》頁321/8-9）

不 讀作覆。[不，《集韻》，方富切，去宥，非。覆，《集韻》，扶富切，去宥，奉。二字僅聲母有別，但屬旁紐。]

斯 6551《敦煌變文集・阿彌陀經講經文（二）》："言地净者，金銀等七寶爲地，所草（草）不並是香花，或是眾寶。"（《校注》頁 686/17-18）

【說明】《校注》疑"不"爲衍文，徑删，誤。"草"字誤定，原卷實爲"莩"字，莩是蓋覆義，原文當校讀作"所莩覆並是香花，或是眾寶"，"莩覆"同義連用。

不 讀作杯。[不，《廣韻》分勿切，入物，非。杯，《廣韻》布回切，平灰，幫。二字音有距離，但追溯本源，杯從不得聲，則音相近，上古音灰物韻部有對轉之例。]

俄藏 Φ101《維摩詰經講經文（二）》："飲醁醑而擲金不，只知富貴。"（《校注》頁 810/1）

【說明】"不"《校注》徑改作"杯"。

不 讀作刜。[不，《廣韻》分勿切，入物，非。刜，《廣韻》符弗切，入物，奉。二字同爲臻攝合口三等入聲，僅聲母有清濁之別。]

斯 2614《大目乾連冥間救母變文》："智惠（慧）勤磨，不煩惱林而誅〈威〉[滅]。"（《校注》頁 1028/9）

【說明】此處引文與《校注》本有異。石谷風收藏的《晉魏隋唐殘墨》本作"智惠（慧）劍勤磨，拂煩惱林而誅滅"。"拂"當讀作"刜"。刜是擊而斷之之義。《漢書·王莽傳上》:"其先至者,則拂其頸,沖其匈,刃其軀,切其肌。"王念孫《讀書雜誌》云:"拂讀爲刜。刜,斫也,謂以劍斫其頸也。"拂,《廣韻》敷勿切,入物,敷,與刜同爲臻攝合口三等入聲,僅聲母有清濁之別。

步 讀作哺。[二字《廣韻》同爲薄故切,去暮,並。]

斯5818《請處分寫孝經判官安和子狀》:"慈烏耳亦猶有乳步之恩,父母養兒艱辛至甚。"(《釋錄》第五輯,頁2/9-10)

簿 讀作薄。[二字《廣韻》同爲傍各切,入鐸,並。]

伯2814背歸義軍曹氏時期《懸泉百姓某乙等乞請緩收稅債狀稿》:"右伏惟厮乙先王稅,每户著地稅兩碩(石)伍斗,今以天稅不豐,百姓簿收,伏乞。"(《釋錄》第二輯,頁451/(二)2-4)

cái

才 讀作裁。[二字《廣韻》同爲昨哉切,平咍,從。]

伯2305《妙法蓮華經講經文(一)》:"蒙光照,喜難才,猛利之心轉又開。"(《校注》頁706/7)

裁 讀作哉。[裁,《廣韻》昨哉切,平咍,從。哉,《廣韻》

祖才切，平咍，精。二字僅聲母有別，但屬旁紐。］

俄藏Ф365《妙法蓮華經講經文（二）》："千年菩薩座（坐）花臺，願滿心中也暢裁。"（《校注》頁721/16）俄藏Ф101《維摩詰經講經文（二）》："十七眾，自安排，隨從空王少比裁。"（《校注》頁809/3）又："三界主，唱奇裁，這個威儀無可倍。"（《校注》頁809/8）又："實是好，卒難裁，多少尊卑悟幻胎。"（《校注》頁809/11）"幻胎"義近幻身。

裁 讀作差。［裁，《廣韻》昨代切，去代，從。差，《廣韻》楚皆切，平皆，初。裁在蟹攝開口一等，差在蟹攝開口二等，二字韻母相近，聲母也有相近之處。］

俄藏Ф101《維摩詰經講經文（二）》："裁羅異錦作衣裳，只要莊嚴不净物。"（《校注》頁812/20）

【說明】差，奇異。蔣禮鴻《敦煌變文字義通釋（增補定本）》頁348有"差 嗟 叉 衩 搓"專條，所舉例子甚多，但未説讀音。《漢語大詞典》此義放在chà音下。這個通讀的例子説明奇異義的差當讀楚皆切之音，今音chāi，不宜讀作chà。

cǎi

綵 讀作彩。［二字《廣韻》同爲倉宰切，上海，清。］

伯2814背後唐天成年代《都頭安進通狀稿二件》："遂則綵繪諸神，以保河隍永固，賊寇不屆於疆場。"(《釋錄》第四輯，頁500/（二）4-5）伯2641《莫高窟再修功德記》："遂請僧氏，綵畫神儀。"(《釋錄》第五輯，頁235/25）

採 讀作彩。[二字《廣韻》同爲倉宰切，上海，清。]

伯2305《解座文匯抄》："或來昇瑞採，或去入祥雲。"(《校注》頁1171/7）斯5832年代不明[公元九世紀]《某寺請便佛麥牒稿》："其藏，都僧統訓官立處令表裏採畫功德。"(《釋錄》第二輯，頁107/3-4）

採 讀作寀。[二字《廣韻》同爲倉宰切，上海，清。]

斯2679《奏請僧徒及寺舍依定表》："有勅，寮採奉行，立限驅馳，悽惶失路。"(《釋錄》第四輯，頁322/10-11）寮寀亦作寮采，指官舍，引申为官的代称。亦指僚属或同僚。

cài

菜 讀作彩。[菜，《廣韻》倉代切，去代，清。彩，《廣韻》倉宰切，上海，清。二字同在蟹攝開口一等，韻母相同，聲母相同，僅聲調有別。]

伯2613唐咸通十四年（公元八七三年）正月四日《沙州某寺交割常住物等點檢曆》："故破錯菜經巾壹，紫絹緋絹裏。"（《釋録》第三輯，頁10/31-32）

cāng

蒼 讀作愴。[蒼，《廣韻》七岡切，平唐，清。愴，《廣韻》初亮切，去漾，初。蒼在宕攝開口一等，愴在宕攝開口三等，二字韻母有相近之處，聲母同爲齒音。]

斯328《伍子胥變文》："丈夫今無天日分，雄心結怨苦蒼蒼。"（《校注》頁5/7）愴愴，憂傷貌。

【説明】丙卷（斯328）"苦蒼蒼"實作"苦倉倉"，丁卷（伯2794）作"哭蒼蒼"。《廣韻》倉、蒼同音。

倉 讀作滄。[二字《廣韻》同爲七岡切，平唐，清。]

斯2144《韓擒虎話本》："楊妃問言：'阿耶莫怕，主上龍歸倉海，今日便作萬乘軍（君）王。'"（《校注》頁299/14）又："主上已龍歸倉海，今擬册立使君爲軍（君），卿意若何？"（《校注》頁299/17-18）

倉 讀作蒼。[二字《廣韻》同爲七岡切，平唐，清。]

伯2814背歸義軍曹氏時期《懸泉百姓某乙等乞請緩收税債狀稿》："司空仁恩高照，邊鎮倉生，難一一隨訥，著稅及諸債負難冀（？），不口。"（《釋錄》第二輯，頁451/（一）1-2）斯6424殘片拼後宋乾德六年戊辰歲（公元九六八年）《社官陰德等請鑌頭爐波羅墮上座疏》："謹請西南方雞捉山鑌頭爐波羅墮尚座和尚　右今月廿三日陰族兄弟就佛堂子內設供，於時講假誓受佛勅，不舍倉生，興運慈□□□國。"（《釋錄》第四輯，頁177/1-4）斯5696宋淳化三年（公元九九二年）八月《內親從都頭陳守定請賓頭盧頗羅墮上座疏》："伏願大聖誓受佛勅，不捨倉生，興運慈悲，依時降駕，謹疏。"（《釋錄》第四輯，頁184/4-7）

cāo

操 讀作藻。〔操，《廣韻》七刀切，平豪，清；又七到切，去號，清。藻，《廣韻》子晧切，上晧，精。二字同在效攝開口一等，韻母相同，聲母旁紐。〕

伯2305《解座文匯抄》："文宣王，五常教，誇騁文章詞麗操。"（《校注》頁1171/13）

cáo

曹 讀作慒。〔曹，《廣韻》昨勞切，平豪，從。慒，《廣韻》作曹切，平豪，精。二字同韻母。〕

伯2187《破魔變》："且眼如朱盞，面似火曹；額闊頭尖，胸高鼻曲；髮黄齒黑，眉白口青。"（《校注》頁535/14-15）火燶，燒焦的木頭。

cè

側 讀作測。[側，《廣韻》阻力切，入職，莊。測，《廣韻》初力切，入職，初。二字同韻母。]

　　斯6836《葉净能詩》："玄宗皇帝及朝庭大臣，嘆净能絶古超今，化窮無極，暴書符録（籙），口聖幽玄，人間罕有，莫側變現，與太上老君而無異矣！"（《校注》頁337/6-7）斯6836《葉净能詩》："皇帝展轉懷媿求道仙，嘆净能是事莫側其涯，符録（籙）天下每不可比。"（《校注》頁338/11）俄藏Ф96《雙恩記》："若論大眾，不異（易）側量，或是聖賢，或是龍鬼。"（《校注》頁929/14）

側 讀作賾。[側，《廣韻》阻力切，入職，莊。賾，《廣韻》側革切，入麥，莊。側在曾攝開口三等，賾在梗攝開口二等，二字同聲母。]

　　斯2144《韓擒虎話本》："陳王備（被）側，度（杜）口無詞。"（《校注》頁302/18-21）又："粲虎聞言，遂命陳王側而言曰：'是（事）君爲陪（違背），於天不祐，先斬公手（首），在（再）居中營，後[與]周羅侯交戰。'"（《校注》頁302/20-21）又："粲虎側言：'不緣未

辭本主，左脅下與一百鐵棒！'"（《校注》頁304/19）

側 讀作惻。[側，《廣韻》阻力切，入職，莊。惻，《廣韻》初力切，入職，初。二字同韻母。]

斯446唐天寶七載（公元七四八年）《册尊號赦》："況於宰煞，尤加側隱。"（《釋錄》第四輯，頁261/16）

册 讀作測。[册，《廣韻》楚革切，入麥，初。測，《廣韻》初力切，入職，初。册在梗攝開口二等，測在曾攝開口三等，二字同聲母。]

斯2144《韓擒虎話本》："應是文武百寮大臣不册涯濟（際），心內疑或（惑），望殿而趣（覷），見一白羊，身長一丈二尺，張牙利口，便下殿來，哮吼如雷，擬吞合朝大臣。"（《校注》頁299/22-300/1）

【說明】側讀作賾、册讀作測，都是梗攝、曾攝通讀之例。

惻 讀作測。[二字《廣韻》同爲初力切，入職，初。]

斯2073《廬山遠公話》："若夫佛法，書總歸依，輕塵［足］嶽，墜露添流，依（挹）［之］莫惻其源，遵之罕窮其濟（際）。"（《校注》頁266/10-11）斯6836《葉淨能詩》："皇帝心看樓殿，及入重門，又見樓處宮閣，直到大殿，皆用水精瑠璃瑪瑙，莫惻涯際。"（《校注》頁339/11-12）又："净能引皇帝直至娑羅樹邊看樹，皇帝見其樹，高下莫惻其涯，枝條直赴（覆）三千大千世界。"（《校注》頁339/13-14）伯2344《祇園因由記》："喑吟之間，太子不惻，謂言无金，報大臣曰：'若也无金，休去不遲。何故馳（遲）疑，情事不决？'"（《校注》頁602/16-17）伯2754《唐安西判集殘卷存六道》："今既莫惻存亡，焉知長逝。"（《釋錄》第二輯，頁612/39-40）

céng

嶒 讀作層。[嶒，《廣韻》疾陵切，平蒸，從。層，《廣韻》昨棱切，平登，從。嶒在曾攝開口三等，層在曾攝開口一等，二字同聲母。]

斯2073《廬山遠公話》："且見其山非常，異境何似生：嵯峨萬岫，疊掌（嶂）千嶒，崒屼高峰，崎嶇峻嶺。"（《校注》頁252/12-13）

chá

茶 讀作搽（此字後作搽）。[茶，《廣韻》宅加切，平麻，澄。搽，《廣韻》亦音宅加切，平麻，澄。字後作搽。二字同音。]

伯2305《解座文匯抄》："酒肉茶粧盡恣情，見說講開却失笑。"(《校注》頁 1175/17）俄藏 Ф101《維摩詰經講經文（二）》："假使撏眉兼搋眼，直饒塗粉與茶油。"（《校注》頁 812/20）搋，《集韻·耕韻》中莖切，"搋，引也。"

chà

刹 讀作殺。[刹，《廣韻》初鎋切，入鎋，初。殺，《廣韻》所八切，入黠，生。二字同在山攝開口二等而韻目鄰近，韻母相近，聲母旁紐。]

斯 2144《韓擒虎話本》："衾虎有令：'籤旗大喊，旗亞齊入，若一人退後，斬刹諸將，莫言不道！'"（《校注》頁 302/1-2）

chāi

芰 讀作釵。[二字《廣韻》同爲楚佳切，平佳，初。]

斯 4654《舜子變》："解散自家頭計（髻），拔取金芰手裏。"（《校注》頁 201/1）

差 讀作搓。[二字《集韻》同爲初皆切，平皆，初。]

伯 2653《燕子賦（一）》："不問好惡，拔拳即差。"（《校注》頁 376/7-8）

【説明】《集韻·皆韻》初皆切下："搓，推擊也。"

chán

纏 讀作廛。〔二字《廣韻》同爲直連切，平仙，澄。〕

斯 328《伍子胥變文》："適別龍顔，遊於纏示（市），見一外國君子，泥塗而獐狂，披髮悲啼，東西馳走。"（《校注》頁 10/8）

襌 讀作單。〔二字《廣韻》同爲市連切，平仙，禪。〕

伯 2511《諸道山河地名要略殘卷》："上怒王恢逗遶，不擊襌于輜重。"（《釋録》第一輯，頁 74/131）

嬋 讀作蟬。〔二字《廣韻》同爲市連切，平仙，禪。〕

斯 2144《韓擒虎話本》："皇后重梳嬋嬪（鬢），載（再）畫娥媚（蛾眉）。"（《校注》頁 299/5）

嬋 讀作單。〔二字《廣韻》同爲市連切，平仙，禪。〕

斯 2144《韓擒虎話本》："前後不經旬日，有北蕃大下（夏）嬋于遂差突厥守（首）領爲使，直到長安，遂色（索）隋文皇帝交戰。"（《校注》頁 303/11）又："皇帝宣問：'嬋于色（索）寡人交戰，卿意者〔何〕？'"（《校注》頁 303/12）

躔 讀作纏。[二字《廣韻》同爲直連切，平仙，澄。]

伯2942唐永泰年代（公元七六五—七六六年）《河西巡撫使判集》："肅州無糧，或可率稅。建康乏絕，又要般（盤）躔。救患恤鄰，何妨撥輿。任自收獲，又省往來。"（《釋録》第二輯，頁625/102-103）

chāng

倡 讀作猖。[二字《廣韻》同爲尺良切，平陽，昌。]

斯133《秋胡變文》："披髮倡狂，佯癡放騃，上表奏進陳（魏）王，誓不見仕，達知臣忠。"（《校注》頁233/6-7）

cháng

償 讀作儻。[償，《廣韻》市羊切，平陽，禪。儻，《廣韻》他朗切，上蕩，透。償在宕攝開口三等，儻在宕攝開口一等。]

俄藏Ф365《妙法蓮華經講經文（二）》："若逢妙法皆稱讚，償遇真經總結緣。"（《校注》頁721/2）

償 讀作賞。[償，《廣韻》市羊切，平陽，禪。賞，《廣韻》書兩切，上養，書。二字同在宕攝開口三等，韻母相同，聲母旁紐。]

俄藏Ф96《雙恩記》："比要身安希償禄，莫教王怪却成災。"(《校注》頁934/15)

長 讀作彰。[長，《廣韻》直良切，平陽，澄。彰，《廣韻》諸良切，平陽，章。二字韻母相同，聲母相近。]

伯3490背《供養人題記三件》："夫長願力者，必至人天之道；崇妙行者，皆超解脱之功。"(《釋録》第五輯，頁240/(三)1)

【説明】原卷長旁注彰。

長 讀作場。[二字《廣韻》同爲直良切，平陽，澄。]

伯4640《陰處士碑稿》："散花臺上，會待躃身。合蓋長中，方等賢劫。"(《釋録》第五輯，頁69/5-6)

長 讀作腸。[二字《廣韻》同爲直良切，平陽，澄。]

斯4654《舜子變》："兒逆阿耶長段(斷)，步琴悉(膝)上安智(置)。"(《校注》頁200/10)

尚 讀作常。[二字《廣韻》同爲市羊切，平陽，禪。]

伯4640《陰處士碑稿》："大雲殊慶，尚資善住之宫；小劫未平，永固伽藍之地。"(《釋録》第五輯，頁76/85)

常 讀作償。[二字《廣韻》同爲市羊切，平陽，禪。]

斯2073《廬山遠公話》："汝有宿債未常，緣汝前世曾爲保見，今世合來計會，債主不遠，當朝宰相，常鄰相公身是。"（《校注》頁256/21-257/1）又："是時遠公心懷惆悵，怨恨自身，知宿債未了，專待賣身已（以）常他白莊。"（《校注》頁257/18-19）又："遠公因自知常債，更不敢怨恨他人。"（《校注》頁258/17）又："一常百了，事且無疑。"（《校注》頁267/20）又："弟子自負他人債，即合自己常填，勞使上人之身，弟子若愚（遇）此生死後，必沉地獄。"（《校注》頁268/3）

常 讀作祥。[常，《廣韻》市羊切，平陽，禪。祥，《廣韻》似羊切，平陽，邪。二字同韻母。]

斯2073《廬山遠公話》："是時遠公纔開經之題目，便感得地皆六種震搖，五色常雲，長空而遍；百千天眾，共奏宮商；無量聖賢，同聲梵音。"（《校注》頁268/8-9）

常 讀作尚。[常，《廣韻》市羊切，平陽，禪。尚，《廣韻》時亮切，去漾，禪。二字同在宕攝開口三等，韻母相同，聲母相同，僅聲調有別。]

伯2553《王昭君變文》："孤鸞視猶影（影猶）[□□]，龍劍非人常憶雌。"（《校注》頁158/8）伯3502大中六年一十九年（公元八五二—八六五年）《氾文信等狀四件》："孟春猶寒，伏性（惟）常書尊體動正（止）萬福。"（《釋錄》第五輯，頁310/9）

常 讀作掌。[常，《廣韻》市羊切，平陽，禪。掌，《廣韻》諸兩切，上養，章。二字同在宕攝開口三等，韻母相同，聲母旁紐。]

伯2324《難陀出家緣起》："合常禮拜起居：'不審師兄萬福？……'"（《校注》頁590/16）

chàng

暢 讀作唱。[暢，《廣韻》丑亮切，去漾，徹。唱，《廣韻》尺亮切，去漾，昌。二字同韻母。]

斯5973宋開寶七年（公元九七四年）二月《歸義軍節度使曹元忠施入迴向疏》："今因講暢，渴仰慈門。"（《釋錄》第三輯，頁101/8-9）講唱，古代講經，先唱經文，而後講説，謂之"講唱"。亦泛指講經説法。

chāo

超 讀作紹。[超，《廣韻》敕宵切，平宵，徹。紹，《廣韻》市沼切，上小，禪。二字同在效攝開口三等，韻母相同，聲母相近。]

伯4640《沙州釋門索法律窟銘》："厥有侄僧，能柔能剛。超隆殘誓，孝道名彰。繼誠（旁注：成）福粗（祚），慶讚逾揚。"（《釋錄》第五輯，頁101/75-76）

抄 讀作挲。[抄，《廣韻》楚交切，平肴，初；又初教切，去效，初。挲，《廣韻》素何切，平歌，心。抄在效攝開口二等，挲在果攝開口一等，二字聲母同爲齒音。]

俄藏Ф96《雙恩記》："摩抄頭面情私喜，調弄瑟（箏）絃曲暗排。"（《校注》頁940/21）

【説明】抄、挲二字，韻母距離較遠，疑"挲"誤書"沙"，"沙"又誤書"抄"。

抄 讀作炒。[抄，《廣韻》楚交切，平肴，初；又初教切，去效，初。炒，《廣韻》初爪切，上巧，初。二字同在效攝開口二等，韻母相同，聲母相同，僅聲調有小別。]

伯2695《沙州都督府圖經殘卷》："野穀：右唐聖神皇帝垂拱四年，野穀生於武興川，其苗悽高二尺已上，□□似蓬，其子如葵子，色黃赤，似葵子肥而有脂，抄之作麨，甘而不熱。收得數百石，以充軍糧。"（《釋錄》第一輯，頁24/5-7）伯4909辛巳年（公元九八一年）十二月十三日《後諸色破用曆》："二日，解齋麵柒煤，抄臛油貳升。"（《釋錄》第三輯，頁185/5）伯3490辛巳年（公元九二一或九八一年）《某寺諸色斛斗破曆》："油貳勝（升）後件修金剛中間四日工匠及人夫等抄朧油朌糶等用。"（《釋錄》第三輯，頁187/18-19）斯5039年代不明［公元十世紀］《諸色斛斗破用曆》："麥伍升，秋官齋局席抄麥用。"（《釋錄》第三輯，頁229/27）伯2040背後晉時期《净土寺諸色入破曆祘會稿》："油肆勝，麨俘糶及抄朧十七日造破盆用。油壹抄，抄朧造小破盆子用。"（《釋錄》第三輯，頁419/（三）286-287）

chén

晨 讀作辰。［二字《廣韻》同爲植鄰切，平真，禪。］

伯2187《破魔變》："時當青陽令節，仲景方（芳）春，是佛厭王宫之晨，合宅集休祥之日。"（《校注》頁532/4-5）伯4638清泰四年（公元九三七年）《馬步都押衙陳某等牒》："右伏以蕤賓戒節，端午良晨，率境稱歡，溥天獻上。"（《釋錄》第五輯，頁16/4-6）

辰 讀作晨。［二字《廣韻》同爲植鄰切，平真，禪。］

斯2073《廬山遠公話》："來日早辰，相公朝退，昇廳而坐，便令左右唤西院佳（家）人將來。"（《校注》頁258/21-259/1）伯4640《陰處士碑稿》："嚴駕辰朝，執勤旰食，白龍徵道，覿慕神蹤，赤景當時，新求聖壁。"

(《釋錄》第五輯，頁73/56-57）

臣 讀作神。[臣，《廣韻》植鄰切，平真，禪。神，《廣韻》食鄰切，平真，船。二字韻母相同，聲母旁紐。]

　　斯6836《葉净能詩》："臣人知天文，辭尊師去：'後於大羅天中爲期相見！'"（《校注》頁333/7-8）

陳 讀作塵。[二字《廣韻》同爲直珍切，平真，澄。]

　　伯2613唐咸通十四年（公元八七三年）正月四日《沙州某寺交割常住物等點檢曆》："緋綾單傘壹，麴陳絹者舌……白絹麴陳絹帶伍拾叁。"（《釋錄》第三輯，頁11/44-46）伯2482《常樂副使田員宗啟》："後齊遂（隨）兵馬至到山南下磧，便見賊蹤壹拾捌騎脚下煞小牛叁頭，又向陳土較多。馬軍及步人應接田頭人口及畜牧，行得二里地，當道煞却龍家一人，兼馬將去。"（《釋錄》第四輯，頁501/3-6）

【說明】麴塵，亦作麯塵，酒麴上所生菌。因色淡黃如塵，亦用以指淡黃色。

chèn

疢 讀作疢。[疢、疢二字，《集韻》作爲異體字，音丑刃切，去稕，徹。但疢爲熱病，疢爲疹子，疢用作疢時，還是作爲通讀字看待好。]

斯1475 6V寅年（公元八二二年）《令狐寵寵賣牛契》："如立契後，在三日内，牛有宿疹，不食水草，一任却還本主。"（《釋録》第二輯，頁34/6-7）

襯 讀作櫬。[二字《廣韻》同爲初覲切，去震，初。]

斯2144《韓擒虎話本》："楊妃亦（一）見，拽得靈襯在龍床底下，權時把敷壁遮闌，便來前殿。"（《校注》頁299/10-11）

櫬 讀作嚫。[二字《廣韻》同爲初覲切，去震，初。]

伯3730寅年九月《式叉尼真濟等牒並洪辯判辭》："右真濟等名管緇綸，濫霑衆數，福事則依行檢束，櫬狀則放曠漏名。"（《釋録》第四輯，頁114/2-3）嚫，佛教语，谓施舍财物给僧尼。

chéng

誠 讀作承。[誠，《廣韻》是征切，平清，禪。承，《廣韻》署陵切，平蒸，禪。誠在梗攝開口三等，承在曾攝開口三等，二字聲母相同。]

伯4640《沙州釋門索法律窟銘》："繼誠福粗（祚），慶讚逾揚。"（《釋録》第五輯，頁101/75-76）

誠 讀作城。〔二字《廣韻》同爲是征切,平清,禪。〕

斯 8720 之二 1、2、3 甲辰年（公元九四四年）《某寺得麥曆》:"甲辰年五月十一日,官倉得佛食誠上麥伍碩貳虲。"(《釋録》第三輯,頁 136/(一) 1-2) 佛食城,城名。

誠 讀作成。〔二字《廣韻》同爲是征切,平清,禪。〕

斯 2041 唐大中某年《儒風坊西巷村鄰等社約》:"一,所置義聚,備凝（擬）凶禍,相共助誠,益期賑濟急難。"(《釋録》第一輯,頁 271/三 1) 斯 2041 唐大中某年《儒風坊西巷村鄰等社約》:"一、或孝家營葬,臨事主人須投狀,眾共助誠,各助布壹疋。不納者,罰油壹勝（升）。"(《釋録》第一輯,頁 271/三 6-7)

丞 讀作承。〔二字《廣韻》同爲署陵切,平蒸,禪。〕

斯 6537 6V-7V《立社條件（樣式）》:"本身若〈去〉[云]亡,便須子孫丞受,不得妄説辭理。"(《釋録》第一輯,頁 283/10) 伯 3257 後晉開運二年（公元九四五年）十二月《河西歸義軍左馬步押衙王文通牒及有關文書》:"艮（懇）求得處,安存貧命,今阿龍男義成身死,更無丞忘處男女恩親。"(《釋録》第二輯,頁 295/(一) 11-13) 伯 2049 背後唐長興二年（公元九三一年）正月《沙州净土寺直歲願達手下諸色入破曆祘會牒》："丞前帳迴殘，及一年中間田收、園稅、梁課、散施、利閏（潤）所得，麥粟油蘇米麵黄麻㮈滓豆布緤紙等總壹阡捌伯叁碩半抄："（《釋錄》第三輯，頁369/3-5）

丞 讀作蒸。[丞，《廣韻》署陵切，平蒸，禪。蒸，《廣韻》煮仍切，平蒸，章。二字同韻母。]

伯2032背後晉時代《净土寺諸色入破曆祘會稿》："麵貳斗，乞麻衆僧造丞餅食用。"（《釋錄》第三輯，頁501/（十八）755）

程 讀作呈。[二字《廣韻》同爲直貞切，平清，澄。]

伯3490背《修佛刹功德記》："伏願龍天八部，降聖力而護邊疆；護界善神，盪千災而程應瑞。"（《釋錄》第五輯，頁239/24-26）

城 讀作誠。[二字《廣韻》同爲是征切，平清，禪。]

斯527後周顯德六年（公元九五九年）正月三日《女人社再立條件》："蓋聞至城立社，有條有格。"（《釋錄》第一輯，頁274/2）斯4685《致李奴子書》："伏惟以時善加保重，遠城望也。"（《釋錄》第五輯，頁40/3-5）斯4677《弟僧楊法律致僧兄戒滿狀》："法體何似，伏惟以時

倍加保重,遠城所望也。"(《釋錄》第五輯,頁48/4-5)

城 讀作成。[二字《廣韻》同爲是征切,平清,禪。]

斯328《伍子胥變文》:"占見阿舅頭上有水,定落河傍;腰間有竹,塚墓城荒,木劇(屐)到(倒)着,不進傍徨。"(《校注》頁5/14)伯2553《王昭君變文》:"莊子云何者:'所好成毛羽,惡者城瘡癬;愛之欲求生,惡之欲求死。'"(《校注》頁156/11-12)伯2653《燕子賦(二)》:"真城無比校,曾娉海龍宫。"(《校注》頁414/4-5)真成,真是也。伯2324《難陀出家緣起》:"如來爲說因緣法,言下還城羅漢僧。"(《校注》頁593/15)俄藏Ф96《雙恩記》:"修城果滿覺圓明,不異從頭遍禮名。"(《校注》頁928/20)

成 讀作誠。[二字《廣韻》同爲是征切,平清,禪。]

斯6836《葉净能詩》:"身爲樗冠黄被,卷不離手,志成敢(感)神,遂得神人而見,净能亦不知何處而來。"(《校注》頁333/3-4)斯6836《葉净能詩》:"朕無此意,高力士起此異心,幸願天師察朕成素!"(《校注》頁340/11-12)斯6417《仰沙佛文》:"時衆虔成,一切普誦。"(《釋錄》第一輯,頁391/15)

成 讀作城。[二字《廣韻》同爲是征切，平清，禪。]

伯2583 申年《比丘尼修德等施捨疏十三件》："青絹裙一腰施入合成大衆。"(《釋録》第三輯，頁69/（十）1）斯8720之二1、2、3甲辰年（公元九四四年）《某寺得麥曆》："成南得麥三拾三石七斗。"(《釋録》第三輯，頁136/（一）2-3）

成 讀作盛。[二字《廣韻》同爲是征切，平清，禪。]

斯2073《廬山遠公話》："彼布袋裏有明珠，錦袋裏成糠何用？"(《校注》頁264/21-265/1）

伯2133《妙法蓮華經講經文（三）》："甘露飯將金椀捧，醍醐飲用玉盂成。"(《校注》頁729/21）

成 讀作盛。[成，《廣韻》是征切，平清，禪。盛，《廣韻》承正切，去勁，禪。二字僅聲調有別。]

伯3502 大中六年—十九年（公元八五二—八六五年）《氾文信等狀四件》："五月重（仲）夏成熟（熱），伏惟大郎等，動止萬福。"(《釋録》第五輯，頁310/5）伯3502《張敖撰新集諸家九族尊卑書儀一卷》："重（仲）夏成熟（熱），伏性（惟）和尚法體勝常，證心幽寂，攝性禪林，感動衆心，歸依正覺。"(《釋録》第五輯，頁311/14-15）

呈 讀作程。[二字《廣韻》同爲直貞切,平清,澄。]

　　伯2305《解座文匯抄》:"前呈一一自家耽,不修[實是愚癡意]。"(《校注》頁1172/14)

呈 讀作成。[呈,《廣韻》直貞切,平清,澄。成,《廣韻》是征切,平清,禪。二字同在梗攝開口三等,韻母相同,聲母相近。]

　　俄藏Φ101《維摩詰經講經文(二)》:"汝各心中斟酌取,儘呈虛幻一場空。"(《校注》頁813/2)

chěng

逞 讀作醒。[逞,《廣韻》丑郢切,上靜,徹。醒,《廣韻》直貞切,平清,澄。二字同在梗攝開口三等,韻母相同,聲母旁紐。]

　　斯6836《葉净能詩》:"罇中有酒五升,净能意逞道士,奏曰:'陛下!席欲散,餘酒擬勸尊師,伏望朕下允臣所[□](奏)。'"(《校注》頁336/21-337/1)

逞 讀作程。[逞,《廣韻》丑郢切,上靜,徹。程,《廣韻》直貞切,平清,澄。二字同爲梗攝開口三等,韻母相同,聲母旁紐。]

　　斯133《秋胡變文》:"辭妻了首,服得十袟文書,並是《孝經》《論語》《尚書》《左傳》《公羊》《穀梁》《毛詩》《禮記》《莊子》《文選》，便即登逞。"(《校注》頁232/17-18）

逞 讀作呈。［逞，《廣韻》丑郢切，上静，徹。呈，《廣韻》直貞切，平清，澄。二字同在梗攝開口三等，韻母相同，聲母旁紐。］

俄藏Ф365《妙法蓮華經講經文（四）》："也逞三尺同其類，大小高低恰相當。"(《校注》頁746/19）斯2973宋開寶三年（公元九七〇年）八月《節度押衙知司書手馬文斌牒》："謹隨狀逞上，特乞鈞慈，希垂眯覽，謹録狀上。"(《釋録》第五輯，頁24/4-7）

chí

池 讀作持。［池，《廣韻》直離切，平支，澄。持，《廣韻》直之切，平之，澄。二字同在止攝開口三等而韻目鄰近，韻母相近，聲母相同。］

斯4654《舜子變》："舜子三年池孝，淡服千日寡（掛）體。"(《校注》頁200/5）

遲 讀作池。［遲，《廣韻》直尼切，平脂，澄。池，《廣韻》直離切，平支，澄。二字同在止攝開口三等，韻目鄰近，韻母相近,聲母相同。]

斯 2144《韓擒虎話本》:"道由言訖,領軍便入城遲。"(《校注》頁 302/16-17)

持 讀作馳。[持,《廣韻》直之切,平之,澄。馳,《廣韻》直離切,平支,澄。二字同在止攝開口三等而韻目鄰近,韻母相近,聲母相同。]

伯 2553《王昭君變文》:"綑銀北奏黃蘆泊,原夏南地持白□。"(《校注》頁 156/4)

持 讀作慈。[持,《廣韻》直之切,平之,澄。慈,《廣韻》疾之切,平之,從。二字同在止攝開口三等,韻母相同。]

伯 3449、伯 3864《書儀小冊子》:"並蒙眷私,特出祖錢(餞),銘咸(感)空深,指喻尤難,但增(?)提慈之至。"(《釋錄》第五輯,頁 355/(一)9-10)

馳 讀作遲。[馳,《廣韻》直離切,平支,澄。遲,《廣韻》直尼切,平脂,澄。二字同在止攝開口三等而韻目鄰近,韻母相近,聲母相同。]

伯 2344《祇園因由記》:"喑吟之間,太子不惻(測),謂言无金,報大臣曰:'若也无金,休去不遲。何故馳疑,情事不決?'"(《校注》頁 602/16-17)

chì

赤 讀作挾。[赤、挾二字，《集韻》作爲異體字，音七迹切，入昔，清。但二字各有其本義，還是作爲通讀字看待好。]

伯2653《燕子賦（一）》："如今會遭夜莽赤推，總是者黑嫗兒作祖。"（《校注》頁378/4）

【說明】"赤推"之"赤"，解者甚多。有解釋爲與元曲"赤緊"的"赤"有關，用來加強語意的；有解釋爲甚辭，相當于"深"、"狠"的；有認爲是"誅"字之訛；有的認爲"赤推"應"斥推"，是斥責推問的意思；有的認爲應作"赤吹"，誣陷義；有的認爲"赤"讀作"敕"，即鳳凰王親自推鞫。今按：《集韻·昔韻》："赤、挾，除撥也。《周禮》'赤犮氏'，或从手。""赤"有拔除義，後起專字作"挾"。《周禮·秋官·序官》"赤犮氏"鄭玄注："赤犮，猶言挾拔也。主除蟲豸自埋者。"賈公彥疏："赤犮猶言挾拔者，拔除去之也。"《说文·手部》"挾"段玉裁注："挾拔，蓋漢時有此語。"《燕子賦（一）》文謂將自己捉去推問。如讀"赤"爲"敕"則聲音相去較遠（赤，《廣韻》昌石切，入昔，昌；《集韻》七迹切，入昔，清。敕，《廣韻》恥力切，入職，徹。二字聲韻皆有距離）。

忕 讀作拭。[忕，《廣韻》恥力切，入職，徹。拭，《廣韻》

賞職切，入職，書。二字同在曾攝開口三等，韻母相同。]

伯2862背、伯2626背唐天寶年代《燉煌郡會計牒》："按板壹，手羅壹，忧巾壹，白氈伍領……"（《釋錄》第一輯，頁476/100）

chōng

充 讀作衝。[充，《廣韻》昌終切，平東，昌。衝，《廣韻》尺容切，平鍾，昌。二字同在通攝合口三等而韻目鄰近，韻母相近，聲母相同。]

伯3989唐景福三年（公元八九四年）五月十日《立社條件憑記》："如有醉亂拔拳，充突三官及衆社，臨事重有決罰。"（《釋錄》第一輯，頁273/7-8）

沖 讀作忡。[冲同沖，沖，《廣韻》直弓切，平東，澄。忡，《廣韻》敕中切，平東，徹。二字同在通攝合口三等，韻母相同，聲母旁紐。]

斯2073《廬山遠公話》："是時皇帝慕戀，辟宰冲冲，合國大臣，同時祖送。"（《校注》頁269/8）

【説明】忡忡，憂愁貌。亦借"沖沖"爲之。如：[宋]范仲淹《依韻酬池州錢綺翁》："天涯彼此勿沖沖，內樂何須位更崇。"[明]錢嶪《憫黎詠》："軍行值人日，感歎心沖沖。"

chóu

酬 讀作讎。〔二字《廣韻》同爲市流切，平尤，禪。〕

俄藏 Ф96《雙恩記》："無恨怨酬無愛眷，不憐毫（豪）富不斯（欺）貧。"(《校注》頁 928/12) 又："天配人生豈自由，有親有愛有冤酬。"(《校注》頁 930/18) 又："何怨酬，何骨肉，合面草頭血流灑。"(《校注》頁 938/1)

chuān

川 讀作穿。〔二字《廣韻》同爲昌緣切，平仙，昌。〕

伯 2553《王昭君變文》："黃羊野馬捻槍撥，麋鹿從頭喫箭川。"(《校注》頁 157/14)

chuàng

創 讀作愴。〔二字《廣韻》同爲初亮切，去漾，初。〕

伯 3449、伯 3864《書儀小册子》："吊儀自間冰慈，恆深攀望，值以某縈計不及，頻附懇誠，今則伏蒙眷私，以某家室傾逝，遠垂軍將馳送吊儀物色，收領，不任感創。"(《釋錄》第五輯，頁 384/（二）49-52)

愴 讀作倉。〔愴，《廣韻》初亮切，去漾，初；又初兩切，上養，初。倉，《廣韻》七岡切，平唐，清。愴在宕攝開口三等，倉在宕攝開口一等，二字聲母同爲齒音。]

伯2344《祇園因由記》："須達愴至，莫知所由：'爲屈王耶？臣耶？'"（《校注》頁601/14）

【說明】愴或可讀作搶。《集韻》二字同爲楚兩切，上養，初。《集韻·養韻》："搶，突也。"此用以解釋《莊子·逍遥游》"我決起而飛，搶榆枋，時則不至而控於地矣，奚以九萬里而南爲"中的"搶"字正合適。用於此文似也合適。

chuī

吹 讀作炊。[二字《廣韻》同爲昌垂切，平支，昌。]

伯2324《難陀出家緣起》："難陀家内長吹七瓮之香飯，所有神通直交（教）勞（撈）盡。"（《校注》頁591/1-2）又："斷　難陀家内飯長吹，香粳玉稻滑流（留）時。"（《校注》頁591/3）伯3569背唐光啓三年（公元八八七年）四月《爲官酒户馬三娘、龍粉堆支酒本和秫會牒附判詞》："至今月廿二日，計卅一日，伏緣使客西庭、擦微、及涼州、肅州、蕃使繁多，日供酒兩瓮半已上，今准本數欠三五瓮，中間緣有四五月艱難之（乏）濟，本省全絶，家貧無可吹飪，朝憂敗闕。"（《釋録》第三輯，頁622/3-8）

chuí

垂 讀作誰。[垂,《廣韻》是爲切,平支,禪。誰,《廣韻》視隹切,平脂,禪。二字同在止攝合口三等而韻目鄰近,韻母相近,聲母相同。]

伯2305《解座文匯抄》:"貪爲身,貪爲己,垂憶二親遭拷捶。"(《校注》頁1175/5)

chuò

綴 讀作輟。[二字《廣韻》同爲陟劣切,入薛,知;《廣韻》又同爲陟衛切,去祭,知。]

斯530《索法律和尚義責窟銘》:"門人躃踴,一郡綴舂。"(《釋錄》第五輯,頁156/49)伯3556後周《應管內釋門僧正賈清和尚邈影讚並序》:"道俗徒哭泣,耆壽盡綴舂。"(《釋錄》第五輯,頁173/28)

cí

慈 讀作兹。[慈,《廣韻》疾之切,平之,從。兹,《廣韻》子之切,平之,精。二字韻母相同,聲母旁紐。]

伯3718《後唐故歸義軍節度押衙張公明集寫真讚並序》:"因慈雄名聲震,美播寰中。"(《釋錄》第五輯,頁252/8)

cǐ

此 讀作紫。[此,《廣韻》雌氏切,上紙,清。紫,《廣韻》將此切,上紙,精。二字韻母相同,聲母旁紐。]

伯 2187《破魔變》:"伏願洪河再復,流水永繞乾坤;此綏千年,勳業長扶社稷。"(《校注》頁 531/17-18)

此 讀作次。[此,《廣韻》雌氏切,上紙,清。次,《廣韻》七四切,去至,清。二字同在止攝開口三等而韻目鄰近,韻母相近,聲母相同。]

斯 2144《韓擒虎話本》:"恰到第三日,整(正)歌歡之此,忽見一人着紫,忽見一人着緋,乘一朵黑雲,立在殿前,高聲唱喏。"(《校注》頁 305/1-2)北圖殷字四十一(見敦煌雜錄)《社司轉帖》:"右緣年支眷座局席,此至慎(鎮)使,人各粟一斗,油半昇,面一斤。"(《釋錄》第一輯,頁 361)伯 5032《渠人轉帖》:"已上渠人今緣水此褐隨,妾(切)要　　　　　"(《釋錄》第一輯,頁 407/3)

cì

次 讀作此。[次,《廣韻》七四切,去至,清。此,《廣韻》雌氏切,上紙,清。二字同在止攝開口三等而韻目鄰近,

敦煌文獻通讀字

韻母相近，聲母相同。]

斯4654《舜子變》："舜子忽聞次言，將爲（謂）是真無爲（僞）。"（《校注》頁201/2）伯2324《難陀出家緣起》："三塗根本因次捨，五毒惡緣此日休。"（《校注》頁593/13）斯466後周廣順三年（公元九五三年）《龍章祐、祐定兄弟出典土地契》："如若先悔者，罰青麥拾馱，充入不悔人，恐後無信，故勒次契，用爲後憑。"（《釋錄》第二輯，頁30/8-10）斯6537 2V《家童再宜放書一道（樣式）》："將次放良福分，先資亡過，不厯三途；次及現存，無諸爲障。"（《釋錄》第二輯，頁179/12-14）

次 讀作咨。[次，《廣韻》七四切，去至，清。咨，《廣韻》即夷切，平脂，精。二字同在止攝開口三等，韻母相同，聲母旁紐。]

伯2344《祇園因由記》："太子具上被誑之由，次説補（布）金之事。老人意爲須達，先言所説太子具（俱）是。"（《校注》頁602/12-13）

次 讀作茨。[次，《廣韻》七四切，去至，清。茨，《廣韻》疾資切，平脂，從。二字同在止攝開口三等，韻母相同，聲母旁紐。]

伯2049背後唐同光三年（公元九二五年）正月《沙

州净土寺直歲保護手下諸色入破曆祘會牒》："油壹岄，梁戶入次柴壹車用。"(《釋録》第三輯，頁 361/357-358）

次 讀作刺。[次,《廣韻》七四切，去至，清。刺,《廣韻》七賜切，去寘，清。二字同在止攝開口三等而韻目鄰近，韻母相近，聲母相同。]

斯 4654《舜子變》："我子是孝順之男，豈不下樹與阿孃看次。"(《校注》頁 201/1-2）

賜 讀作止。[賜,《廣韻》斯義切，去寘，心。止,《廣韻》諸市切，上止，章。二字同在止攝開口三等而韻目鄰近，韻母相近。]

斯 5137 4V《親情社轉帖（抄）》："其帖立遞相分［付］，不得停賜。"(《釋録》第一輯，頁 353/5）

賜 讀作思。[賜,《廣韻》斯義切，去寘，心。思,《廣韻》息茲切，平之，心。二字同在止攝三等而韻目鄰近，韻母相近，聲母相同。]

斯 2144《韓擒虎話本》："前後不經兩旬，忽覺神賜不安，眼［瞤］耳熱，心口思量，昇廳而坐。"(《校注》頁 304/14）

cōng

葱 讀作總。[葱，《廣韻》倉紅切，平東，清。總，《廣韻》作孔切，上董，精。二字同在通攝合口一等，韻母相同，聲母旁紐。]

斯 2174 天復九年（公元九〇九年）《董加盈兄弟三人分家契》："弟懷子，取索底渠地大地壹半肆畝半，葱同渠地中心長地兩畦伍畝。"（《釋錄》第二輯，頁 148/12-13）伯 3246 背辛巳年（公元九八一或九二一年）十月十五日《放羊死損現存數抄錄》："辛巳年十月十五日，共放羊人葱計池死損吏喚與後，現存抄錄如後：大結（羯）羊一口，白母羊廿四口，白母高（羔）子七日（口），兒高（羔）子伍口，結（羯）故（羖）羊三口，又結（羯）故（羖）羊六至三口，四至故羊結（羯羖羊）六口，大母故（羖）羊十五口，母高（羔）子七口，兒高（羔）子三口，都計七十三口。"（《釋錄》第三輯，頁 579/1-4）

摐 讀作趀。[二字《廣韻》同爲七恭切，平鍾，清。]

伯 4044 乾寧六年（公元八九九年）《某甲差充右一將第一隊副隊帖等稿二件》："右某甲差充右一將第一隊副隊右奉處分，前件人仍以隊頭同勾當一隊健卒，並須在心鉗鎋，點檢主管一切軍器，並須摐摐，緩急賊寇，稍見功勞，當便給與隊頭職牒，仍須准此指撝者。"(《釋錄》第四輯，頁289/（一）3-9）伯2814後唐天成三年戊子年（公元九二八年）二月《都頭知懸泉鎮遏使安進通狀七件》："此時皆仗令公神謀，不落賊人姦便，□已覺察，摐摐准備，兵士尋合奔逐支敵，必計不失機宜，擒捉梟首，部領送上府衙。"(《釋錄》第四輯，頁495/（三）12-17)

【説明】《廣韻·鍾韻》："趀，急行也。又音蹤。"引申爲急切義。

cū

粗 讀作祚。[粗，《廣韻》徂古切，上姥，從。祚，《廣韻》昨誤切，去暮，從。二字同在遇攝合口一等，韻母相同，聲母相同，僅聲調有別。]

伯4640《沙州釋門索法律窟銘》："纞誠（旁注：成）福粗，慶讚逾揚。"(《釋錄》第五輯，頁101/75-76)

cù

醋 讀作䩱。[醋，《廣韻》倉故切，去暮，清；《集韻》疾各切，入鐸，從。䩱，《廣韻》測戟切，入陌，初。醋在遇攝合口一等，䩱在梗攝開口三等，二字韻母距離較遠，可能以同從昔得聲而通讀。]

斯4705年代不明 [公元十世紀]《諸色斛斗破曆》：

敦煌文獻通讀字

"又受田馬醋豆二斗"(《釋錄》第三輯,頁289/7)

【説明】《廣韻·陌韻》測戟切:"䐈,磨豆。"《集韻·陌韻》測窄切:"䐈,破豆也。"這裡指碾碎了的豆子。

蹙 讀作蹴。[二字《廣韻》同爲子六切,入屋,精。]

斯5448《燉煌錄一卷》:"風俗:端午日,城中士女,皆躋高峯,一齊蹙下,其沙聲吼如雷,至曉看之,峭崿如舊,古號鳴沙神沙而祠焉。"(《釋錄》第一輯,頁47/34-48/38)

簇 讀作族。[簇,《廣韻》千木切,入屋,清。族,《廣韻》昨木切,入屋,從。二字同韻母。]

伯4640《李明振氏再修功德記》:"朱門不媿於五侯,豎戟崇隆於貴簇。"(《釋錄》第五輯,頁79/8)

cuī

催 讀作摧。[催,《廣韻》倉回切,平灰,清。摧,《廣韻》昨回切,平灰,從。二字同韻母。]

伯2305《妙法蓮華經講經文(一)》:"仙人既許説經開,内要修行惡業催。"(《校注》頁711/8)

cuǐ

漼 讀作催。[漼,《集韻》昨回切,平灰,從。催,《廣韻》倉回切,平灰,清。二字韻母相同,聲母旁紐。]

　　俄藏Ф365《妙法蓮華經講經文(二)》:"花下愛漼《南浦子》,延(筵)中偏送《剪春羅》。"(《校注》頁719/6)

cuì

悴 讀作猝。[悴,《廣韻》秦醉切,去至,從。猝,《廣韻》倉没切,入没,清。二字韻母距離較遠,當以同從卒得聲而通讀。二字旁紐。]

　　斯2144《韓擒虎話本》:"是某乙悴患生腦疼,檢盡藥方,醫療不得。"(《校注》頁298/12)

cūn

村 讀作忖。[村,《廣韻》此尊切,平魂,清。忖,《廣韻》倉本切,上混,清。二字同在臻攝合口一等,韻母相同,聲母相同,僅聲調有別。]

　　伯2811唐廣明元年庚子歲(公元八八〇年)《侯昌葉直諫表》:"伏惟陛下,或因停歡罷戲,寢殿之中,拓手心頭,誠爲思村。"(《釋録》第四輯,頁334/40-335/41)

cùn

寸 讀作忖。[寸,《廣韻》倉困切,去慁,清。忖,《廣韻》倉本切,上混,清。二字同在臻攝合口一等,韻母相同,聲母相同,僅聲調有別。]

斯 6537 3V-5V《立社條件（樣式）》:"更有榮就男人女事合行事,不在三官之中,眾社思寸。"(《釋錄》第一輯,頁 282/29-30)伯 3730 吐蕃申年十月《報恩寺僧崇聖狀上并教授乘恩判辭》:"右崇聖一奉大眾驅使,觸事不允眾意,又淹經歲,趨事無能,雖然自寸栽園林,猶若青雲口護（？）菓物每供僧眾不憫（？）,今崇聖限年遊蒲柳,歲當桑榆,疾苦疣加,無人替代。"(《釋錄》第四輯,頁 41/2-5)

dā

答 讀作搭。[答,《廣韻》都合切,入合,端。搭,《集韻》德合切,入合,端;《古今字音對照手冊》都合切,入合,端。二字同音。]

斯 2144《韓擒虎話本》:"賀若弼此時臂上捻弓,腰間取箭,答闊（括）當弦,當時便射。"(《校注》頁 303/16-17)又:"衾虎拜謝,遂臂上捻弓,腰間取箭,答闊（括）當弦,當時便射。"(《校注》頁 303/19-304/1)

dá

怛 讀作妲。〔二字《廣韻》同爲當割切，入曷，端。〕

伯2305《解座文匯抄》："説西施，怛己貌，在日紅顏誇窈窕。"(《校注》頁1171/14)

怛 讀作憚。〔怛，《廣韻》當割切，入曷，端。憚，《廣韻》徒案切，去翰，定。二字同在山攝開口一等，韻母陽入對轉，聲母旁紐。〕

伯2305《妙法蓮華經講經文（一）》："千年而不怛劬勞，一日兮滿其功德。"(《校注》頁709/18)

dà

大 讀作馱。〔二字《廣韻》同爲唐佐切，去箇，定。〕

斯2041唐大中某年《儒風坊西巷村鄰等社約》："丙寅年三月四日，上件巷社，因張曹二家衆集商量從今已後社內十歲已上有凶禍大喪等日，准條贈，不限付名三大，每家三贈了，須智一延，酒一瓮，然後依前例，終如復始。"(《釋録》第一輯，頁272/ 四1-4)

【説明】三馱，社邑成員爲取得喪葬互助資格所應納物名稱。

dài

代 讀作大。[代,《廣韻》徒耐切,去代,定。大,《廣韻》徒蓋切,去泰,定。二字同在蟹攝開口一等而韻目鄰近,韻母相近,聲母相同。]

伯 2553《王昭君變文》:"五神俱總散,四代的危危。"(《校注》頁 158/6)佛教所説的四大指地、水、火、風。人體由此四大和諧組成。四大的危危就是身體危殆。北圖新 0866《李陵變文》:"陵家曆(歷)大爲軍將,世世從軍爲國征。"(《校注》頁 133/11)

岱 讀作代。[二字《廣韻》同爲徒耐切,去代,定。]

北 8418《天下姓望氏族譜殘卷》:"雁門郡三姓 岱州 續、薄、解"(《釋錄》第一輯,頁 85/3)斯 2052《新集天下姓望氏族譜一卷并序》:"岱州雁門郡出五姓 續、解、田、文、狄"(《釋錄》第一輯,頁 94/34)

待 讀作怠。[二字《廣韻》同爲徒亥切,上海,定。]

俄藏 Ф365《妙法蓮華經講經文(四)》:"意行尋常多待慢,心中都總不虔誠。"(《校注》頁 743/3)

大 讀作待。[大,《廣韻》徒蓋切,去泰,定。待,《廣韻》

徒亥切，上海，定。二字同在蟹攝開口一等而韻目鄰近，韻母相近，聲母相同。]

伯2721《舜子變》："大伊怨（冤）家上倉，不計是兩個笠子，四十個笠子也須燒死。"（《校注》頁202/2-3）斯2144《韓擒虎話本》："是甚人？是即（積）大名將〈是〉韓熊男，幼失其父，自訓其名，號曰衾虎，心生不分，越班走出："（《校注》頁300/10）又："蠻奴是即（積）大名將，乍舒（輸）心生不分，從城排一大陣，識也不識？"（《校注》頁302/8-9）伯2324《難陀出家緣起》："不如聞早却迴，莫大此時挫辱。"（《校注》頁592/17）伯2305《解座文匯抄》："大欲將錢爲二親，且緣欠闕如何是。"（《校注》頁1175/6）斯2204《十無常》："聞身強健行檀施，作福利。莫大合眼被分張，不免也無常。"

戴 讀作載。[戴，《廣韻》都代切，去代，端。載，《廣韻》作代切，去代，精。二字僅聲母有別。]

北8418《天下姓望氏族譜殘卷》："其三百九十八姓之外，又二千一百雜姓，非史藉所戴，雖預三百九十八姓之限，而或媾官混雜，或從賤入良，營門雜户、慕容商賈之類，雖有譜，亦不通。（《釋錄》第一輯，頁87/40-43）

dān

擔 讀作儋。[二字《廣韻》同爲都甘切，平談，端。]

伯 2653《燕子賦（一）》："終遣官人棒脊，流向擔崖象白。"(《校注》頁 376/11）

dǎn

亶 讀作壇。[亶，《廣韻》多旱切，上旱，端。壇，《廣韻》徒干切，平寒，定。二字同在山攝開口一等，韻母相同，聲母旁紐。]

伯 3718《敦煌縣令張清通寫真讚並序》："白鳥俄集，翔及青亶。"(《釋錄》第五輯，頁 272/28）青壇，帝王春日郊祭用的土臺。

dàn

但 讀作檀。[二字《廣韻》同爲徒干切，平寒，定。]

斯 2614《大目乾連冥間救母變文》："聞道將來入地獄，但曰（越）知其消息否？"(《校注》頁 1028/3）

【説明】"但曰"讀作檀越。石谷風收藏的《晉魏隋唐殘墨》本"但曰"作"檀越"。

旦 讀作但。[旦《廣韻》得按切，去翰，端。但，《廣韻》徒案切，去翰，定。二字僅聲母有小別，但屬旁紐。]

伯2344《祇園因由記》："太子即是於（爲）王，夫人王也，出語成敕，一言之後，不合改移。太子旦［合］領金，其園須與長者。"（《校注》頁602/14-15）

啖 讀作淡。[二字《廣韻》同爲徒敢切，上敢，定；又同爲徒濫切，去闞，定。]

斯788《沙州志殘卷》："東鹽池。縣東五十里，其鹽出水中自爲塊。人就水漉出曝乾，並是顆鹽，味啖於河東者，印刑相類。"（《釋錄》第一輯，頁42/2-3）

dāng

當 讀作黨。[當，《廣韻》都郎切，平唐，端。黨，《廣韻》多朗切，上蕩，端。二字同在宕攝開口一等，韻母相同，聲母相同，僅聲調有別。]

斯5578《放妻書（樣式）》："奉上有謙恭之道，恤下無當無偏。"（《釋錄》第二輯，頁175/8-10）

dǎng

讜 讀作儻。[讜，《廣韻》多朗切，上蕩，端。儻，《廣韻》他朗切，上蕩，透。二字韻母相同，聲母旁紐。]

伯3620《諷諫今上破鮮于叔明、令狐峘等請試僧尼

及不許交易書並批答》:"陛下讜若依行,伏聽頒示天下。"(《釋録》第四輯,頁319/76-77)

黨 讀作擋。[黨,《廣韻》多朗切,上蕩,端。擋,《廣韻》丁浪切,去宕,端。二字同在宕攝開口一等,韻母相同,聲母相同,僅聲調有別。]

伯3501背戊午年(公元九五八年)《康員進貸生絹契(抄)》:"其絹斷黨利頭,見還麥肆碩。"(《釋録》第二輯,頁126/3)

【説明】《集韻·宕韻》:"擋,捬也。"斷擋利頭,就是不收利息。下文有云:"其絹,西州到來限一月填還。若於限不還者,便於鄉例生利。"是其前不收利息。《釋録》將"黨"讀爲"償",於是義無取,於音難通。償,《廣韻》市羊切,平陽,禪。在宕攝開口三等,二字聲韻距離都較遠。

dǎo

島 讀作擣。[島,《廣韻》都皓切,上皓,端。擣,《古今韻會舉要》覩老切,上皓,端。二字同音。]

伯2193《目連緣起》:"碓島磑磨身爛壞,遍身恰似淤青泥。"(《校注》頁1012/1)

【説明】"擣"字後出。其義古作"擣",此字《廣韻》

音都皓切，上皓，端。此文寫"島"僅表其音。

擣 讀作倒。[二字《廣韻》同爲都皓切，上皓，端。]

斯 2144《韓擒虎話本》："我把些子兵士，似一片之肉入在虎牙，不婁咬嚼，博喥之間，並乃傾盡。我聞公（功）成者去，未來者休，不如擣戈卸甲來降。"（《校注》頁 302/14-15）

蹈 讀作韜。[蹈，《廣韻》徒到切，去號，定。韜，《廣韻》土刀切，平豪，透。二字同在效攝開口一等，韻母相同，聲母旁紐。]

伯 4640《吴僧統碑》："即及元昆蹈光，門傳善則，急難存于兄弟；語實親仁，信重成于朋友。"（《釋錄》第五輯，頁 94/45-46）

dào

到 讀作倒。[到《廣韻》都導切，去號，端。倒，《廣韻》都皓切，上皓，端。二字僅聲調有別。]

伯 3213《伍子胥變文》："此乃混沌法律，顛到禮儀。"（《校注》頁 2/4）伯 2324《難陀出家緣起》："纔添得三個，又到却兩個；又添得四個，到却三個。"（《校注》頁 591/11-12）又："掃地風吹掃不得，添瓶瓶到不知休。"(《校注》頁591/15)又:"莫是難陀驚怕,當到地走向後。"(《校注》頁593/8-9)斯2144《韓擒虎話本》:"橫拖到拽,直至殿前。"(《校注》頁302/3)伯2133《妙法蓮華經講經文(三)》:"净土高飛未有程,凡夫顛到忘(妄)心生。"(《校注》頁728/16)伯3489戊辰年正月廿四日《旌(?)坊巷女人社社條(稿)》:"或有大人顛(顛)言到儀,罰醨釀(?)[壹]筵。"(《釋錄》第一輯,頁276/3-4)伯3813背唐[公元七世紀後期?]《判集存十九道》:"顛到昭穆,移易尊卑。"(《釋錄》第二輯,頁604/98)

道 讀作盜。[道,《廣韻》徒皓切,上皓,定。盜,《廣韻》徒到切,去號,定。二字同在效攝開口一等,韻母相同,聲母相同,僅聲調有別。]

斯5820、斯5826拚合未年(公元八〇三年)《尼僧明相賣牛契》:"如後有人稱是寒道識認者,一仰本主賣(買)上好牛充替。"(《釋錄》第二輯,頁33/5-6)

道 讀作導。[道,《廣韻》徒皓切,上皓,定。導,《廣韻》徒到切,去號,定。二字同在效攝開口一等,韻母相同,聲母相同,僅聲調有別。]

伯2187《破魔變》:"但某乙禪河滴(嫡)派,勇

猛晚修；學無道化之能，謬處讚揚之位。"(《校注》頁536/12)

莉 讀作到。[二字《廣韻》同爲都導切，去號，端。]

伯3707戊午年四月廿四日《親情社轉帖》："足（捉）二人後莉，罰酒壹角；全不來，罰酒半瓮。"(《釋錄》第一輯，頁352/4-6)

dé

德 讀作得。[二字《廣韻》同爲多則切，入德，端。]

伯2133《妙法蓮華經講經文（三）》："上來六時之内，有一人受持觀世音名號，乃至禮拜者，所德功德，與供養稱念六十二億恆河沙菩薩之人，功德一般云云。"(《校注》頁733/12-13) 斯5520《立社條件》："囗（結）義之後，但有社内身遷故，贈送營辦葬義（儀）車轝囗（一）仰社人助成，不德臨事疏遺，忽合乖嘆，仍須社衆改囗送至墓所，人各借布一疋，色物一疋。"(《釋錄》第一輯，頁289/6-8) 伯3212背（11）《夫妻相別書一道》："自別已後，願妻再嫁富貴，得高夫厮，不再侵凌論理，一似如魚德水，壬（任）自波遊；馬如挦綱壬山丘。"(《釋錄》第二輯，頁195/9-11) 伯4640《沙州釋門索法律窟銘》："德道高僧，傳燈相次。"(《釋錄》第五輯，頁95/11) 伯

3502《張敖撰新集諸家九族尊卑書儀一卷》:"此某推免,今從官役,且德平安。"(《釋錄》第五輯,頁307/120)

得 讀作德。[二字《廣韻》同爲多則切,入德,端。]

斯2144《韓擒虎話本》:"皇帝宣問:'阿奴無得,檻(濫)處爲軍(君),今有金璘(陵)陳叔寶便生爲(違)背,不順阿奴,今擬拜將出師剪戮,甚人去得?'"(《校注》頁300/8-9)伯2653《燕子賦(二)》:"不能攀古得,二人並鳥身。"(《校注》頁415/11-12)伯2133《妙法蓮華經講經文(三)》:"斷地前之煩惱,證十地之真如,百千功得周圓,萬億化身自在。"(《校注》頁731/11)俄藏Φ96《雙恩記》:"白言父母:'我身福得,而得全濟。善友太子與諸從伴薄福德故,沒水死盡。'"(《校注》頁938/6-7)伯2945《權知歸義軍節度兵馬留後使某某書狀稿九件》:"今乃共使臣同往,望僕射以作周旋,得達前程,往迴平善,此之恩得,何敢忘焉。"(《釋錄》第五輯,頁329/71-73)

dēng

登 讀作證。[登,《廣韻》都滕切,平登,端。證,《廣韻》諸應切,去證,章。登在曾攝開口一等,證在曾攝開口三等。]

伯 2324《難陀出家緣起》:"羅漢經中總得名,[□]今盡解登其生。"(《校注》頁 593/16)

【說明】登、證二字,音距離較大。登或者可讀作"得"。得,《廣韻》多則切,入德,端。在曾攝開口一等,與登成陽入對轉。"解得其生"很好理解。

登 讀作燈。[二字《廣韻》同爲都滕切,平登,端。]

斯 4782 寅年《乾元寺堂齋修造兩司都師文謙諸色斛斗入破曆祘會牒殘卷》:"麵壹斗,估油點登用。"(《釋錄》第三輯,頁 312/57-58)斯 1316 年代不明 [公元九世紀後期?]《某寺諸色斛斗破用曆》:"油壹勝(升),充歲除髩登用。"(《釋錄》第三輯,頁 320/7-8)

燈 讀作登。[二字《廣韻》同爲都滕切,平登,端。]

斯 6537 7V-8V《立社條件(樣式)》:"大者如兄,少者若弟。讓議(義)先燈。"(《釋錄》第一輯,頁 284/3-4)

dī

伍 讀作詆。[伍,《廣韻》都奚切,平齊,端。詆,《廣韻》都禮切,上薺,端。二字同在蟹攝開口四等,韻母相同,聲母相同,僅聲調有別。]

斯 5647《分書(樣式)》:"如若更生毀伍,説少道多,

罰錦一疋，充助官門。"（《釋録》第二輯，頁171/64-67）

滴 讀作嫡。［二字《廣韻》同爲都歷切，入錫，端。］

伯2187《破魔變》："但某乙禪河滴派，勇猛晚修；學無道（導）化之能，謬處讚揚之位。"（《校注》頁536/12）

嘀 讀作摘。［嘀，《改併四聲篇海》引《川篇》音謫。《正字通・口部》："嘀，俗謫字。"謫、摘二字《廣韻》同爲陟革切，入麥，知。是嘀、摘二字同音］

斯4654《舜子變》："我若嘀得桃來，豈不是於家了事！"（《校注》頁200/17）

dí

的 讀作適。［二字《廣韻》同爲都歷切，入錫，端。］

俄藏Ф96《雙恩記》："三者，永割親愛，無的莫故。"（《校注》頁927/1）

【説明】適莫，指用情有親疏厚薄。《後漢書・李燮傳》："時潁川荀爽、賈彪，雖俱知名而不相能，燮並交二子，情無適莫，世稱其平正。"語出《論語・里仁》："君子之於天下也，無適也，無莫也。"邢昺疏："適，厚也。莫，薄也。"

嫡 讀作適。[二字《廣韻》同爲都歷切,入錫,端。]

伯3410 年代未詳 [公元八四〇年]《沙州僧崇恩處分遺物憑據》:"媧柴小女在乳哺來,作女養育,不曾違逆遠心,今出嫡事人,已經數載,老僧買得小女子壹口,待老僧終畢,一任媧柴驅使,莫令爲賤。"(《釋錄》第二輯,頁 152/42-43)出適,即出嫁。

狄 讀作敵。[二字《廣韻》同爲徒歷切,入錫,定。]

斯2144《韓擒虎話本》:"衾虎亦(一)見,處分左右,冊起蠻奴:'具(拒)狄者殺,來頭(投)便是一家,容某乙奏上隋文皇帝,請作叔父恩養,即是衾虎願足。'"(《校注》頁 302/15-16)又:"衾虎聞言,或(忽)遇(語)將軍:'具(拒)狄者殺,來頭(投)便是一家。'"(《校注》頁 303/5)

dǐ

底 讀作抵。[二字《廣韻》同爲都禮切,上薺,端。]

斯5629《燉煌郡等某乙社條壹道(樣式)》:"一,自合社已後,若有不聽無量衝底三官罰羊壹口,酒壹瓮,合社破用。"(《釋錄》第一輯,頁 286/(一)26-29)衝抵謂衝撞、觸犯。

底 讀作邸。[二字《廣韻》同爲都禮切,上薺,端。]

斯 2073《廬山遠公話》:"金銀錢物,一任分將,底店莊園,不能將去。"(《校注》頁 260/16-17)

dì

地 讀作第。[地,《廣韻》徒四切,去至,定。第,《廣韻》特計切,去霽,定。地在止攝開口三等,第在蟹攝開口四等,二字同聲母。]

斯 2144《韓擒虎話本》:"卿二人且歸私地,後來日前朝,別有宣至(旨)。"(《校注》頁 300/13-14)又:"皇帝亦(一)見,大悅龍顏:'賜卿且歸私地憩歇。後(候)楊素到來,別有宣至(旨)。'"(《校注》頁 303/6-7)又:"三將受宣,拜舞謝恩,走出朝門,各歸私地。"(《校注》頁 303/9-10)又:"皇帝亦(一)見,喜不自昇(勝),遂賜衾虎錦綵羅紈,金銀器物,美人一對,且歸私地憩歇,一月後別有進旨。"(《校注》頁 304/12-13)

娣 讀作悌。[二字《廣韻》同爲特計切,去霽,定;又同爲徒禮切,上薺,定。]

伯 2625《敦煌名族志殘卷》:"果子嗣玉,志敦經史,博覽天聽,奉國忠貞,承家孝娣。"(《釋錄》第一輯,頁 101/49-50)

弟 讀作遞。[二字《廣韻》同爲特計切,去霽,定;又同爲徒禮切,上薺,定。]

伯 3721《瓜沙兩郡大事記并序殘卷》:"其童男童女,初聞驚懼,哀戀父母。既出城外,被神收攝魂魄,全無顧戀之情,弟相把手,自入泉中。"(《釋錄》第一輯,頁 81/38-40)斯 6614 背年代未詳[丙辰年?]《社司轉帖(抄)》:"右緣少事商量,幸請諸公等帖至,限今月十八日卯時於多寶閘(蘭)若取齊,捉二人後到者,罰酒一角,全不來者,罰酒半瓮,其帖立弟相分付,不德(得)停滯,如滯帖者,准條科罰。"(《釋錄》第一輯,頁 323/1-7)北圖殷字四十一(見敦煌雜錄)《社司轉帖》:"其帖,畧(署)名。弟過者,不得停滯。"(《釋錄》第一輯,頁 361)伯 5032《社司轉帖》:"其帖立弟相分付,不得亭(停)滯。"(《釋錄》第一輯,頁 403/5)伯 2482《常樂副使田員宗啟》:"言道有南山六人,弟互傷鬭,針草不得,便向東去。"(《釋錄》第四輯,頁 501/7-8)

第 讀作締。[二字《廣韻》同爲特計切,去霽,定。]

伯 3051 丙辰年(公元九五六年)《僧法寶貸絹契(抄)》:"兩共對面平章爲第,不許開,故立☐☐(此契),用爲後驗。押字爲第。"(《釋錄》第二輯,頁 125/5-6)

【説明】此處"第"字，諸家多讀爲"定"，音稍隔。讀作"締"較長。《説文·糸部》"締，結不解也"。謂押字之後，便締結不解，不可改悔。

第 讀作弟。[二字《廣韻》同爲特計切，去霽，定。]

伯2344《祇園因由記》："此是第身子强也！"(《校注》頁603/6)

diān

瘨 讀作搷。[瘨，《廣韻》都年切，平先，端。搷，《廣韻》徒年切，平先，定。二字同韻母。]

伯3303《印度制糖法殘卷》："旋寫一鎗，着筯瘨小許。冷定，打。"(《釋録》第五輯，頁453/5) 寫，此文是移置義。

【説明】瘨，災病，其義不合用於此。搷，《集韻·先韻》釋作"引也"。瘨宜讀搷，謂從即將成糖的糊狀糖稀中用筷子粘出一些，等它冷卻，就成條狀物，這是一打就斷的，説明鍋裡的糖稀已經成糖了，火候到了。

diàn

電 讀作殿。[二字《廣韻》同爲堂練切，去霰，定。]

斯6537 5V6V《慈父遺書一道（樣式）》："夫悲世事

以哀,然命應南閻,氣如風燭,人生共壽百歲,七十者希,暫住世間之生榮現而魯電之光炎,死時忽就,無路避逃,固病時漸加罙(深)重。"(《釋錄》第二輯,頁182/4-5)句中"現而魯電之光炎"似可乙轉"現而"二字爲"而現"。魯殿靈光是常見的典故。

奠 讀作佃。[二字《廣韻》同爲堂練切,去霰,定。]

斯5927背唐天復二年(公元九〇二年)《樊曹子劉加興租佃土地契(稿)》:"天復二年壬戌歲次(當乙作歲次壬戌)十一月九日,慈惠鄉百姓劉加興城東口渠上口地四畦共十畝,闕乏人力,奠種不得,遂租與當鄉百姓樊曹子奠種三年。"(《釋錄》第二輯,頁25/(一)1-5)斯5927背唐天復二年(公元九〇二年)《樊曹子劉加興租佃土地契(稿)》:"是日,一任租地人三年奠種,不卜許(諫?)劉加興,三年除外並不珍(准)劉加興論限。"(《釋錄》第二輯,頁25/(一)10-11)

【説明】未見原卷圖版,恐字有錯訛。

diāo

彫 讀作凋。[二字《廣韻》同爲都聊切,平蕭,端。]

斯2073《廬山遠公話》:"昔時壯氣,隨八節而彫殘;舊日紅顏,隨四時而改變。"(《校注》頁260/7-8)斯

4327《不知名變文（一）》："恰到葉彫身朽故，便同厄病即無常。"（《校注》頁 1131/10）

diào

掉 讀作棹。[掉，《廣韻》徒弔切，去嘯，定。棹，《廣韻》直教切，去效，澄。掉在效攝開口四等，棹在效攝開口二等，二字聲母同爲舌音。]

斯 2073《廬山遠公話》："眾生欲過江湖，第一須憑高（篙）掉。"（《校注》頁 265/22-266/1）

掉 讀作挑。[二字《廣韻》同爲徒了切，上篠，定。]

斯 6161、斯 3329、斯 6973、伯 2762 綴合《張淮深碑》："忽見神兵動地而至，無心掉戰，有意逃形，奔投星宿嶺南，苟偷生於海畔。"（《釋錄》第五輯，頁 200/35-36）

dié

牒 讀作煤。[牒，《廣韻》徒協切，入帖，定。煤，《集韻》弋涉切，入葉，以。牒在咸攝開口四等，煤在咸攝開口三等，二字韻母相距不遠。]

伯 3627 背壬寅年（公元九四二年）《龍鉢略貸生絹契（抄）》："其絹利頭立機牒一疋。"（《釋錄》第二輯，頁

121/（一）5-6）伯 3257 後晉開運二年（公元九四五年）十二月《河西歸義軍左馬步押衙王文通牒及有關文書》："當時恩賜馬賈（價），得麥粟壹拾碩，立機牒伍正，官布伍正。"（《釋錄》第二輯，頁 296/（三）6-7）

dǐng

頂 讀作鼎。[二字《廣韻》同爲都挺切，上迥，端。]

伯 2187《破魔變》："假使有拔山舉頂之士，終埋在三尺土中；直饒玉提（缇）金繡之徒，未免於一械灰燼。"（《校注》頁 531/5-6）

dìng

定 讀作廷。[二字《廣韻》同爲徒徑切，去徑，定。]

斯 2073《廬山遠公話》："但弟子雖宰相，觸事無堪；濟舉三睟（願），朝定漿（獎）用。凡夫肉眼，豈辯（辨）聖賢，負罪彌天，且放免尤。"（《校注》頁 267/18-19）

dòng

動 讀作慟。[動，《廣韻》徒摠切，上董，定。慟，《廣韻》徒弄切，去送，定。二字同在通攝合口一等，韻母相同，聲母相同，僅聲調有別。]

伯 3718《後唐河西釋門正僧政馬和尚靈佺邈真讚並

序》："花萎（旁注：凋）寶樹，葉變衹圓。門人動哭，泣淚潸湲。"（《釋錄》第五輯，頁 268/29）

dū

都 讀作覩。[都，《廣韻》當孤切，平模，端。覩，《廣韻》當古切，上姥，端。二字同在遇攝合口一等，韻母相同，聲母相同，僅聲調有別。]

斯 330 太平興國七年（公元九八二年）正月八日《沙州三界寺授惠意程氏八戒牒》："吾今都斯真意，方施戒條。"（《釋錄》第四輯，頁 84/6）伯 4638《大番故敦煌郡莫高窟陰處士修功德記》："自東未遍，自西忽臨；指掌推前，目都不遠。"（《釋錄》第五輯，頁 225/51）

dú

讀 讀作毒。[讀，《廣韻》徒谷切，入屋，定。毒，《廣韻》徒沃切，入沃，定。二字同在通攝合口一等而韻目鄰近，韻母相近，聲母相同。]

斯 4654《舜子變》："後阿孃見舜子跪拜四拜，五讀嗔心便豈（起）：'又不是時朝節日，又不是遠來由喜。政（正）午間跪拜四拜，學得甚媿（鬼）禍述靡（術魅）！'"（《校注》頁 200/12）

瀆 讀作黷。[二字《廣韻》同爲徒谷切,入屋,定。]

斯 4398 天福十四年(公元九四九年)五月《新授歸義軍節度觀察留後曹元忠獻舛砂狀》:"冒瀆台嚴,無任戰越之至。"(《釋錄》第四輯,頁 398/3-4)

瀆 讀作贖。[瀆,《廣韻》徒谷切,入屋,定。贖(《廣韻》神蜀切,入燭,船。瀆在通攝合口一等,贖在通攝合口三等,二字或以其同從賣得聲而通讀。]

斯 1398 宋太平興國七年(公元九八二年)《吕住盈、阿鸞兄弟典賣土地契(稿)》:"自賣餘後,任☐☐若住盈、阿鸞二人能辯修瀆此地來,便容許☐☐兄弟及别人修瀆此地來者,便不容許修續(贖)☐☐"(《釋錄》第二輯,頁 13/5-7)斯 1398 壬午年(公元九八二年)《郭定成典身契(抄)》:"自典餘後,壬永押得(銜)驅使☐☐,瀆,不許壬家把勒。"(《釋錄》第二輯,頁 53/3-4)

毒 讀作獨。[毒,《廣韻》徒沃切,入沃,定。獨,《廣韻》徒谷切,入屋,定。二字同在通攝合口一等,韻母相近,聲母相同。]

伯 3250《納贈曆》:"願勝毒窠綾叁丈伍尺"(《釋錄》第一輯,頁 372/16)

毒 讀作纛。[二字《廣韻》同爲徒沃切,入沃,定。]

斯 328《伍子胥變文》:"中有先鋒、猛將,賞緋各賜金魚;執毒旌兵,皆沽(佔)班位;自餘戰卒,各悉酬柱國之勳。"(《校注》頁 15/15-16)

【説明】纛常見讀音是徒到切,去號,定。其實,羽葆幢之義,也可以讀徒沃切。

dǔ

覩 讀作都。[覩,《廣韻》當古切,上姥,端。都,《廣韻》當孤切,平模,端。二字同在遇攝合口一等,韻母相同,聲母相同,僅聲調有別。]

斯 6836《葉净能詩》:"開元皇帝好道,不敬釋門,遂命中使至玄覩觀内宣進止,詔净能。"(《校注》頁 335/18)

dù

度 讀作土。[度,《廣韻》徒故切,去暮,定。土,《廣韻》他魯切,上姥,透。二字同在遇攝合口一等,韻母相同,聲母旁紐。]

伯 3128《社齋文》:"厨饌純陁之供,爐焚净度之香。"(《釋録》第一輯,頁 388/10)

度 讀作杜。[度，《廣韻》徒故切，去暮，定。杜，《廣韻》徒古切，上姥，定。二字同在遇攝合口一等，韻母相同，聲母旁紐。]

斯 2073《廬山遠公話》："道安備（被）難，度口無詞，耻見相公，羞看四眾。"(《校注》頁 265/13) 斯 2144《韓擒虎話本》："陳王備側（被責），度口無詞。"(《校注》頁 302/18-19)

duàn

斷 讀作段。[斷，《廣韻》徒管切，上緩，定。段，《廣韻》徒玩切，去換，定。二字同在山攝合口一等，韻母相同，聲母相同，僅聲調有別。]

斯 6836《葉净能詩》："净能當時左手持劍，右手捉女子，斬爲三斷，血流遍地。"(《校注》頁 335/8-9) 又："江有惡屬，舟船不敢過之。净能遂書符一道，拋向江中，其江水汎澄三日，漂其惡屬於沙灘之［□］（上）。净能亦（一）見，當時斬爲三斷。"(《校注》頁 336/3-4)

段 讀作斷。[段，《廣韻》徒玩切，去換，定。斷，《廣韻》徒管切，上緩，定。二字同在山攝合口一等，韻母相同，聲母相同，僅聲調有別。]

斯 4654《舜子變》："兒逆阿耶長（腸）段，步琴悉

（膝）上安智（置）。"（《校注》頁200/10）又："兒逆阿耶腸段，步琴悉（膝）上安智（置）。"（《校注》頁200/14）斯2073《廬山遠公話》："樹木叢林擁鬱，花開不揀四時；泉水傍流，豈有春冬段絕。"（《校注》頁253/15）

dùn

鈍 讀作遁。[二字《廣韻》同爲徒困切，去慁，定。]

斯2073《廬山遠公話》："今擬訪一名山，尋溪渡水，訪道參僧，隱鈍於嵒谷之邊，以暢平生可矣。"（《校注》頁252/5-6）

duō

掇 讀作剟。[二字《廣韻》同爲丁括切，入末，端。]

斯0778《沉淪三惡道》："牛頭鐵叉扠，獄卒把刀掇。"（《梵志》卷一，頁37，008首）剟，刺。

duó

剫 讀作度。[剫，《廣韻》徒落切，入鐸，定。度，《廣韻》徒故切，去暮，定。二字韻母距離較遠，當以剫從度聲而通讀。]

伯2704後唐長興四至五年（公元九三三—九三四年）《曹議金迴向疏四件》："請大眾轉經一七日，設齋一千六百人供，劇僧尼二七人，紫花羅衫壹領，紫錦暖子壹領，紫綾半臂壹領，白獨窠綾袴壹腰已上施入大眾。"（《釋錄》第三輯，頁88/（四）1-2）

duò

挅 讀作埵。[挅，《廣韻》都唾切，去過，端。埵，《廣韻》徒果切，上果，定。二字同在果攝合口一等，韻母相同，聲母旁紐。]

俄藏Ф96《雙恩記》："五百象馱而以夜繼明，四城門挅而自高及下。"（《校注》頁931/17）

墮 讀作埵。[二字《廣韻》同為徒果切，上果，定。]

斯2144《韓擒虎話本》："皇帝聞奏，即在殿前，遂安社（射）墮，畫二鹿，便交（教）賭射。"（《校注》頁303/14）又："箭既離弦，世（勢）同雷吼，不東不西，去蕃人箭闊（括）便中，從槃至鏃，突然便過，去射墮十步有餘，入土三尺。"（《校注》頁303/19-20）

墮 讀作惰。[二字《廣韻》同為徒果切，上果，定。]

斯1889《敦煌氾氏家傳殘卷》："性高義，居家不簡墮，昏行不改節，不偶眾以素名，不畏毀以求譽。"（《釋錄》第一輯，頁105/39-40）簡惰，疏略怠惰也。

é

俄 讀作娥。[二字《廣韻》同爲五何切，平歌，疑。]

斯2204《十無常》："少年英雄爭人我，能繫裹。相呼相換（喚）動笙歌，笑仙俄。"

娥 讀作蛾。[二字《廣韻》同爲五何切，平歌，疑。]

伯4065《歸義軍曹氏表文稿三件》："如娥赴火，尋即灰燼；片時似蓬風吹，飛出他方世界。"（《釋錄》第五輯，頁331/24-25）

愕 讀作惡。[愕，《廣韻》五各切，入鐸，疑。惡，《廣韻》烏各切，入鐸，影。二字同韻母，聲母同爲牙喉音。]

伯2305《解座文匯抄》："送迴來，男女鬧，爲分財物不停懷愕惱。"（《校注》頁1176/2）

【說明】有將"愕"讀爲"懊"者，聲韻相距較遠，今不取。"惡惱"佛經中有用例，如《出曜經》卷11："善解者爲賢，是爲脫惡惱。"《四分律鈔批》卷第11本："得此法時，安耐眾惡惱事故也。"

ēn

恩 讀作因。[恩，《廣韻》烏痕切，平痕，影。因，《廣韻》

於真切，平真，影。恩在臻攝開口一等，因在臻攝開口三等重紐，二字同聲母。]

伯3502《張敖撰新集諸家九族尊卑書儀一卷》："今恩使往，略附兩行。"《釋錄》第五輯，頁307/121）

ér

而 讀作如。[而，《廣韻》如之切，平之，日。如，《廣韻》人諸切，平魚，日。而在止攝開口三等，如在遇攝合口三等，二攝有通讀之例，二字同聲母。]

斯2073《廬山遠公話》："化生者：比入寺中聽法，得一句妙法，分別得'無量無邊'義，文牽教化，而恆河沙等。"（《校注》頁262/14-15）伯2344《祇園因由記》："忽然半夜，佛施神光，朗而白日。"（《校注》頁601/17-18）斯2614《大目乾連冥間救母變文》："行普心於世界，而諸佛之大願。"（《校注》頁1028/9）

而 讀作兒。[而，《廣韻》如之切，平之，日。兒，《廣韻》汝移切，平支，日。二字同在止攝開口三等而韻目鄰近，韻母相近，聲母相同。]

伯2324《難陀出家緣起》："不作俗人之貌相，剃頭身作出家而。"（《校注》頁592/18）

ěr

耳 讀作爾。[耳,《廣韻》而止切,上止,日。爾,《廣韻》兒氏切,上紙,日。二字同在止攝開口三等而韻目鄰近,韻母相近,聲母相同。]

伯2324《難陀出家緣起》:"都無清净之心,縱耳剃頭何益?"(《校注》頁593/1)

èr

二 讀作貳。[二字《廣韻》同爲而至切,去至,日。]

斯5448《燉煌錄一卷》:"其二師廟在路傍,久廢,但有積石馳馬,行人祈福之所。"(《釋錄》第一輯,頁45/11-13)

fān

番 讀作翻。[二字《廣韻》同爲孚袁切,平元,敷。]

北309:8374甲戌年(公元九七四年)《竇破蹄雇工契(抄)》:"兩共對面平章,準格不許番悔者。"(《釋錄》第二輯,頁69/10-11)

蕃 讀作番。[蕃,《廣韻》甫煩切,平元,非。番,《廣韻》孚袁切,平元,敷。二字同在山攝合口三等,韻母相同,

聲母旁紐。]

伯4640《陰處士碑稿》:"羁維板藉,已負蕃朝;歃血盟書,義存甥舅。"(《釋錄》第五輯,頁71/29-30)

蕃 讀作翻。[蕃,《廣韻》甫煩切,平元,非。翻,《廣韻》孚袁切,平元,敷。二字同在山攝合口三等,韻母相同,聲母旁紐。]

伯3441背《康富子雇工契(樣式)》:"若有年未滿,蕃悔者,罰在臨時,入不悔人。"(《釋錄》第二輯,頁66/7)

蕃 讀作幡。[蕃,《廣韻》甫煩切,平元,非。幡,《廣韻》孚袁切,平元,敷。二字同在山攝合口三等,韻母相同,聲母旁紐。]

伯2032背後晉時代《净土寺諸色入破曆祘會稿》:"麥肆斝、粟六斗五升卧酒,正月十五日,窟上及堆園下蕃竿兼打索及撩治行像工匠諸雜喫用。"(《釋錄》第三輯,頁468/(三)247-249)

蕃 讀作藩。[蕃,《廣韻》附袁切,平元,奉。藩,《廣韻》甫煩切,平元,非。二字同在山攝合口三等,韻母相同,聲母旁紐。]

伯3813背唐［公元七世紀後期？］《判集存十九道》："王乃去茲蕃邦，作貳儲官。"（《釋錄》第二輯，頁607/171-172）伯3813背唐［公元七世紀後期？］《判集存十九道》："達以王既改蕃，遂乃有茲披訴。"（《釋錄》第二輯，頁607/173）

fán

凡 讀作犯。［凡，《廣韻》符咸切，平凡，奉。犯，《廣韻》防鋄切，上范，奉。二字同在咸攝合口三等，韻母相同，聲母相同，僅聲調有別。］

新疆博物館73TAM53《唐開元律疏——名例律疏殘卷》："議曰：加者數滿乃坐者，假令凡盜，少一寸不滿十疋。"（《釋錄》第二輯，頁520/31-32）

fāng

方 讀作芳。［方，《廣韻》府良切，平陽，非；又符方切，平陽，奉。芳，《廣韻》敷方切，平陽，敷。二字韻母相同，聲母旁紐。］

伯2187《破魔變》："時當青陽令節，仲景方春，是佛厭王宮之晨（辰），合宅集休祥之日。"（《校注》頁532/4-5）

fáng

房 讀作坊。[房,《廣韻》符方切,平陽,奉。坊,府良切,平陽,非。二字同在宕攝合口三等,韻母相同,聲母旁紐。]

伯4634、斯3375、斯1880、伯4634唐永徽二年(公元六五一年)《令卷第六東宮諸府職員》:"典書房 右庶子二人,掌侍從獻替,令書表疏,總判坊事。中舍二人,掌侍從令書表疏通判坊事。舍人四人。掌侍從表啟,宣行令旨,分判坊事。"(《釋錄》第二輯,頁543/(一)26-27)

防 讀作坊。[防,《廣韻》符方切,平陽,奉。坊,府良切,平陽,非。二字同在宕攝合口三等,韻母相同,聲母旁紐。]

斯1398宋太平興國七年(公元九八二年)《吕住盈□阿鸞兄弟租賣宅舍地基契(稿)》:"臨地坊攀巷子東壁上有舍壹院,內廳舍南防壹☐☐☐"(《釋錄》第二輯,頁14/1)

fǎng

仿 讀作方。[仿,《廣韻》妃兩切,上養,敷。方,《廣韻》

府良切，平陽，非。二字同在宕攝合口三等，韻母相同，聲母旁紐。]

斯 2144《韓擒虎話本》："天使亦（一）見，仿便來救，啟言蕃王：'王子此度且放。但某乙願請弓箭，射鵰供養單于。'"（《校注》頁 304/5-6）

fēi

非 讀作飛。[二字《廣韻》同爲甫微切，平微，非。]

伯 2553《王昭君變文》："□□□搜骨利幹，邊草非沙紇邐分。"（《校注》頁 156/5）又："三邊走馬傳胡命，萬里非書奏漢王。"（《校注》頁 158/20）

非 讀作緋。[二字《廣韻》同爲甫微切，平微，非。]

伯 2842 背乙酉年正月廿九日《孔來兒身故納贈曆》："主人碧絹一疋，綠娟一疋，車影錦一疋，胡錦一疋，非褐内接二丈九尺，黃畫被子兩條。"（《釋録》第一輯，頁 362/3）伯 4975 辛未年三月八日《沈家納贈歷》："非綾一疋，甲頡（纈）一段"（《釋録》第一輯，頁 364/ 背面 1-2）斯 1947 1V 唐咸通四年癸未歲（公元八六三年）《敦煌所管十六寺和三所禪窟以及抄録再成氎數目》："故破毛錦二，内一非緣。"（《釋録》第三輯，頁 8/（二）7）斯 4609 宋太平興國九年（公元九八四年）十月《鄧家財禮

目》:"非錦被壹張,紫綺褥壹面,非錦褥壹面。"(《釋錄》第四輯,頁6/12-13)

菲 讀作非。[菲,《廣韻》芳非切,平微,敷。非,《廣韻》甫微切,平微,非。二字韻母相同,聲母旁紐。]

伯4005後唐長興二年(公元九三一年)六月《智藏致周僧正等狀》:"昨者使人到來,領得一封,具知和尚、法律、老宿、徒衆,且以安泰,智藏菲常喜悦。"(《釋錄》第五輯,頁15/6-8)

fěi

匪 讀作斐。[匪,《廣韻》府尾切,上尾,非。斐,《廣韻》敷尾切,上尾,敷。二字韻母相同,聲母旁紐。]

伯3720後唐清泰六年(公元九三九年)《河西都僧統海晏墓誌銘並序》:"余奉旨命,不敢固辭,枉簡匪然,聊申矩頌。"(《釋錄》第五輯,頁186/15-16)

【說明】伯3718後唐《河西節度押衙知應管内外都牢城使張公良真生前寫真讚並序》:"俊以忝爲宗泒(派),元曘槐市之音,枉簡美然,聊表瑣陋之頌。"(《釋錄》第五輯,頁258/24-25)其文"枉簡美然"可證上文當是"枉簡斐然"。

fēn

訜 讀作汾。[訜,《集韻》敷文切,平文,敷。汾,《廣韻》符分切,平文,奉。二字同在臻攝合口三等,韻母相同,聲母旁紐。]

伯4638《右軍衛十將使孔公浮圖功德銘並序》:"曾祖,皇唐朝訜州良社府折衝都尉、上柱國。"(《釋錄》第五輯,頁217/9-10)

芬雲 讀作紛紜。[芬、紛二字《廣韻》同爲撫文切,平文,敷。雲、紜二字《廣韻》同爲王分切,平文,云。]

伯2553《王昭君變文》:"左邊盡着黃金甲,右伴芬雲似錦團。"(《校注》頁157/13)

芬芬 讀作紛紛。[二字《廣韻》同爲撫文切,平文,敷。]

伯2553《王昭君變文》:"牛羊隊隊生埋壙,仕女芬芬聳入坑。"(《校注》頁159/11)

分 讀作紛。[分,《廣韻》府文切,平文,非。紛,《廣韻》撫文切,平文,敷。二字韻母相同,聲母旁紐。]

斯6537 3V-5V《立社條件(樣式)》:"恐時僥伐(代)〈之〉薄,人情以(與)往日不同,互生分然,復

怕各生己見。"(《釋錄》第一輯，頁281/4-5)

分 讀作汾。[分，《廣韻》府文切，平文，非。汾，《廣韻》符分切，平文，奉。二字韻母相同，聲母旁紐。]

伯2511《諸道山河地名要略殘卷》："分水與黃河合，故曰合河。"(《釋錄》第一輯，頁75/152)

【説明】汾，水名。即汾河，源出山西省甯武縣管涔山，至河津縣西入黃河。

fèn

糞 讀作粉。[糞，《廣韻》方問切，去問，非。粉，《廣韻》方吻切，上吻，非。二字同在臻攝合口三等，韻母相同，聲母相同，僅聲調有別。]

伯3569背唐光啟三年（公元八八七年）四月《爲官酒户馬三娘、龍粉堆支酒本和祇會牒附判詞》："右奉判令算會，官酒户馬三娘、龍糞堆，從三月廿二日於官倉請酒本貳拾馬犬……"(《釋錄》第三輯，頁622/14)

【説明】龍粉堆，人名。此牒開頭即寫："官酒户馬三娘、龍粉堆"。

fēng

豐 讀作鋒。[豐，《廣韻》敷隆切，平東，敷。鋒，《廣韻》

敷容切，平鍾，敷。二字同在通攝合口三等而韻目鄰近，韻母相近，聲母相同。]

斯2144《韓擒虎話本》："衾虎亦（一）見，拔劍便赫（嚇），問言將軍：'但衾虎手內之劍，是隋文皇帝殿前宣賜，上含霜雪，臨陣交豐，不識親疏。'"（《校注》頁301/18-19）

峯 讀作縫。[峯，《廣韻》敷容切，平鍾，敷。縫，《廣韻》符容切，平鍾，奉。二字同韻母。]

斯3074背吐蕃佔領敦煌時期《某寺白麵破曆》："廿三日，出白麵叁尉，付惠林，峯皮裘吐蕃食。"（《釋錄》第三輯，頁170/33）斯3074背吐蕃佔領敦煌時期《某寺白麵破曆》："同日，出恪麵陸尉，付金縈，充峯皮裘及押油人食。"（《釋錄》第三輯，頁171/48）

峰 讀作鋒。[峰同峯，峯，鋒二字《廣韻》同爲敷容切，平鍾，敷。]

斯2144《韓擒虎話本》："有先峰馬探得蕭磨呵領軍二十餘萬，陳留下營，具事由迴報。"（《校注》頁300/16）

féng

縫 讀作膆。[縫，《廣韻》符容切，平鍾，奉。膆同脝，脝，

《廣韻》匹江切，平江，滂。又薄江切，平江，並。縫在通攝合口三等，膛在江攝開口二等，二字音有距離，但都是從逢得聲，二攝有旁轉而通讀之例。]

伯2653《燕子賦（一）》："脊上縫個服（髈）子，髻髽亦（欲）高尺五。"(《校注》頁377/21)

【說明】膛，腫脹，動詞。髈，腫起的包，名詞。

逢 讀作縫。[二字《廣韻》同爲符容切，平鍾，奉。]

伯5032背丁巳年（公元九五七年或八九七年）九月廿日《酒破曆》："逢皮求（裘）酒一斗付義成。"(《釋錄》第三輯，頁211/5)

逢 讀作鋒。[逢，《廣韻》符容切，平鍾，奉。鋒，《廣韻》敷容切，平鍾，敷。二字韻母相同，聲母旁紐。]

斯2144《韓擒虎話本》："有先逢使探得周羅侯領軍二十餘萬，疑（擬）劫本主。"(《校注》頁302/19-20)

fěng

風 讀作諷。[二字《廣韻》同爲方鳳切，去送，非。]

伯4092《新集雜別紙》："摛彩翰而曹公風喻，運嘉謀而虞卿壁來。"(《釋錄》第五輯，頁418/125-126)

fèng

奉 讀作鳳。[奉,《廣韻》扶攏切,上腫,奉。鳳,《廣韻》馮貢切,去送,奉。二字同在通攝合口三等而韻目鄰近,聲母相同。]

伯2553《王昭君變文》:"奉管長休息,龍城永絶聞。"(《校注》頁158/14)

fó

佛 讀作拂。[佛,《廣韻》符弗切,入物,奉。拂,《廣韻》敷勿切,入物,敷。二字同爲臻攝合口三等,韻母相同,聲母旁紐。]

俄藏Φ96《雙恩記》:"落砌榆陰瑞鶴飛,佛簾雲過仙歌奏。"(《校注》頁925/21)

fū

夫 讀作麩。[夫,《廣韻》甫無切,平虞,非。麩,《廣韻》芳無切,平虞,敷。二字韻母相同,聲母旁紐。]

斯3793辛亥年(公元九五一年)《社齋破除油麵數名目》:"春齋料:油貳斗,麵參碩肆斗,已上細供肆拾貳分,已次粉拾分,料齋連夫麵貳斗。"(《釋錄》第一輯,頁380/2-3)伯3352(11)丙午年(公元八八六或九四六年)《三界寺提司法松諸色入破曆祘會牒殘卷》:"……法松手下應入常住梁課、磑課及諸家散施、兼承前帳迴殘、及今帳新附所得麥粟油麵黃麻夫查(渣)豆布氍等,總肆斯貳拾六石四斗六升九合。"(《釋錄》第三輯,頁 333/3-6)伯3352(11)丙午年(公元八八六或九四六年)《三界寺提司法松諸色入破曆祘會牒殘卷》:"口百六十九石八斗五升麥粟由(油)麵黃麻夫豆布氍等自年新附入。"(《釋錄》第三輯,頁 334/30)

fú

伏 讀作復。[二字《廣韻》同爲房六切,入屋,奉。]

伯2553《王昭君變文》:"侍從寂寞,如同喪孝之家;遣妾攢蚝,伏似敗兵之將。"(《校注》頁 156/10-11)斯2073《廬山遠公話》:"君不[見]路傍桃李,年年花發;曜日紅顏,伏今何在!"(《校注》頁 260/6-7)斯6836《葉净能詩》:"亦能將朕月宮觀看,伏向蜀[口](川)遊戲。"(《校注》頁 341/2-3)伯2305《妙法蓮華經講經文(一)》:"如似曇花無兩種,難逢難遇伏难聞。"(《校注》頁 711/5)

伏 讀作服。[二字《廣韻》同爲房六切,入屋,奉。]

斯6836《葉净能詩》:"伏之一粒,較量無比。"(《校注》頁341/1）伯3813背唐［公元七世紀後期？］《判集存十九道》："馬主索倍，選人不伏。"（《釋錄》第二輯，頁606/149）斯542 2V《堅意請處分普光寺尼光顯狀》："既於所由，不依條式，徒眾數廣，難已伏從，請依條式科斷。梵宇紀剛無亂，徒眾清肅僧儀。"（《釋錄》第四輯，頁116/6-7）

福 讀作復。[福，《廣韻》方六切，入屋，非。復，《廣韻》房六切，入屋，奉。二字韻母相同，聲母旁紐。]

斯6836《葉净能詩》："净能知皇帝福問述（術）法。"（《校注》頁340/8）

福 讀作幅。[二字《廣韻》同為方六切，入屋，非。]

斯1398壬午年（公元九八二年）《郭定成典身契（抄）》："今租自身於押衙壬永繼家內只（質）典，斷價壹□仗（丈）捌尺福貳尺，土布壹疋。"（《釋錄》第二輯，頁53/2-3）伯3124甲午年（公元八七四或九三四年）《鄧善子貸生絹契》："甲午年八月十八日，鄧善子闕少疋物，隊於鄧上座面上貸生絹壹疋，長叁丈捌尺五寸，福壹尺九寸。"（《釋錄》第二輯，頁109/1-3）伯3627背壬寅年（公元九四二年）《龍鉢略貸生絹契（抄）》："壬寅年，貳月十五日，莫高鄉百姓龍鉢略，欠闕疋帛，遂於押衙王萬端面上貸生絹一㔷，長三丈六尺，福闊壹尺八寸。"（《釋錄》第二輯，頁 121/（一）1-5）斯 5632 辛酉年（公元九六一年）《陳銀山貸絹契》："辛酉年九月一日立契☐☐☐☐便於弟師僧銀（？）堅面☐☐（上貸）絹壹㔷，長叁仗玖尺，福闊壹尺玖寸。"（《釋錄》第二輯，頁 127/1-3）伯 3565 甲子年（公元九六四年或九〇四年）《氾懷通兄弟貸生絹契》："甲子年三月一日立契，當巷氾懷通兄弟等，家內欠少㔷白（帛），遂於李法律面上貸白生絹壹㔷，長叁仗（丈）捌尺，福闊貳尺半寸。"（《釋錄》第二輯，頁 128/1-3）

浮 讀作巫。[浮，《廣韻》縛謀切，平尤，奉。巫，《廣韻》武夫切，平虞，微。二字音距離較遠。浮在流攝三等，巫在遇攝三等，僅聲紐相傍。]

斯 2204《十無常》："風流雅醋能行步，浮山女。千金一笑酖春光，不免也無常。"任半塘《敦煌歌辭總編》卷四《十無常》直接寫作"巫山女"。

苻 讀作府。[苻，《廣韻》防無切，平虞，奉。府，《廣韻》方矩切，上虞，非。二字同在遇攝合口三等，韻母相同，聲母旁紐。]

伯 4635 年代不明《某某造瓦得物曆》："弟二年北苻

造瓮不見物，得麥一石，得豆五斗，得粟五斗，黃麻二斗。"(《釋錄》第三輯，頁123/2-3)

扶 讀作芙。[二字《廣韻》同爲防無切，平虞，奉。]

斯2204《十無常》："奪人眼目扶容（蓉）貌，當年少。傑羅官（冠）子吕（鏤）金花，掃煙霞。"

【説明】傑羅，美麗的羅綺。

扶 讀作夫。[扶，《廣韻》防無切，平虞，奉。夫，《廣韻》甫無切，平虞，非。二字僅聲母有小別，但屬旁紐。]

伯5008戊子年（公元九二八年或九八八年）《梁户史氾三雇工契》："自雇已後，便須競心造作，不得抛敵工扶□。"(《釋錄》第二輯，頁60/3)

颭 讀作敷。[颭同飍，飍，《集韻》馮無切，平虞，奉。敷，《廣韻》芳無切，平虞，敷。二字僅聲母有別，但屬旁紐。]

伯4660《張禄邈真讚》："夜泉忽奄，悲雲四颭。"(《釋錄》第五輯，126/8)

服 讀作襆。[服，《廣韻》房六切，入屋，奉。襆，《廣韻》房玉切，入燭，奉。二字同在通攝合口三等而韻目鄰近，

韻母相近，聲母相同。]

斯 0778《夫婦相對坐》："永離臺上鏡，無心開衣服。"（《梵志》卷一，頁 49，010 首）

服 讀作髈。[二字《集韻》同爲弼角切，入覺，並。]

伯 2653《燕子賦（一）》："脊上縫（膖）個服子，髽髯亦（欲）高尺五。"（《校注》頁 377/21）

【說明】膖，腫脹，動詞。髈，腫起的包，名詞。服、髈二字，《集韻·覺韻》同爲弼角切，完全有通讀的語音基礎。如用《廣韻》音，服，《廣韻》房六切，入屋，奉；髈，《廣韻》蒲角切，入覺，並。服在通攝合口三等，髈在江攝開口二等，則說明這二攝有旁轉而通讀之例。《集韻·覺韻》"髈"字，云"肉胅起"，就是皮肉腫起的意思。《山海經·西山經》："西四十五里，曰松果之山。……有鳥焉，其名曰螐渠，其狀如山雞，黑身赤足，可以已髈。"是其用例。"服"與"暴"聲字的通讀，漢代已有其例。《漢書·東方朔傳》："舍人不勝痛，呼䐱。"服虔曰："䐱音暴。"師古曰："謂痛切而叫呼也，與《田蚡傳》'呼服'音義皆同。"（《漢書·田蚡傳》有"諱服謝罪"，《史記·魏其武安侯列傳》作"專呼服謝罪"）如此，則此文"縫"讀"膖"，"服"讀"髈"，就是腫起一個包。意思甚爲清楚明白。

符 讀作府。〔符,《廣韻》防無切,平虞,奉。府,《廣韻》方矩切,上麌,非。二字同在遇攝合口三等,韻母相同,聲母旁紐。〕

斯6836《葉净能詩》:"使人曰:'莫爲此女人損着符君性命,累及天曹!'"(《校注》頁334/9)

符 讀作苻。〔二字《廣韻》同爲防無切,平虞,奉。〕

伯2005《沙州都督府圖經殘卷》:"後秦苻堅建安(元)廿一年爲酒泉郡人黄花攻破,遂即廢壞。"(《釋錄》第一輯,頁15/318–319)

fǔ

府 讀作否。〔府,《廣韻》方矩切,上麌,非。否,《廣韻》方久切,上有,非。府在遇攝合口三等,否在流攝開口三等,二字同聲母。〕

斯2144《韓擒虎話本》:"奁虎聞語,或(忽)遇(語)五道大神:'但某乙請假三日,得之已府?'"(《校注》頁304/17)

府 讀作付。〔府,《廣韻》方矩切,上麌,非。付,《廣韻》方遇切,去遇,非。二字同在遇攝合口三等,韻母相同,聲母相同,僅聲調有別。〕

伯3192背唐大中十二年（公元八五八年）《社司轉帖》："其帖火急遞第（第或爲衍文）相分府，不得停滯帖。"（《釋錄》第一輯，頁306/3-4）

府 讀作撫。[府，《廣韻》方矩切，上麌，非。撫，《廣韻》芳武切，上麌，敷。二字韻母、聲調都相同，僅聲母有別，但是屬旁紐。]

斯4654《舜子變》："舜子府琴忠（中）間，門前有一老人立地。"（《校注》頁200/10-11）

府 讀作附。[府，《廣韻》方矩切，上麌，非。附，《廣韻》符遇切，去遇，奉。二字韻母相同，聲母旁紐。]

伯2193《目連緣起》："目連心中孝順，行到王城，步步府近苟（狗）邊，[□]（苟）見沙門歡喜。"（《校注》頁1015/9-10）"附近"可作動詞。斯1438吐蕃佔領時期《沙州守官某請求出家狀等稿四十多件》："某行，已府狀，計次達。"（《釋錄》第五輯，頁317/51）

府 讀作符。[府，《廣韻》方矩切，上麌，非。符，《廣韻》防無切，平虞，奉。二字同在遇攝合口三等，韻母相同，聲母旁紐。]

斯6836《葉净能詩》："元始太一神府，印能運動天

地。"(《校注》頁341/1-2)

fù

覆 讀作復。[二字《廣韻》同爲扶富切，去宥，奉。]

伯2553《王昭君變文》："同行復同寢，雙馬覆雙奔。"(《校注》頁158/11) 斯0778《沉淪三惡道》："碓擣磑磨身，覆生還覆死。"(《梵志》卷一，頁37，008首)

覆 讀作腹。[覆，《廣韻》芳福切，入屋，敷。腹，《廣韻》方六切，入屋，非。二字韻母相同，聲母旁紐。]

沙州文錄補宋乾德二年（公元九六四年）《史氾三立嗣文書》："乾德二年甲子歲九月二十七日，弟史氾三前因不備，今無親生之子，請屈叔侄親枝姊妹兄弟團座商量，□□欲議養兄史粉堆親男願壽，便作氾三覆生親子。"(《釋錄》第二輯，頁156/1-3)

副 讀作覆。[二字《廣韻》同爲敷救切，去宥，敷。]

斯328《伍子胥變文》："白草遍野副平源（原），綠柳分行垂兩岸。"(《校注》頁7/8) 伯2583申年《比丘尼修德等施捨疏十三件》："□（官）絁檀七條袈裟並副博黃縠子頭巾共一副，十綜布七條袈裟並副博頭巾□（共）一副"(《釋錄》第三輯，頁64/（二）1-2) 副博，即覆髆。

付 讀作覆。[付,《廣韻》方遇切,去遇,非。覆,《廣韻》芳福切,入屋,敷。付在遇攝口三等,覆在通攝合口三等,二攝有通讀之例,二字聲母旁紐。]

伯 2583 申年《比丘尼修德等施捨疏十三件》:"單經故破七條一,單經故破裙衫一對,故破黃絁布裹侯襠一,故布付博一,頭巾二故(故字當下屬)"(《釋録》第三輯,頁 70/(十三)3)覆博,即覆髆。

付 讀作赴。[付,《廣韻》方遇切,去遇,非。赴,《廣韻》芳遇切,去遇,敷。二字韻母相同,聲母旁紐。]

伯 2324《難陀出家緣起》:"世尊道了,便即付齋。"(《校注》頁 591/10)

付 讀作敷。[付,《廣韻》方遇切,去遇,非。敷,《廣韻》芳無切,平虞,敷。二字同在遇攝合口三等,韻母相同,聲母旁紐。]

斯 3050《不知名變文(二)》:"善惠説法已必(畢),却歸大雪山南面,到蓮花城中,付設道場,縣零(鈴)杆鈸。"(《校注》頁 1134/16)

負 讀作輔。[負,《廣韻》房九切,上有,奉。輔,《廣韻》扶雨切,上麌,奉。負在流攝開口三等,輔在遇攝合口三等，二攝有通讀之例，二字同聲母。]

伯2187《破魔變》："男則朱嬰（纓）奉國，筐（匡）負聖朝；小娘子眉奇（齊）龍樓，身臨帝闕。"(《校注》頁531/19）伯4640《李明振氏再修功德記》："長男洪願負唐憂國，正立祥風。"(《釋錄》第五輯，頁84/57-58）

負 讀作附。[負，《廣韻》房九切，上有，奉。附，《廣韻》符遇切，去遇，奉。負在流攝開口三等，附在遇攝合口三等，二攝有通讀之例，二字同聲母。]

斯5486丙午年丁未年（公元九四六一七年）《諸色入破祢會稿》："諸色斛㪷油蘇米麵等自年新負入：……"(《釋錄》第三輯，頁523/7）

復 讀作澓。[二字《廣韻》同爲房六切，入屋，奉。]

俄藏Φ96《雙恩記》："又復大海之中眾[□]（難）非一，或有惡[□]（鬼）毒龍，湍浪猛風，迴波涌復，水泡之山，摩竭大魚。"(《校注》頁935/9-10）

復 讀作複。[二字《廣韻》同爲扶富切，去宥，奉。]

斯2144《韓擒虎話本》："說其中有一僧名號法華和尚，家住邢州，知主上無道，遂復裹經題，直至隨州山內隱藏，權時繫一茅菴。"(《校注》頁298/2-3）

福 讀作腹。[二字《廣韻》同爲方六切，入屋，非。]

斯3877 5V丙子年（公元九一六年）《阿吴賣兒契（抄）》："今將福生兒慶德柒歲，時丙子年正月二十五日，立契出賣與洪潤鄉百姓令狐信通。"（《釋録》第二輯，頁47/2-4）

複 讀作復。[二字《廣韻》同爲扶富切，去宥，奉。]

大谷2835長安三年（公元七〇三年）三月《括逃使牒並燉煌縣牒》："今奉明勅，逃生括還，無問户第高下，給複二年。"（《釋録》第二輯，頁326/9-11）

赴 讀作覆。[赴，《廣韻》芳遇切，去遇，敷。覆，《廣韻》敷救切，去宥，敷。赴在遇攝合口三等，覆在通攝合口三等，二攝有通讀之例，二字同聲母。]

斯2073《廬山遠公話》："緣牆弊例（薜荔）枝枝渌（緑），赴地苺苔點點新。"（《校注》頁253/18）斯6836《葉净能詩》："净能引皇帝直至娑羅樹邊看樹，皇帝見其樹，高下莫惻（測）其涯，枝條直赴三千大千世界。"（《校注》頁339/13-14）俄藏Φ365《妙法蓮華經講經文（二）》："恨此一個形軀，難赴衆生啟請。"（《校注》頁720/20）

赴 讀作趴。[二字《廣韻》同爲芳遇切，去遇，敷。]

斯 4511《金剛醜女緣起》："慚恥這身無德解，大王寵念赴乾坤。"(《校注》頁 1103/14)

【説明】《説文·足部》："趴，趣越皃。"謂大王的寵念超越於對乾坤的關注。

附 讀作府。[附，《廣韻》符遇切，去遇，奉。府，《廣韻》方矩切，上麌，非。二字同在遇攝合口三等，韻母相同，聲母旁紐。]

斯 8720 之二 1、2、3 甲辰年（公元九四四年）《某寺得麥曆》："北附廚田人保子手上頓（領）麥十五石。"(《釋録》第三輯，頁 136/（一）4)

附 讀作駙。[二字《廣韻》同爲符遇切，去遇，奉。]

伯 2553《王昭君變文》："附馬賜其千匹綵，公主子仍留十斛珠。"(《校注》頁 159/20)

阝 讀作附。[阝同阜，阜《廣韻》房久切，上有，奉。附，《廣韻》符遇切，去遇，奉。阝在流攝開口三等，附在遇攝合口三等，二攝有通讀之例，二字同聲母。]

伯 3774 丑年（公元八二一年）十二月《沙州僧龍藏牒——爲遺産分割糾紛》："一、大兄初番和之日，齊周阝

父脚下，附作奴。"(《釋錄》第二輯，頁284/30）

服 讀作負。[服，《集韻》扶缶切，上有，奉。負，《廣韻》房九切，上有，奉。二字同在流攝開口三等有韻，同音。]

斯133《秋胡變文》："辭妻了首，服得十袟文書，並是《孝經》《論語》《尚書》《左傳》《公羊》《穀梁》《毛詩》《禮記》《莊子》《文選》，便即登逞（程）。"（《校注》頁232/17-18）

【說明】蔣禮鴻將"服"解釋爲包裹，用作動詞。但"服"的負載義古有用例，如《墨子·節用中》："車爲服重致遠，乘之則安，引之則利。"

gāi

姟 讀作骸。[姟，《廣韻》古哀切，平咍，見。骸，《廣韻》戶皆切，平皆，匣。姟在蟹攝開口一等，骸在蟹攝開口二等，聲母同爲牙喉音，二字音相近。]

斯6981年代不明《諸色斛斗破曆》："酒壹瓮，翟闌（似當爲闍）梨收姟骨時造頓用。"（《釋錄》第三輯，頁144/38）

gǎi

改 讀作蓋。[改，《廣韻》古亥切，上海，見。蓋，《廣韻》

古太切，去泰，見。二字同在蟹攝開口一等而韻目鄰近，韻母相近，聲母相同。]

斯3050《不知名變文（二）》："不用輿價，某乙今劫女人之身，爲他人使，不得自在，如（而）於（衣）不改形，食不充口。"（《校注》頁1135/3-4）

gài

丐 讀作改。[丐，《廣韻》古太切，去泰，見。改，《廣韻》古亥切，上海，見。二字同在蟹攝開口一等而韻目鄰近，韻母相近，聲母相同。]

斯2144《韓擒虎話本》："丐攃衣裝，作一百姓裝裹，擔得一栲栳饅頭，直到蕭磨呵寨內，當時便賣。"（《校注》頁300/21-22）又："道由（猶）言訖，處分兒郎，丐攃旗號，夜至黃昏，登途便起。"（《校注》頁301/2-3）

【說明】改攃，改換。攃，《廣韻》胡計切，去霽，匣。《廣韻·霽韻》："攃，攃換。"《集韻·霽韻》："攃，杭越之間謂換曰攃。"

gān

扦 讀作干。[扦，《廣韻》侯旰切，去翰，匣。干，《廣韻》古寒切，平寒，見。二字同在山攝開口一等，韻母相同，聲母同爲牙喉音。]

斯 5818《請處分寫孝經判官安和子狀》："唯有安和云：我有口言說自由，扞你別人何事。"（《釋錄》第五輯，2/8-9）

肝 讀作旰。［肝，《廣韻》古寒切，平寒，見。旰，《廣韻》古案切，去翰，見。二字同在山攝開口一等，韻母相同，聲母相同，僅聲調有別。］

伯 3553 宋太平興國三年（公元九七八年）四月《都僧統鋼惠等上太保狀》："伏惟太保上稟三光，下臨五郡；闡易俗移風之化，彰霄衣肝食之能。"（《釋錄》第五輯，頁 28/2-4）

扞 讀作干。［二字《廣韻》同爲古寒切，平寒，見。］

斯 3877 2V 唐乾寧四年（公元八九七年）《張義全賣宅舍地基契（抄）》："其舍一賣已後，中間若有親姻兄弟兼及別人稱爲主己者，一仰舊舍主張義全及男粉子、支子祇當還替，不扞買舍人之事。"（《釋錄》第二輯，5/9-12）伯 3150 癸卯年（公元九四三年）《吳慶順典身契》："或若到家被惡人構卷，盜切（竊）他人牛羊園菜麥粟，一仰慶順祇當，不扞主人之事。"（《釋錄》第二輯，51/5-7）伯 3214 背唐天復七年（公元九〇七年）《高加盈出租土地充折欠債契（抄）》："其地内所著官布地子柴草等，仰地主祇當，不忓種地人之事。"（《釋錄》第二輯，27/4-5）伯3774丑年（公元八二一年）十二月《沙州僧龍藏牒——爲遺產分割糾紛》："一、城南佛堂並油樑及大乘寺明覺房內鐺鏃釜床什物等，並不忓大家之事，一一盡有來處。"（《釋錄》第二輯，285/52-53）伯3730寅年正月《尼惠性牒並洪辯判辭》："鐺劍鐙皮裘等物依遺囑，一任追齋破用。其鎖兩具，亦任緣窟驅使，更不許別人忓撓。"（《釋錄》第四輯，頁111/10-12）

gǎn

敢 讀作感。[敢，《廣韻》古覽切，上敢，見。感，《廣韻》古禫切，上感，見。敢在咸攝開口二等，感在咸攝開口一等，二字同聲母。]

斯2073《廬山遠公話》："敢得大石搖動，百草亞身；瑞鳥靈禽，皆來讚嘆。"（《校注》頁252/16）又："不知道安是何似生，敢得［聽］眾如雲，施利若雨。時愚（遇）晉文皇帝王化東都，道安開講，敢得天花亂墜，樂（藥）味花香。敢得五色雲現，人更轉多，無數聽眾，踏破講筵，開啟不得。"（《校注》頁256/9-11）又："我憶昔在廬山之日，初講此經題目，便敢得大石搖動，百草亞身；瑞鳥靈禽，飛來滿似（寺）。"（《校注》頁261/18-19）斯6836《葉淨能詩》："身爲樗冠黃被，卷不離手，志成

（誠）敢神，遂得神人而見，净能亦不知何處而來。"(《校注》頁333/3-4）

敢 讀作噉。[敢，《廣韻》古覽切，上敢，見。噉，《廣韻》徒敢切，上敢，定。二字同韻母，或以寫噉的聲旁而通讀，如簡牘之寫"胃"而讀作"謂"。]

俄藏Ф96《雙恩記》："隨果報而雖別形儀，配業緣而互相食敢。"(《校注》頁930/15）

感 讀作敢。[感，《廣韻》古禫切，上感，見。敢，《廣韻》古覽切，上敢，見。感在咸攝開口一等，敢在咸攝開口二等，二字同聲母。]

斯2144《韓擒虎話本》："門司入報：'外頭有一僧，善有妙術，口稱醫療，不感不報。'"(《校注》頁298/11）又："法華和尚聞語，億（憶）得龍王委囑，不感久住。"(《校注》頁298/15）又："臣願請軍，尅日活擒陳王進上，不感不奏。"(《校注》頁300/11-12）伯2653《燕子賦（二）》："被侵宅舍苦，理屈豈感言。"(《校注》頁414/16）

gàn

檊 讀作幹。[檊，《集韻》居案切，去翰，見。幹，《廣韻》

古案切，去翰，見。二字同音。]

伯3931《書啟公文——印度普化大師遊五台山日記和迴鶻上後梁表等》："旋聞麁龍膺聖，樹檊標玉。"（《釋錄》第五輯，頁346/263）

gāng

剛 讀作綱。[二字《廣韻》同爲古郎切，平唐，見。]

伯2613唐咸通十四年（公元八七三年）正月四日《沙州某寺交割常住物等點檢曆》："咸通十四年癸巳歲正月四日，當寺尊宿剛管徒衆等，就庫交割前都師義進、法進手下，常住旛像、幢傘、供養具、鐺鏃（鏊）、銅鐵、函櫃、車乘、氈褥、天王衣物、金銀器皿，及官正帛紙布等，一一點活，分付後都唯法勝、直歲法深，具色目如後。（《釋錄》第三輯，頁9/1-4）綱管，寺院中的職務名稱。《宋高僧傳》卷16《唐吳郡嘉禾靈光寺法相傳》："吳郡太守奏於開元寺置戒壇，相（法相）預臨壇之選。尋充依止，兼衆推爲寺綱管，恒施二衆歸戒。"斯542 2V《堅意請處分普光寺尼光顯狀》："堅意雖無所識，攬處紀剛，在寺事宜，須存公道。"（《釋錄》第四輯，頁116/3）斯542 2V《堅意請處分普光寺尼光顯狀》："既於所由，不依條式，徒衆數廣，難已伏從，請依條式科斷。梵宇紀剛無亂，徒衆清肅僧儀。"（《釋錄》第四輯，頁116/6-7）

gāo

高 讀作羔。[二字《廣韻》同爲古勞切，平豪，見。]

伯3246背辛巳年（公元九八一或九二一年）十月十五日《放羊死損現存數抄錄》："辛巳年十月十五日，共放羊人葱（總）計池死損吏喚與後，現存抄錄如後：大結（羯）羊一口，白母羊廿四口，白母高子七日（口），兒高子伍口，結（羯）故（介）羊三口，又結（羯）故（介）羊六至三口，四至故羊結（羯介羊）六口，大母故（介）羊十五口，母高子七口，兒高子三口，都計七十三口。"（《釋錄》第三輯，頁579/1-4）

高 讀作篙。[二字《廣韻》同爲古勞切，平豪，見。]

斯2073《廬山遠公話》："眾生欲過江湖，第一須憑高掉（棹）。"（《校注》頁265/22-266/1）

咎 讀作皋。[二字《廣韻》同爲古勞切，平豪，見。]

伯3399《幽州都督張仁亶上九諫書》："昔大禹譽九功，咎繇暮九德。"（《釋錄》第四輯，頁308/15）

槁 讀作篙。[槁，《集韻》居勞切，平豪，見。篙，《廣韻》古勞切，平豪，見。二字同音。]

伯3690《唐律疏——職制律疏斷片》:"議曰:其舟船若不整頓修飾及在船槁棹之屬須者有所闕少,得徒二年。"(《釋録》第二輯,頁541/10)

gǎo

槁 讀作靠。[槁,《廣韻》苦浩切,上晧,溪;《集韻》口到切,去號,溪。靠,《廣韻》苦到切,去號,溪。槁如取《廣韻》反切,則二字聲調有别;如取《集韻》切,則二字同音。]

伯2305《解座文匯抄》:"却孤窮,無倚槁,終日寃嗟懷懊惱。"(《校注》頁1176/8)

gē

歌 讀作哥。[二字《廣韻》同爲古俄切,平歌,見。]

伯2721《舜子變》:"高聲唤言象兒:'與阿耶三條荆杖來,與打殺前家歌子!'"(《校注》頁201/10-11)又:"報云:'阿耶交(教)兒取杖,打殺前家歌子!'"(《校注》頁201/11)又:"殺却前家歌子,交(教)與甚處出頭。"(《校注》頁202/16-17)伯3774丑年(公元八二一年)十二月《沙州僧龍藏牒——爲遺産分割糾紛》:"一、去丙寅年至昨午年卅年間,伯伯私種田卅畞,年别收斛斗卅馱。已上並寄放,合計一千馱,盡是大歌收掌。"(《釋

錄》第二輯，頁 283/8-9）

gé

格 讀作恪。[格，《廣韻》古落切，入鐸，見。恪，《廣韻》苦各切，入鐸，溪。二字同在當時還開口一等，韻母相同，聲母旁紐。]

伯 3718 後唐《鉅鹿律公寫真讚並序》："一從御眾，恩以春露俱柔；勤格忘疲，威以秋霜比麗。"（《釋錄》第五輯，頁 280/3-5）

gè

各 讀作擱。[各，《廣韻》古落切，入鐸，見。擱，《古今字音對照手冊》古落切，入鐸，見。二字同音。]

伯 2324《難陀出家緣起》："各盞待君下次勾，見了抽身便却迴。"（《校注》頁 590/15）斯 0778《富者辦棺木》："相共唱奈河（何），送着空塚各。"（《梵志》卷一，頁 56，011 首）

【說明】《梵志》例，項楚謂讀爲閣，《校注》引此謂讀爲擱。閣本有擱置義。朱駿聲《說文通訓定聲·豫部》："閣，凡止而不行皆謂之閣。"《三國志·魏志·王粲傳》"精意覃思，亦不能加也" 南朝宋裴松之注："鍾繇、王朗等雖各爲魏卿相，至于朝廷奏議，皆閣筆不能措手。"

唐·張鷟《游仙窟》："十娘則喚桂心，並呼芍藥，與少府脫靴履，疊袍衣，閣襆頭，掛腰帶。"此義後作擱，以便與樓閣義之閣相區別。

各 讀作閣。[二字《廣韻》同爲古落切，入鐸，見。]

伯2324《難陀出家緣起》："吟　且見樓臺殿各，皆是七寶合成。"(《校注》頁592/4)

gèn

艮 讀作懇。[艮，《廣韻》古恨切，去恨，見。懇《廣韻》康很切，上很，溪。二字同在臻攝開口一等，韻母相同，聲母旁紐。]

伯3257後晉開運二年（公元九四五年）十二月《河西歸義軍左馬步押衙王文通牒及有關文書》："艮求得處，安存貧命，今阿龍男義成身死，更無丞忘處男女恩親。"(《釋錄》第二輯，頁295/（一）11-13)

gōng

功 讀作工。[二字《廣韻》同爲古紅切，平東，見。]

伯3690《唐律疏——職制律疏斷片》："功匠各以所由爲首。"(《釋錄》第二輯，頁541/8) 俄藏Ф101《維摩詰經講經文（二）》："其功異乎，郢匠賢人，纖毫之巾串

枝柯，細旎之起突花樣。"(《校注》頁812/17-18)

【説明】"其功"當讀作奇工。"異乎"當校作"異手"。

功 讀作恭。[功，《廣韻》古紅切，平東，見。恭，《廣韻》九容切，平鍾，見。功在通攝合口一等，恭在通攝合口三等，二字同聲母。]

斯5647《分書（樣式）》："上者更須臨恩，陪（倍）加憂恤；小者更須去義，轉益功勤。"(《釋録》第二輯，頁170/50-53)

功 讀作公。[二字《廣韻》同爲古紅切，平東，見。]

伯3128《社齋文》："惟諸功，乃並是高門勝族，百郡名家，玉葉瓊枝，蘭芳桂馥。"(《釋録》第一輯，頁388/4-5)

供 讀作貢。[供，《廣韻》九容切，平鍾，見；又居用切，去用，見。貢，《廣韻》古送切，去送，見。供在通攝合口三等，貢在通攝合口一等，二字同聲母。]

斯2144《韓擒虎話本》："若解微臣箭得，年年送供，累歲稱臣；若也解箭不得，只在殿前，定其社稷！"(《校注》頁303/13-14)

供 讀作恭。[二字《廣韻》同爲九容切,平鍾,見。]

伯2344《祇園因由記》:"須達聞已,身毛皆豎,即自思惟:'佛若是賤人,肯供敬而至?'"(《校注》頁601/17)

宫 讀作躬。[二字《廣韻》同爲居戎切,平東,見。]

斯6836《葉净能詩》:"來日聖宫萬福!"(《校注》頁340/17)

窮 讀作躬。[窮,《廣韻》渠弓切,平東,群。躬,《廣韻》居戎切,平東,見。二字同在通攝合口三等,韻母相同,聲母旁紐。]

斯1438吐蕃佔領時期《沙州守官某請求出家狀等稿四十多件》:"臣某言,某月某日僧至,伏承聖窮萬福,寶位永昌。"(《釋録》第五輯,頁316/35-36)

共 讀作供。[二字《廣韻》同爲九容切,平鍾,見。]

伯3833《自死与鳥殘》:"莫養嵒(嵓)口腹,莫煞共盤筋(筯)。"(《梵志》卷三,頁328,109首)

公 讀作功。[二字《廣韻》同爲古紅切,平東,見。]

斯2144《韓擒虎話本》:"我把些子兵士,似一片之肉入在虎牙，不螻咬嚼，博嗏之間，並乃傾盡。我聞公成者去，未來者休，不如擣（倒）戈卸甲來降。"(《校注》頁302/14-15）又："羅侯得書，滿目淚流，心口思量：'我主上由（猶）自擒將，假饒得勝迴戈，公歸何處？'"(《校注》頁303/2-3）伯4640《李明振氏再修功德記》："其公乃[大]以（矣），筆何宣哉。"(《釋錄》第五輯，頁82/39）

gòng

共 讀作供。[共，《廣韻》渠用切，去用，羣。供，《廣韻》居用切，去用，見。二字韻母相同，聲母旁紐。]

伯3813背唐[公元七世紀後期？]《判集存十九道》："其妻阿宋，暄訟公庭，云其夫亡，乃由郭泰。泰共推橈取檝是實。"郭泰、王膺同船，遇風浪舟覆落水，共得一橈，郭推開王獨得此橈而至岸邊，王溺亡。(《釋錄》第二輯，頁605/137）斯2687《河西歸義軍節度使曹元忠潯陽郡夫人翟氏迴向疏二件》："敬造萬色錦繡經巾一條，施入宕泉窟，永充共養。"(《釋錄》第三輯，頁94/11-12）

gǒu

狗 讀作苟。[二字《廣韻》同爲古厚切，上厚，見。]

伯2504年代未詳[公元十世紀]《龍勒鄉百姓曹富盈

牒（稿）》："龍勒鄉百姓曹富盈。右富盈小失慈父，狗活艱辛。"（《釋録》第二輯，頁313/1）

狗 讀作枸。[二字《廣韻》同爲古厚切，上厚，見。]

斯4470 1V 唐乾寧二年（公元八九五年）三月《歸義軍節度使張承奉副使李弘願迴向疏》："細氎壹疋，麵貳槃，麨貳槃，䊚林子貳槃，狗氣（杞）子一槃。已上施入大衆。"（《釋録》第三輯，頁84/1-2）

gū

孤 讀作狐。[孤，《廣韻》古胡切，平模，見。狐，《廣韻》戶吳切，平模，匣。二字韻母相同，聲母同爲牙喉音。]

斯3877 3V4V 唐乾寧四年（公元八九七年）《張義全賣宅舍地基契約（抄）》："從乾寧肆年丁巳歲正月拾貳日，平康[鄉]百姓張義全，爲緣闕小（少）糧用，遂將上件祖父舍兼屋木出買（賣）與洪潤鄉百姓令孤信通兄弟。"（《釋録》第二輯，頁6/4-6）斯6981 辛未—壬申年（公元九七一—九七二年？）《某寺某某領得曆》："十二月四日於上磑户苟福住領得粿粟肆碩。又於下磑户李章友、令孤再定粿粟貳拾玖碩。"（《釋録》第三輯，頁139/16-17）斯6452（1）某年[公元九八一—九八二年？]《净土寺諸色斛斗破曆》："十三日，雲寺令孤法律亡，納贈麵壹㪷叁升、粟壹㪷、油兩合。"(《釋錄》第三輯，頁223/28-29）伯2040背後晉時期《净土寺諸色入破曆祘會稿》："粟伍㪷，令孤沈慶利閠入。"(《釋錄》第三輯，頁428（八）425）伯3399《幽州都督張仁亶上九諫書》："故知療膏荒者，必進苦口之藥；決孤疑者，要諫逆耳之言。"(《釋錄》第四輯，頁309/30-31）

估 讀作沽。[估，《廣韻》公户切，上姥，見。沽，《廣韻》古暮切，去暮，見。二字同在遇攝合口一等，韻母相同，聲母相同，僅聲調有別。]

斯4782寅年《乾元寺堂齋修造兩司都師文謙諸色斛斗入破曆祘會牒殘卷》："麵壹斗，估油點登（燈）用。"(《釋錄》第三輯，頁312/57-58）

菰 讀作孤。[二字《廣韻》同爲古胡切，平模，見。]

伯3016《某乙狀稿》："伏蒙令公尊兄鴻慈，念以菰軍絕漠，烽燧相連，假以崇威，許爲昆季情深之分。"(《釋錄》第四輯，頁409/4-7）

姑 讀作孤。[二字《廣韻》同爲古胡切，平模，見。]

斯4654《舜子變》："妾有姑男姑女，流（留）在兒婿手頂（底），願夫莫令邊（鞭）耻。"(《校注》頁200/4）

咕 讀作沽。[咕字古字書未載。沽，《廣韻》古暮切，去暮，見。]

伯2032背後晉時代《净土寺諸色入破曆祘會稿》："麵壹碩陸㪷伍升，秋座局席眾僧咕［酒］用。"（《釋錄》第三輯，頁506/（廿）812）

【説明】咕字，[清]翟灝《通俗編·言語》説不見于字書，首見[元]吳昌齡《斷風花雪月曲》的"咕噥語"。然此件已有"咕"字，雖用爲假借字。

gǔ

古 讀作固。[古，《廣韻》公户切，上姥，見。固，《廣韻》古暮切，去暮，見。二字同在遇攝合口一等，韻母相同，聲母相同，僅聲調有別。]

斯389《肅州防戍都狀》："將文書稱，我龍家共迴鶻和定已後，恐被迴鶻侵凌，甘州事須發遣嗢末三百家已來同住甘州，似將牢古。"（《釋錄》第四輯，頁489/32-35）

古 讀作羖。[古，《廣韻》公户切，上姥，見。羖同羖，羖，《廣韻》公户切，上姥，見。古、羖二字同音。]

伯2484戊辰年（公元九八六年）十月十八日《歸義軍祘會群牧馳馬牛羊現行籍》："大古羯壹伯壹拾陸口，二齒古羯叁拾肆口，當年古兒羔子肆拾貳口，大古母羊捌拾肆口，二齒古母貳拾捌口，當年古女羔子叁拾叁口。羘羊大小共計叁伯叁拾柒口。"（《釋錄》第三輯，頁591/27-29）伯2761己卯年（公元九七九年）《牧羊人王阿朵狀並判憑》："伏以今月十八日納自死古母羊壹口，皮付白祐慶。"（《釋錄》第三輯，頁600/2）

【說明】此羘（殺）字指的是山羊，不是公羊，所以有"羘母羊"。

縠 讀作縠。[縠，《廣韻》古禄切，入屋，見。縠，《廣韻》胡谷切，入屋，匣。二字同在通攝合口一等，韻母相同，旁紐同爲牙喉音。]

伯3620《諷諫今上破鮮于叔明、令孤峘等請試僧尼及不許交易書並批答》："陛下儉宮室，律百寮，使綺縠不衣，食肉勒節，自然蒼生免被割剥，黎庶漸見獲安，何必制僧尼，斷交易，令菜食不足，短褐不遮而已哉！"（《釋錄》第四輯，頁318/54-57）

縠 讀作國。[縠，《廣韻》古禄切，入屋，見。國，《廣韻》古或切，入德，見。縠在通攝合口一等，國在曾攝開口一等，二字同聲母。]

伯3556《南陽郡張氏淮深女墓誌銘稿並序》："屬以羯胡屯集，隴右陷腥俗之風；縠恥邦危，塵外伴逍遙之客。"

（《釋録》第五輯，頁182/8-10）

穀 讀作鶻。[穀，《廣韻》古禄切，入屋，見。鶻，《廣韻》古忽切，入没，見。穀在通攝合口一等，鶻在臻攝合口一等，二字同聲母。]

伯2187《破魔變》："身脖項縮，恰似害凍老鴟；腰曲脚長，一似過秋穀鶻。"（《校注》頁535/16）

股 讀作故。[股，《廣韻》公户切，上姥，見。故，《廣韻》古暮切，去暮，見。二字同在遇攝合口一等，韻母相同，聲母相同，僅聲調有别。]

伯4092《新集雜别紙》："尚蒙眷異，厚股土宜儀。悚戴之私，啓喻何及。"（《釋録》第五輯，頁427/186-187）

gù

雇 讀作故。[二字《廣韻》同爲古暮切，去暮，見。]

伯3277背乙丑年（公元九六五年）二月廿四日《祝骨子合種契》："恐人無信，雇立私契。"（《釋録》第二輯，頁32/4-5）

故 讀作雇。[二字《廣韻》同爲古暮切，去暮，見。]

伯2652丙午年（公元九四六年）《宋某雇駝契（樣

式)》:"丙午年正月廿二日,洪潤鄉百姓宋專甲充使西州,欠少駞畜,遂於同鄉百姓厮(某)專甲面上,故八歲䔍駝一頭。"(《釋錄》第二輯,頁41/1-3)

故 讀作古。[故,《廣韻》古暮切,去暮,見。古,《廣韻》公戶切,上姥,見。二字同在遇攝合口一等,韻母相同,聲母相同,僅聲調有別。]

斯133《秋胡變文》:"今將身求學,勤心皆於故人,三二年間,定當歸舍!"(《校注》頁232/8)斯2144《韓擒虎話本》:"自故有言:'軍慢即將妖(夭),主慢即國傾。'"(《校注》頁301/2)伯3560背《沙州敦煌縣行用水細則與渠人(社)行人轉帖》:"承其已來,故老相傳,用爲法則。"(《釋錄》第一輯,頁396/45)

故 讀作固。[二字《廣韻》同爲古暮切,去暮,見。]

伯4040背唐光啟三年(公元八八七年)五月十日《文坊巷社肆拾貳家剏修私佛塔記》:"先亡息苦,一切有靈,惣霑斯福;次願城惶萬姓永故,社稷清平,溁畫畢功已後,子孫男生,不違先人,須與修營。"(《釋錄》第一輯,頁384/7-12)伯4040背唐光啟三年(公元八八七年)五月十四《文坊巷社肆拾貳家剏修私佛塔記》:"右件社人初從下厮十(日)至畢功,當時競競在爲佛道之心,

修治私塔澡畫，爲及本郡，兼四方邊鎮永故千年。"(《釋錄》第一輯，頁384/17-20)

故 讀作羖。[故,《廣韻》古暮切，去暮，見。羖同羖，羖,《廣韻》公户切，上姥，見。二字同在遇攝合口一等，韻母相同，聲母相同，僅聲調有別。]

伯3246背辛巳年（公元九八一或九二一年）十月十五日《放羊死損現存數抄錄》："辛巳年十月十五日，共放羊人悤（總）計池死損吏唤與後，現存抄錄如後：大結（羯）羊一口，白母羊廿四口，白母高（羔）子七日（口），兒高（羔）子伍口，結（羯）故羊三口，又結（羯）故羊六至三口，四至故羊結（羯羊）六口，大母故羊十五口，母高（羔）子七口，兒高（羔）子三口，都計七十三口。"(《釋錄》第三輯，頁579/1-4)

【說明】羖（羖）指山羊，非指公羊。

固 讀作故。[二字《廣韻》同爲古暮切，去暮，見。]

俄藏 Φ365《妙法蓮華經講經文（二）》："多時固固服油花，滌蕩身心更可誇。"(《校注》頁724/1)

guǎ

寡 讀作掛。[寡,《廣韻》古瓦切，上馬，見。掛,《廣韻》

古賣切，去卦，見。寡在假攝合口二等，掛在蟹攝合口二等，二字同聲母。]

斯 4654《舜子變》："舜子三年池（持）孝，淡服千日寡體。"（《校注》頁 200/5）

guà

卦 讀作掛。[二字《廣韻》同爲古賣切，去卦，見。]

斯 2073《廬山遠公話》："遠公常隨白莊，逢州打州，逢縣打縣，朝遊川野，暮宿山林，兀髮眉齊，身卦短褐，一隨他後。"（《校注》頁 256/16-17）

掛 讀作卦。[二字《廣韻》同爲古賣切，去卦，見。]

伯 2811 唐廣明元年庚子歲（公元八八〇年）《侯昌葉直諫表》："臣聞三皇理化，委形質而分別九州；五帝臨朝，斷龜足而始畫八掛。"（《釋錄》第四輯，頁 331/2）

guān

官 讀作冠。[二字《廣韻》同爲古丸切，平桓，見。]

俄藏 Φ101《維摩詰經講經文（二）》："陪隨朱紫，齊聲歌帝德之詞；捧從衣官，合詞唱感恩之曲。"（《校注》頁 810/20-21）斯 2204《十無常》："奪人眼目扶容（芙蓉）貌，當年少。傑羅官子呂（鏤）金花，掃煙霞。"

官 讀作觀。[二字《廣韻》同爲古丸切，平桓，見。]

斯2144《韓擒虎話本》："前後不經所（數）旬，裹（果）然司天太監夜官虔（乾）象，知隨州楊堅限百日之內，合有天分，具表奏聞。"（《校注》頁298/18）

guàn

瓘 讀作煥。[瓘，《廣韻》古玩切，去換，見。煥，《廣韻》火貫切，去換，曉。二字僅聲母有別，但同爲牙喉音。]

斯328《伍子胥變文》："玉響清泠，金鞍瓘鍚（揚）。"（《校注》頁15/6）

【説明】"瓘鍚"讀作煥揚，光彩四照也。

灌 讀作罐。[二字《廣韻》同爲古玩切，去換，見。]

伯2685年代未詳[公元八二八年？]《沙州善護、遂恩兄弟分家契》："遂恩：鐺壹口并主鏊子壹面，銅鉢壹，龍頭鐺子壹，種金壹付，鎌壹張，安壹具，大釟壹，銅灌子壹，钁口壹具，絹壹丈柒尺，黑牸牛壹半。"（《釋録》第二輯，頁143/23-25）

guǎng

廣 讀作曠。[廣，《廣韻》古晃切，上蕩，見。曠，《廣韻》苦謗切，去宕，溪。二字同在宕攝合口一等，韻母相同，

聲母旁紐。]

伯4040背金山國時期《修文坊巷社再緝上祖蘭若，標畫兩廊大聖功德讚並存》："累世廣劫，乃可生於彼方。"（《釋錄》第一輯，頁385/8-9）

guō

獷 讀作纊。[獷，《廣韻》古博切，入鐸，見。纊，《廣韻》苦謗切，去宕，溪。二字同在宕攝開口一等，陽入對轉，聲母旁紐。]

伯4640《李明振氏再修功德記》："挾獷有憂於士卒，泯燧不媿襄陽。"（《釋錄》第五輯，頁84/61）

【說明】挾纊，指披着綿衣。《左傳·宣公十二年》："申公巫臣曰：'師人多寒。'王巡三軍，拊而勉之，三軍之士皆如挾纊。"此喻兵士得到君王撫慰而感到溫暖。此《功德記》用此典。

guǒ

裹 讀作果。[二字《廣韻》同爲古火切，上果，見。]

斯2144《韓擒虎話本》："前後不經所（數）旬，裹然司天太監夜官（觀）虔（乾）象，知隨州楊堅限百日之內，合有天分，具表奏聞。"（《校注》頁298/18）

粿 讀作顆。[粿,《廣韻》古火切,上果,見。顆,《廣韻》苦果切,上果,溪。二字同在果攝合口一等,韻母相同,聲母旁紐。]

伯2691《沙州城土鏡》:"實則二部之內,一粿未(末)尼之珠;三教之中,兩隻冲天之翼;將料執如意杖,坐師子床;洒法雨而活於蒼生,設緣喻而勸迷俗;奈何火風賠敗,地水乖違,歸一性於天中,拋六根於土上。"(《釋錄》第一輯,頁 44/36-39)伯3257甲午年(公元九三四年)二月十九日《索義成分付與兄懷義佃種憑》:"若收得麥粟,任自兄收,粿粒亦不論說。"(《釋錄》第二輯,頁 29/3-4)

guò

過 讀作故。[過,《廣韻》古臥切,去過,見。故,《廣韻》古暮切,去暮,見。過在果攝合口一等,故在遇攝合口一等,二字同聲母。]

伯3257後晉開運二年(公元九四五年)十二月《河西歸義軍左馬步押衙王文通牒及有關文書》:"阿龍及孫幸通無路存濟,始(是)過陳狀者,有實。"(《釋錄》第二輯,頁 297/(三)21-22)

háo

毫 讀作豪。[二字《廣韻》同爲胡刀切，平豪，匣。]

俄藏Ф96《雙恩記》："無恨怨酬（讎）無愛眷，不憐毫富不斯（欺）貧。"(《校注》頁928/12)

豪 讀作毫。[二字《廣韻》同爲胡刀切，平豪，匣。]

伯2914《嗔恚滅功德》："嗔恚滅功德，如火燎豪（毫）毛。"(《梵志》卷三，頁424，141首)

hào

滈 讀作澆。[滈，《廣韻》胡老切，上晧，匣。澆，《廣韻》古堯切，平蕭，見。滈在效攝開口一等，澆在效攝開口四等，聲母同爲牙喉音。]

斯5647《分書（樣式）》："蓋爲代薄時滈，人心淺促。"(《釋錄》第二輯，頁166/16-17)

【説明】澆，取薄義。

hé

何 讀作河。[二字《廣韻》同爲胡歌切，平歌，匣。]

斯6836《葉净能詩》："皇帝與高力士説曰：'[蜀]中路遠，阻隔山何，瞬息之間，及諸州郡。'"(《校注》頁

338/12-13）俄藏 Ф96《雙恩記》："乃如斯便數若何沙衆，圍遶釋迦化主。"（《校注》頁 929/17-18）斯 6537 7V-8V《立社條件（樣式）》："立條與件，山何罰誓，中不相違。"（《釋録》第一輯，頁 284/5）

紇 讀作齕。[二字《廣韻》下没切，入没，匣。]

伯 3394 唐大中六年（公元八五二年）《僧張月光、吕智通易地契》："東至張日興園，西至張達子道，南至張法原園及子渠並智通園道，法原園□□墙下開四尺道，從智通舍至智通園與智通往來出入爲主己。其法原園東墙□□□智通舍西墙，法原不許紇惒。北至何榮。"（《釋録》第二輯，頁 2/3-4）

【説明】"齕惒"謂齧食貪求。

紇 讀作屹。[紇，《廣韻》下没切，入没，匣；又胡結切，入屑，匣。屹，《廣韻》魚迄切，入迄，疑。紇在臻攝合口一等，屹在臻攝開口三等，二字同聲母。]

斯 2073《廬山遠公話》："猶自未稱其心，遂再取疏抄俯臨白蓮華池畔，望水便擲，其疏抄去水上一丈已來，紇然而住，遠公知遠契佛心。"（《校注》頁 254/15-16）

河 讀作何。[二字《廣韻》同爲胡歌切，平歌，匣。]

斯0778《富者辦棺木》："相共唱奈河，送着空塚各（閣）。"（《梵志》卷一，頁56，011首）

河 讀作荷。［河，《廣韻》胡歌切，平歌，匣。荷，《廣韻》胡可切，上哿，匣。二字同在果攝開口一等，韻母相同，聲母相同，僅聲調有別。］

斯2687《河西歸義軍節度使曹元忠潯陽郡夫人翟氏迴向疏二件》："皇后天年永久，四海河霶霈之恩波；大王神算遐長，七郡布殊常之德化。"（《釋錄》第三輯，頁95/19-20）

盍 讀作蓋。［二字《廣韻》同爲胡臘切，入盍，匣。］

斯2575後唐天成四年（公元九二九年）三月六日《應管內外都僧統置方等戒壇牓》："今緣香壇逼迮，獲晨同躋道場，俱不許申綺綵之裳，錦繡覆盍身體。"（《釋錄》第四輯，頁135/21-24）

荷 讀作呵。［荷，《廣韻》胡歌切，平歌，匣。呵，《廣韻》虎何切，平歌，曉。二字韻母相同，聲母旁紐。］

斯2679《奏請僧徒及寺舍依定表》："何以知之？陛下處五高之位，親自書寫大乘，建万刦穆穆之風，每致安人重法，荷護三寶，與佛無殊，調和八方，菩薩無別。"

(《釋錄》第四輯，頁 322/6-8)

hè

赫 讀作嚇。[二字《廣韻》同爲呼格切，入陌，曉。]

斯 2073《廬山遠公話》："人生在世，若有妙術，合有千歲之人，何不用意三思，枉受師人誆赫！"（《校注》頁 260/14-15）斯 2144《韓擒虎話本》："衆虎亦（一）見，拔劍便赫，問言將軍：'但衆虎手内之劍，是隋文皇帝殿前宣賜，上含霜雪，臨陣交豐（鋒），不識親疏。'"（《校注》頁 301/18-19）又："天使接世（勢）便赫：'但衆虎弓箭少會些些，隋文皇帝有一百二十指撝，射燕（雁）都盡總好手。'"（《校注》頁 304/9-10）

賀 讀作荷。[賀，《廣韻》胡箇切，去箇，匣。荷，《廣韻》胡可切，上哿，匣。二字同在果攝開口一等，韻母相同，聲母相同，僅聲調有別。]

俄藏 Ф365《妙法蓮華經講經文（二）》："忽然稱得心中願，歡喜重重賀世尊。"（《校注》頁 721/16）又："未審既能得此定，作何報賀也唱將來。"（《校注》頁 721/18）

【說明】荷，承受恩德而感謝。

嚇 讀作赫。[二字《廣韻》同爲呼格切，入陌，曉。]

伯 4638《張厮乙敬圖觀世菩薩並侍從壹鋪》："其像乃千花百葉，德相熙怡，滿月資容，迢神光而布世，八部嚇弈，護國安民，刁斗絶音，永無征戰。"(《釋録》第五輯，頁 214/6-7)

hèn

恨 讀作痕。[恨，《廣韻》胡艮切，去恨，匣。痕，《廣韻》户恩切，平痕，匣。二字同在臻攝開口一等，韻母相同，聲母相同，僅聲調有别。]

伯 2553《王昭君變文》："畫眉無舊澤，淚眼有新恨。"(《校注》頁 158/14)

hóng

弘 讀作洪。[弘，《廣韻》胡肱切，平登，匣。洪，《廣韻》户公切，平東，匣。二字同聲母。]

斯 6417 後唐長興二年（公元九三一年）正月《普光寺尼徒衆圓證等狀并海晏判辭》："普光弘基極大，衆内詮練綱維，並是釋中眉首，事須治務任持，且雖敬上，愛下人户，則有憐敏之能。"(《釋録》第四輯，頁 54/14-17)

弘 讀作虹。[弘，《廣韻》胡肱切，平登，匣。虹，《廣韻》户公切，平東，匣。弘在曾攝合口一等，虹在通攝合口一等，二攝有通讀之例，二字同聲母。]

伯2653《燕子賦（一）》："安不離危，不巢於翠暮（幕）；卜勝[而]處，遂託弘梁。"（《校注》頁376/3）

紅 讀作鴻。[二字《廣韻》同爲户公切，平東，匣。]

伯2553《王昭君變文》："一朝願妾爲紅羙，萬里高飛入紫烟。"（《校注》頁157/19）

洪 讀作弘。[洪，《廣韻》户公切，平東，匣。弘，《廣韻》胡肱切，平登，匣。洪在通攝合口一等，弘在曾攝合口一等，二攝有通讀之例，二字同聲母。]

伯4660《康使君邈真讚並序》："生知禮義，稟氣恢洪。"（《釋錄》第五輯，頁121/4）

洪 讀作紅。[二字《廣韻》同爲户公切，平東，匣。]

斯4782寅年《乾元寺堂齋修造兩司都師文謙諸色斛斗入破曆祘會牒殘卷》："伍㪷肆升洪藍"（《釋錄》第三輯，頁309/6-7）

鴻 讀作弘。[鴻，《廣韻》户公切，平東，匣。弘，《廣韻》胡肱切，平登，匣。鴻在通攝合口一等，弘在曾攝合口一等，二攝有通讀之例，二字同聲母。]

伯 4660《敦煌管内僧政兼勾當三窟曹公邈真讚》:"動中規矩,稟性恢鴻。"(《釋錄》第五輯,頁 110/6)伯 3556《後周敦煌大乘寺法律尼某乙邈真讚並序》:"方欲鴻揚佛教,永扇慈風,豈期逝水以來奔偶然,俄辭於濁世。"(《釋錄》第五輯,頁 170/7-171/8)

hóu

喉 讀作猴。[二字《廣韻》同爲户鉤切,平侯,匣。]

斯 5796《王梵志詩集序》:"[悉皆咸]臻知罪福,慇耕懇苦足喉粮。"(《梵志》,頁 1)

hòu

後 讀作候。[二字《廣韻》同爲胡遘切,去候,匣。]

斯 2144《韓擒虎話本》:"皇帝亦(一)見,大悦龍顔:'賜卿且歸私地(第)憩歇。後楊素到來,別有宣至(旨)。'"(《校注》頁 303/6-7)

後 讀作厚。[二字《廣韻》同爲胡口切,上厚,匣;又同爲胡遘切,去候,匣。]

伯 4525(11)宋太平興國七年(公元九八二年)二月《立社》:"今則一十九人發弘後願,歲末,就此聖崇燃燈齋食,捨施功德,各人麻壹卦,先須秋間齊遂,押磑轉

轉主人。"(《釋錄》第一輯，頁 279/3-4）

洉 讀作詬。[洉，《廣韻》胡遘切，去候，匣。詬，《廣韻》苦候切，去候，溪。二字同在流攝開口一等，韻母相同，聲母同爲牙喉音。]

斯 6836《葉净能詩》："净能奏曰：'緣伊洉我極！'"（《校注》頁 337/4）

hū

忽 讀作或。[忽，《廣韻》呼骨切，入没，曉。或，《廣韻》胡國切，入德，匣。忽在臻攝合口一等，或在曾攝合口一等，二字聲母旁紐。是否入聲 -t、-k 已合流？]

斯 2073《廬山遠公話》："忽即有身而無知（智），忽即有智而無身。"（《校注》頁 263/2-3）斯 6836《葉净能詩》："不禁小耶（邪），忽要拔地移山，即使一神符。"（《校注》頁 333/9）

惚 讀作忽。[二字《廣韻》同爲呼骨切，入没，曉。]

斯 2144《韓擒虎話本》："坐由（猶）未定，惚然十字地烈（裂），涌出一人：身披黃金鑠甲，頂戴鳳翅頭（兜）毛（牟），按三丈（杖）低頭高聲唱喏。"（《校注》頁 304/14-15）又："衾虎聞語，惚然大怒，問：'你屬甚人所

管？'"（《校注》頁304/18）

hú

胡 讀作武。［胡，《廣韻》户吳切，平模，匣。武，《廣韻》文甫切，上麌，微。胡在遇攝合口一等，武在遇攝合口三等，聲母存在喉音與唇音的對轉。］

伯3633《謹撰龍泉神劍歌一首》："東取黄河第三曲，南取胡威及朔方。"（《釋録》第四輯，頁382/41-42）

胡 讀作湖。［二字《廣韻》同爲户吳切，平模，匣。］

伯2691《沙州城土鏡》："興胡泊，州西北一百一十里。"（《釋録》第一輯，頁43/6）北8418《天下姓望氏族譜殘卷》："長城郡一姓胡州 錢"（《釋録》第一輯，頁86/27）北8418《天下姓望氏族譜殘卷》："吴興郡七姓胡州 姚、明、丘、紉、聞、施、沈"（《釋録》第一輯，頁86/29）

胡 讀作餬。［二字《廣韻》同爲户吳切，平模，匣。］

斯6452（2）辛巳年（公元九八一年）十二月十三日《周僧正於常住庫借貸油麵物曆》："連麵壹斗，造餬餅都料送槃用。廿二日，白麵叁斗，造餬併局席用。廿三日，白麵貳斗，造胡併東窟局席用。"（《釋録》第二輯，頁

240/30-32）

huā

花 讀作化。［花，《廣韻》呼瓜切，平麻，曉。化，《廣韻》呼霸切，去禡，曉。二字同在假攝合口二等，韻母相同，聲母相同，僅聲調有別。］

伯3833《黄母化爲鱉》："牛哀花爲虎，亦是虎爲人。"（《梵志》卷三，頁276，087首）

花 讀作華。［花，《廣韻》呼瓜切，平麻，曉。華，《廣韻》户花切，平麻，匣。二字同在假攝合口二等，韻母相同，聲母旁紐。］

伯2305《解座文匯抄》："西方好，卒難論，實是奢花不省聞。"（《校注》頁1171/2）俄藏Φ101《維摩詰經講經文（二）》："佛意比來徒（圖）教化，人心只是愛榮花。"（《校注》頁808/18）伯3128《社齋文》："加以傾心三寶，攝念無生，越愛染於稠林，悟真如之境界，替榮花之非實，攬人事之虛無。"（《釋錄》第一輯，頁388/6-7。該處"稠"字實從禾，而《釋錄》誤錄從犭）伯3931《書啓公文——印度普化大師遊五台山日記和迴鶻上後梁表等》："拂旦登途，至法花寺。"（《釋錄》第五輯，頁334/42-43）斯2204《十無常》："經榮（營）財寶人生分，須平穩。榮花（華）富貴足資財，宿將來。"

huá

華 讀作譁。[華，《廣韻》户花切，平麻，匣。譁，《廣韻》呼瓜切，平麻，曉。二字同在假攝合口二等，韻母相同，聲母旁紐。]

伯4660《入京進論大德兼管内都僧政賜紫沙門故曹僧政逸真讚》："厭世諠華，預投緇烈。"（《釋録》第五輯，頁112/4）

華 讀作鏵。[二字《廣韻》同爲户花切，平麻，匣。]

伯3192背唐大中十二年（公元八五八年）《孟憨奴便麥契稿》："其典勿（物）大華一孔、衆金一富。"（《釋録》第二輯，頁108/2）

鋘 讀作圬。[鋘，《廣韻》户花切，平麻，匣。圬，《廣韻》哀都切，平模，影。鋘在假攝合口二等，圬在遇攝合口一等，二字韻母有距離，聲母旁紐。或以其同從亏聲而通讀。]

伯4640《翟家碑》："鄒人盡善以鋘鏝，匠者運釿而逞巧。"（《釋録》第五輯，頁89/37-38）

【説明】圬鏝，亦作圬墁，塗飾牆壁，粉刷也。

huái

懷 讀作壞。[懷,《廣韻》戶乖切,平皆,匣。壞,《廣韻》胡怪切,去怪,匣。二字同聲母。]

斯5700後唐清泰三年(公元九三六年)《放家童書(樣式)》:"請山河作折(誓),日月證明,岳懷山移,不許改易。"(《釋録》第二輯,頁192/26-28)

huài

壞 讀作懷。[壞,《廣韻》胡怪切,去怪,匣。懷,《廣韻》戶乖切,平皆,匣。二字同在蟹攝合口二等,韻母相同,聲母相同,僅聲調有别。]

斯6537 6V-7V《立社條件(樣式)》:"勒截俱件,壹别漂(標)各(名),取衆人意壞,嚴切丁寧,别列事段。"(《釋録》第一輯,頁283/5-6)

huán

環 讀作還。[二字《廣韻》同爲戶關切,平刪,匣。]

伯3560背《沙州敦煌縣行用水細則與渠人(社)行人轉帖》:"環依當鄉古老相傳之語,遞代相承,將爲節度。"(《釋録》第一輯,頁398/80-81)

還 讀作環。〔二字《廣韻》同爲户關切，平删，匣。〕

伯2187《破魔變》："君不見生來死去，似蟻循還；爲衣爲食，如蠶作繭。"（《校注》頁531/5）

huàn

奂 讀作换。〔奂，《廣韻》火貫切，去换，曉。换，《廣韻》胡玩切，去换，匣。二字同在山攝合口一等，韻母相同，聲母旁紐。〕

斯8720之二1、2、3甲辰年（公元九四四年）《某寺得麥曆》："周宅官奂豆麥伍石二斗。"（《釋録》第三輯，頁136/（一）6）

幻 讀作患。〔幻，《廣韻》胡辨切，去襉，匣。患，《廣韻》胡慣切，去諫，匣。二字同在山攝合口二等而韻目相鄰，韻母相近，聲母相同。〕

伯2305《妙法蓮華經講經文（一）》："悟解累劫之中，厭幻此身曾於三界上下六道循寰、生死往來不得出離者，皆因貪財愛色之所拘繫。"（《校注》頁709/2-3）

患 讀作幻。〔患，《廣韻》胡慣切，去諫，匣。幻，《廣韻》胡辨切，去襉，匣。二字同在山攝合口二等而韻目相鄰，韻母相近，聲母相同。〕

斯2204《十無常》："愚人不信身虛患，得久遠。英雄將爲（謂）没人過，駛僂羅（儸）。"僂儸，或作嘍囉、獿玀等，精明強幹之意。

換 讀作唤。[換，《廣韻》胡玩切，去換，匣。唤，《廣韻》火貫切，去換，曉。二字同在山攝合口一等，韻母相同，聲母旁紐。]

沙州文錄補宋乾德二年（公元九六四年）《史汜三立嗣文書》："其男願壽後收囗婦漸漸長大，或不孝順父孃，並及姊妹兄弟囗且娶妻親之言，不肯作於活之計，猥情是他願壽親生阿耶，並及兄弟姊妹招換不囗上下，貪酒看肉，結般盜賊，他人更乃作囗者，空身趁出，家中針草，一無囗數。"（《釋錄》第二輯，頁156/9-13）斯2204《十無常》："少年英雄争人我，能繫裹。相呼相换動笙歌，笑仙俄（娥）。"

唤 讀作援。[唤，《廣韻》火貫切，去換，曉。援，《廣韻》雨元切，平元，云。唤在山攝合口一等，援在山攝合口三等，聲母旁紐。]

斯2073《廬山遠公話》："遠公忽望高原，乃唤此上，其境峻峰鶴鳴，澗下龍吟，百谷千峰，例皆花發。"（《校注》頁269/11-12）

huáng

皇 讀作隍。[二字《廣韻》同爲胡光切，平唐，匣。]

伯6005《釋門帖諸寺綱管》："上爲司空萬福，次爲城皇報安。"（《釋録》第四輯，頁122/27-28）

惶 讀作隍。[二字《廣韻》同爲胡光切，平唐，匣。]

伯4040背唐光啓三年（公元八八七年）五月十日《文坊巷社肆拾貳家翔修私佛塔記》："先亡息苦，一切有靈，惣霑斯福；次願城惶萬姓永故（固），社稷清平，溱畫畢功已後，子孫男生，不違先人，須與修營。"（《釋録》第一輯，頁384/7-12）伯4065《歸義軍曹氏表文稿三件》："必料皇基帝業，萬歲千秋；社稷城惶，如同劫石。"（《釋録》第五輯，頁331/29-30）

煌 讀作隍。[二字《廣韻》同爲胡光切，平唐，匣。]

伯3544唐大中九年（公元八五五年）九月廿九日《社長王武等再立條件憑》："社長王武，社官索順潤（？）□録事唐神奴等，爲城煌賊亂，破散田苗，社邑難營，不能行下。"（《釋録》第一輯，頁269/1-2）斯1604[天復二年（公元九〇二年）]四月廿八日《沙州節度使帖都僧統等》："右奉處分，蓋緣城煌或有數（？）疾，不□五根。"(《釋錄》第四輯，頁 125/2-3）伯 3730《慈惠鄉百姓李進達狀》："右進達宿生薄福，種菓不圓，一眾城煌百姓，與諸人不同□官庶事無虧，慈父在日，充行人征行數年，去載四月一（？）日（？）　　□等去年早被□骨路□□"（《釋錄》第四輯，頁 483/2-4）

huī

灰 讀作迴。[灰，《廣韻》呼恢切，平灰，曉。迴，《廣韻》户恢切，平灰，匣。二字韻母相同，聲母旁紐。]

伯 2943 宋開寶四年（公元九七一年）五月一日《内親從都頭知瓜州衙推氾願長等狀》："百姓思量無計，意内灰惶。"（《釋錄》第五輯，頁 25/4）迴惶，眩惑而恐懼。

huí

伵 讀作迴。[二字《廣韻》同爲户恢切，平灰，匣。]

俄藏 Ф365《妙法蓮華經講經文（四）》："大士既能爲顯現，觀音便與救倫（輪）伵。"（《校注》頁 747/16）

迴 讀作違。[迴，《廣韻》户恢切，平灰，匣。違，《廣韻》雨非切，平微，云。迴在蟹攝合口一等，違在止攝合口三等，聲母旁紐。]

伯 2305《解座文匯抄》："富貴須知宿種來，如今必定

huǐ

誨 讀作悔。[誨,《廣韻》荒內切,去隊,曉。悔,《廣韻》呼罪切,上賄,曉;又荒內切,去隊,曉。悔如取呼罪切,則二字聲調有小別;如取荒內切,則二字同音。]

斯 1350 唐大中五年(公元八五一年)《僧光鏡睒買車小頭釧契》:"如先誨(悔),罰布壹疋入不誨人。"(《釋錄》第二輯,頁 43/4-5)

huì

繪 讀作璯。[繪,《廣韻》黃外切,去泰,匣。璯,《集韻》黃外切,去夳,匣。二字同音。]

伯 4640《陰處士碑稿》:"齊經九合,繪弁法(異文作潔)於星聚;漢約三章,鬢髻明于箴管。"(《釋錄》第五輯,頁 69/10-11)

【說明】璯弁,古代官員的一種帽子,冠縫飾玉。用以指百官。

惠 讀作慧。[二字《廣韻》同爲胡桂切,去霽,匣。]

俄藏 Ф365《妙法蓮華經講經文(四)》:"隨機隨念分慈力,如月如霞燭惠光。"(《校注》頁 744/20)列 1456

《不語諦觀如來》:"常持智惠刀劍,逢者眼目即開。"(《梵志》卷七,頁829,356首)伯4040背金山國時期《修文坊巷社再緝上祖蘭若,標畫兩廊大聖功德讚并存》:"蓋聞渡生定死須要法船;火宅之車,唯憑惠智。"(《釋錄》第一輯,頁385/4)伯3720唐大中五年至咸通十年(公元八五一——八六九年)《賜僧洪辯、悟真等告身及贈悟真詩》:"聖君念以聰惠,賢臣賞以精持。"(《釋錄》第四輯,頁34/(七)5-6)伯3556《歸義軍應管內外都僧統氾和尚邈真讚並序》:"五乘窮曉,智惠解凝。"(《釋錄》第五輯,頁168/38)

hūn

昏 讀作葷。[昏,《廣韻》呼昆切,平魂,曉。葷,《廣韻》許云切,平文,曉。昏在臻攝合口一等,葷在臻攝合口三等,二字同聲母。]

伯2133《妙法蓮華經講經文(三)》:"三八鎮遊諸寺舍,十齋長是斷昏辛。"(《校注》頁731/5)

惛 讀作昏。[二字《廣韻》同爲呼昆切,平魂,曉。]

伯2553《王昭君變文》:"□□□□□此難,路難荒徑足風惛。"(《校注》頁156/3)

伯3883《孔子項託相問書》:"耶孃年老惛迷去,寄他

夫子兩車草。"(《校注》頁359/2）

huò

霍 讀作臛。[霍,《廣韻》虛郭切,入鐸,曉。臛,《廣韻》火酷切,入沃,曉。霍在宕攝合口一等,臛在通攝合口一等,二字同聲母。]

斯6275丙午年（公元九四六年？）十一月《就庫納油都師曆》："▢▢▢▢就庫納油一升,付都師造精霍用。"（《釋錄》第三輯,頁210/5）

或 讀作斛。[或,《廣韻》胡國切,入德,匣。斛,《廣韻》胡谷切,入屋,匣。或在曾攝合口一等,斛在通攝合口一等,二字同聲母。]

伯2932甲子乙丑年（公元九六四—公元九六五年）《翟法律出便與人名目》："甲子年十二月十一日,翟法律少有或斗出便與人名目"（《釋錄》第二輯,頁232/1）

或 讀作忽。[或,《廣韻》胡國切,入德,匣。忽,《廣韻》呼骨切,入沒,曉。或在曾攝合口一等,忽在臻攝合口一等,二字聲母旁紐。是否入聲-t、-k已合流？]

斯2144《韓擒虎話本》："斧虎聞言,或遇（語）將軍：'具（拒）狄（敵）者殺,來頭（投）便是一家。'"

(《校注》頁303/5)又："衾虎聞語，或遇（語）五道大神：'但某乙請假三日，得之已府（否）？'"(《校注》頁304/17)

或 讀作惑。[二字《廣韻》同爲胡國切，入德，匣。]

斯2144《韓擒虎話本》："楊堅聞語，猶自疑或。"(《校注》頁299/14)又："若也心中疑或，於天不祐！"(《校注》頁303/1)斯6161、斯3329、斯6973、伯2762綴合《張淮深碑》："覩熒或而芒衰，知吐蕃之運盡。"(《釋録》第五輯，頁198/11-12)熒惑，行星中的火星。

jī

幾 讀作譏。[幾，《廣韻》居依切，平微，見；又渠希切，平微，羣。譏《廣韻》渠希切，平微，羣。二字同音或僅聲母旁紐。]

俄藏Ф101《維摩詰經講經文（二）》："金翅鳥，力無偕，搦得高山碎若灰。爲噢龍多身似刅（疑爲火），幾椎摩（魔）衆吼如雷。"(《校注》頁809/6)

【説明】譏，剴，磨也。幾、譏、剴三字，《集韻·微韻》皆渠希切。

幾 讀作機。[二字《廣韻》同爲居依切，平微，見。]

伯2187《破魔變》:"以(未)向此間來救度,且於何處待幾緣?"(《校注》頁532/7)

嵇 讀作稽。[嵇,《廣韻》胡雞切,平齊,匣。稽,《廣韻》古奚切,平齊,見。二字同蟹攝開口四等,韻母相同,聲母同爲牙喉音。]

斯6836《葉淨能詩》:"淨能便於會嵇山內精法,上應天門,下通[地]理,天下鬼神,盡被淨能招將,神祇無有不伏驅使。"(《校注》頁333/9-10)

積 讀作跡。[積,《廣韻》資昔切,入昔,精。跡同迹,迹,《廣韻》資昔切,入昔,精。二字同音。]

斯4511《金剛醜女緣起》:"既無形積,例皆見女出妻,盡接座筵[同歡]。"(《校注》頁1106/1)

【說明】甲卷(斯4511)、丙卷(斯2114)作"形積",乙卷(伯3048)作"形跡"。形跡指見外的客套、禮法等。

緝 讀作績。[緝,《廣韻》七入切,入緝,清。績,《廣韻》則歷切,入錫,精。緝在深攝開口三等,績在梗攝開口四等,二字聲母旁紐。是否入聲 -p、-k 已合流?]

斯0778《王梵志詩集序》:"慵夫夜起□□□,嬾婦徹

明對緝筐。"(《梵志》序，頁1）

朞 讀作其。[朞，《廣韻》居之切，平之，見。其，《廣韻》渠之切，平之，羣。二字韻母相同，聲母旁紐。]

伯3608、伯3252《唐律——職制、户婚、廄庫律殘卷》："聞朞親尊長喪，匿不舉哀者，徒一年；喪制未終，釋服從吉，杖一百。"(《釋録》第二輯，頁502/（一）38-39）伯3608、伯3252《唐律——職制、户婚、廄庫律殘卷》："若居朞喪而嫁娶者杖一百；卑幼減二等；妾不坐。"(《釋録》第二輯，頁510/（一）149-150）伯4660《入京進論大德兼管内都僧政賜紫沙門故曹僧政邈真讚》："年朞八十，示同殞滅。"(《釋録》第五輯，頁112/11）

飢 讀作饑。[飢，《廣韻》居夷切，平脂，見。饑，《廣韻》居依切，平微，見。二字同在止攝開口三等而韻目鄰近，韻母相近，聲母相同。]

斯374宋至道元二年（公元九九五—九九六年）《王漢子等陳謝司徒娘子布施麥牒》："右漢子、佛德、百姓等，自從把城，苦無絲髮之勞，今司徒娘子重福，念見邊城，恰似正二月布施百姓麥伍車，一一打與貧乏百姓，救難之接貧命飢荒種子。"(《釋録》第三輯，頁106/2-6）

jí

疾 讀作嫉。[二字同爲《廣韻》秦悉切，入質，從。]

伯2583申年《比丘尼修德等施捨疏十三件》："或妄言起語，疾妬慳貪，我慢貢高，衝突師長。"(《釋錄》第三輯，頁67/（七）13-14)

急 讀作給。[二字《廣韻》同爲居立切，入緝，見。]

斯3877 5V丙子年（公元九一六年）《阿吴賣兒契（抄）》："赤心鄉百姓王再盈妻阿吴，爲緣夫主早亡，男女碎小，無人求（救）濟供急衣食，債負深壙（廣）。"(《釋錄》第二輯，頁47/1-2)

級 讀作急。[二字《廣韻》同爲居立切，入緝，見。]

斯2144《韓擒虎話本》："人户告級，具表奏聞。"《校注》頁301/5)

汲 讀作給。[二字《廣韻》同爲居立切，入緝，見。]

伯4640《陰處士碑稿》："自贊普啟關之後，左衽遷階；及宰輔汲印之初，垂袪補職。"(《釋錄》第五輯，頁71/32-33)

藉 讀作籍。[二字《廣韻》同爲秦昔切，入昔，從。]

北8418《天下姓望氏族譜殘卷》："其三百九十八姓之外，又二千一百雜姓，非史藉所戴（載），雖預三百九十八姓之限，而或媾官混雜，或從賤入良，營門雜户、慕容商賈之類，雖有譜，亦不通。（《釋錄》第一輯，頁87/40-43）伯4640《陰處士碑稿》："羈維板藉，已負蕃朝；歃血盟書，義存甥舅。"（《釋錄》第五輯，頁71/29-30）

戢 讀作葺。[戢，《廣韻》阻立切，入緝，莊。葺，《廣韻》七入切，入緝，清；又子入切，入緝，精。二字同韻母。]

斯5832 年代不明［公元九世紀］《某寺請便佛麥牒稿》："右件物，緣龍興經樓，置來時久，舊（？）土地浸（浸）濕，基階頹朽，若不預有修戢，恐後費功力。"（《釋錄》第二輯，頁107/2-3）

即 讀作積。[即，《廣韻》子力切，入職，精。積，《廣韻》資昔切，入昔，精；即在曾攝開口三等，積在梗攝開口三等，二字同聲母。]

斯2144《韓擒虎話本》："是甚人？是即大（代）名將是韓熊男，幼失其父，自訓其名，號曰衾虎，心生不分，越班走出。"（《校注》頁300/10）又："陳王聞語，念見名將即大功訓（勳），處分左右，放起頭稍。"（《校注》頁302/5-6）又："蠻奴是即大（代）名將，乍舒（輸）心生不分，從城排一大陣，識也不識？"（《校注》頁302/8-9）

籍 讀作藉。[二字《廣韻》同爲秦昔切，入昔，從。]

俄藏Ф96《雙恩記》："人之世間，貧富隨業，皆須衣而裹體，復籍食以養身。"（《校注》頁930/14）

jǐ

己 讀作記。[己，《廣韻》居理切，上止，見。記，《廣韻》居吏切，去志，見。二字同在止攝開口三等，韻母相同，聲母相同，僅聲調有別。]

斯3877 2V 唐乾寧四年（公元八九七年）《張義全賣宅舍地基契（抄）》："其舍一買已後，中間若有親姻兄弟兼及別人稱爲主己者，一仰舊舍主張義全及男粉子、支子祇當還替，不忓買舍人之事。"（《釋録》第二輯，頁5/9-12）

己 讀作幾。[己，《廣韻》居理切，上止，見。幾，《廣韻》居依切，平微，見。二字同在止攝開口三等而韻目鄰近，韻母相近，聲母相同。]

斯2204《十無常》："傷嗟生死輪迴路，不覺悟。巡還

敦煌文獻通讀字　　　　　　　　　　　　　　　　　　171

來往已時休，受飀流。"斯0126同。

幾 讀作己。[幾，《廣韻》居依切，平微，見。己，《廣韻》居理切，上止，見。二字同在止攝開口三等而韻目鄰近，韻母相近，聲母相同。]

　　斯2144《韓擒虎話本》："阿奴來日，前朝自幾宣問，若也册立使君爲軍（君），萬事不言。"（《校注》頁299/19-20）

jì

計 讀作繼。[二字《廣韻》同爲古詣切，去霽，見。]

　　斯4654《舜子變》："阿耶取一個計阿孃來，我子心裏何似？"（《校注》頁200/6）又："舜子抄手啟阿耶：'阿耶若取得計阿孃來，也共親阿孃無貳！'"（《校注》頁200/7）

計 讀作髻。[二字《廣韻》同爲古詣切，去霽，見。]

　　斯4654《舜子變》："解散自家頭計，拔取金芰（釵）手裏。"（《校注》頁201/1）

記 讀作忌。[記，《廣韻》居吏切，去志，見。忌，《廣韻》渠記切，去志，羣。二字同在止攝開口三等，韻母相同，

聲母旁紐。]

伯 2305《解座文匯抄》："更遣言，相委記，畫取閻王禎（楨）子跪。"(《校注》頁 1173/17) 記，告誡。

記 讀作紀。[記，《廣韻》居吏切，去志，見。紀，《廣韻》居理切，上止，見。二字同在止攝開口三等，韻母相同，聲母相同，僅聲調有別。]

斯 4654《舜子變》："寮（遼）陽城兵馬下，今年大好經記。"(《校注》頁 200/8)

記 讀作既。[記，《廣韻》居吏切，去志，見。既，《廣韻》居豙切，去未，見。二字同在止攝開口三等而韻目鄰近，韻母相近，聲母相同。]

斯 2073《廬山遠公話》："妙法經名記立，如來宣說流行，眾生不揀高低，聞經例皆發善。"(《校注》頁 265/20-21) 斯 3050《不知名變文（二）》："記若知聞，某乙便是善惠。"(《校注》頁 1134/9)

祭 讀作際。[二字《廣韻》同爲子例切，去祭，精。]

斯 3491《破魔變》："此祭世尊成正覺，魔王從此没多聲。"(《校注》頁 536/10)

紀 讀作記。[紀,《廣韻》居理切,上止,見。記,《廣韻》居吏切,去志,見。二字同在止攝開口三等,韻母相同,聲母相同,僅聲調有別。]

伯2511《諸道山河地名要略殘卷》:"開元十一年玄宗行幸至太原,以此州王業所興,又建北都,改并州爲太原府,立起蒙(義)堂碑以紀其事。"(《釋錄》第一輯,頁70/31-33)

濟 讀作際。[濟,《廣韻》子計切,去霽,精;又子禮切,上薺,精。際,《廣韻》子例切,去祭,精。濟在蟹攝開口四等,際在蟹攝開口三等,二字韻母相近,聲母相同。]

斯2073《廬山遠公話》:"若夫佛法,書總歸依,輕塵[足]嶽,墜露添流,依(挹)[之]莫惻(測)其源,遵之罕窮其濟。"(《校注》頁266/10-11)斯2144《韓擒虎話本》:"應是文武百寮大臣不册(測)涯濟,心内疑或(惑),望殿而趣(覷),見一白羊,身長一丈二尺,張牙利口,便下殿來,哮吼如雷,擬吞合朝大臣。"(《校注》頁299/22-300/1)伯4640《李明振氏再修功德記》:"懸閣重軒;曉万層於日濟。"(《釋錄》第五輯,頁82/39)伯2838號《雲謠集雜曲子》中《傾杯樂·憶昔笄年》"每道説水濟鴛鴦,惟指梁間雙鷰。"

寄 讀作既。[寄,《廣韻》居義切,去寘,見。既,《廣韻》居豙切,去未,見。二字同在止攝開口三等而韻目鄰近,韻母相近,聲母相同。]

斯2144《韓擒虎話本》:"寄入界守(首),鄉村百姓具表聞天,皇帝攬(覽)表,似大杵中心。"(《校注》頁300/7)又:"修書寄必(畢),遂差一小將直至周羅侯寨內送書。"(《校注》頁303/2)

既 讀作記。[既,《廣韻》居豙切,去未,見。記,《廣韻》居吏切,去志,見。二字同在止攝開口三等而韻目鄰近,韻母相近,聲母相同。]

斯2144《韓擒虎話本》:"此是左掩右移(夷)陣,見前面津口紅旗,下面總是鹿巷,李(裏)有硇(撓)勾搭索,不得打着,切須既當!"(《校注》頁301/20-21)

際 讀作濟。[際,《廣韻》子例切,去祭,精。濟,《廣韻》子計切,去霽,精。際在蟹攝開口三等,濟在蟹攝開口四等,二字韻母相近,聲母相同。]

伯3048《金剛醜女緣起》:"割肉際於父王,山內長時伏氣。"(《校注》頁1102/4)列藏Φ96《雙恩記》第488行:"雨珠金,弘救濟,平等利生際困弊。"(《敦煌變文集補編》頁22錄作"除",《校注》頁936/9亦作"除",恐

未細察原卷）

【説明】祭聲與齊聲，古有通讀之例，《儀禮·士冠禮》"加俎嚌之"，鄭玄注："嚌當爲祭字之誤也。"是其證。"濟"亦可讀作"際"，見該條。"割肉濟於父王"，出失譯名《大方便佛報恩經》卷1《孝養品》，説一小國王，攜妻挈子，逃避怨家，誤入險道，糧盡待斃，其子須闍提言於父曰："可日日提刀，就子身上，割三斤肉，分作三分，二分奉上父母，一分還自食之，以續身命。"父母依言而行，終於脱險，其子因有來世作佛之宏願，在天帝釋故意試驗之後，即身體平復如故。〔元魏〕西域三藏吉迦夜共曇曜譯《雜寶藏經》卷1亦述此事，大同小異，而題目作"王子以肉濟父母緣"，用了"濟"字。（敦煌遺書伯3000號亦載此緣）。濟用於濟飢，《景德傳燈錄》卷3《菩提達磨章》有"昔人求道，敲骨取髓，刺血濟饑，布髮淹泥，投崖飼虎"之語，也可爲證。

jiā

佳 讀作家。〔佳，《集韻》居牙切，平麻，見。家，《廣韻》古牙切，平麻，見。二字同音。〕

斯2073《廬山遠公話》："相公買得賤奴，便令西院佳人領於房内安下。"（《校注》頁258/17）斯2144《韓擒虎話本》："衆虎拜武（舞）謝恩，便來私佳憩歇。"（《校

注》頁 304/13）

佳 讀作嘉。〔佳，《集韻》居牙切，平麻，見。嘉，《廣韻》古牙切，平麻，見。二字同音。〕

伯 2942 唐永泰年代（公元七六五—七六六年）《河西巡撫使判集》："能奉國可佳，而謀身未便。"（《釋錄》第二輯，頁 629/176）

俠 讀作瘱。〔二字《集韻》同爲訖洽切，入洽，見。〕

斯 328《伍子胥變文》："上承天子之教，爲父報讎俠冤。"（《校注》頁 11/13）又："慮恐楚卒人多，俠讎之心不達。"（《校注》頁 15/14）

【説明】《集韻·洽韻》"瘱，創也。"此據《廣雅·釋詁一》"瘱，創也"。疑"俠"讀此字。冤指怨家，即仇人。

家 讀作加。〔二字《廣韻》同爲古牙切，平麻，見。〕

伯 2837 背辰年《支剛剛等施入疏十四件》："右所施意者，願合家平安，請爲念誦，今頭（投）道場，乞垂家護。"（《釋錄》第三輯，頁 61/（七）2-3）伯 2696 唐中和五年（公元八八五年）三月《車駕還京師不赦詔》："如有子孫，量家錄用。"（《釋錄》第四輯，頁 265/29）

夾 讀作狹。[夾,《廣韻》古洽切,入洽,見。狹,《廣韻》侯夾切,入洽,匣。二字韻母相同,聲母同爲牙喉音。]

俄藏 Ф365《妙法蓮華經講經文(四)》:"弟四,人在前,己在後;或人在平穩大道,己在細夾徑云云。"(《校注》頁 743/11)

加 讀作伽。[加,《廣韻》古牙切,平麻,見。伽,《廣韻》求迦切,平戈,羣。加在假攝開口二等,伽在果攝開口三等,二字聲母旁紐。]

伯 2324《難陀出家緣起》:"忙忙走到加藍外,早見師兄隊杖來。"(《校注》頁 591/16)

加 讀作迦。[二字《廣韻》同爲古牙切,平麻,見。]

斯 0126《太子讚》:"不念買花日,奉獻釋加前。"

加 讀作嘉。[二字《廣韻》同爲古牙切,平麻,見。]

伯 3128《社齋文》:"厥今坐前,齋主持爐,啟願所申意者,奉爲邑義,保願功德之加會也。"(《釋錄》第一輯,頁 388/3-4)

駕 讀作家。[駕,《集韻》居牙切,平麻,見。家,《廣韻》古牙切,平麻,見。二字同音。]

斯 2144《韓擒虎話本》:"陳王宣問:'阿奴無得（德），檻（濫）處稱尊，今有隋駕兵仕（士）到來，甚人敵得？'"(《校注》頁 301/5-6）又:"蠻奴領軍，心生不分，從城排一引龍出水陣，直至隋駕兵士陣前，簸旗大喊，便索交戰。"(《校注》頁 302/7-8）

jiǎ

賈 讀作假。[二字《廣韻》同爲古疋切，上馬，見。疋即雅。]

斯 2144《韓擒虎話本》:"賈饒螻蟻成堆，儺（那）能與天爲患！"(《校注》頁 300/11）又:"賈饒卿雖自權軍，不得與隋駕（家）交戰。若也心中疑或（惑），於天不祐！"(《校注》頁 303/1）

甲 讀作浹。[甲，《廣韻》古狎切，入狎，見。浹，《集韻》轄夾切，入洽，匣。二字同在咸攝開口二等而韻目鄰近，韻母相近，聲母同爲牙喉音。]

斯 2144《韓擒虎話本》:"五道將軍聞語，口（嚇）得甲貝（背）汗流:"臣啟大王：莫道三日，請假一月已來總得。"(《校注》頁 304/19-20）

甲 讀作夾。[甲，《廣韻》古狎切，入狎，見。夾，《廣韻》

古洽切，入洽，見。二字同在咸攝開口二等而韻目鄰近，韻母相近，聲母相同。〕

伯4975辛未年三月八日《沈家納贈歷》："非綾一疋，甲頭（纈）一段"(《釋錄》第一輯，頁364/背面1-2)

【說明】夾纈，我國古代印花染色的方法，唐以後更爲普遍。用兩塊木板雕刻同樣花紋，將絹布對折夾入二板中，然後在雕空處染色，成爲對稱的染色花紋。後來發展爲用鏤花油紙版塗色刷印。其染成的織物叫夾纈。

jià

賈 讀作價。〔二字《廣韻》同爲古訝切，去禡，見。〕

斯1285後唐清泰三年（公元九三六年）《楊忽律哺賣宅舍地基契》："斷作舍賈，每地壹尺斷物壹碩貳斗，兼屋木並枞，都計得物叁拾叁碩柒斗。"(《釋錄》第二輯，頁9/6-7）斯1403某年十二月《程住兒雇驢契》："如若不還，便任揳奪便皮賈□□仰住兒裴（陪）揳……"(《釋錄》第二輯，頁42/4-5）伯3627背壬寅年（公元九四二年）《龍鉢略貸生絹契（抄）》："若於鄉慢絹主揳奪家資用憑充絹賈。"(《釋錄》第二輯，頁121/（一）12-14）伯3257後晉開運二年（公元九四五年）十二月《河西歸義軍左馬步押衙王文通牒及有關文書》："當時恩賜馬賈，得麥粟壹拾碩，立機牒伍疋，官布伍疋。"(《釋錄》

第二輯，頁296/（三）6-7）伯2032背後晉時代《净土寺諸色入破曆祘會稿》："粟肆碩，郭文進柴賈用。"（《釋錄》第三輯，頁470/（五）272-273）

價 讀作假。［價，《廣韻》古訝切，去禡，見。假，《廣韻》古疋切，上馬，見。二字同在假攝開口二等，韻母相同，聲母相同，僅聲調有別。］

　　伯2653《燕子賦（二）》："緣君修理屋，不索價房錢。"（《校注》頁415/15）

稼 讀作嫁。［二字《廣韻》同爲古訝切，去禡，見。］

　　伯2553《王昭君變文》："丹青寫刑（形）遠稼，使兇（匈）奴拜首，萬代信義號罷征。"（《校注》頁160/8）又："漂遥（嫖姚）有懼於獫狁，衛霍怯於强胡；不稼昭軍（君），紫塞難爲運策定。"（《校注》頁160/11-12）

假 讀作駕。［二字《廣韻》同爲古訝切，去禡，見。］

　　斯6424背殘卷拚合宋開寶八年（公元九七五年）十月《請賓頭爐波羅上座疏》："伏願誓授佛勅，不捨蒼生，興運慈悲，依時降假，謹疏。"（《釋錄》第四輯，頁178/3-6）

嫁 讀作家。[嫁,《廣韻》古訝切,去禡,見。家,《廣韻》古牙切,平麻,見。二字同在假攝開口二等,韻母相同,聲母相同,僅聲調有別。]

伯3212背(11)《夫妻相別書一道》:"今則夫婦無良,便作互逆之意。不敬翁嫁,不敬夫主,不事六親,眷屬污辱,臭門連累。"(《釋錄》第二輯,頁195/4-5)翁家,即公婆。

駕 讀作架。[二字《廣韻》同爲古訝切,去禡,見。]

伯4640《沙州釋門索法律窟銘》:"雲樓駕迥,聳棠崢嶸;磴道聯綿,勢侵雲漢;朱欄赫弈,環拱彫楹。"(《釋錄》第五輯,頁99/47-48)

枷 讀作架。[枷,《集韻》居迓切,去禡,見。架,《廣韻》古訝切,去禡,見。二字同音。]

斯1642後晉天福七年(公元九四二年)《某寺交割常住什物點檢曆》:"桉枷壹量,在北倉。"(《釋錄》第三輯,頁20/36-37)

jiān

間 讀作諫。[間,《古今字音對照手冊》古閑切,平山,見;又古莧切,去襇,見。諫,《廣韻》古晏切,去諫,見。

二字同在山攝開口二等而韻目鄰近，韻母相近，聲母相同。]

伯2305《解座文匯抄》："勸即此日申間勸，且乞時時過講院。"（《校注》頁1177/1）伯2691《沙州城土鏡》："嗟呼！圓穹迴邈，訴苦而不膺；地理寬深，間之而莫答；父母衣襟之上，淚染血斑；弟妹顏貌之前，涕流玷滴；僧門明懌慟悲釋棟以傾摧，受戒門人痛法船而殞没。"（《釋錄》第一輯，頁44/39-41）

間 讀作揀。[間，《古今字音對照手册》古閑切，平山，見；又古莧切，去襉，見。揀，《廣韻》古限切，上產，見。二字同在山攝開口二等，韻母相同，聲母相同，僅聲調有別。]

伯3989唐景福三年（公元八九四年）五月十日《立社條件憑記》："若有凶禍之時，便取主人指撝，不間車轝便雖營辦，色物臨事商量。"（《釋錄》第一輯，頁273/5-6）

間 讀作簡。[間，《古今字音對照手册》古閑切，平山，見；又古莧切，去襉，見。簡，《廣韻》古限切，上產，見。二字同在山攝開口二等，韻母相同，聲母相同，僅聲調有別。]

伯3792《後晉河西敦煌郡和尚邈真讚並序》："枉間數行遺上昏，永古千秋記標題。"（《釋錄》第五輯，頁296/35）

jiǎn

傶 讀作驗。［傶，《廣韻》巨險切，上琰，羣。驗，《廣韻》魚窆切，去豔，疑。二字同在咸攝開口三等，韻母相同，聲母旁紐。］

伯3155 背唐天復四年（公元九〇四年）《令狐法性出租土地契（稿）》："恐後無憑，立此憑傶。"（《釋錄》第二輯，頁26/13）

減 讀作傔。［二字《集韵》同爲下斬切，上賺，匣。］

伯3093《佛説觀彌勒菩薩上生兜率天經講經文》："慚愧慈尊戒定身，修心練行出埃塵。堅貞豈算千千劫，不壞何論萬萬春。寶塔年多猶尚減，真身歲久色唯新。自從一鎮閻浮界，度却河沙多少人。"（《校注》頁961/10-11）

【説明】這段文字，是説寶塔和真身（指舍利）都完好如初，"減"是減損義，用於此處不可通。此處應爲安然無損之意。如是，則字當讀作"傔"。《集韵·賺韵》此二字同爲下斬切，故得通讀。"傔"下云："《博雅》：健也。"《廣韻·賺韵》釋爲"健兒"。《廣雅》卷二上《釋詁》有此條。《廣韻》中從"咸"得聲而有健義的字，還有一些，如：如鹽韻巨淹切："羬，羊六尺爲羬"，咸韻五咸切："㺧，羊有力也。""㺊，熊虎絕有力也。""㪘"字本當指生物的強健，此處似擴大而指建築物的安然無損。

咸 讀作減。〔咸，《集韻》古斬切，上豏，見。減，《廣韻》古斬切，上豏，見。二字同音。〕

斯6537 2V3V《遺書（樣式）》："種種醫療，未蒙抽咸"（《釋録》第二輯，頁180/2）

揀 讀作簡。〔二字《廣韻》同爲古限切，上產，見。〕

列1456《他見見我見》："唯見他長短，不肯自洮〈練〉〔揀〕。"（《梵志》卷七，頁861，374首）項楚說：洮揀，亦作"洮簡"，選擇，區別。

jiàn

諫 讀作揀。〔諫，《廣韻》古晏切，去諫，見。揀，《廣韻》古限切，上產，見。二字同在山攝開口二等而韻目鄰近，韻母相近，聲母相同。〕

斯2073《廬山遠公話》："是人皆老，貴賤亦同，不諫賢愚，是共老苦。"（《校注》頁260/8）

斯527 後周顯德六年（公元九五九年）正月三日《女

人社再立條件》："其主人看侍，不諫厚薄輕重，亦無罰責。"(《釋錄》第一輯，頁 274/7-8）斯 6537 7V-8V《立社條件（樣式）》："一，社内不諫大少，無格席上喧拳，不聽上下，衆社各決丈（杖）卅棒，更罰濃（醲）醆一延（筵），衆社破用，其身賓（擯）出社外，更無容〈始〉[免]者。"(《釋錄》第一輯，頁 284/13-15）斯 6063 乙亥年（公元九一五年？）《索黑奴等租地契》："其地斷作價直，每畝壹碩二斗，不諫諸雜色目，並總收納。"(《釋錄》第二輯，頁 28/3-5）伯 3324 背唐天復四年（公元九〇四年）《衙前押衙兵馬使子弟隨身等狀》："右伏緣伏事在衙已來，便即自辦駝馬馱馱，不諫三更半夜，喚召之，繼聲鼓亦須先到，恐罪有敗闕（？）身役本無處身説□馳商量更亦無一人貼，遂針草自便，典家買（賣）舍□置（？）鞍馬，前使後使見有文憑，復令衙前軍將子弟隨身等判下文字，若有户内别居兄弟者則不喜（許）霑揀。"(《釋錄》第二輯，頁 450/2-9）

澗 讀作間。[澗，《廣韻》古晏切，去諫，見。間，《古今字音對照手册》古閑切，平山，見；又古莧切，去襇，見。二字同在山攝開口二等而韻目鄰近，韻母相近，聲母相同。]

　　北 8418《天下姓望氏族譜殘卷》："河澗郡一姓　渦

（瀛）州"（《釋錄》第一輯，頁 85/8）河間，地名。

賤 讀作踐。[賤，《廣韻》才線切，去線，從。踐，《廣韻》慈演切，上獮，從。二字同在山攝開口三等，韻母相同，聲母相同，僅聲調有別。]

伯 4640《陰處士碑稿》："榮昇紫府，貴賤黃門。"（《釋錄》第五輯，頁 69/11）

監 讀作㹳。[監，《廣韻》古銜切，平銜，見。㹳，《廣韻》胡黤切，上檻，匣；二字同爲咸攝開口二等，韻母相同，聲母同爲牙喉音。]

斯 328《伍子胥變文》："老臣監監，兇（原卷實作兇）呪我國！"（《校注》頁 16/9）

【說明】《廣韻·檻韻》："㹳，惡犬吠不止也。"監監，譏刺伍子胥之多言如惡犬之狂吠不止。

監 讀作鑑。[二字《廣韻》同爲格懺切，去鑑，見。]

伯 4536 背《社齋文》："……加以傾心三寶，攝念無生，越愛染於檮林，悟真如之境界，體榮華之非實，監人事之虛無，志在歸依，情存彼岸，故能共崇邑儀（義），同結良緣，每歲三長，建資福會……"（《釋錄》第一輯，頁 388/3-5）

箭 讀作剪。[箭,《廣韻》子賤切,去線,精。剪,《廣韻》即淺切,上獮,精。二字同在山攝開口三等,韻母相同,聲母相同,僅聲調有別。]

伯4957申年(?)《某寺諸色入破曆祘會牒殘卷》:"白麵貳斗,充箭羊毛食用。"(《釋錄》第三輯,頁317/25)

箭 讀作餞。[二字《集韻》同爲子賤切,去線,精。]

斯3050《不知名變文(二)》:"箭濟貧人,並戀僂貝漏(攣躄背僂)、猛(盲)聾音(喑)啞,捨財無數,名爲給孤長者。"(《校注》頁1134/15-16)

【説明】《集韻·線韻》:"餞:《字林》:'送去食也。'"《説文·食部》:"餞:送去也。""送去"下無"食"字,是餞本義是送人物品,今常見送別餞行義僅是其一端,此義行而本義反晦,今得此通讀字"箭",其本義"送去"方顯明。如將"箭"讀作"接",恐聲音相距較遠。

jiāng

將 讀作漿。[二字《廣韻》同爲即良切,平陽,精。]

伯2193《目連緣起》:"香飯瓊將都一鉢,願母今朝喫一匙。"(《校注》頁1013/20)

漿 讀作獎。[漿，《廣韻》即良切，平陽，精。獎，《廣韻》即兩切，上養，精。二字同在宕攝開口三等，韻母相同，聲母相同，僅聲調有別。]

斯 2073《盧山遠公話》："但弟子雖宰相，觸事無堪；濟舉三獒（？），朝定（廷）漿用。凡夫肉眼，豈辯（辨）聖賢，負罪彌天，且放免尤。"（《校注》頁 267/18-19）

jiāo

交 讀作校。[交，《廣韻》古肴切，平肴，見。校，《廣韻》古孝切，去效，見。二字同為效攝開口二等，韻母相同，聲母相同，僅聲調有別。]

伯 3213《伍子胥變文》："臣欲諫交，恐社稷難存！"（《校注》頁 2/4）

【說明】交讀作校，抗爭義。"諫交"難解。疑"交"讀"校"，取抗爭義，如《左傳》僖公五年："重耳曰：'君父之命不校。'""諫交"為近義複詞。該句《校注》句讀為"臣欲諫，交恐社稷難存！"

交 讀作校。[交，《廣韻》古肴切，平肴，見。校，《廣韻》胡教切，去效，匣。二字同為效攝開口二等，韻母相同，聲母同為牙喉音。]

伯 3560 背《沙州敦煌縣行用水細則與渠人（社）行

敦煌文獻通讀字 189

人轉帖》:"依問前代平水交尉宋猪,前旅帥張訶、鄧彥等。"(《釋録》第一輯,頁 396/45-46)

交 讀作教。[二字《廣韻》同爲古肴切,平肴,見。]

斯 2630《唐太宗入冥記》:"子玉是人臣,□□(不曾)遠迎皇帝,却交人君向門外祇候,微臣子玉□□乖禮,又復見任輔楊(陽)縣尉,當家伍佰餘口,躍馬肉食,□是皇帝所司。"(《校注》頁 319/14-15)斯 3491《破魔變》:"魔王口中思惟道:'若是交他化度衆生,我等門徒,投於佛裏;不如先集徒衆,點檢魔宮,惱亂瞿曇,不交出世。'"(《校注》頁 532/15-16)俄藏 Φ365《妙法蓮華經講經文(四)》:"低處與他談妙法,交伊長短作災殃。"(《校注》頁 743/10)伯 2718《借物莫交索》:"借物莫交索,用了送還他。"(《梵志》卷四,頁 495,189 首)

交 讀作教。[交,《廣韻》同爲古肴切,平肴,見。教,《廣韻》古孝切,去效,見。二字同爲效攝開口二等,韻母相同,聲母相同,僅聲調有别。]

俄藏 Φ101《維摩詰經講經文(二)》:"當時寶積道心生,一切交招(詔)是净名。"(《校注》頁 813/19)

郊 讀作交。[二字《廣韻》同爲古肴切,平肴,見。]

伯3394唐大中六年（公元八五二年）《僧張月光、呂智通易地契》："又月光園內有大小樹子少多，園牆壁及井水開道功直解（價）出買（賣）與僧呂智通，斷作解（價）直：青草驢壹頭陸歲，麥兩碩壹㪷，布叁丈叁尺，當日郊相分付，一無玄（懸）欠。"（《釋錄》第二輯，頁2/11-13）

儌 讀作徼。[儌，《廣韻》古堯切，平蕭，見。徼，《廣韻》古弔切，去嘯，見。二字同爲效攝開口四等，韻母相同，聲母相同，僅聲調有別]

伯2675《河西歸義軍節度檢校太保曹議金狀》："右議金守邊遐儌，地僻天涯。"（《釋錄》第四輯，頁389/2）

嬌 讀作驕。[二字《廣韻》同爲舉喬切，平宵，見。]

俄藏Φ101《維摩詰經講經文（二）》："君（居）士語寶積曰：此是嬌奢恣意，煩惱愚癡，汝等爲色世之榮華，我道是沈淪之苦[海]。"（《校注》頁810/22-811/1）

噍蟟 讀作鷦鷯。[噍、鷦二字《廣韻》同爲即消切，平宵，精。蟟、鷯二字《廣韻》同爲落蕭切，平蕭，來。]

斯2073《廬山遠公話》："汝若見吾之鼓，不辭對答往來，噍蟟共鵬鳥如（而）同飛，對汝虛拋氣力。"（《校

注》頁265/6-7）

jiǎo

皎 讀作挍。［皎，《廣韻》古了切，上篠，見。挍，《集韻》居效切，去效，見。皎在效攝開口四等，挍在效攝開口二等，二字同聲母。］

伯2653《燕子賦（一）》："睹燕不在，入來皎掠。"（《校注》頁376/4）

僥 讀作澆。［僥，《集韻》吉了切，上筱，見。澆，《廣韻》古堯切，平蕭，見。二字同在效攝開口四等，韻母相同，聲母相同，僅聲調有別。］

斯6537 3V-5V《立社條件（樣式）》："恐時僥伐（代）〈之〉薄，人情以（與）往日不同，互生分然，復怕各生己見。"（《釋錄》第一輯，頁281/4-5）

僥 讀作饒。［僥，《集韻》吉了切，上筱，見。饒，《廣韻》如招切，平宵，日。僥在效攝開口四等，饒在效攝開口三等，韻母相近，或依同從堯聲而通讀。］

斯2204《十無常》："生居濁世人之苦，須怕怖。僥（饒）君鐵櫃裏隱（穩）〈潛〉藏，不免也無常。"

jiào

醮 讀作樵。[醮,《廣韻》子肖切,去笑,精。樵,《廣韻》昨焦切,平宵,從。二字同在效攝開口三等,韻母相同,聲母旁紐]

伯2553《王昭君變文》:"千里之内,以伐醮薪;周匝一川,不案□馬。"(《校注》頁159/5-6)

校 讀作交[校,《廣韻》古孝切,去效,見。交,《廣韻》古肴切,平肴,見。二字同在效攝開口二等,韻母相同,聲母相同,僅聲調有別。]

伯3720《張淮深造窟記》:"加以河西異族校雜,羌龍、嗢末、退渾數十萬眾,馳城奉質,願効軍鋒。"(《釋錄》第五輯,頁189/11-12)

【説明】原卷"校雜"之"校"從"扌"旁作"挍"。錢大昕在《十駕齋養新録·陸氏〈釋文〉多俗字》中説:"《説文·手部》無挍字,漢碑木旁字多作手旁,此隸體之變,非別有挍字。"敦煌本亦然。

校 讀作教。[二字《廣韻》同爲古孝切,去效,見。]

伯3440丙申年(公元九九六年)三月十六日《見納賀天子物色人綾絹曆》:"程校授黄絹壹疋"(《釋録》第四

輯，頁17/13-14）伯4640《吳僧統碑》："又承詔命，遷知釋門都校授。"（《釋錄》第五輯，頁93/32）

校 讀作攪。[校，《廣韻》古孝切，去效，見。攪，《廣韻》古巧切，上巧，見。二字同在效攝開口二等，韻母相同，聲母相同，僅聲調有別。]

伯4974唐天復年代《神力爲兄墳田被侵陳狀並判》："後至京中尚書到來，又是澆却，再亦爭論，兼狀申陳，判憑見在，不許校撓，更無啾唧。"（《釋錄》第二輯，頁292/11-12）

教 讀作孝。[教，《廣韻》古孝切，去效，見。孝，《廣韻》呼教切，去效，曉。二字韻母相同，聲母同爲牙喉音。]

斯4473《集賢相公厮遭母喪盡七後起復表六件並批答》："生不能盡其教，歿不能終其喪，人倫之間，何施面目。"（《釋錄》第四輯，頁343/24-25）

教 讀作較。[二字《廣韻》同爲古孝切，去效，見。]

斯2144《韓擒虎話本》："見右夷（移）陣上，人緣（員）教多，前頭總是弓弩。"（《校注》頁301/21-302/1）斯3876宋乾德六年（九六八年）九月《釋門法律廢深牒》："右慶深祖業教少，居止不寬，於儒風坊巷張祐子院

中有張清奴絕嗣舍兩口，今慶深於官納價訖。"（《釋錄》第二輯，頁305/2-4）

挍 讀作覺。[挍，《集韻》居效切，去效，見。覺，《廣韻》古孝切，去效，見。二字同在效攝開口二等，韻母相同，聲母相同，聲調也相同，同音。]

斯6836《葉净能詩》："皇帝夢裏得龍肝，其味甚美，忽然驚挍，都無一物。"（《校注》頁337/9）

jiē

皆 讀作階。[二字《廣韻》同爲古諧切，平皆，見。]

斯4511《金剛醜女緣起》："遂赴朝官之宴，同拜玉皆，侍御郎中，共相出入。"（《校注》頁1105/20-21）伯3412背壬午年（公元九八二年）五月十五日《渠人轉帖》："帖至，限今［月］十六日卯時，於皆和口頭取齊。"（《釋錄》第一輯，頁408/4）

jié

結 讀作羯。[結，《廣韻》古屑切，入屑，見。羯，《廣韻》居竭切，入月，見。結在山攝開口四等，羯在山攝開口三等，二字同聲母。]

伯3246背《辛巳年（公元九八一或九二一年）十月

十五日放羊死損現存數抄錄》："辛巳年十月十五日，共放羊人蔥（總）計池死損吏喚與後（此句不可解），現存抄錄如後：大結羊一口，白母羊廿四口，白母高（羔）子七日（口），兒高（羔）子伍口，結故（羖）羊三口，又結故（羖）羊六至三口，四至故羊（羖羊）結六口，大母故（羖）羊十五口，母高（羔）子七口，兒高（羔）子三口，都計七十三口。"（《釋錄》第三輯，頁 579/1-4）

劫 讀作却。［劫，《廣韻》居怯切，入業，見。却，《廣韻》去約切，入藥，溪。劫在咸攝開口三等，却在宕攝開口三等，二字聲母旁紐。是否入聲 -p、-k 已合流？］

伯 3730 背《某甲等謹立社條（樣式）》："若有前劫後到，罰責致重不輕，更有事段幾般，壹取衆人停穩。"（《釋錄》第一輯，頁 280/10-12）

jiě

解 讀作界。［解，《廣韻》佳買切，上蟹，見。界，《廣韻》古拜切，去怪，見。解在蟹攝開口二等而韻目鄰近，韻母相近，聲母相同。］

斯 2144《韓擒虎話本》："前後不經旬日，便到蕃家解守（首）。"（《校注》頁 304/2）

jiè

界 讀作芥。[二字《廣韻》同爲古拜切,去怪,見。]

伯 2305《解座文匯抄》:"海水毛吞渾不異,須彌界納事相容。"(《校注》頁 1174/12)

界 讀作介。[二字《廣韻》同爲古拜切,去怪,見。]

斯 2073《廬山遠公話》:"是時遠公再三不肯:'貧道是一界凡僧,每謝君王請(清)命,臣僧卻擬歸山,即是貧道所願。'"(《校注》頁 268/14-15)

jīn

斤 讀作巾。[斤,《廣韻》舉欣切,平欣,見。巾,《廣韻》居銀切,平真,見。二字同在臻攝開口三等而韻目鄰近,韻母相近,聲母相同。]

伯 3161 年代不明(公元十世紀)《某寺常住什物交割點檢曆》:"雜物錦繡經斤壹。"(《釋錄》第三輯,頁 39/2-3)

金 讀作今。[二字《廣韻》同爲居吟切,平侵,見。]

伯 3266《董延進投社狀(稿)》:"金過貴社,欲疑(擬)投入,追凶逐吉。"(《釋錄》第一輯,頁 294/2-3)

敦煌文獻通讀字

伯2729《賀賜征馬和謝改授僧官等書狀十四件》："司空功名浩汗，迹邁古金▢▢重，麟臺纘影，竹帛書名▢▢過此，某乙下情無任▢▢□□"（《釋錄》第五輯，頁352/4-6）

今 讀作襟。[二字《廣韻》同爲居吟切，平侵，見。]

斯2144《韓擒虎話本》："皇帝聞語，亦（一）見衾虎，年登一十三歲，妳腥未落，有日（若）大胸今，阿奴何愁社稷！"（《校注》頁300/12-13）

今 讀作金。[二字《廣韻》同爲居吟切，平侵，見。]

斯3491《破魔變》："不了自家邪神吕（侶），擎山覆海滅今人。"（《校注》頁532/18）伯2324《難陀出家緣起》："寶謁才文（聞）增福惠，今言茲益善自生。"（《校注》頁593/17）

筋 讀作雞。[筋，《廣韻》舉欣切，平欣，見。雞，《廣韻》古奚切，平齊，見。筋在臻攝開口三等，雞在蟹攝開口四等，二字同聲母。此通讀比較特別。]

斯2073《廬山遠公話》："筋皮鶴髮，常欲枯乾；眼暗耳聾，青黃不辯（辨）。"（《校注》頁260/5）

jìn

近 讀作覲。[近,《廣韻》巨靳切,去焮,羣。覲,《廣韻》渠遴切,去震,羣。二字同在臻攝開口三等而韻目鄰近,聲母相同。]

斯2144《韓擒虎話本》:"阿耶來日朝近,必應遭他毒手。"(《校注》頁299/4)

jīng

經 讀作驚。[經,《廣韻》古靈切,平青,見。驚,《廣韻》舉卿切,平庚,見。經在梗攝開口四等,驚在梗攝開口三等,二字同聲母。]

伯4640《沙州釋門索法律窟銘》:"一帶長河,汎經波而派潤;渥洼小海,獻天驥之龍媒。"(《釋錄》第五輯,頁95/7-8)斯6161、斯3329、斯6973、伯2762綴合《張淮深碑》:"忽遭懸蛇之疾,行樂往來,悲來俄經夢奠之災,諒有時而無命。"(《釋錄》第五輯,頁201/50-54)此件原卷"經"旁注"驚"。

jìng

竟 讀作境。[竟,《廣韻》居慶切,去映,見。境,《廣韻》居影切,上梗,見。二字同在梗攝開口三等,韻母相同,

聲母相同，僅聲調有別。］

伯2511《諸道山河地名要略殘卷》："今漚夷在靈丘縣，萊易在飛狐縣。皆在州竟之内也。"（《釋録》第一輯，頁75/167）斯383《西天路境一本》："西天路竟一本 東京至靈州四千里地。"（《釋録》第一輯，頁78/1）

竟 讀作鏡。［二字《廣韻》同爲居慶切，去映，見。］

伯3161年代不明（公元十世紀）《某寺常住什物交割點檢曆》："供養花竟子壹。"（《釋録》第三輯，頁39/3）

靖 讀作静。［二字《廣韻》同爲疾郢切，上静，從。］

伯2133《妙法蓮華經講經文（三）》："轉精勤，莫容易，夜靖三更思妙理。"（《校注》頁733/9）

徑 讀作勁。［徑，《廣韻》古定切，去徑，見。勁，《廣韻》居正切，去勁，見。勁在梗攝開口三等，徑在梗攝開口四等，二字同聲母。］

伯2754《唐安西判集殘卷存六道》："況京畿徑卒，倍勝河西。"（《釋録》第二輯，頁613/60-61）

迳 讀作境。［迳，《廣韻》古定切，去徑，見。境，《廣韻》居影切，上梗，見。迳在梗攝開口四等，境在梗攝開口三等，二字同聲母。]

伯3718《後唐河西節度押衙知應管內外都牢城使張公良真生前寫真讚並序》："關山迢遰，皆迷古逕，長途暗磧，鳴砂俱惑，瞀阡卉陌。"（《釋錄》第五輯，頁257/13-14）原卷"遰"旁注"境"。古境當指路境之類。

境 讀作竟。[境，《廣韻》居影切，上梗，見。竟，《廣韻》居慶切，去映，見。二字同在梗攝開口三等，韻母相同，聲母相同，僅聲調有別。]

伯4640《陰處士碑稿》："復舊來之井賦，樂已忘亡；利新益之圓池，光流境歲。"（《釋錄》第五輯，頁71/35-36）

敬 讀作更。[敬，《廣韻》居慶切，去映，見。更，《廣韻》古孟切，去映，見。敬在梗攝開口三等，更在梗攝開口二等，二字同聲母。]

斯2144《韓擒虎話本》："蠻奴拜舞謝恩，奏而言曰：'臣願請軍，敬與隋駕（家）兵士交戰，得勝迴過，冊立大王，面南稱尊，不是好事！'"（《校注》頁302/6-7）

靜 讀作靖。[二字《廣韻》同爲疾郢切，上靜，從。]

斯1889《敦煌氾氏家傳殘卷》："禪少好學，事師（師

事）司空索静。"(《釋錄》第一輯，頁105/38）

静 讀作净。[静，《廣韻》疾郢切，上静，從。净，《廣韻》疾政切，去勁，從。二字同在梗攝開口三等，韻母相同，聲母相同，僅聲調有別。]

斯5139 3V《社司轉帖》："右緣常年春座局席，人各麵壹斤，油一合，静粟伍升。"(《釋錄》第一輯，頁345/1-2）

jiǒng

迥 讀作熒。[迥，同迥，《廣韻》戶頂切，上迥，匣。熒，《廣韻》渠營切，平清，羣。迥在梗攝合口四等，熒在梗攝合口三等，聲母同爲牙喉音。]

伯3418《一生無舍坐》："迥獨一身活，病困遣誰看？"(《梵志》卷五，頁608，257首）

jiǔ

久 讀作救。[久，《廣韻》舉有切，上有，見。救，《廣韻》居祐切，去宥，見。二字同在流攝開口三等，韻母相同，聲母相同，僅聲調有別。]

斯3491《破魔變》："下山欲久眾生苦，洗濁（濯）垢膩在熙蓮。"(《校注》頁532/11）斯6537 7V-8V《立社

條件（樣式）》："危則相扶，難則相久。"（《釋錄》第一輯，頁284/2）

九 讀作久。［二字《廣韻》同爲舉有切，上有，見。］

伯2653《燕子賦（二）》："九住人憎賤，希來見喜歡。"（《校注》頁414/11）伯2583申年《比丘尼修德等施捨疏十三件》："右明謙患病九在床枕，依遲不詮。"（《釋錄》第三輯，頁65/（四）2）

jiù

就 讀作鷲。［二字《廣韻》同爲疾僦切，去宥，從。］

俄藏Ф96《雙恩記》："'耆闍屈（崛）山者'，梵語姑栗陀羅矩妊，唐言就峰，又云鷲臺，在上茅東北十五里，接北山之陽，孤標特起。"（《校注》頁925/12）伯4660《大唐沙州譯經三藏大德吳和尚邈真讚》："就峰秘密，闡于今時。"（《釋錄》第五輯，頁136/4）

jū

居 讀作車。［二字《廣韻》同爲九魚切，平魚，見。］

斯2144《韓擒虎話本》："遂陷居而再（載），同朝隋文皇帝，迅速不停，直到新安界守（首）。"（《校注》頁302/19）

居 讀作具。[居,《廣韻》九魚切,平魚,見。具,《廣韻》其遇切,去遇,羣。二字同在遇攝合口三等而韻目鄰近,韻母相近,聲母旁紐。]

伯3102背《社內有麵知付與人具錄》:"七月一日社內有麵知付與人居錄如後:……"(《釋錄》第一輯,頁381/1)

jǔ

咀 讀作沮。[二字《廣韻》同爲慈呂切,上語,從。]

伯2653《燕子賦(一)》:"婦聞雀兒被杖,不覺精神咀喪。"(《校注》頁377/20)

舉 讀作轝。[舉同擧,《廣韻》居許切,上語,見。轝同輿,《廣韻》以諸切,平魚,以;又羊洳切,去御,以。二字同在遇攝合口三等,韻母相同。]

斯6537 6V-7V《立社條件(樣式)》:"諸家若有喪亡,便須葡萄成以(以成)立,要車齊心成車,要舉亦乃一般。"(《釋錄》第一輯,頁283/6-7)

擧 讀作居。[擧,《廣韻》居許切,上語,見。居,《廣韻》九魚切,平魚,見。二字同在遇攝合口三等,韻母相同,聲母相同,僅聲調有別。《集韻》二字又同爲居御切,去御，見。]

斯343《願、亡文》："憂（悠）遊常樂之階，永舉無生之境。"

jù

劇 讀作屐。[二字《廣韻》同爲奇逆切，入陌，羣。]

斯328《伍子胥變文》："用水頭上攘之，將竹插於腰下；又用木劇到（倒）着，并畫地户天門。"（《校注》頁5/10-11）又："占見阿舅頭上有水，定落河傍；腰間有竹，塚墓城荒，木劇到（倒）着，不進傍徨。"（《校注》頁5/14）

俗 讀作劇。[二字《集韻》同爲竭戟切，入陌，羣。]

斯328《伍子胥變文》："俗（俗）捧崑崙之（而）押（壓）卵，何得不摧；執炬火已（以）燌毛，如何不盡！"（《校注》頁15/10-11）

【說明】"俗"字先定作"俗"字，再將"俗"字讀作"劇"。"俗""俗"這兩個字很容易混淆，下面提到的《集韻》也都混淆了。但從正字來看，二字所從聲旁不同，"俗"的聲旁是"谷"，是《説文》卷三上其義爲"口上阿也"的"谷"，是也寫作"臄"的"谷"，音其虐切，與"俗"字聲旁"谷"字不同。"谷"的篆文是"𧮫"，

"谷"的篆文是"𧮫"，區別是清楚的，隸定之後，就混淆了。可區別者，是其聲旁上部左右之間相連或不連，相連者是"俗"，不連者是"俗"。《字彙·人部》："俗，倦也。上兩合，與'俗'字兩開者不同。"（但如今寫"俗"字已經只剩下一處不連了）將"俗"定作"俗"後，可以讀爲"劇"。《集韻》陌韻"俗"（已混寫爲"俗"）作爲"㰟"的異體有竭戟切一音，與"劇"音同。"劇……"意謂"甚於……"。"劇"的這個用法，本卷即有用例："父兄枉被刑（荆）誅戮，心中寫火劇煎湯。"這個用法在唐宋時似乎很普遍，如李白《北上行》："尺布不掩體，皮膚劇枯桑。"杜牧《題青雲館》詩："虯蟠千仞劇羊腸，天府由來百二强。"《兩宋名賢小集》卷211張栻《南軒集·張子真楊政先吳德夫追路湘源賦此以別》："風俗易移人，官途劇羊腸。"

拒 讀作詎。［二字《廣韻》同爲其吕切，上語，羣。］

伯2754《唐安西判集殘卷存六道》："恐廢都護所須，限日使其上道。至彼無幾，拒遂逃歸。"（《釋錄》第二輯，頁612/44-45）

拒 讀作距。［二字《廣韻》同爲其吕切，上語，羣。］

伯2133《妙法蓮華經講經文（三）》："黃鷹爪拒極纖

芒，争那絲縧未解張。"（《校注》頁728/11）

巨 讀作拒。[二字《廣韻》同爲其吕切，上語，羣。]

斯2073《廬山遠公話》："但賤奴今問法師，似螢光競日，螗螂巨轍；自知鴻鳥，敢登於鳳臺？"（《校注》頁266/11-12）

具 讀作俱。[具，《廣韻》其遇切，去遇，羣。俱，《廣韻》舉朱切，平虞，見。二字同在遇攝合口三等，韻母相同，聲母旁紐。]

伯2344《祇園因由記》："太子具上被誑之由，次（咨）説補（布）金之事。老人意爲須達，先言所説太子具是。"（《校注》頁602/12-13）

具 讀作拒。[具，《廣韻》其遇切，去遇，羣。拒，《廣韻》其吕切，上語，羣。二字同在遇攝合口三等而韻目鄰近，韻母相近，聲母相同。]

斯2144《韓擒虎話本》："衾虎亦（一）見，處分左右，册起蠻奴：'具狄（敵）者殺，來頭（投）便是一家，容某乙奏上隋文皇帝，請作叔父恩養，即是衾虎願足。'"（《校注》頁302/15-16）又："衾虎聞言，或（忽）遇（語）將軍：'具狄（敵）者殺，來頭（投）便是一家。'"

（《校注》頁 303/5）

具 讀作懼。［二字《廣韻》同爲其遇切，去遇，羣。］

斯 2073《廬山遠公話》："貧道爲作保人，上（尚）自六載爲奴不了。凡夫淺識，不具罪愆，廣造眾罪，如何懺悔！"（《校注》頁 268/4）

懼 讀作衢。［懼，《廣韻》其遇切，去遇，羣。衢，《廣韻》其俱切，平虞，羣。二字同在遇攝合口三等，韻母相同，聲母相同。］

伯 3989 唐景福三年（公元八九四年）五月十日《立社條件憑記》："已後街懼相見，恐失禮度，或則各自家内有其衰禍，義濟急難。"（《釋錄》第一輯，頁 273/3-5）

juàn

卷 讀作券。［卷，《廣韻》居倦切，去線，見。券，《廣韻》去願切，去願，溪。二字同在山攝合口三等而韻目鄰近，韻母相近，聲母旁紐。］

斯 2073《廬山遠公話》："遠公曰：'阿郎不賣，萬事絕言；若要賣之，但作家生廝兒賣，即無契卷。'"（《校注》頁 257/11）又："相公曰：'既是白莊家生廝兒，應無契卷。'"（《校注》頁 258/7）

jué

爵 讀作雀。[二字《廣韻》同爲即略切，入藥，精。]

伯 3833《思量小家婦》："索得屈烏爵（雀），家風不禁益。"（《梵志》卷三，頁 348，114 首）項楚説：屈烏雀是食人惡鳥，以喻惡婦。

掘 讀作橛。[二字《廣韻》同爲其月切，入月，羣。]

斯 2575 6V 己丑年（公元九二九年）五月廿六日《應管内外都僧統爲道場納色目牓》："右奉處分，令置受戒道場，應管得戒式叉沙彌尼等，沿法事，准往例合有所税，人各麥油一升，掘兩笙，訶梨勒兩顆，麻十兩，石灰一升，青灰一升，苴萁兩束。"（《釋録》第四輯，頁 145/5-6）

jūn

君 讀作軍。[二字《廣韻》同爲舉云切，平文，見。]

伯 4640《陰處士碑稿》："職久公徒，所疑（宜）君政。"（《釋録》第五輯，頁 75/78）

軍 讀作君。[二字《廣韻》同爲舉云切，平文，見。]

伯 2553《王昭君變文》："遂拜昭軍爲烟脂皇后。"

（《校注》頁157/1）斯2144《韓擒虎話本》："楊妃問言：'阿耶莫怕，主上龍歸倉（滄）海，今日便作萬乘軍王。'"（《校注》頁299/14）又："主上已龍歸倉（滄）海，今擬册立使君爲軍，卿意若何？"（《校注》頁299/17-18）又："隋文皇帝殿前有言，請軍尅收金璘（陵）。"（《校注》頁300/17）伯2344《祇園因由記》："然大臣既是王之匡輔，法令於人，若道言無準定，如何助軍治化！"（《校注》頁602/13-14）

均 讀作鈞。[二字《廣韻》同爲居匀切，平諄，見。]

斯2073《廬山遠公話》："豈緣一鼠之謙（慾），勞發千均之弩。"（《校注》頁265/6）

jùn

郡 讀作群。[郡，《廣韻》渠運切，去問，羣。群同羣，羣，《廣韻》渠云切，平文，羣。二字同在臻攝合口三等，韻母相同，聲母相同，僅聲調有別。]

伯2721《舜子變》："天知至孝，自有郡猪與（以）觜耕地開墾，百鳥銜子抛田，天雨澆溉。"（《校注》頁202/21-203/1）又："行次臨河，舜見一郡鹿，歎云：'凡爲人身，遊鹿不相似也！'"（《校注》頁203/2）斯5448《燉煌錄一卷》："後來若人多即水多，若人少則水少，若郡衆大噉，水即猛下，至今如然。"(《釋錄》第一輯，頁45/9-11）斯530《索法律和尚義責窟銘》："侗儻出郡，孝敬之懷望［無］極。"(《釋錄》第五輯，頁157/59）伯4092《新集雜別紙》："右衛伏以尚書亮直不郡，忠貞罕比。"(《釋錄》第五輯，頁407/56）

俊 讀作訊。［俊，《廣韻》子峻切，去稕，精。訊，《廣韻》息晉切，去震，心。俊在臻攝合口三等，訊在臻攝開口三等，二字聲母旁紐。］

伯4092《新集雜別紙》："忽曠音俊，屢更時序，蓋乏飛鴻之便，莫憑蟬翼之書。"(《釋錄》第五輯，頁439/264）

kān

勘 讀作堪。［勘，《廣韻》苦紺切，去勘，溪。堪，《廣韻》口含切，平覃，溪。二字同在咸攝開口一等，韻母相同，聲母相同，僅聲調有別。］

伯2305《解座文匯抄》："可昔心，錯鈍擬，在後兒孫不勘矣。"(《校注》頁1175/7）

kāng

康 讀作杭。［康，《廣韻》苦岡切，平唐，溪。杭，《廣韻》

胡郎切，平唐，匣。二字同在宕攝開口一等，韻母相同，聲母同爲牙喉音。]

北8418《天下姓望氏族譜殘卷》："餘康郡三姓 杭州金、褚、花"(《釋錄》第一輯，頁86/30)

kǎo

考 讀作拷。[考，《廣韻》苦浩切，上晧，溪。拷，《集韻》苦浩切，上晧，溪。二字同音。]

斯2073《廬山遠公話》："事既彰露，便被州縣捉來，遂即送入形（刑）獄，受他考楚，文案既成，招伏愆罪，領上法場，看看是死。"(《校注》頁266/15-16)伯2305《妙法蓮華經講經文（一）》："或尸糞煙煜，或磨摩碓擣，終日凌持，多般搊考。"(《校注》頁707/6)伯2305《解座文匯抄》："或披枷，受鞭考，淚似流星誰處告。"(《校注》頁1176/10)

kē

稞 讀作課。[二字《廣韻》同爲苦禾切，平戈，溪。]

伯2032背後晉時代《净土寺諸色入破曆祘會稿》："粟玖碩，磑稞用。"(《釋錄》第三輯，頁467/（三）220)伯2032背後晉時代《净土寺諸色入破曆祘會稿》："粟柒碩充當年磑稞用。粟壹䤷，沽酒看取磑稞博士用。"

（《釋錄》第三輯，頁479/（十二）452-480/（十二）453）

棵 讀作顆。[《集韻》苦果切，上果，溪。顆，《廣韻》苦果切，上果，溪。二字同音。]

伯3935丁酉年（公元九九七年？）《洪池鄉百姓高黑頭狀（稿）》："況黑頭棵粒更無覓處，欲擬一身口承新城。"（《釋錄》第二輯，頁311/13-14）

顆 讀作䭾。[顆，《廣韻》苦果切，上果，溪。䭾，苦禾切，平戈，溪。二字同在果攝合口一等，韻母相同，聲母相同，僅聲調有別。]

伯3787年代不明《領得麥粟曆》："領得磑顆麥貳拾肆碩，黃麻叁碩。"（《釋錄》第三輯，頁133/6）伯4542背年代不明[公元十世紀]《某寺諸色斛斗入破曆》："麥五十四石五斗磑顆入　粟四十三石五斗磑顆入　油貳石七斗櫟顆入"（《釋錄》第三輯，頁232/5-7）伯2838（2）唐光啟二年（公元八八六年）《安國寺上座勝净諸色斛斗入破曆祘會牒殘卷》："光啟二年丙午歲十二月十五日，僧政、法律、判官、徒衆祘會勝净等所由手下，從辰年正月已後，至午年正月已前，中間叁年應入磑顆、梁顆、廚田，及前帳迴殘斛斗油蘇等，總叁佰肆拾捌碩玖斗叁勝。"

(《釋錄》第三輯，頁328/（一）2-7）伯2838（2）唐光啟二年（公元八八六年）《安國寺上座勝净諸色斛斗入破曆祘會牒殘卷》："麥陸拾貳碩陸卧，粟叁拾貳碩陸卧，黄麻貳碩捌卧，已上磑顆入。"（《釋錄》第三輯，頁329/（一）32-35）

kè

刻 讀作劾。[刻,《廣韻》苦得切, 入德, 溪。劾,《廣韻》胡得切, 入德, 匣。二字韻母相同, 聲母同爲牙喉音。]

斯2679《奏請僧徒及寺舍依定表》："外郡官寮, 因斯推刻, 志求考課, 自薦己功, 洗木求痕, 至存柱解。"（《釋錄》第四輯, 頁323/15-17）

課 讀作顆。[課,《廣韻》苦卧切, 去過, 溪; 又苦禾切, 平戈, 溪。顆,《廣韻》苦果切, 上果, 溪。二字同在果攝合口一等, 韻母相同, 聲母相同, 僅聲調有别。]

斯5879、斯5896、斯5897《子年領得常住什物曆》："小雜珠子四索内十課真珠。"（《釋錄》第三輯, 頁1/（三）1）伯2613唐咸通十四年（公元八七三年）正月四日《沙州某寺交割常住物等點檢曆》："珍珠壹伯陸課, 銀珠貳拾陸, 金渡鈴子貳, 並在函子内印子下。壹角雜絹傘子伍。"（《釋錄》第三輯, 頁13/97-98）伯3353年代不

明《捨施疏》:"裙一腰入修造,蘇一升充法師乳藥,訶黎勒兩課充俟那(?)。"(《釋錄》第三輯,頁107/(二)1)

尅 讀作刻。[二字《廣韻》同爲苦得切,入德,溪。]

斯2144《韓擒虎話本》:"五道大神:"啟言將軍:緣鬼神陰司無人主管,一時一尅不得。"(《校注》頁304/17-18)斯4327《不知名變文(一)》:"傾(頃)尅中間,燒錢斷送。"(《校注》頁1131/4)斯4245《河西節度使司空造佛窟功德記稿》:"其窟乃彫尨尅漏(鏤),綺飾分明,云云。"(《釋錄》第五輯,頁233/15)

恪 讀作額。[恪同愙,愙,《廣韻》苦各切,入鐸,溪。額,《廣韻》五陌切,入陌,疑。恪在宕攝開口一等,額在梗攝開口二等,二字同聲母。]

伯3587年代不明[公元十世紀]《某寺常住什物交割點檢曆》:"金銅腳銀泥幡陸口,並恪。"(《釋錄》第三輯,頁47/13)伯3587年代不明[公元十世紀]《某寺常住什物交割點檢曆》:"小銀泥幡壹拾貳口。青裙小幡恪一,長壹丈二尺。又叁尺小幡恪一。青裙。"(《釋錄》第三輯,頁47/14-15)

恪 讀作嫠。[恪,《廣韻》苦各切,入鐸,溪。嫠,《廣韻》

古伯切，入陌，見。恪在宕攝開口一等，貉在梗攝開口二等，二字聲母旁紐。]

斯3074背吐蕃佔領敦煌時期《某寺白麵破曆》："同日，出恪麵陸卧，付荔菲，充莊頭人粮。"(《釋錄》第三輯，頁171/43) 斯6233年代不明[公元九世紀前期]《諸色斛斗破曆》："十四日，出恪麵一石，付安老食。"(《釋錄》第三輯，頁172/18-19)

【說明】《廣韻·陌韻》："貉，碎麥。"貉麵，即碎麥磨的麵。

恪 讀作格。[恪，《廣韻》苦各切，入鐸，溪。格，《廣韻》古落切，入鐸，見。二字同在宕攝開口一等，韻母相同，聲母旁紐。]

伯3989唐景福三年（公元八九四年）五月十日《立社條件憑記》："立此條後，於鄉城恪令便推追逐行下。"(《釋錄》第一輯，頁273/8-9) 斯6537 6V-7V《立社條件（樣式）》："恪例合追遊，直至絕嗣無人，不許遺他枝眷。"(《釋錄》第一輯，頁283/10-11) 伯2856背乾寧二年（公元八九五年）三月十一日《僧統和尚營葬榜》："右件所請諸色勾當者，緣葬日近促，不得疏慢，切須如法，不得乖恪者。"(《釋錄》第四輯，頁124/15-17)

kěn

懇 讀作勤。[懇,《廣韻》康很切,上很,溪。勤,《廣韻》巨斤切,平欣,群。懇在臻攝開口一等,勤在臻攝開口三等,二字聲母旁紐。]

斯5647《吳再昌養男契(樣式)》:"自後切須恭勤,孝順父母,恭敬宗諸,懇苦力作,待(似當爲侍)養六親,成豎居本。"(《釋錄》第二輯,頁172/8-173/11)

kǒng

恐 讀作肯。[恐,《廣韻》丘隴切,上腫,溪。肯,《廣韻》苦等切,上等,溪。恐在通攝合口三等,肯在曾攝開口一等,二字同聲母。]

斯2144《韓擒虎話本》:"賀若弼才請軍之次,有一個人不恐。"(《校注》頁300/9-10)又:"迴睹此陣,虎無爪牙,爭恐猛利,遂抽衙隊弓箭五百人,已(以)安爪衙(牙)。"(《校注》頁302/11)又:"皇帝亦(一)見,大悅龍顏,應是合朝大臣,一齊拜舞,叫呼萬歲。時韓僉虎亦(一)見箭不解,不恐拜舞,獨立殿前。"(《校注》頁303/17-18)

kǔ

苦 讀作瞽。[苦,《廣韻》康杜切,上姥,溪;瞽,《廣韻》公户切,上姥,見。二字同在遇攝合口一等,韻母相同,聲母旁紐。]

斯4654《舜子變》:"夫人唤言苦瘦(叟):'妾有姑(孤)男姑(孤)女,流(留)在兒婿手頂(底),願夫莫令邊(鞭)耻。'"(《校注》頁200/4)又:"苦嗽(叟)唤言舜子:'我舜子小(少)失却阿孃,家裏無人主領。阿耶取一個計(繼)阿孃來,我子心裏何似?'"(《校注》頁200/6)

kuà

跨 讀作胯。[二字《廣韻》同爲苦化切,去禡,溪;又同爲苦故切,去暮,溪;又同爲苦瓜切,平麻,溪。]

伯2914《出門拘頭戾跨》:"出門拘頭戾(捩)跨,自道行步趨蹌。"(《梵志》卷三,頁438,149首)項楚説:拘頭捩胯,扭捏作態之貌。

kuāng

筐 讀作匡。[二字《廣韻》同爲去王切,平陽,溪。]

伯2187《破魔變》:"男則朱嬰(纓)奉國,筐負

(輔)聖朝；小娘子眉奇（齊）龍樓，身臨帝闕。"(《校注》頁531/19）

kuáng

狂 讀作誑。[狂，《廣韻》巨王切，平陽，羣。誑，《廣韻》居況切，去漾，見。二字同在宕攝合口三等，韻母相同，聲母旁紐。]

伯2305《妙法蓮華經講經文（一）》："不敢虛言相狂忘（罔），唯願仙人察我心！"(《校注》頁709/17）

kuàng

況 讀作向。[況，《廣韻》許訪切，去漾，曉。向，《廣韻》許亮切，去漾，曉。況在宕攝合口三等，向在宕攝開口三等，二字僅有開合口之別。]

斯2073《廬山遠公話》："白莊曰：'交我將你況甚處賣得你？'"(《校注》頁257/11-12）斯2144《韓擒虎話本》："朗啟言皇后：'冊立則得，爭況合朝大臣，如何即是？'"(《校注》頁299/18-19）又："箭既離弦，世（勢）同擗竹，不東不西，況前鵰咽喉中箭，突然而過；況後鵰擗（劈）心便着，雙鵰齊落馬前。"(《校注》頁304/8-9）俄藏Ф101《維摩詰經講經文（二）》："居士曰：況聞萌芽發秀，皆因節序以推排；凡俗修行，全自諸佛而教化。"

(《校注》頁811/18-19）

壙 讀作廣。[壙,《廣韻》苦謗切,去宕,溪。廣,《廣韻》古晃切,上蕩,見。二字同在宕攝合口一等,韻母相同,聲母旁紐。]

斯3877 5V丙子年（公元九一六年）《阿吴賣兒契（抄）》:"赤心鄉百姓王再盈妻阿吴,爲緣夫主早亡,男女碎小,無人求（救）濟供急（給）衣食,債負深壙。"（《釋録》第二輯,頁47/1-2）

曠 讀作壙。[二字《廣韻》同爲苦謗切,去宕,溪。]

斯86宋淳化二年（公元九九一年）四月廿八日《迴施疏》:"葬日臨曠焚屍兩處,共録（緑）獨纖裙壹腰……"（《釋録》第三輯,頁105/3-4）伯2638後唐清泰三年（公元九三六年）《沙州儭司教授福集等狀》:"陰家夫人臨曠衣物唱得布捌伯叁拾尺。"（《釋録》第三輯,頁391/11-12）

kuī

窺 讀作規。[窺,《廣韻》去隨切,平支,溪。規,《廣韻》居隋切,平支,見。二字同在止攝合口三等支韻,韻母相同,聲母旁紐。]

斯 6537 6V-7V《立社條件（樣式）》："春秋二社，舊窺建福。"(《釋錄》第一輯，頁 283/4)

kuí

夔 讀作暌。[夔,《廣韻》渠追切，平脂，羣。暌,《廣韻》苦圭切，平齊，溪。夔在止攝合口三等，暌在蟹攝合口四等，二字聲母旁紐。]

斯 6405《僧恆安謝司空賜正段狀》："限以夔阻，不獲隨狀陳謝，謹錄狀上。(《釋錄》第五輯，頁 6/8-10)

kuì

媿 讀作鬼。[媿,《廣韻》俱位切，去至，見。鬼,《廣韻》居偉切，上尾，見。二字同在止攝合口三等而韻目鄰近，韻母相近，聲母相同。]

斯 4654《舜子變》："政（正）午間跪拜四拜，學得甚媿禍述靡（術魅）！"(《校注》頁 200/13)

匱 讀作饋。[二字《廣韻》同爲求位切，去至，羣。]

伯 4050《與男女書等六件》："仰計優握，巧妙日新，儻不棄遺，分惠一兩事，以充匱贈，是周厚也。"(《釋錄》第五輯，頁 350/（二）8-10)

愧 讀作恢。［愧，《廣韻》俱位切，去至，見。恢，《廣韻》苦回切，平灰，溪。愧在止攝合口三等，恢在蟹攝合口一等，二字聲母旁紐。］

伯4640《沙州釋門索法律窟銘》："三空在念，四攝愧張。"（《釋錄》第五輯，頁101/71）恢張，張揚；擴展。

kuò

闊 讀作括。［闊，《廣韻》苦括切，入末，溪。括，《廣韻》古活切，入末，見。二字韻母相同，聲母旁紐。］

斯2144《韓擒虎話本》："賀若弼此時臂上捻弓，腰間取箭，答（搭）闊當弦，當時便射。"（《校注》頁303/16-17）又："箭既離弦，世（勢）同雷吼，不東不西，去蕃人箭闊便中，從欑至鏃，突然便過，去射墮（垛）十步有餘，入土三尺。"（《校注》頁303/19-20）又："衾虎十步地走馬；二十步地臂上捻弓；三十步腰間取箭；四十步搭闊當弦，拽弓叫圓；五十步翻身倍（背）射。"（《校注》頁304/7-8）

là

臘 讀作獵。［臘，《廣韻》盧盍切，入盍，來；《集韻》力涉切，入葉，來。獵，《廣韻》良涉切，入葉，來。臘如取《廣韻》反切，則二字韻母有一三等（臘在咸攝開口一等，獵在咸攝開口三等)之別;如取《集韻》反切,則同在咸攝開口三等,二字同音。]

伯 2553《王昭君變文》:"單于見他不樂,又傳一箭,告報諸蕃,非時出臘,圍遶烟焰山(燕支山),用昭軍(君)作中心,萬里攢軍,千兵逐獸。"(《校注》頁 157/11)

lài

瀨 讀作賴。[二字《廣韻》同爲落蓋切,去泰,來。]

北 8418《天下姓望氏族譜殘卷》:"松陽郡四姓 括州黃、瀨、曲、豆(豐)。"(《釋錄》第一輯,頁 87/32)

lán

蘭 讀作攔。[二字《廣韻》同爲落干切,平寒,來。]

俄藏 Φ96《雙恩記》:"一取來求不障蘭,任隨所要無遮護。"(《校注》頁 932/1)

闌 讀作攔。[二字《廣韻》同爲落干切,平寒,來。]

斯 2204《太子讚》:"五百外道廣遮闌(攔),修道經幾年。"

lǎn

攬 讀作纜。[攬,《廣韻》盧敢切,上敢,來。纜,《廣韻》

盧瞰切，去闞，來。二字同在咸攝開口一等，韻母相同，聲母相同，僅聲調有別。]

斯 2073《廬山遠公話》："遠公造船，不用凡間料物，也不要諸般，自持無漏大乘，已（以）爲攬索；菩提般若，用作勾欄。"（《校注》頁 269/13-14）

攬 讀作覽。[二字《廣韻》同爲盧敢切，上敢，來。]

斯 2073《廬山遠公話》："皇帝攬表，大悅龍顔，頻稱'善哉'，惟言'罕有'。"（《校注》頁 268/11）斯 2144《韓擒虎話本》："皇帝攬表，似大杵中心，遂差殿頭高品直詣隨州宣詔。"（《校注》頁 298/18-19）又："但衾虎雖在幼年，也曾博攬亡父兵書。"（《校注》頁 301/20）又："皇帝攬表，驚訝非常，宣詔衾虎，直到殿前：'緣朕之無得（德），濫處稱尊，不知將軍作陰司之主，阿奴社稷若何？'"（《校注》頁 304/21-22）伯 4660《河西都僧統悟真邈真讚並序》："討瑜伽而麟角早就，攻淨名而一攬無遺。"（《釋錄》第五輯，頁 114/8-9）

làng

浪 讀作蒗。[浪，《廣韻》來宕切，去宕，來。蒗，《集韻》郎宕切，去宕，來。二字同音。]

斯 328《伍子胥變文》："波浪舟兮浮没沉，唱冤枉兮

痛切深。"(《校注》頁9/9)

【說明】"浪"當讀"攪",擊義。《集韻》宕韻"浪"爲郎宕切,同小組有"攪",云"擊也"。《文選·孔稚珪〈北山移文〉》:"今又促裝下邑,浪拽上京。""拽"同"枻",即船檝。"浪拽"即擊楫。這是"浪"有擊義之例。就此兩例來看,"浪"用于水擊或擊水的場合。

láo

牢 讀作勞。[二字《廣韻》同爲魯刀切,平豪,來。]

伯3718《後晉故歸義軍節度押衙知敦煌郡務李潤晟邈真讚並序》:"念茲牢績,僉擢鄉官。"(《釋錄》第五輯,頁289/41)

澇 讀作撈。[二字《廣韻》同爲魯刀切,平豪,來。]

斯530《索法律和尚義賣窟銘》:"競寸陰以澇籠,爇三明於闇室。"(《釋錄》第五輯,頁155/36)伯3931《書啟公文——印度普化大師遊五台山日記和迴鶻上後梁表等》:"況大師不憚勞苦,諸國巡遊,導引迷徒,澇籠有識。拜□□□"(《釋錄》第五輯,頁348/312-313)

【說明】撈籠,佛書用語,指拯拔包羅(眾生)。《續傳燈錄》卷20《大鑑下第十四世·東林照覺常總禪師法嗣》:"言滿法界,撈籠群生。"

敦煌文獻通讀字

勞 讀作牢。［二字《廣韻》同爲魯刀切，平豪，來。］

斯 2073《廬山遠公話》："詞理若乖，便爲弟子，勞把繩頭，莫交（教）失手。"（《校注》頁 265/12）

勞 讀作撈。［二字《廣韻》同爲魯刀切，平豪，來。］

伯 2324《難陀出家緣起》："難陀家內長吹（炊）七瓮之香飯，所有神通直交（教）勞盡。"（《校注》頁 591/1-2）又："捻得鉢盂便勞鹿（攏），專怕堂中妻怪遲。"（《校注》頁 591/3）又："勞盡難陀七瓮飯，不知我佛不思議。"（《校注》頁 591/4）

lí

離 讀作剺。［離，《廣韻》呂支切，平支，來。剺，《廣韻》里之切，平之，來。二字同在止攝開口三等而韻目鄰近，韻母相近，聲母相同。］

伯 2553《王昭君變文》："衙官坐泣刀離面，九姓行哀截耳璫。"（《校注》頁 159/1）

梨 讀作利。［梨，《廣韻》力脂切，平脂，來。利，《廣韻》力至切，去至，來。二字同在止攝開口三等，韻母相同，聲母相同，僅聲調有別。］

伯 3051 丙辰年（公元九五六年）《僧法寶貸絹契

(抄)》:"其絹梨頭立機壹疋,到日填還。"(《釋録》第二輯,頁125/3)

梨 讀作黎。[梨,《廣韻》力脂切,平脂,來。黎,《廣韻》郎奚切,平齊,來。梨在止攝開口三等,黎在蟹攝開口四等,二字同聲母。]

伯2704後唐長興四至五年(公元九三三——九三四年)《曹議金迴向疏四件》:"然後傾城長幼,年年喜色而謳謠;闔境梨民,歲歲歡聲而鼓腹。"(《釋録》第三輯,頁87/(三)9-10)伯3553宋太平興國三年(公元九七八年)四月《都僧統鋼惠等上太保狀》:"鈐(黔)梨早詠於重衣,品庶久歌於剩食。"(《釋録》第五輯,頁28/4)

黎 讀作犁。[二字《廣韻》同爲郎奚切,平齊,來。]

斯542背戌年(公元八一八年)六月《沙州諸寺丁口車牛役薄附亥年一卯年注記》:"耕桃園黎牛一具兩日。"(《釋録》第二輯,頁392/186)

lǐ

裏 讀作理。[二字《廣韻》同爲良士切,上止,來。]

斯328《伍子胥變文》:"兒有貧家一惠,敢屈君餐。

情裏如何，希垂降步。"(《校注》頁 3/19)

【説明】"情理"義爲思慮，想法。如《北史·尔朱榮傳》："朕之情理，卿所具知，死猶須爲，況必不死！寧與高貴鄉公同日死，不與常道鄉公同日生。"

裏 讀作利。[裏，《廣韻》良士切，上止，來。利，《廣韻》力至切，去至，來。二字同在止攝開口三等而韻目鄰近，韻母相近，聲母相同。]

斯 4504 乙未年（公元八七五年或九三五年）《就弘子等貸生絹契（抄）》："其絹彼至西州迴來之日，還絹裏頭立機緤壹疋。"(《釋録》第二輯，頁 110/（一）3-4) 斯 4504 乙未年（公元八七五年或九三五年）《就弘子等貸生絹契（抄）》："若得壹個月不還者，逐月於鄉原生裏。"(《釋録》第二輯，頁 110/（一）5)

理 讀作利。[理，《廣韻》良士切，上止，來。利，《廣韻》力至切，去至，來。二字同在止攝開口三等而韻目鄰近，韻母相近，聲母相同。]

伯 2652 丙午年（公元九四六年）《宋某雇駝契（樣式）》："斷作駝價生絹一疋，正月至七月便須填還，於限不還者，依鄉元禮（例）生理。"(《釋録》第二輯，頁 41/3-5) 斯 1156 光啓三年（公元八八七年）《沙州進奏院

上本使狀》："又遣李伯盈修狀五紙，見四宰相及長官，苦着言語，痛説理害。"（《釋録》第四輯，頁 372/37-38）

理 讀作里。[二字《廣韻》同爲良士切，上止，來。]

　　伯 2653《燕子賦（二）》："元百在家患，巨卿千理期。"（《校注》頁 415/10）

禮 讀作例。[禮，《廣韻》盧啓切，上薺，來。例，《廣韻》力制切，去祭，來。禮在蟹攝開口四等，例在蟹攝開口三等，二字同聲母。]

　　北圖殷字四十一（見敦煌雜録）癸未年（公元九二三年？）七月十五日《張修造雇父駝契》："使入了，限三日便須田（填）還，更不許推言（延），或若路上賊打，看爲大禮，或若病死，舌（折）却雇價，立爲（還）本駝。"（《釋録》第二輯，頁 38/4-6）伯 3448 背辛卯年（公元九三一年？）《董善通張善保雇駝契》："將駝去後，比至到來，路上有危難，不達本州，一看大禮，若駝相走失者，雇價本在，於年歲却立本駝，或若道上瘡出病死，須同行證盟。"（《釋録》第二輯，頁 39/6-9）伯 2652 丙午年（公元九四六年）《宋某雇駝契（樣式）》："斷作駝價生絹一疋，正月至七月便須填還，於限不還者，依鄉元禮生理（利）。"（《釋録》第二輯，頁 41/3-5）伯 3324 背唐天復四年（公元九〇四年）《衙前押衙兵馬使子弟隨身等狀》："如若一身，餘却官布、地子烽子、官柴草等大禮，餘者知雜役次，並總矜免，不喜差遣。"（《釋録》第二輯，頁450/9-11）

李 讀作裏。[二字《廣韻》同爲良士切，上止，來。]

斯4654《舜子變》："去時只道壹年，三載不歸宅李。"（《校注》頁200/10）斯2144《韓擒虎話本》："此是左掩右移（夷）陣，見前面津口紅旗，下面總是鹿巷，李有硐（撓）勾搭索，不得打着，切須既（記）當！"（《校注》頁301/20-21）

李 讀作理。[二字《廣韻》同爲良士切，上止，來。]

斯2144《韓擒虎話本》："責而言曰：'时耐遮賊，心生爲倍（違背），効（淆）亂中圓（原），今日把來，有甚李説！'"（《校注》頁302/18）

李 讀作泐。[李，《廣韻》良士切，上止，來。泐，《廣韻》盧則切，入德，來。李在止攝開口三等，泐在曾攝開口一等，二字同聲母。]

斯133《秋胡變文》："自從封爲宰想（相），有孝有忠，李金石，威名播起於萬里。"（《校注》頁234/6。《校注》徑改原卷"李"字作"比於"。)

【說明】"李金石"不可通。項楚云:"有脫誤。"郭在貽等校云:"疑爲'比於金石'。"理由是"於"字草書與"李"字相近易混。按:疑"李"字讀爲"勒(泐)"。《廣韻》勒、泐,盧則切,來母德韻;李,良士切,來母止韻,存在陰聲與入聲的對轉關係(這種關係源于上古音"李"在之部,"勒"在職部,之職部存在對轉關係)。"李金石"可能即是勒石之意,"金"字連類而及。上文謂秋胡"煞或(馘)邊戎,摧兇定寇,無怨不休,無伎(使)不朝"(頁156),故可推斷有勒石記功之舉。《管子·法法》有"皋陶爲李"之文,"李"讀"理"(上古音同在來母之部)。"理"的本義爲治玉,引申爲玉之紋理;"泐"的本義爲水石之紋理,引申則爲刻石。二字實有同源之處。讀"李"爲"泐",似非無據。又,"起於萬里"似宜作一讀,"起"通"豈"。意謂勒於金石,威名遠播,豈止萬里。

里 讀作裏。[二字《廣韻》同爲良士切,上止,來。]

伯2324《難陀出家緣起》:"逡速已到清(青)雲里,似降祥雲是不同。"(《校注》頁592/2)

里 讀作理。[二字《廣韻》同爲良士切,上止,來。]

斯4654《舜子變》:"姚王里化之時,日洛(落)千般祥瑞。"(《校注》頁200/3）斯2073《廬山遠公話》："我佛如來妙典，義里幽玄，佛法難思，非君所會。"(《校注》頁264/12）斯6836《葉净能詩》："皇帝意樂長生不死之術，净能奏曰：'有錄（籙）符之昇天地，除其精魅魍魎妖邪之病；合陳神丹，不得阻隔。陛下若求志（治）里長生不死之法，亦將易矣。'"(《校注》頁335/19-20）斯788《沙州志殘卷》："地里志云，漢武帝後元康中置。"(《釋錄》第一輯，頁42/15）斯6537 2V《家童再宜放書一道（樣式）》："不是無里斯□，橫加非狂。所修不等，細恩合知。"(《釋錄》第二輯，頁179/5-6）

里 讀作娌。〔二字《廣韻》同爲良士切，上止，來。〕

斯5578《放妻書（樣式）》："家饒不盡之才，軸（妯）里稱長延之喜。"(《釋錄》第二輯，頁175/10-11）

li

麗 讀作儷。〔二字《廣韻》同爲郎計切，去霽，來。〕

伯3502《張敖撰新集諸家九族尊卑書儀一卷》："即此某蒙恩，某第幾男未有伉麗，伏承第幾小娘子令淑有聞，願託高枝。"(《釋錄》第五輯，頁308/135-137）

例 讀作列。〔例，《廣韻》力制切，去祭，來。列，《廣韻》

良薛切，入薛，來。例在蟹攝開口三等，列在山攝開口三等，二字同聲母，當以例從列聲而通讀。《集韻·祭韻》力制切下以列爲例之異體字。]

伯3730背《某甲等謹立社條（樣式）》："嚴切丁寧，別例［事］段。"（《釋錄》第一輯，頁280/7）斯6537 2V3V《遺書（樣式）》："今醒素（甦）之時，對兄弟子侄諸親等遺囑，房資産業莊園宅舍，一一各支分數，例名如下。"（《釋錄》第二輯，頁180/2-4）

利 讀作履。[利，《廣韻》力至切，去至，來。履，《廣韻》力几切，上旨，來。二字同在止攝開口三等，韻母相同，聲母相同，僅聲調有別。]

伯4640《沙州釋門索法律窟銘》："登鋒利刃，猛氣超群。"（《釋錄》第五輯，頁100/59）

歷 讀作曆。[二字《廣韻》同爲郎擊切，入錫，來。]

大谷8047大曆十六年（公元七八一年）《楊三娘舉錢契》："大歷十六年三月二十日，楊三娘☐☐（爲要）錢用，遂於藥方邑舉錢壹仟文……"（《釋錄》第二輯，頁137/1-2）

曆 讀作歷。[二字《廣韻》同爲郎擊切，入錫，來。]

斯6537 2V《家童再宜放書一道（樣式）》："將次放良福分，先資亡過，不曆三途；次及現存，無諸爲障。"（《釋錄》第二輯，頁179/12-14）斯6829戌年（公元八〇六年）八月《氾元光施捨房舍入乾元寺牒並判》："右元光自生已來，不食薰茹，白衣道向，曆卅餘年。"（《釋錄》第三輯，頁73/2-3）斯2575後唐天成四年（公元九二九年）三月九日《普光寺置方等道場牓》："右如來教式，曆代興焉；八藏玄文，今自見在。"（《釋錄》第四輯，頁141/9-10）伯4638清泰肆年（公元九三七年）《都僧統龍辯等牒》："昨者司空出境，巡曆遐遥。"（《釋錄》第五輯，頁19/4-5）伯4092《新集雜別紙》："昔緣兵革，滯遷出谷之喬；切奉晨昏，遂曆蒙雪之任。"（《釋錄》第五輯，頁409/68）斯0778《身如圈裏羊》："命絶逐他走，魂魄曆他鄉。"（《梵志》卷一，頁21，004首）

勵 讀作癘。［二字《廣韻》同爲力制切，去祭，來。］

伯2837背辰年《支剛剛等施入疏十四件》："右弟子所施意者，爲慈母昨因勵疾，今得痊平，報佛慈恩，希霑福利。"（《釋錄》第三輯，頁62/（十）2-4）癘疾，即疫病，流行性传染病。伯2704後唐長興四至五年（公元九三三——九三四年）《曹議金迴向疏四件》："勵疾消散，障毒殄除；刁斗藏音，灾殃盪盡。"（《釋錄》第三輯，頁86/（二）12-13）伯2704後唐長興四至五年（公元九三三——九三四年）《曹議金迴向疏四件》："勵疾消散，疫障蠲除。"（《釋錄》第三輯，頁86/（四）17-18）伯4514《後晉開運四年（公元九四七年）曹元忠雕印觀世音菩薩像題記》："勵疾消散，刁斗藏音。"（《釋錄》第四輯，頁397/9-10）

勵 讀作礪。[二字《廣韻》同爲力制切，去祭，來。]

伯3813背唐 [公元七世紀後期？]《判集存十九道》："自可志勵冰霜，心齊水鏡，豈得監臨之內，恣彼滔奔。"（《釋錄》第二輯，頁601/48-49）伯3882《托西王曹公外甥元清邈真讚序》："專心向化（旁注：奉上），推忠以助於國君，勵節承家□□高（？）緘於父母。"（《釋錄》第五輯，頁294/11-13）

lián

連 讀作蓮。[連，《廣韻》力延切，平仙，來。蓮，《廣韻》落賢切，平先，來。連在山攝開口三等，蓮在山攝開口四等，二字同聲母。]

斯2073《廬山遠公話》："是時相公再在連宮之會，重開香積之筵，大集兩街僧尼，遂將金刀落髮。"（《校注》頁268/9-10）伯2324《難陀出家緣起》："當日祇園談淨土，同向連宮作聖人。"(《校注》頁593/16）伯3128《社齋文》："會齋凡聖，連坐花臺；崇敬三尊，希求勝福。"(《釋錄》第一輯，頁388/8）伯3396背年代未詳［公元十世紀？］《沙州諸渠諸人苽園名目》："連臺郭闍梨苽園。"(《釋錄》第二輯，頁461/10）伯3490背《於當居創造佛刹功德記》："亡過二親幽識承斯生净土連宮；已躬及見在宗親得壽，年長命遠。"(《釋錄》第五輯，頁237/23-25）

蓮 讀作連。[蓮，《廣韻》落賢切，平先，來。連，《廣韻》力延切，平仙，來。蓮在山攝開口四等，連在山攝開口三等，二字同聲母。]

伯2553《王昭君變文》："黃金白玉蓮車載，寶物明珠盡庫傾。"(《校注》頁159/13）伯2032背後晉時代《净土寺諸色入破曆祘會稿》："粟貳㪷、沽酒，看尼（泥）界牆用蓮䴵麵肆㪷伍升，油半勝（升），泥界墙及樹圖衆僧食用。"(《釋錄》第三輯，頁466/（三）211-212）伯2032背後晉時代《净土寺諸色入破曆祘會稿》："蓮䴵麵五升，女人食用。"(《釋錄》第三輯，頁480/（十二）475）

憐 讀作鄰。[憐，《廣韻》落賢切，平先，來。鄰，《廣韻》力珍切，平真，來。憐在山攝開口四等，鄰在臻攝開口三等，二字同聲母，當以同從粦得聲而通讀。]

伯2979唐開元二十四年（公元七三六年）九月《岐州郿縣尉勛牒判集》："初防丁競訴，衣資不充，合得親憐借助。"（《釋錄》第二輯，頁617/39）伯4660《康通信邈真讚》："他鄉殞歿，孤捐子孫。憐人叕（輟）春，聞者悲辛。"（《釋錄》第五輯，頁113/11。《釋錄》"叕"誤錄作"綴"）

liàn

練 讀作煉。[二字《廣韻》同爲郎甸切，去霰，來。]

斯6836《葉淨能詩》："練九轉神丹，得長生不死。"（《校注》頁341/1）

liáng

良 讀作梁。[二字《廣韻》同爲呂張切，平陽，來。]

伯2553《王昭君變文》："虞舜妻賢，啼能變竹；玘（杞）良婦聖，哭烈（裂）長城。"（《校注》頁158/1）

梁 讀作涼。[二字《廣韻》同爲呂張切，平陽，來。]

斯1889《敦煌汜氏家傳殘卷》："至後梁主即位，曼以佐命之功，封安樂庭侯，拜涼興令。"（《釋錄》第一輯，頁107/80-81）

量 讀作良。〔二字《廣韻》同爲呂張切，平陽，來。〕

斯 2073《廬山遠公話》："量久之間，乃喚：'善慶近前！上來言語，總是共汝作劇，汝也莫生頗我之心，吾也不見汝過。……'"（《校注》頁 265/13-14）伯 3544 唐大中九年（公元八五五年）九月廿九日《社長王武等再立條件憑》："燉煌一輩（郡），禮義之鄉，一爲聖主皇帝，二爲建窟之因，三爲先亡父母追凶就吉，共結量緣，用爲後驗。"（《釋錄》第一輯，頁 269/4-6）

量 讀作糧。〔二字《廣韻》同爲呂張切，平陽，來。〕

斯 5879、斯 5896、斯 5897《子年領得常住什物曆》："大木盆叁－在油量博事邊。"（《釋錄》第三輯，頁 1/（一）3）

粮 讀作梁。〔二字《廣韻》同爲呂張切，平陽，來。〕

伯 2305《解座文匯抄》："須知聽法是津粮，若關津糧（梁）争到彼。"（《校注》頁 1176/21）

糧 讀作梁。〔二字《廣韻》同爲呂張切，平陽，來。〕

伯 2305《解座文匯抄》："須知聽法是津粮（梁），若關津糧争到彼。"（《校注》頁 1176/21）

liàng

兩 讀作量。[二字《廣韻》同爲力讓切,去漾,來。]

伯2507唐開元二十五年(公元七三七年)《水部式殘卷》:"若水兩過多,即與上下用水處,相知開放,還入清水。"(《釋錄》第二輯,頁577/13-14)伯2507唐開元二十五年(公元七三七年)《水部式殘卷》:"若水兩過多,放還本渠。"(《釋錄》第二輯,頁578/21)

量 讀作兩。[量,《廣韻》力讓切,去漾,來。兩,《廣韻》良獎切,上養,來。二字同在宕攝開口三等,韻母相同,聲母相同。]

伯3666《便麥粟契》:"恐人無信,故立此契,量共平章,書紙爲驗。"(《釋錄》第二輯,頁131/15-16)

量 讀作緉。[二字《廣韻》同爲力讓切,去漾,來。]

斯1897《龍德四年(公元九二四年)雇工契(樣式)》:"春衣一對,裌袖並禪、皮鞋一量,餘外欠闕,仰自排批。"(《釋錄》第二輯,頁59/4-5)伯3410年代未詳[公元八四〇年]《沙州僧崇恩處分遺物憑據》:"白綾韈壹量。"(《釋錄》第二輯,頁152/44)伯4706年代不明《王寡婦借麥糾紛牒(稿)》:"寡母今有腹生兒子二人鞋一量，菲草十二兩。"(《釋錄》第二輯，頁317/（一）3）斯5879、斯5896、斯5897《子年領得常住什物曆》："靴底拾量。"(《釋錄》第三輯，頁1/（二）5）斯5899丙寅年（公元九〇六年？）十二月十三日《常住什物交割點檢曆》："又有麻靴壹量。"(《釋錄》第三輯，頁15/3）緉，古代計算鞋襪的量詞，猶今日之雙。

liáo

寮 讀作遼。[二字《廣韻》同爲落蕭切，平蕭，來。]

斯4654《舜子變》："寮陽城兵馬下，今年大好經記（紀）。"(《校注》頁200/8）

遼 讀作寥。[二字《廣韻》同爲落蕭切，平蕭，來。]

伯2553《王昭君變文》："青塚寂遼，多經歲月。"(《校注》頁160/5）

寮 讀作寮。[尞，《集韻》憐蕭切，平蕭，來。寮，《廣韻》落蕭切，平蕭，來。二字同音。]

斯2144《韓擒虎話本》："遂搥鍾（鐘）打鼓，聚集文武百寮大臣，總在殿前。"(《校注》頁301/5）

liǎo

了 讀作料。〔了,《廣韻》盧鳥切,上篠,來。料,《廣韻》力弔切,去嘯,來。二字同在效攝開口四等,韻母相同,聲母相同,僅聲調有別。〕

斯 5937 庚子年(公元九四〇年?)十二月廿二日《都師願通沿常住破曆》:"正月廿五日,麩貳㪷,拽磑索僧正馬了用。"(《釋錄》第三輯,頁 207/4-5)伯 3875 背丙子年(公元九七六或九一六年)《修造及諸處伐木油麵粟等破曆》:"粟一斗,早上看吳都了李骨子用。"(《釋錄》第三輯,頁 220/66-67)伯 3875 背丙子年(公元九七六或九一六年)《修造及諸處伐木油麵粟等破曆》:"麵柒斗、油壹升壹抄,酒四斗,吳都了等博士放木日局席用。"(《釋錄》第三輯,頁 221/72-73)都料,即都料匠,古代稱營造師,總工匠。

liè

列 讀作裂。〔二字《廣韻》同爲良薛切,入薛,來。〕

伯 2613 唐咸通十四年(公元八七三年)正月四日《沙州某寺交割常住物等點檢曆》:"貳尺伍寸鏃壹面,列。"(《釋錄》第三輯,頁 10/21)

【說明】鏃,慧琳《一切經音義》卷 41《六波羅蜜多經》卷3："《韻略》云：'鏉，作餅燒器也。'《尔雅》：'釜鼎之類是也。'"《長阿含經》卷19《第四分世記經地獄品第四》："取彼罪人擲大鏉上，反覆煎熬。"伯2613唐咸通十四年（公元八七三年）正月四日《沙州某寺交割常住物等點檢曆》："甘土瓮壹，破列。"（《釋錄》第三輯，頁10/22）

烈 讀作列。[二字《廣韻》同爲良薛切，入薛，來。]

斯6836《葉净能詩》："與朕標題，烈於清（青）史。"（《校注》頁341/5）伯2696唐中和五年（公元八八五年）三月《車駕還京師不赦詔》："仍許門生故吏烈狀申論。"（《釋錄》第四輯，頁265/29）

烈 讀作裂。[二字《廣韻》同爲良薛切，入薛，來。]

伯2553《王昭君變文》："虞舜妻賢，啼能變竹；玘良（杞梁）婦聖，哭烈長城。"（《校注》頁158/1）斯2073《廬山遠公話》："須臾白莊領諸徒黨來到寺下，於是白莊捕（布）陣於其橫嶺，排兵在於長川，喊得山崩石烈，東西亂走，南北奔衝，齊入寺中，唯稱'活捉'。"（《校注》頁255/6-7）斯2144《韓擒虎話本》："說者酒未飲之時一事無，才到口中，腦烈身死。"（《校注》頁299/10）又："坐由（猶）未定，惚（忽）然十字地烈，涌出一人：身披黃金鑠甲，頂戴鳳翅頭（兜）毛（牟），按三丈（杖）低頭高聲唱喏。"（《校注》頁304/14-15）伯2187《破魔變》："分茅烈土憂三面，旰食臨朝念一方。"（《校注》頁536/15）斯1776後周顯德五年（公元九五八年）《某寺法律尼戒性等交割常住什物等點檢曆狀》："瓮大小肆口，內兩口有烈。"（《釋錄》第三輯，頁24/（二）7-8）

烈 讀作例。[烈，《廣韻》良薛切，入薛，來。例，《廣韻》力制切，去祭，來。烈在山攝開口三等，例在蟹攝開口三等，二字同聲母，當以同從列得聲而通讀。]

斯5823《寅年十一月楊謙讓牒》："右件人次當充使，不依衆烈。"（《釋錄》第一輯，頁297/2）斯5823《寅年十一月楊謙讓牒》："今被推延，故違衆烈。"（《釋錄》第一輯，頁297/3）

裂 讀作列。[二字《廣韻》同爲良薛切，入薛，來。]

伯4640《陰處士碑稿》："舊制封官，近將軍之裂棘；先賢世禄，以都護之同堂。"（《釋錄》第五輯，頁72/42-43）列棘，相傳周代朝廷內樹棘，以定卿大夫公侯等之位置，後因稱位列公卿者爲"登列棘"或"列棘"。

㤠 讀作列。[㤠同烈。烈、列二字《廣韻》同爲良薛切，入薛，來。]

斯6005《立社條約》："若小段事，不在開條之限，故立此約，裂名如後。"(《釋錄》第一輯，頁288/9-10)

戾 讀作挮。[二字《廣韻》同爲練結切，入屑，來。]

伯2914《出門抅頭戾跨》："出門抅頭戾跨，自道行步趣蹌。"(《梵志》卷三，頁438，149首)

lín

霖 讀作淋。[二字《廣韻》同爲力尋切，平侵，來。]

俄藏Ф96《雙恩記》："珠逐惡人星夜去，血隨乾竹草頭霖。"(《校注》頁938/2)

璘 讀作陵。[璘，《廣韻》力珍切，平眞，來。陵，《廣韻》力膺切，平蒸，來。璘在臻攝開口三等，陵在曾攝開口三等，二字同聲母。前鼻音尾-n與後鼻音尾-ng合流？]

斯2144《韓擒虎話本》："時有金璘陳王，知道楊堅爲軍（君），心生不負。"(《校注》頁300/3) 又："隋文皇帝殿前有言，請軍（君）尅收金璘。"(《校注》頁300/17) 又："來到金璘江岸，虜劫舟船，領軍便過。"(《校注》頁301/3-4)

隣 讀作凌。[隣，同鄰，《廣韻》力珍切，平真，來。凌，《廣韻》力膺切，平蒸，來。隣在臻攝開口三等，凌在曾攝開口三等，二字同聲母。前鼻音尾 -n 與後鼻音尾 -ng 合流？]

斯 6537 2V《家童再宜放書一道（樣式）》："賤者，是曩世積業，不辯尊卑，不信佛僧，侵隣人物，今身緣會感得賤中。"（《釋錄》第二輯，頁 179/3-5）

麟 讀作鱗。[二字《廣韻》同爲力珍切，平真，來。]

伯 3399《幽州都督張仁亶上九諫書》："臣今不避誅而逆麟直諫者，非愛死而輕生，志在君安於上，人處於下。"（《釋錄》第四輯，頁 308/13-14）伯 3399《幽州都督張仁亶上九諫書》："陛下幸開納諫之門，容臣等直言之路，朝正朝失，臣合言之，冒死逆麟，死當不次。(《釋錄》第四輯，頁 309/25-26）逆鱗，古人以龍比喻君主，因以觸"逆鱗"、批"逆鱗"等喻犯人主或强權之人。

lǐn

廩 讀作稟。[廩，《廣韻》力稔切，上寑，來。稟，《廣韻》筆錦切，上寑，幫。二字同在深攝開口三等，韻母相同，聲母有別，當以廩從稟而通讀。]

伯 3290 背宋至道二年（公元九九六年）三月《索定

遷改補充節度押衙牒》："況某天生英哲，廩性獿玃。陣上播生而盡命，爲國防虞而守隘。"（《釋錄》第四輯，頁302/6-9）獿玃，機靈，幹練。

稟 讀作凛。［稟，《集韻》力錦切，上寢，來。凜，《廣韻》力稔切，上寢，來。二字同在深攝開口三等，韻母相同，聲母相同，聲調相同，同音。］

伯2553《王昭君變文》："明明漢使達邊隅，稟稟蕃王出帳趨。"（《校注》頁159/18）

lìn

遴 讀作鄰。［遴，《廣韻》良刃切，去震，來。鄰，《廣韻》力珍切，平真，來。二字同在臻攝開口三等，韻母相同，聲母相同，僅聲調有別。］

伯3718《後唐故歸義軍節度押衙曹盈達寫真讚並序》："遂使四遴罷務，店肆停絃。"（《釋錄》第五輯，頁262/16-263/17）

līng

拎 讀作憐。［拎，《廣韻》郎丁切，平青，來。憐，《廣韻》落賢切，平先，來。拎在梗攝開口四等，憐山攝開口四等，二字同聲母。前鼻音尾-n 與後鼻音尾-ng 合流？］

伯3186宋雍熙二年（公元九八五年）《牒（稿）》："伏望大王高懸惠鏡，照祭（察）貧兒，拎愍孤辛，慈悲無捨，特乞仁鈞，專候處分。"（《釋錄》第二輯，頁306/（二）4-6）

líng

令 讀作零。[二字《廣韻》同爲郎丁切，平青，來。]

羅振玉舊藏唐大順元年（公元八九〇年）正月《沙州百姓索咄兒等請地狀》："今遇乾坤清直，均割之次，城西劉憨奴絶户地四十畝，五處令散。"（《釋錄》第二輯，頁473/6-7）

令丁 讀作零丁。[令、零二字《廣韻》同爲郎丁切，平青，來。丁，《廣韻》當經切，平青，端。]

斯1438吐蕃佔領時期《沙州守官某請求出家狀等稿四十多件》："令丁一身，雁序不繼。"（《釋錄》第五輯，頁316/41）

零 讀作鈴。[二字《廣韻》同爲郎丁切，平青，來。]

斯3050《不知名變文（二）》："善惠説法已必（畢），却歸大雪山南面，到蓮花城中，付（敷）設道場，縣零打鈸。"（《校注》頁1134/16）

靈 讀作令。[靈,《廣韻》郎丁切,平青,來。令,《廣韻》力政切,去勁,來。靈在梗攝開口四等,令在梗攝開口三等,二字同聲母。]

伯3128《社齋文》:"靈譽播於寰中,秀雅文(聞)於掌(宇)内。"(《釋錄》第一輯,頁388/5)

鴒 讀作翎。[二字《廣韻》同爲郎丁切,平青,來。]

伯3372背壬申年(公元九七二年)十二月廿二日《社司轉帖》:"右緣常年建福一日,人各粟壹斗,鑪併(餅)壹雙,鵰鴒箭壹具,畫被弓壹張,幸請諸公等,帖至限今月四日卯時,於端嚴寺門前取齊。"(《釋錄》第一輯,頁335/2-4)鵰翎箭,以雕翎爲箭羽的箭。

lǐng

領 讀作例。[領,《廣韻》良郢切,上靜,來。例,《廣韻》力制切,去祭,來。領在梗攝開口三等,例在蟹攝開口三等,韻母距離較遠,二字同聲母。]

伯3094背《某某雇工契》:"或若作兒賊打章(將)去,一看大領。"(《釋錄》第二輯,頁73/6)

領 讀作嶺。[二字《廣韻》同爲良郢切,上靜,來。]

伯2187《破魔變》:"伏願山南朱桂,不變四時;領北

寒梅，一枝獨秀。"(《校注》頁 531/18）

領 讀作令。[領,《廣韻》良郢切，上静，來。令,《廣韻》力政切，去勁，來。二字同在梗攝開口三等，韻母相同，聲母相同，僅聲調有別。]

斯 1475 14V15V 卯年（公元八二三年？）《阿骨薩部落百姓馬其鄰便麥契附僧義英便麥契與便麥記録》："如違限不還，其麥請陪爲壹拾陸碩，仍任將契爲領六（律），牽掣家資雜物牛畜等，用充佛麥。"(《釋録》第二輯，頁 91/（一）3-5）伯 3422 背卯年（公元八二三年？）正月十九日《曷骨薩部落百姓武光兒便麥契》："如違限不納，其車請不著領六，任寺收將。"(《釋録》第二輯，頁 93/4-5）

【説明】《敦煌社會契約輯校》注"領六"讀作"令律"。

lìng

令 讀作領。[令,《廣韻》力政切，去勁，來。領,《廣韻》良郢切，上静，來。二字同在梗攝開口三等，韻母相同，聲母相同，僅聲調有別。]

斯 2144《韓擒虎話本》："敗軍之將，腰令難存；亡國大夫，罪當難赦。"(《校注》頁 302/4）伯 3490《索

家財禮數目》："綠綾裙一腰，淡繡令巾一，紅撮衫子三□□□□□□□兩事共一對。"（《釋錄》第四輯，頁7/2-3）

liú

流 讀作溜。[流，《廣韻》力求切，平尤，來。溜，《廣韻》力救切，去宥，來。二字同在流攝開口三等，韻母相同，聲母相同，僅聲調有別。]

伯2324《難陀出家緣起》："斵　難陀家內飯長吹（炊），香粳玉稻滑流時。"（《校注》頁591/3）

流 讀作留。[二字《廣韻》同為力求切，平尤，來。]

斯4654《舜子變》："妾有姑（孤）男姑（孤）女，流在兒婿手頂（底），願夫莫令邊（鞭）耻。"（《校注》頁200/4）斯6537 3V-5V《立社條件（樣式）》："恐後妄生毀巾，故立明文，却（劫）石爲期。用流［後］驗。"（《釋錄》第一輯，頁282/40-41）斯4660戊子年六月《兄弟社轉帖》："其帖，各自示名遞過，不得停流者。"（《釋錄》第一輯，頁355/5-6）ДX1378《當團轉帖爲修堤》："其帖，各自示名遞過，不得亭（停）流者。"（《釋錄》第四輯，頁161/7）

溜 讀作流。[溜,《廣韻》力救切,去宥,來。流,《廣韻》力求切,平尤,來。二字同在流攝開口三等,韻母相同,聲母相同,僅聲調有別。]

伯4638《大番故敦煌郡莫高窟陰處士修功德記》:"河分千溜,法序九疇。"(《釋錄》第五輯,頁221/2-3)

留 讀作流。[二字《廣韻》同爲力求切,平尤,來。]

伯2187《保護寺院常住户不受侵犯帖》:"連粘留傳,合於萬固。"(《釋錄》第四輯,頁158/4-5)

liù

六 讀作律。[六,《廣韻》力竹切,入屋,來。律,《廣韻》呂卹切,入術,來。六在通攝合口三等,律在臻攝合口三等,韻母有距離。二字同聲母。]

斯1475 14V15V 卯年(公元八二三年?)《阿骨薩部落百姓馬其鄰便麥契附僧義英便麥契與便麥記錄》:"如違限不還,其麥請陪爲壹拾陸碩,仍任將契爲領(令)六,牽掣家資雜物牛畜等,用充佛麥。"(《釋錄》第二輯,頁91/(一)3-5)伯3422背卯年(公元八二三年?)正月十九日《曷骨薩部落百姓武光兒便麥契》:"如違限不納,其車請不著領(令)六,任寺收將。"(《釋錄》第二輯,頁93/4-5)

【說明】《敦煌社會契約輯校》注"領六"讀作"令律"。

lóng

隆 讀作癃。[二字《廣韻》同爲力中切,平東,來。]

斯613西魏大統十三年(公元五四七年)《瓜州効穀郡(?)計帳》:"囗六男隆老中小。"(《釋錄》第一輯,頁125/陸(十五)71)

籠 讀作農。[籠,《廣韻》盧紅切,平東,來。農,《廣韻》奴冬切,平冬,泥。二字同在通攝合口一等而韻目鄰近,韻母相近,聲母l、n相混。]

伯3441背《康富子雇工契(樣式)》:"所有籠具什物等,一仰受雇人收什,若是放畜牧,畔上失却,狼咬熬,一仰售雇人祇當充替。"(《釋錄》第二輯,頁66/3-5)北309:8374甲戌年(公元九七四年)《竇破蹄雇工契(抄)》:"若作兒手上使用籠具鎌刀鏵舟鍬钁袋器什物等,畔上拋抶打損,裝(賠)在作兒身[上],不關主人之事。"(《釋錄》第二輯,頁69/6-8)

lǒng

隴 讀作農。[隴,《廣韻》力踵切,上腫,來。農,《廣韻》

奴冬切，平冬，泥。朧在通攝合口三等，農在通攝合口一等，聲母 l、n 相混。]

伯 2451《乙酉年（公元九二五年或九八五年）二月十二日乾元寺僧寶香雇百姓鄧件子契》："件子手內所把朧具一勿（物）已上，忽然路上違反，畔上睡臥，明明不與主人失却，一仰病☐☐☐莊舍口☐☐☐☐"（《釋錄》第二輯，頁 70/5-7）

lóu

獿獹 讀作嘍囉。[獿同獀，獀、嘍二字《廣韻》同爲落侯切，平侯，來。獹無音。囉，《廣韻》魯何切，平歌，來。]

伯 3290 背《宋至道二年（公元九九六年）三月索定遷改補充節度押衙牒》："況某天生英哲，稟（稟）性獿獹。"（《釋錄》第四輯，頁 302/6）

嫂 讀作樓。[嫂，《集韻》郎侯切，平侯，來。樓，《廣韻》落侯切，平侯，來。二字同音。]

伯 2738 背《唐咸通十年（公元八六九年）前後社司轉帖》："幸清（請）諸公等，帖至並即今月廿六日神（辰）時，於官嫂蘭若門取齊。"（《釋錄》第一輯，頁 310/2-4）

lòu

漏 讀作鏤。[二字《廣韻》同爲盧候切,去候,來。]

斯 4245《河西節度使司空造佛窟功德記稿》:"其窟乃彫迄剋(刻)漏,綺飾分明,云云。"(《釋録》第五輯,頁 233/15)

陋 讀作漏。[陋,《古今字音對照手册》盧候切,去候,來。漏,《廣韻》盧候切,去候,來。二字同音。]

斯 6005《立社條約》:"今緣或有後入社者,又樂入名兼録三馱名目,若件件開先條流,實則不便,若不抄録者,伏恐陋失,互相泥寞(?)。"(《釋録》第一輯,頁 288/2-4)

lú

盧 讀作爐。[盧,《廣韻》力居切,平魚,來。爐,《廣韻》落胡切,平模,來。盧在遇攝合口三等,爐在遇攝合口一等,二字同聲母。]

斯 2073《廬山遠公話》:"便於香廬峰頂北邊,權時結一草菴。"(《校注》頁 252/14)伯 3503 背年代未詳[辛未年?]《社司轉帖(抄)》:"右緣建福一日,人各盧并(餅)一雙,粟一斗,幸請諸公等,帖至,限今月卯時,

於龍興寺門前"(《釋錄》第一輯，頁 324/1-2）

lǔ

魯 讀作旅。[魯，《集韻》兩舉切，上語，來。旅，《廣韻》力舉切，上語，來。二字同音。]

俄藏 Ф96《雙恩記》："武魯人人皆節相，文儒個個是公卿。"(《校注》頁 926/16）

lù

鹿 讀作綠。[鹿，《廣韻》盧谷切，入屋，來。綠，《廣韻》力玉切，入燭，來。鹿在通攝合口一等，綠在通攝合口三等，二字同聲母。]

伯 2613 唐咸通十四年（公元八七三年）正月四日《沙州某寺交割常住物等點檢曆》："貳拾窠鹿花毛錦壹，破。"(《釋錄》第三輯，頁 12/79）原卷鹿旁注綠。

鹿 讀作摝。[二字《廣韻》同爲盧谷切，入屋，來。]

伯 2324《難陀出家緣起》："捻得鉢盂便勞（撈）鹿，專怕堂中妻怪遲。"(《校注》頁 591/3）

碌 讀作趢。[二字《集韻》同爲盧谷切，入屋，來。]

《李克讓修莫高窟佛龕碑》："假令手能拉日，力可拔

山，□□□□□□□□條之露，何用區（驅）碌榮利，棄擲光陰者哉！"（《釋錄》第五輯，頁247/26-27）

【說明】《集韻·屋韻》"赽：赽赽，跼也。"謂行步侷促。唐·李賀《摩多樓子》詩："曉氣朔煙上，赽赽胡馬蹄。"同小紐又有："趢：趢趗，走聲。"驅赽榮利，謂急速追逐榮利。

渌 讀作綠。[二字《廣韻》同爲力玉切，入燭，來。]

斯2073《廬山遠公話》："是時也，春光楊（陽）艷，薰色芳菲，渌柳隨風而婀娜；望雲山而迢遞，睹寒鴈之歸忙。"（《校注》頁252/9-10）

禄 讀作綠。[禄，《廣韻》盧谷切，入屋，來。綠，《廣韻》力玉切，入燭，來。禄在通攝合口一等，綠在通攝合口三等，二字同聲母。]

伯3774丑年（公元八二一年）十二月《沙州僧龍藏牒——爲遺産分割糾紛》："後妻陰二娘子死，其妻陰二娘子衣服綀禄羅裙一腰，紅錦袴一、羅衫子一，碧羅被子一，皂綾襖子一，剪刀及針線等物，並大哥收拾。"（《釋錄》第二輯，頁283/5-7）

禄 讀作漉。[二字《廣韻》同爲盧谷切，入屋，來。]

伯3303《印度制糖法殘卷》:"禄水下(旁注:□門滿十五日開却)。着瓮承取水,竹甑内煞割令禄出,乾後,手遂一處,亦散去,曰煞割令。"(《釋録》第五輯,頁453/6-8)

禄 讀作録。[禄,《廣韻》盧谷切,入屋,來。録,《廣韻》力玉切,入燭,來。禄在通攝合口一等,録在通攝合口三等,二字同聲母。]

伯3216背唐至(?)德二年(公元七五七年?)正月十日《投社人何清清狀》:"右清清不幸薄福,父母併亡,更無至親老婆侍養,不報恩德,忽爾冥路,敢見父母之恩須緇俗不同,官門□□,幸諸大德和尚等攝衆生之寶意,□□慈深,矜捨小□,欲同接禮,後入社者,一延使□,伏望三官禄事,乞賜收名。"(《釋録》第一輯,頁291/1-7)

路 讀作露。[二字《廣韻》同爲洛故切,去暮,來。]

斯1399《雙盲不識鬼》:"路頭赤脚走,身上無衣披。"(《梵志》卷一,頁64,014首)

録 讀作緑。[二字《廣韻》同爲力玉切,入燭,來。]

伯3410年代未詳[公元八四○年]《沙州僧崇恩處分遺物憑據》:"録絹蘭,白練汗衫壹,赤黄綾夾袴兩腰。"

(《釋錄》第二輯,頁150/10)斯2607 1-4V年代不明[公元十世紀]《某寺交割常住什物點檢曆》:"全☐條並綊録羅裙紅錦腰內有住帶肆☐☐☐☐☐玖尺紅綾額壹條,紅錦腰並破☐☐新附董師子幡小額子壹條,録綾裙紅☐腰住帶貳拾玖。"(《釋錄》第三輯,頁42/8-11)斯86宋淳化二年(公元九九一年)四月廿八日《迴施疏》:"葬日臨壙焚屍兩處,共録獨織裙壹腰……"(《釋錄》第三輯,頁105/3-4)斯530《索法律和尚義責窟銘》:"誓腸羂於録草,而不顧於生還。"(《釋錄》第五輯,頁156/52)

録 讀作籙。[二字《廣韻》同爲力玉切,入燭,來。]

斯6836《葉净能詩》:"若在道精熟,符録最絶,宇宙之内,無過葉净能者矣。"(《校注》頁333/11)又:"五三僑流參謁,問其道術,净能具說符録之能,除其精魅妖邪之病,無不可言矣。"(《校注》頁335/2-3)又:"有録符之昇天地,除其精魅魍魎妖邪之病;合陳神丹,不得阻隔。"(《校注》頁335/19-20)又:"玄宗皇帝及朝庭大臣,嘆净能絶古超今,化窮無極,暴書符録,口聖幽玄,人間罕有,莫側(測)變現,與太上老君而無異矣!"(《校注》頁337/6-7)又:"皇帝展轉懷媿求道仙,嘆净能是事莫側(測)其涯,符録天下每不可比。"(《校注》頁338/11)

lǚ

侣 讀作旅。[二字《廣韻》同爲力舉切，上語，來。]

俄藏 Ф96《雙恩記》："坦然平道並無山，商侣稠盈不至難。"(《校注》頁 935/4)

呂 讀作侣。[二字《廣韻》同爲力舉切，上語，來。]

斯 3491《破魔變》："不了自家邪神呂，擎山覆海滅今（金）人。"(《校注》頁 532/18)

呂 讀作鏤。[呂《廣韻》力舉切，上語，來。鏤，《廣韻》盧候切，去候，來。呂在遇攝合口三等，鏤在流攝開口一等，二字韻母相去較遠，聲母相同。]

斯 2204《十無常》："奪人眼目扶容（芙蓉）貌，當年少。傑羅官（冠）子呂金花，掃煙霞。"

履 讀作侣。[履，《廣韻》力几切，上旨，來。侣，《廣韻》力舉切，上語，來。履在止攝開口三等，呂在遇攝合口三等，二字同聲母。]

伯 4640《沙州釋門索法律窟銘》："愴失履而孤惸，早虧恃怙，嗣隆古叔之願，誓畢殘功。"(《釋錄》第五輯，頁 100/64-65)

lù

緑 讀作録。[二字《廣韻》同爲力玉切,入燭,來。]

斯 6537 7V-8V《立社條件(樣式)》:"一,凡有七月十五日,造于蘭盤,兼及春秋二局,各納油麵,仰〈緣〉[緑]事於時出帖納物。"(《釋録》第一輯,頁 284/11-12)

【説明】《釋録》"緣"校作"緑"。"緑"讀作"録"。

luán

鸞 讀作鑾。[二字《廣韻》同爲落官切,平桓,來。]

伯 2553《王昭君變文》:"憶昔辭鸞殿,相將出雁門。"(《校注》頁 158/11)

lüè

略 讀作掠。[二字《廣韻》同爲離灼切,入藥,來。]

斯 5441《觀内有婦人》:"各各能梳略,悉帶(戴)芙蓉冠。"(《梵志》卷二,頁 96,024 首)項楚説:梳掠,梳理頭髮,引申爲梳妝打扮。

lún

論 讀作輪。[二字《廣韻》同爲力迍切,平諄,來。]

伯 2324《難陀出家緣起》："掃又掃不得，難陀又怕妻怪，惡發便罵世尊：'論王祇此不紹，作個師僧，□我他人！'"（《校注》頁 591/13）唐開元四年（公元七一六年）《西州高昌縣李慈藝告身》："瀚海軍破河西陣、白澗陣、土山陣、五里堠陣、東故妖陣等總六陣，准開元三年三月二十二日勅，並於憑洛城與賊戰鬥，先後敘功，六陣比類府城論臺等功人敘勳則令遞減，望各酬勳拾轉。"（《釋錄》第四輯，頁 283/1-4）

倫 讀作綸。[二字《廣韻》同爲力迍切，平諄，來。]

伯 4092《新集雜別紙》："動静有經倫之妙，夙霄持勤謹之規。"（《釋錄》第五輯，頁 409/70-71）

倫 讀作輪。[二字《廣韻》同爲力迍切，平諄，來。]

俄藏 Ф365《妙法蓮華經講經文（四）》："大士既能爲顯現，觀音便與救倫佪（迴）。"（《校注》頁 747/16）斯 2614《大目乾連冥間救母變文》："生時我舍事（是）吾珍，金軒駟馬駕珠（朱）倫。"（《校注》頁 1027/18）

綸 讀作論。[綸，《廣韻》力迍切，平諄，來。論，《廣韻》盧昆切，平魂，來。綸在臻攝合口三等，論在臻攝合口一等，二字同聲母。]

伯2754《唐安西判集殘卷存六道》："若處份明了，歲暮綸功，自昇上第。"(《釋録》第二輯，頁610/12)

淪 讀作輪。[二字《廣韻》同爲力迍切，平諄，來。]

伯2305《妙法蓮華經講經文（一）》："何日交（教）余聞妙法，幾時令我免淪迴。"(《校注》頁706/7)又："因何國主苦求哀，爲徒長劫免淪洄（迴）。"(《校注》頁710/13)伯2305《解座文匯抄》："若依前不肯抛貪愛，的没淪迴去不還。"(《校注》頁1176/17)

輪 讀作淪。[二字《廣韻》同爲力迍切，平諄，來。]

斯2073《廬山遠公話》："既有煩惱，即有沈輪；既有沈輪，即有地獄。"(《校注》頁262/19-20)又："只此身智，不愚（遇）相逢，所已（以）沈輪惡道。"(《校注》頁263/3)又："善慶問曰：'既稱平等爲性，緣何衆生沈輪生死，佛即證無餘涅槃？'"(《校注》頁266/18)

luó

羅 讀作儸。[二字《廣韻》同爲魯何切，平歌，來。]

斯2204《十無常》："愚人不信身虛患（幻），得久遠。英雄將爲（謂）没人過，駛（使）僂羅。"

羅 讀作罹。[羅,《廣韻》魯何切,平歌,來。罹,《廣韻》呂知切,平支,來。羅在果攝開口一等,罹在止攝開口三等,二字同聲母。]

伯2653《燕子賦(一)》:"不曾觸犯豹尾,緣没橫羅鳥災!"(《校注》頁376/9)

囉 讀作鑼。[二字《廣韻》同爲魯何切,平歌,來。]

伯2653《燕子賦(一)》:"無事破囉啾唧,果見論官理府。"(《校注》頁378/1-2)

luò

樂 讀作落。[二字《廣韻》同爲盧各切,入鐸,來。]

伯2553《王昭君變文》:"罇前校尉歌《楊柳》,坐上將軍舞樂輝。"(《校注》頁157/6)

洛 讀作讑。[二字《廣韻》同爲盧各切,入鐸,來。]

伯2653《燕子賦(二)》:"雀兒漫洛荒(謊)。"(《校注》頁414/21)

【說明】讑謊,胡説。《廣韻·鐸韻》:"讑:讑謊,狂言。"

洛 讀作酪。[二字《廣韻》同爲盧各切,入鐸,來。]

伯2133《妙法蓮華經講經文（三）》："或乳糜蘇（酥）洛，香飲朝嚴，同寶積之所陳，似純陀之所獻。"（《校注》頁729/17-18）

洛 讀作落。〔二字《廣韻》同爲盧各切，入鐸，來。〕

斯4654《舜子變》："姚（堯）王里（理）化之時，日洛千般祥瑞。"（《校注》頁200/3）斯2144《韓擒虎話本》："緣天使在此，并無歌樂，蕃家弓箭爲上，射鵰洛雁，供養天使。"（《校注》頁304/2-3）斯1285後唐清泰三年（公元九三六年）《楊忽律哺賣宅舍地基契》："又院洛地壹條，東西壹仗肆尺，南北並基伍尺，東至井道，西至鄧坡山及萬子，北至薛安昇及萬子，又井道四家停支出入，不許隔截。"（《釋錄》第二輯，頁9/2-4）

落 讀作㗚。〔二字《廣韻》同爲盧各切，入鐸，來。〕

斯2073《廬山遠公話》："闍梨適來所説言詞大遠，講讚經文大錯，總是信口落荒（㗚）。"（《校注》頁266/21）伯2653《燕子賦（一）》："雀兒打硬，猶自〔落〕㗚漫語。"（《校注》頁378/2-3）伯2653《燕子賦（二）》"不由君事落荒（㗚）。"（《校注》頁413/16）

【說明】㗚㖿，胡說。《廣韻·鐸韻》："㗚：㗚㖿，狂言。"

落 讀作洛。[二字《廣韻》同爲盧各切,入鐸,來。]

伯2305《解座文匯抄》:"説恆娥,談落浦,美貌人間難比喻。"(《校注》頁1172/5)

mǎi

買 讀作賣。[買,《廣韻》莫蟹切,上蟹,明。賣,《廣韻》莫懈切,去卦,明。二字同在蟹攝開口二等,韻母相同,聲母相同,僅聲調有別。]

伯2721《舜子變》:"買却田地莊園,學得甚鬼禍術魅,大杖打又不死!"(《校注》頁201/17)伯2344《祇園因由記》:"須達執言:'太子自許買園,責臣何過!'"(《校注》頁602/11)斯3050《不知名變文(二)》:"婢女言道:'某乙蓮花並總不買,名(明)日然燈佛到蓮花成(城)中供養世尊。'"(《校注》頁1135/1-2)斯1475 5V未年(公元八二七年)《安環清賣地契》:"未年十月三日,上部落百姓安環清,爲突田債負,不辦輸納,今將前件地出買與同部落人武國子。"(《釋錄》第二輯,頁1/2-4)斯3877 3V4V唐乾寧四年(公元八九七年)《張義全賣宅舍地基契約(抄)》:"從乾寧肆年丁巳歲正月拾貳日,平康[鄉]百姓張義全,爲緣闕小(少)糧用,遂將上件祖父舍兼屋木出買與洪潤鄉百姓令孤信通兄弟。"(《釋錄》第二輯,頁6/4-6)

mài

麥 讀作蕒。［麥，《廣韻》莫獲切，入麥，明。蕒，《廣韻》莫白切，入陌，明。二字同在梗攝開口二等而韻目鄰近，韻母相近，聲母相同。］

俄藏 Ф96《雙恩記》："麥地空中頓下雲，各自持花申供養。"（《校注》頁 929/10）

賣 讀作買。［賣，《廣韻》莫懈切，去卦，明。買，《廣韻》莫蟹切，上蟹，明。二字同在蟹攝開口二等，韻母相同，聲母相同，僅聲調有別。］

斯 5820、斯 5826 拚合未年（公元八〇三年）《尼僧明相賣牛契》："如後有人稱是寒道（盜）識認者，一仰本主賣上好牛充替。"（《釋錄》第二輯，頁 33/5-6）伯 3875 背丙子年（公元九七六或九一六年）《修造及諸處伐木油麵粟等破曆》："粟二斗，賣炭用。"（《釋錄》第三輯，頁 221/78）斯 4191 1V 亥年三月《某寺寺主義深諸色斛斗入破曆祘會牒殘卷》："麥玖碩肆虬賣皮裘形襠披氈裝束進光東行用。"（《釋錄》第三輯，頁 308/7-8）

mǎn

滿 讀作漫。［滿，《廣韻》莫旱切，上緩，明。漫，《廣韻》

莫半切，去換，明。二字同在山攝合口一等，韻母相同，聲母相同，僅聲調有別。]

伯3833《差着即須行》："進退不由我，何須滿優（憂）懼。"(《梵志》卷三，頁301，099首）伯3833《運命滿悠悠》："運命滿悠悠，人生浪聒聒。"(《梵志》卷三，頁307，101首）斯2041唐大中某年《儒風坊西巷村鄰等社約》："右上件村鄰等眾，就翟英玉家結義相和，賑濟急難，用防凶變，已後或有詬歌難盡，滿說異端，不存尊卑，科稅之艱，並須齊赴。"(《釋錄》第一輯，頁271/二1-3）斯0343 11V《析產遺囑（樣式）》："所是城外莊田、城內屋舍家活產業等、畜牧什物、恐後或有不亭爭論、偏併、或有無智滿說異端、遂令親眷相憎、骨肉相毀、便是吾不了事、今吾惺悟之時、所有家產、田莊畜牧什物等、已上並以分配、當自脚下、謹錄如後。"(《釋錄》第二輯，頁159/4-8）

màn

謾 讀作漫。[二字《廣韻》同爲莫半切，去換，明。]

伯2187《破魔變》："玉貌似雪，徒誇洛浦之容；朱臉如花，謾說巫山之貌。"(《校注》頁534/17）俄藏Φ96《雙恩記》："莫謾將珠送與他，不如掘地深埋却。"(《校注》頁938/17）

慢 讀作漫。[慢,《廣韻》謨晏切,去諫,明。漫,《廣韻》莫半切,去換,明。慢在山攝開口二等,漫在山攝合口一等,二字同聲母。]

斯 2073《廬山遠公話》:"相公曰:'汝莫慢語!'"(《校注》頁 259/5)斯 4327《不知名變文(一)》:"此下説陰陽人慢語話,更説師婆慢語話。"(《校注》頁 1131/8)伯 3730 背《某甲等謹立社條(樣式)》:"更有諸家横遭厄難,亦須衆力助之,不得慢説異言,拔己便須濟接。"(《釋録》第一輯,頁 280/15-16)

máng

芒 讀作恾。[二字《廣韻》同爲莫郎切,平唐,明。]

斯 1438 吐蕃佔領時期《沙州守官某請求出家狀等稿四十多件》:"夜色不分,深淺莫測,平人芒怕,各自潛藏。"(《釋録》第五輯,頁 319/74-75)

忙 讀作茫。[二字《廣韻》同爲莫切,平唐,明。]

斯 2204《十無常》:"每思人世流光速,時短促。人生日月闇催將,轉忙忙。"斯 0126 同。

忙 讀作恾。[二字《廣韻》同爲莫郎切,平唐,明。]

斯 1438 吐蕃佔領時期《沙州守官某請求出家狀等稿

四十多件》:"復百姓收刈之時,盡在城外。城中縱有所由,忙怕藏避。"(《釋錄》第五輯,頁 320/93-94)

【説明】《廣韻·唐韻》:"恾,怖也。"恾怕爲同義複詞。

恾 讀作忙。[二字《廣韻》同爲莫郎切,平唐,明。]

伯 2595 背乙未年前後《赤心鄉百姓令孤宜宜等狀(稿)》:"右宜宜等總是單身差着烽子,應着恾時,不與帖户,數諮鄉官,至與虚户。"(《釋錄》第二輯,頁 309/2-3)

máo

旄 讀作髦。[二字《廣韻》同爲莫袍切,平豪,明。]

伯 4640《沙州釋門索法律窟銘》:"皇考頓悟大乘賢者,諱定國,英旄雋彦,早慕幽貞。"(《釋錄》第五輯,頁 96/19-20)斯 3879《爲釋迦誕大會念經僧尼於報恩寺雲集帖》:"賢者某乙,英旄儁彦,早慕幽貞。"(《釋錄》第五輯,頁 153/19)伯 3882《托西王曹公外甥元清邈真讚序》:"蓋聞英旄降世,必膺物而誕生;賢哲佐時,順台星而合運。"(《釋錄》第五輯,頁 294/1-2)

毛 讀作牟。[毛,《廣韻》莫袍切,平豪,明。牟,《廣韻》

莫浮切，平尤，明。毛在效攝開口一等，牟在流攝開口三等，二字同聲母。］

斯2144《韓擒虎話本》："坐由（猶）未定，惚（忽）然十字地烈（裂），涌出一人：身披黄金鑠甲，頂戴鳳翅頭（兜）毛，按三丈（杖）低頭高聲唱喏。"（《校注》頁304/14-15）

mào

帽 讀作冒。［二字《廣韻》同爲莫報切，去號，明。］

伯3730寅年八月《沙彌尼法相牒並洪辯判辭》："牒沙彌尼法相，自以多生闕善，福報不圓，今世餘殃，恆處覆障，身無枷鏁，因繫不殊，常願適散，恐衆忝承，不惜身命，緣障深厚，不遂中心，每闕禮敬三尊利他之行，思心不足，無處申陳，豈敢帽受重信，然在貧病之後，少乏不濟，又去子丑二年儼狀無名，不霑毫髮，伏望教授和尚高明，廣布慈雲，厚蔭甘澤，榮枯普潤，則貧病下衆尼，庶得存生，請乞處分。"（《釋録》第四輯，頁115/1-7）

冒 讀作帽。［二字《廣韻》同爲莫報切，去號，明。］

伯3410年代未詳［公元八四〇年］《沙州僧崇恩處份遺物憑據》："吴三藏紫綾裘裟壹條，紫綾廬山冒子一頂。"（《釋録》第二輯，頁151/29）

【說明】"帽"是"冒"的孳乳字。

mèi

媚 讀作眉。[媚,《廣韻》明祕切,去至,明。眉,《廣韻》武悲切,平脂,明。二字同在止攝開口三等,韻母相同,聲母相同,僅聲調有別。]

斯 0343 10V《放良書(樣式)二件》:"娥媚秀柳,美娉窈窕之能(態),拔鬢抽絲,巧逞芙蓉之好。"(《釋錄》第二輯,頁 160/(二)4-5)

mén

門 讀作聞。[門,《廣韻》莫奔切,平魂,明。聞,《廣韻》無分切,平文,微。門在臻攝合口一等,聞在臻攝合口三等,二字聲母同為唇音。]

伯 2721《舜子變》:"鄰里悲哀,天下未門此事。"(《校注》頁 203/12)

méng

盟 讀作冥。[盟,《廣韻》武兵切,平庚,明。冥,《廣韻》莫經切,平青,明。盟在梗攝開口三等,冥在梗攝開口四等,韻母相近,聲母相同。]

斯 6537 2V3V《遺書(樣式)》:"恐有諍論,盟路

之間，故勒斯契，用爲後憑。"（《釋錄》第二輯，頁180/7-8）

蒙 讀作夢。［蒙，《廣韻》莫紅切，平東，明。夢，《廣韻》莫鳳切，去送，明。二字同在通攝合口一等，韻母相同，聲母相同。］

伯 2553《王昭君變文》："不應玉塞朝雲斷，直爲金河夜蒙連。"（《校注》頁 157/15）斯 2073《廬山遠公話》："遠公蒙中驚覺，悵忘（惘）非常，遂乃起坐，念《涅槃［經］》數卷。"（《校注》頁 256/2）

měng

猛 讀作盲。［猛，《廣韻》莫杏切，上梗，明。盲，《廣韻》武庚切，平庚，明。二字同在梗攝開口二等，韻母相同，聲母相同，僅聲調有別。］

斯 3050《不知名變文（二）》："道大雪山北面，言道王舍大城，有一大富長者，常年四月八日，設個無遮大會，供養八萬個僧：並是猛聾音（喑）啞，無數供養。"（《校注》頁 1134/4-5）又："箭（餞）濟貧人，並戀儸貝漏（攣躄背僂）、猛聾音（喑）啞，捨財無數，名爲給孤長者。"（《校注》頁 1134/15-16）

mí

靡 讀作魅。[靡,《廣韻》文彼切,上紙,明。魅,《廣韻》明祕切,去至,明。二字同在止攝開口三等而韻目鄰近,韻母相近,聲母相同。]

斯 4654《舜子變》:"政(正)午間跪拜四拜,學得甚媿(鬼)禍述(術)靡!"(《校注》頁 200/13)

縻 讀作靡。[縻,《廣韻》靡爲切,平支,明。靡,《廣韻》文彼切,上紙,明。二字同在止攝開口三等,韻母相同,聲母相同,僅聲調有別。]

伯 4640《沙州釋門索法律窟銘》:"好爵自縻,上帝聞其雅譽。"(《釋錄》第五輯,頁 96/19)

縻 讀作彌。[縻,《廣韻》靡爲切,平支,明。彌,《廣韻》武移切,平支,明。縻在止攝開口三等,彌在重紐,二字音極近。]

伯 4640《李明振氏再修功德記》:"因(固)本根而枝葉遂繁,承皇族而圓藉縻廣。"(《釋錄》第五輯,頁 79/3)

縻 讀作麋。[縻,《廣韻》靡爲切,平支,明。麋,《廣韻》

武悲切，平脂，明。二字同在止攝開口三等而韻目鄰近，韻母相近，聲母相同。〕

斯2144《韓擒虎話本》："蕃王聞語，連忙下馬，遥望南朝拜舞，叫呼萬歲。拜舞既了，遂揀細馬百疋，明駝千頭，骨咄、羖羝、麋鹿、麝香，盤纏天使。"（《校注》頁304/10-11）

mì

蜜 讀作密。〔蜜，《廣韻》彌畢切，入質，明。密，《廣韻》美畢切，入質，明。密在臻攝開口三等，蜜重紐，二字音極近。〕

斯2073《廬山遠公話》："白莊只於當處發願，早被本處土地便知，蜜現神通，來至廬山寺告報眾僧。"（《校注》頁254/21-255/1）斯6836《葉净能詩》："陛下但詔净能上殿賜座，殿後蜜排五百口劍，陛下洋洋（佯佯）問法，净能道法之次，洋洋（佯佯）振龍威。"（《校注》頁340/5-6）俄藏Ф101《維摩詰經講經文（二）》："齒排蜜蜜如山雪，意净澄澄若水精。"（《校注》頁811/15）伯3721《瓜沙兩郡大事記并序殘卷》："刺史遂乃蜜索弓箭，射着龍喉，便即拔劍砍下龍頭。其屍由有神通，却入泉内。"（《釋錄》第一輯，頁81/46-48）伯4660《敦煌管内僧政兼勾當窟曹公邈真讚》："禪庭蜜示，直達心通。"（《釋錄》

第五輯，頁111/8）伯3556《應管内釋門都僧統帖》："儻若如前，蜜有伺察者。"（《釋錄》第五輯，頁175/33）

miǎn

勉 讀作免。[二字《廣韻》同爲亡辨切，上獼，明。]

斯2073《廬山遠公話》："假使祁婆濃藥，扁鵲行針，死病到來，無能勉得。"（《校注》頁260/12-13）

免 讀作娩。[免，《廣韻》亡辨切，上獼，明。娩，同挽，《廣韻》亡辨切，上獼，明。二字同音。]

斯2073《廬山遠公話》："若是吾（悟）逆之子，如何分免！"（《校注》頁259/22-260/1）

miàn

面 讀作麵。[面，《廣韻》彌箭切，去線，明。麵，《廣韻》莫甸切，去霰，明。面在山攝開口三等重紐，麵在山攝開口四等，韻母相近，聲母相同。]

伯3833《負恩必須酬》："得他一石面，還他拾斜麥。"（《梵志》卷三，頁371，120首）

mǐn

愍 讀作敏。[二字《廣韻》同爲眉殞切，上軫，明。]

伯4660《河西都僧統悟真邈真讚並序》："鳳彰聰愍，志蘊懷奇。"(《釋錄》第五輯，頁114/4-5)

愍 讀作冥。[愍《廣韻》眉殞切，上軫，明。冥，《廣韻》莫經切，平青，明。愍在臻攝開口三等，冥在梗攝開口四等，二字同聲母。韻尾 -n 與 -ng 合流？]

伯3931《書啟公文——印度普化大師遊五臺山日記和迴鶻上後梁表等》："請閱梵文，便知愍昧。願爲壇越，勿見恓遲。"(《釋錄》第五輯，頁333/16)冥昧，蒙昧也。

敏 讀作憫。[二字《廣韻》同爲眉殞切，上軫，明。]

斯6417後唐長興二年（公元九三一年）正月《普光寺尼徒衆圓證等狀并海晏判辭》："普光弘基極大，衆内詮練綱維，並是釋中眉首，事須治務任持，且雖敬上愛下，人户則有憐敏之能。"(《釋錄》第四輯，頁54/14-17。《釋錄》原標點有誤)

míng

名 讀作明。[名，《廣韻》武并切，平清，明。明，《廣韻》武兵切，平庚，明。二字同在梗攝开口三等而韻目鄰近，韻母相近，聲母相同。]

斯2073《廬山遠公話》:"無明緣行,行緣識,識緣名色,名色緣六入,[六入]緣觸,觸緣受,受緣愛,愛緣取,取緣有,有緣生,生緣老病死優(憂)悲苦惱,[老病死優(憂)悲苦惱緣]無名。"(《校注》頁263/11-13)伯2344《祇園因由記》:"須達既見,將爲天明,嚴駕順路行至城南,到天祠邊,其名即沒,方之(知)半夜。"(《校注》頁601/18)斯3050《不知名變文(二)》:"婢女言道:'某乙蓮花並總不買(賣),名日然燈佛到蓮花成(城)中供養世尊。'"(《校注》頁1135/1-2)

明 讀作名。[明,《廣韻》武兵切,平庚,明。名,《廣韻》武并切,平清,明。二字同在梗攝開口三等而韻目鄰近,韻母相近,聲母相同。]

伯5032《渠人轉帖》:"其帖各自示明遞過(後缺)"(《釋錄》第一輯,頁407/7)

明 讀作鳴。[二字《廣韻》同爲武兵切,平庚,明。]

伯2553《王昭君變文》:"和明以合調,翼以當威儀。"(《校注》頁158/4)

mō

摸 讀作謀。[摸,《廣韻》莫胡切,平模,明。謀,《廣韻》

莫浮切，平尤，明。摸在遇攝合口一等，謀在流攝開口三等，二字同聲母。]

俄藏Ф96《雙恩記》："爲骨肉之營摸，致衣食之傷害。"(《校注》頁930/8-9)又："未可自要結緣，傾竭父母庫藏，須是別求財寶，救接貧窮，若不設計營摸，何名施主。"(《校注》頁932/19)又："去約數旬摸採訪，來朝半歲便歸還。"(《校注》頁935/4)又："欲摸計策辭宫內，又恐傳揚哭國城。"(《校注》頁938/19)

mó

模 讀作謀。[模，《廣韻》莫胡切，平模，明。謀，《廣韻》莫浮切，平尤，明。摸在遇攝合口一等，謀在流攝開口三等，二字同聲母。]

斯1073 1V唐光化三年(公元九〇〇年)四月《徒衆紹净等請某乙爲寺主牒稿》："右件僧，戒珠圓净，才智洪深，善達時機，權模越衆，凡庭茸續，藉此良能。"(《釋録》第四輯，頁50/2-4)

mò

漠 讀作莫。[二字《廣韻》同爲慕各切，入鐸，明。]

伯4638丁酉年(公元九三七年)《陰賢子買車具契》："丁酉年正月十九日漠高鄉百姓陰賢子伏緣家中爲無車乘，

今遂於兵馬使汜金鋼面上［買］脚壹具并釧，見過捌歲黰耕牛壹頭，准絹（後缺）"(《釋録》第二輯，頁 45/1-3)

没 讀作摩。［没，《集韻》母果切，上果，明。摩，《廣韻》莫婆切，平戈，明。二字同在果攝合口一等，韻母相同，聲母相同。］

伯 3211《家中漸漸貧》："長頭愛床坐，飽喫没娑肚。"(《梵志》卷二，頁 155，038 首)

没 讀作餺。［没，《廣韻》莫勃切，入没，明。餺，《廣韻》補各切，入鐸，幫。没在臻攝合口一等，餺在宕攝開口一等，二字聲母旁紐。韻尾 -t 與 -ng 合流？］

伯 4906 年代不明［公元十世紀］《某寺諸色破用曆》："麵貳㪷，没飥。"(《釋録》第三輯，頁 233/4)

末 讀作沫。［二字《廣韻》同爲莫撥切，入末，明。］

伯 3718《敦煌程和尚政信邈真讚並序》："聚散浮雲，悟世榮如水末。"(《釋録》第五輯，頁 275/7)

móu

謀 讀作牟。［二字《廣韻》同爲莫浮切，平尤，明。］

斯 2144《韓擒虎話本》："衾虎得兵，進軍便起，迅速

不停。來到中謀境上，屯軍便住。"(《校注》頁 300/20）

mù

木 讀作目。[木,《廣韻》莫卜切，入屋，明。目,《廣韻》莫六切，入屋，明。木在通攝合口一等，目在通攝合口三等，二字同聲母。]

斯 0343 9V-10V《放妻手書（樣式）》："妻則一言十口，夫則販（反）木生嫌。"(《釋錄》第二輯，頁 161/4）

墓 讀作慕。[二字《廣韻》同爲莫故切，去暮，明。]

伯 2641《莫高窟再修功德記》："而又知石火不實，風濁須臾，思十號之玄宗，墓三歸之正路者，粵有弟子節度押牙某甲以弟某等。"(《釋錄》第五輯，頁 234/3-5）伯 3502《張敖撰新集諸家九族尊卑書儀一卷》："即此，某蒙恩，限以□守□展接無由，空增瞻墓。"(《釋錄》第五輯，頁 304/62-63）

幕 讀作慕。[幕,《廣韻》慕各切，入鐸，明。慕,《廣韻》莫故切，去暮，明。幕在宕攝開口一等，慕在遇攝合口一等，二字同聲母。]

伯 4092《新集雜別紙》："每懷眷幕；無以遂諧。"(《釋錄》第五輯，頁 431/210-211）

募 讀作慕。[二字《廣韻》同爲莫故切,去暮,明。]

俄藏 Ф96《雙恩記》:"也有帝主后妃,募高閑而求道。"(《校注》頁 929/17)

暮 讀作沐。[暮,《廣韻》莫故切,去暮,明。沐,《廣韻》莫卜切,入屋,明。暮在遇攝合口一等,沐在通攝合口一等,二字同聲母。]

伯 2553《王昭君變文》:"如今以(已)暮單于德,昔日還承漢帝恩。"(《校注》頁 156/7)

暮 讀作墓。[二字《廣韻》同爲莫故切,去暮,明。]

羅振玉舊藏伯 2822 唐先天二年(公元七一三年)《沙州燉煌縣平康鄉籍》:"一段玖畝永業 城西七里塞門渠 東渠 西岸 南岸 北暮田。"(《釋錄》第一輯,頁 136/(二)9)

暮 讀作幕。[暮,《廣韻》莫故切,去暮,明。幕,《廣韻》慕各切,入鐸,明。暮在遇攝合口一等,幕在宕攝開口一等,二字同聲母。]

伯 2653《燕子賦(一)》:"安不離危,不巢於翠暮;卜勝[而]處,遂託弘(虹)梁。"(《校注》頁 376/3)

暮 讀作慕。[二字《廣韻》同爲莫故切,去暮,明。]

伯2305《解座文匯抄》:"戀西施,暮月面,多傾美容生敬善。"(《校注》頁1173/4)伯2691《沙州城土鏡》:"不暮孟春之選,願思佉夏之用;剃削青絲,唯修日業,□□履情端確,□性恬和,舒以信冠,披乎法鏡,一諦五乘之所,研之而有窮……"(《釋錄》第一輯,頁44/33-34)斯5937庚子年(公元九四〇年?)十二月廿二日《都師願通沿常住破曆》:"又麰兩石,雇張義成車千渠暮容使君莊載木用。"(《釋錄》第三輯,頁207/8-9)斯532乾德三年(公元九五六年)正月十五日《沙州三界寺授女弟子張氏五戒牒》:"牒得前件弟子,久暮良緣,夙懷善意,求出塵之捷徑,祈入聖之廣途。"(《釋錄》第四輯,頁77/3-4)伯2187《保護寺院常住物常住户不受侵犯帖》:"因茲管内清泰,遠人來暮於戟門,善能抑強,龍家披帶而生降,達訥似不呼而自至。"(《釋錄》第四輯,頁158/1-2)

目 讀作睦。[二字《廣韻》同爲莫六切,入屋,明。]

伯3212背(11)《夫妻相别書一道》:"兄弟父母,前世修因不全,弟互(?)各不和目。"(《釋錄》第二輯,頁195/5-6)

nà

内 讀作納。[内,《集韻》諾答切,入合,泥。納,《廣韻》奴答切,入合,泥。内如取《廣韻》切,則二字同聲母;如取《集韻》切,則二字同音。]

伯4960甲辰年五月廿一日《窟頭修佛堂社條》:"先秋教化,得麥拾伍碩叁斗,内濤兩碩伍斗磓,乾麥壹碩伍斗磓。"(《釋錄》第一輯,頁277/1-3)斯4037 1V乙亥年正月十日《社司轉帖》:"幸請諸公等,帖至,今卯時於主人武(?)家送内。"(《釋錄》第一輯,頁336/3-4)伯4017《社司轉帖》:"幸請諸公等,帖至限今月十一日卯時,於主人家送内,捉二人後到,罰酉(酒)一瓮,全不來者,罰酉(酒)半兑(瓮)。"(《釋錄》第一輯,頁410/3-5)北105:4757丁丑年(公元九七七年?)《金銀匠翟信子等狀並判詞》:"於丙子年秋填還内柒碩陸斗,更餘殘兩碩。"(《釋錄》第二輯,頁258/6-7)伯3774丑年(公元八二一年)十二月《沙州僧龍藏牒——爲遺產分割糾紛》:"内卅斤貼當家破釜鏃寫得八斗釜一口,手功麥十石,於裴俊處取付王菜。"(《釋錄》第二輯,頁284/37-38)

【説明】"内"本有入義,"納"本義本非入義。但今日通用以"納"爲入義。從俗,故説"内讀作納"。

náo

硇 讀作撓。[硇,《古今字音對照手冊》女交切,平肴,泥。撓,《廣韻》奴巧切,上巧,娘。二字同在效攝開口二等,韻母相同,聲母鄰近。]

斯 2144《韓擒虎話本》:"此是左掩右移(夷)陣,見前面津口紅旗,下面總是鹿巷,李(裏)有硇勾搭索,不得打着,切須既(記)當!"(《校注》頁 301/20-21)

nǎo

腦 讀作惱。[二字《廣韻》同爲奴晧切,上晧,泥。]

斯 2073《廬山遠公話》:"初見汝説,實載(在)驚疑,將爲腦亂講筵,有煩聽眾。"(《校注》頁 265/14-15)伯 2697 後唐清泰二年(公元九三五年)九月《比丘僧紹宗爲亡母轉念設齋施捨放良迴向疏》:"右件轉念設齋放良捨施,所申意者,奉爲故慈母一從掩世,三載星環,魂飯善惡,不知魄牽往扵何界,每慮生前積業,只爲男女之中,煩腦纏心,總是追遊九族,中陰之苦,無人得知,捺落迦深,全無替代,生死獲益,能仁照臨,拔厄濟危,不過清眾。"(《釋錄》第三輯,頁 89/6-12)

ní

尼 讀作泥。[尼,《廣韻》女夷切,平脂,娘;泥,《廣韻》奴低切,平齊,泥。尼在止攝開口三等,泥在蟹攝開口四等,二字同聲母。]

伯 2032 背後晉時代《净土寺諸色入破曆祘會稿》:"粟貳卧、沽酒,看尼界牆用。蓮(連)薮麵肆卧伍升,油半勝,泥界墙及樹圖衆僧食用。"(《釋錄》第三輯,頁 466/(三)211-212)

怩 讀作昵。[怩,《廣韻》女夷切,平脂,娘。昵,《廣韻》尼質切,入質,娘。怩在止攝開口三等,昵在臻攝開口三等,二字同聲母。]

伯 4660《金光明寺故索法律邈真讚並序》:"親怩則百從無踈,撫從敦煌,宗盟則一族無異。"(《釋錄》第五輯,頁 108/3-5)伯 3718《後唐鉅鹿律公寫真讚並序》:"鉅鹿律公,貴門子也。丹墀遠碍,親怩則百從無踈;撫定敦煌,宗盟則一族無異。"(《釋錄》第五輯,頁 280/1-2)

nǐ

擬 讀作疑。[擬,《廣韻》魚紀切,上止,疑。疑,《廣韻》語其切,平之,疑。二字同在止攝開口三等,韻母相同,

聲母相同，僅聲調有別。]

伯2305《解座文匯抄》："必生兜率更何擬，便向閻浮永別離。"（《校注》頁1175/10）

擬 讀作議。[擬，《廣韻》魚紀切，上止，疑。議，《廣韻》宜寄切，去寘，疑。二字同在止攝開口三等而韻目鄰近，韻母相近，聲母相同。]

伯3150癸卯年（公元九四三年）《吳慶順典身契》："癸卯年十月二十八日，慈惠鄉百姓吳慶順兄弟三人商擬（議），爲緣家中貧乏，欠負廣深，今將慶順己身典在龍興寺索僧政家。"（《釋錄》第二輯，頁51/1-3）

niē

捻 讀作踂。[捻，《廣韻》奴協切，入帖，泥。踂，《集韻》諾葉切，入帖，泥。捻在咸攝開口四等，踂在咸攝開口三等，韻母相近。而捻在《集韻》中有諾葉切之音，與踂同音。]

斯328《伍子胥變文》："慮恐此處人相掩，捻腳攢形而暎（映）樹。"（《校注》頁3/12）

【說明】項楚注"捻腳"爲"輕提腳步"。是。《集韻·帖韻》："踂：行輕也。"今"躡手躡腳"之"躡腳"，似可溯源至此。躡在《集韻》葉韻，音昵輒切，與"踂"

只有三、四等之别而已。另，映有隱蔽義。

niè

躡 讀作攝。[躡，《廣韻》尼輒切，入葉，娘。攝，《廣韻》書涉切，入葉，書。二字同在咸攝開口三等，韻母相同。]

斯328《伍子胥變文》："晝即途中尋鬼路，躡影藏形恆夜遊。"（《校注》頁9/19）攝有收斂義。

níng

儜 讀作佞。[儜，《廣韻》女耕切，平耕，娘。佞，《廣韻》乃定切，去徑，泥。儜在梗攝開口二等，佞在梗攝開口四等，二字聲母相近。]

伯2718《相交莫嫉妬》："相交莫嫉妬，相〈勸〉[歡]莫蛆儜。"（《梵志》卷四，頁549，231首）伯2718《尋常懃念善》："心裏無蛆儜，何愁佛不成。"（《梵志》卷四，頁557，236首）

【說明】項楚說：蛆儜即"怚佞"，伯2718《尋常懃念善》"心裏無蛆儜"之"儜"，伯3716、斯2710、斯3393均作"佞"。怚，驕傲。佞，諂媚。按：《集韻·徑韻》乃定切下有"佞"字，又有"儜"字，當與"儜"字同。復有"諪"字，云："《博雅》'諪，諛諂也。'通作佞、誑。"《漢語大詞典》收有"諪好""諪言"，均出自漢·揚雄《法言·問明》，兩"諼"或作"諤"，諤爲妄言。依《法言》文意，似乎可校作"諤言敗俗，諼好敗則，姑息敗德"。要之，"好"爲討好，其前不當爲"諤"，作"諼"者是。此爲"儜"在四部書中之用例。

凝 讀作擬。[凝，《廣韻》魚陵切，平蒸，疑。擬，魚紀切，上止，疑。凝在曾攝開口三等，擬在止攝開口三等，二字同聲母，上古音分屬蒸、之部，存在對轉關係。是否唐代仍舊有這種對轉關係？或者可從二字同從疑得聲來解釋。]

斯 2041 唐大中某年《儒風坊西巷村鄰等社約》："一，所置義聚，備凝凶禍，相共助誠（成），益期賑濟急難。"（《釋錄》第一輯，頁 271/三1）

【說明】擬，準備（物品或兵力，不是僅僅心中打算）。《齊民要術·收種》："至春，治取別種，以擬明年種子。"《北齊書·神武帝紀下》："遣領軍將軍婁昭……并州刺史高隆之擬兵五萬，以討荆州。"備擬是同義複詞。唐·陸贄《請邊城貯備米粟等狀》："去歲版築五原，大興師旅，所司素無備擬，臨事支計缺然。"辭書將此義與心中打算之"擬"作同一義項（如宋·柳永《鳳栖梧》詞："擬把疏狂圖一醉，對酒當歌，强樂還無味。"）處理，未是。

寧 讀作靈。〔寧,《廣韻》奴丁切,平青,泥。靈,《廣韻》郎丁切,平青,來。二字同韻母。〕

伯2553《王昭君變文》:"敕未至,單于喚丁寧塞上衛律,令知葬事。"(《校注》頁159/5)

疑 讀作凝。〔疑,《古今韻會舉要》疑陵切,平蒸。凝,《廣韻》魚陵切,平蒸,疑。二字同音。〕

伯4640《沙州釋門索法律窟銘》:"長子僧常振,天資爽悟,道經(鏡)逾明;欽念三乘,疑修四諦。"(《釋錄》第五輯,頁100/62-63)斯2113 5V《唐沙州龍興寺上座德勝宕泉創修功德記》:"大身金像,疑見無邊。"(《釋錄》第五輯,頁244/40)

nóng

濃 讀作醲。〔二字《廣韻》同爲女容切,平鍾,娘。〕

斯6537 7V-8V《立社條件(樣式)》:"一,社內不諫大少,無格席上喧拳,不聽上下,衆社各決丈(杖)卅棒,更罰濃醲一延(筵),衆社破用,其身賓(擯)出社外,更無容〈始〉[免]者。"(《釋錄》第一輯,頁284/13-15)

濃 讀作膿。〔濃,《廣韻》女容切,平鍾,娘。膿,《廣韻》

奴冬切，平冬，泥。濃在通攝合口三等，膿在通攝合口一等，二字聲母相近。]

斯2073《廬山遠公話》："濃血皮膚，綺羅纏體，五陰之內，七孔常流，內懷糞穢之膻腥，遊血骨外。"（《校注》頁260/20）斯2073《廬山遠公話》："從頭觀至足，遍體是濃流。"（《校注》頁261/1）

膿 讀作醲。[膿，《廣韻》奴冬切，平冬，泥。醲，《廣韻》女容切，平鍾，娘。膿在通攝合口一等，醲在通攝合口三等，二字聲母相近。]

伯3730背《某甲等謹立社條（樣式）》："立條已後，一取三官裁之，不許紊亂條嚴，上下有此之輩，決丈（杖）七下，[罰]膿膩（醲）一延（筵）。"（《釋錄》第一輯，頁280/17-19）

膿 讀作農。[二字《廣韻》同爲奴冬切，平冬，泥。]

伯3094背《某某雇工契》："所有莊上膿具鞦钁鐮鏵舟袋器實（什）物等，並分付作兒身上。"（《釋錄》第二輯，頁73/3-4）

nú

奴 讀作怒。[奴，《廣韻》乃都切，平模，泥。怒，《廣韻》

乃故切，去暮，泥。二字同在遇攝合口一等，韻母相同，聲母相同。]

斯2073《廬山遠公話》："白莊聞語，大奴非常，遂喚遠公直至面前，高聲責曰："（《校注》頁256/3-4）

nǔ

努 讀作怒。[二字《廣韻》同爲奴古切，上姥，泥。]

伯4525（11）宋太平興國七年（公元九八二年）二月《立社》："後有人若是忽努，不聽大小者，先説出社者，願賢聖證知。"（《釋錄》第一輯，頁279/13-14）

nù

怒 讀作努。[二字《廣韻》同爲奴古切，上姥，泥。]

伯3502《張敖撰新集諸家九族尊卑書儀一卷》："唯憂家内如何存濟，怒力侍奉尊親，男女切須教訓。"（《釋錄》第五輯，頁307/120-121）

nuó

儺 讀作那。[二字《廣韻》同爲諾何切，平歌，泥。]

斯2144《韓擒虎話本》："賈（假）饒螻蟻成堆，儺能與天爲患！"（《校注》頁300/11）

那 讀作奈。〔二字《廣韻》同爲奴箇切，去箇，泥。〕

伯3833《我家在何處》："寄語天公道：寧能那我何？"（《梵志》卷三，頁382，124首）

【説明】《集韻·箇韻》乃箇切下也有"奈""那"，"那"有異體字"哪、喏"，云："語助。或从口从奈。"

nuò

喏 讀作若。〔喏，《集韻》爾者切，上馬，日。若，《廣韻》而灼切，入藥，日。喏在假攝開口三等，若在宕攝開口三等，二字同聲母。疑敦煌寫卷的"喏"不過是"若"的增旁字。〕

斯4660戊子年六月《兄弟社轉帖》："幸請諸公等，帖至，限今日脚下，於燉煌蘭喏門前取齊。"（《釋錄》第一輯，355/3-4）伯3707戊午年四月廿四日《親情社轉帖》："帖至，限今月廿五日卯時，於孔闍梨蘭喏取齊。"（《釋錄》第一輯，352/3-4）

ōu

敺 讀作毆。〔敺，《集韻》於口切，上厚，影。毆，《廣韻》烏后切，上厚，影。二字同在流攝開口一等，聲韻調全同。〕

北6903唐開元二十五年（公元七三七年）《律疏——

名例律疏殘卷》："又聞訟律，毆傷部曲，減凡人一等，奴婢又減一等。"(《釋錄》第二輯，頁524/90-91）

歐 讀作謳。[二字《廣韻》同爲烏侯切，平侯，影。]

伯4092《新集雜別紙》："野老歐歌，貪喜飛蝗之德；兒童鼓舞，皆談泣虎之威。"(《釋錄》第五輯，頁405/45）

pà

怕 讀作拍。[怕，《廣韻》普駕切，去禡，滂。拍，《廣韻》普伯切，入陌，滂。怕在假攝開口二等，拍在梗攝開口二等，二字同聲母。當以同從白得聲而通讀。]

伯2324《難陀出家緣起》："飲滿勾巡一兩盃，徐徐慢怕管絃催。"(《校注》頁590/15）

pān

潘 讀作拚。[潘，《廣韻》普官切，平桓，滂。拚，同捹，《廣韻》普官切，平桓，滂（據《古今字音對照手册》）。二字同音。]

伯3697《捉季布傳文》："九族潘遭違敕罪，死生相爲莫憂身。"(《校注》頁93/11）又，"僕便爲君重奏去，將表呈時潘帝嗔。"(《校注》頁97/21）伯2999《太子成道經》:"若能取我眼精,心裏也能潘得。取我懷中憐愛子,千生萬劫實難潘。"(《校注》頁439/3-4)斯4571《維摩詰經講經文(一)》:"贖香錢減兩三文,買笑銀潘七八挺。"(《校注》頁762/1)台北藏敦煌寫卷《盂蘭盆經講經文》:"時向(餉)之間潘却命,由(猶)怕孩兒有損殤。"(《校注》頁1007/1)伯3281背《押衙馬通達狀稿三件》:"尚書死後,擬隨慕容神護入京,又被涼州麴中丞約勒不達,愚意思甘,伏緣大夫共司空一般,賊寇之中潘死遠投鄉井,只欲伏事大夫,盡其忠節。"(《釋錄》第四輯,374/(一)4-7)拚,捨棄,豁出去。

潘 讀作藩。[潘,《廣韻》普官切,平桓,滂。藩,《廣韻》甫煩切,平元,非。潘在山攝合口一等,藩在山攝合口三等。]

伯3931《書啓公文——印度普化大師遊五臺山日記和迴鶻上後梁表等》:"望顯潘垣之上,名光武庫之中。"(《釋錄》第五輯,頁338/113-114)

攀 讀作盼。[攀,《廣韻》普班切,平刪,滂。盼,《廣韻》匹莧切,去襇,滂。二字同在山攝合口二等而韻目鄰近,韻母相近,聲母相同。]

伯3718《敦煌程和尚政信邈真讚並序》:"僾俙顧

攀，邈影遺粉繪威稜，丹青仿佛。"(《釋錄》第五輯，頁 276/20-21）

【説明】《説文·人部》："僾，仿佛也。從人愛聲。《詩》曰：'僾而不見。'"僾俙義同依稀。

pán

盤 讀作盆。[盤，《廣韻》薄官切，平桓，並。盆，《廣韻》蒲奔切，平魂，並。盤在山攝合口一等，盆在臻攝合口一等，二字同聲母。]

斯 6537 7V-8V《立社條件（樣式）》："一，凡有七月十五日，造于蘭盤，兼及春秋二局，各納油麵，仰〈緣〉[綠]事於時出帖納物。"(《釋錄》第一輯，頁 284/11-12）

【説明】"緣"校作"綠"，"綠"讀作"錄"。

般 讀作盤。[二字《廣韻》同爲薄官切，平桓，並。]

斯 2073《廬山遠公話》："預（喻）若採花胡蝶，般旋只在虛空，忽見一棵牡丹，將身便採芳蘂。"(《校注》頁 261/8-9）伯 2942 唐永泰年代（公元七六五—七六六年）《河西巡撫使判集》："肅州無糧，或可率稅。建康乏絶，又要般躔。救患恤鄰，何妨撥輿。任自收獲，又省往來。"(《釋錄》第二輯，頁 625/102-103）

敦煌文獻通讀字　　　　　　　　　　　　　　　　　295

槃 讀作盤。[二字《廣韻》同爲薄官切，平桓，並。]

　　伯4640《翟家碑》："陵朝陽亦槃迴，巡岠嶭而瞻仰。"
（《釋錄》第五輯，頁88/34）

pàn

畔 讀作拚。[畔，《廣韻》蒲半切，去換，並。拚，同拌，《廣韻》普官切，平桓，滂（據《古今字音對照手冊》）。二字同在山攝合口一等，韻母相同，聲母旁紐。]

　　伯3394《唐大中六年（公元八五二年）僧張月光、呂智通易地契》："立契[已後]或有人忓悋園林舍宅田地等稱爲主記者，一仰僧張月光子父知（衹）當，並畔覓上好地充替，入官措案。"（《釋錄》第二輯，頁2/13-15）伯3649背後周顯德四年（公元九五七年）《吳盈順賣田契（抄）》："自賣已後，永爲琛家子孫男女稱爲主記爲准，有吳家兄弟及別人侵射此地來者，一仰地主面上並畔覓好地充替。"（《釋錄》第二輯，頁11/5-6）斯2385《陰國政賣地契》："□□稱爲主者，一仰叔衹當，並畔覓上好地替，如□□□已後，不許別房侄男侵劫，如若無辜非理諍論，願□□天傾地陷。"（《釋錄》第二輯，頁16/7-9）拚，豁出去，盡全力。

判 讀作叛。[判，《廣韻》普半切，去換，滂。叛，《廣韻》

薄半切，去換，並。二字韻母相同，聲母旁紐。]

伯3399《幽州都督張仁亶上九諫書》："故知判臣逆子，何代無之，雖慈父嚴君，未能全免。"（《釋錄》第四輯，頁310/43-44）

pào

泡 讀作胞。[二字《廣韻》同爲匹交切，平肴，滂。]

俄藏Ф365《妙法蓮華經講經文（二）》："當初菩薩悟泡胎，知道終須臥土堆。"（《校注》頁723/15）伯2305《解座文匯抄》："同泡共乳長爲人，不修［實是愚癡意］。"（《校注》頁1172/15）

péi

裴 讀作賠。[裴，《廣韻》薄回切，平灰，並。賠，《古今字音對照手冊》薄回切，平灰，並。二字同音。]

斯1398壬午年（公元九八二年）《郭定成典身契（抄）》："若不得抛工，故行故坐□□□鐮刀器袋牛羊畜生，合宅若畔上非理失却打破，裴在定成身上，□□□活，若牛羊畜生非命打煞，不關主人之事。"（《釋錄》第二輯，頁53/4-6）北309：8374甲戌年（公元九七四年）《竇破蹄雇工契（抄）》："若作兒手上使用籠具鐮刀鏵舟鍬钁袋器什物等，畔上抛抶打損，裴在作兒身［上］，不關主人之事。"(《釋錄》第二輯，頁 69/6-8）斯 1403《某年十二月程住兒雇驢契》："如若不還，便任掣奪便皮賈（價）☐☐☐仰住兒裴掣……"(《釋錄》第二輯，頁 42/4-5）

倍 讀作賠。[倍，《集韻》蒲枚切，平灰，並。賠，《古今字音對照手冊》薄回切，平灰，並。二字同音。]

伯 3724《貧窮田舍漢》："租調無處出，還須里正倍。"(《梵志》卷五，頁 651，270 首）伯 3636 丁酉年五月廿日《社人吳懷實委託兄王七承當社事憑據》："若物不充，便將田地租典，取物倍社。"(《釋錄》第一輯，頁 383/6）伯 3813 背唐 [公元七世紀後期?]《判集存十九道》："馬主索倍，選人不伏。"(《釋錄》第二輯，頁 606/149）伯 3813 背唐 [公元七世紀後期?]《判集存十九道》："以人況馬，彼此何殊，馬不合倍，理無在惑。"(《釋錄》第二輯，頁 606/155）伯 3150 癸卯年（公元九四三年）《吳慶順典身契》："如若主人不在，所有農 [具] 遺失，亦仰慶順填倍。"(《釋錄》第二輯，頁 51/8-9）斯 3877 4V 戊戌年（公元八七八年）《令孤安定雇工契（抄）》："[如] 違打，倍在作人身。"(《釋錄》第二輯，頁 55/8）天津藝博 0735 背後晉天福四年（公元九三九年）《姚文清雇工契（抄）》："手上使用籠具失却，倍在自身。"(《釋錄》第二輯，頁62/6）伯3649背丁巳年（公元九五七年）《賀保定雇工契（抄）》："忽若偷他人牛羊麥粟瓜果菜茹，忽又（若）捉得，倍在自身祇當。"（《釋錄》第二輯，頁65/4-5）

【説明】"賠"字後出。此義在"賠"未出現時，用"陪"或"倍"字。如：唐·處默《織婦》詩："成縑猶自陪錢納，未直青樓一曲歌。"《水滸傳》第五十一回："況兼我又無父母掛念，家私儘可倍償。"敦煌文書中還借用"裴"字，參見該條。

倍 讀作陪。[倍，《集韻》蒲枚切，平灰，並。陪，《廣韻》薄回切，平灰，並。二字同音。]

伯2754《唐安西判集殘卷存六道》："士達之徒，早緣教習，行動之處，理合倍隨。"（《釋錄》第二輯，頁612/42）此用陪同義。

陪 讀作背。[陪，《廣韻》薄回切，平灰，並。背，《廣韻》蒲昧切，去隊，並。二字同在蟹攝合口一等，韻母相同，聲母相同，僅聲調有別。]

斯2144《韓擒虎話本》："是（事）君爲（違）陪，於天不祐，先斬公手（首），在（再）居中營，後[與]周羅侯交戰。"（《校注》頁302/20-21）

陪 讀作倍。[陪，《廣韻》薄回切，平灰，並。倍，《廣韻》薄亥切，上海，並；《集韻》有部浼切之音，上賄，並。二字同聲母。陪在蟹攝合口一等，倍，依《廣韻》在蟹攝開口一等，依《集韻》在蟹攝合口一等。依《集韻》則二字韻母相同，依《廣韻》則二字韻母相近。聲調有別。]

斯 1475 14V15V 卯年（公元八二三年？）《阿骨薩部落百姓馬其鄰便麥契附僧義英便麥契與便麥記録》："如違限不還，其麥請陪爲壹拾陸碩，仍任將契爲領六，牽掣家資雜物牛畜等，用充佛麥。"（《釋錄》第二輯，頁 91/（一）3-5）斯 5647《分書（樣式）》："上者更須臨恩，陪加憂恤；小者更須去義，轉益功（恭）勤。"（《釋錄》第二輯，頁 170/50-53）伯 3490 背《修佛剎功德記》："年豐歲稔，家家有鼓腹之歡；水治洪波，户户有陪收之業。（《釋錄》第五輯，頁 238/11-12）

陪 讀作賠。[陪，《廣韻》薄回切，平灰，並。賠，《古今字音對照手册》薄回切，平灰，並。二字同音。]

斯 4192 未年（公元八〇三年？）四月五日《張國清便麥契》："如違不還，其麥請陪。"（《釋錄》第二輯，頁 79/2-3）

pēn

噴 讀作賁。[噴,《廣韻》普魂切,平魂,滂。賁,《廣韻》博昆切,平魂,幫。二字韻母相同,聲母旁紐。]

　　伯2653《燕子賦(一)》:"雀兒被額,更害氣噴。"(《校注》頁378/14)《校注》謂氣賁是臟氣壅塞而欲奔急的病。

péng

蓬 讀作逢。[蓬,《廣韻》薄紅切,平東,並。逢,《廣韻》符容切,平鍾,奉。蓬在通攝合口一等,逢在通攝合口三等,二字聲母同爲唇音。]

　　斯2073《廬山遠公話》:"適來奉將軍處分,寺內寺外,搜尋僧人,處處並總不蓬,行至寺門外,見一僧人,不敢不報。"(《校注》頁255/10-11)

pī

被 讀作披。[被,《集韻》攀糜切,平支,滂。披,《廣韻》敷羈切,平支,滂。二字同音。]

　　斯0778《雙盲不識鬼》:"露頭赤脚走,身上無衣被。"(《梵志》卷一,頁64,014首)伯3724《夫婦生五男》:"妻即無褐被,夫體無褌袴。"(《梵志》卷五,頁630,

264首）

帔 讀作披。［二字《廣韻》同爲敷羈切，平支，滂。］

伯3556《後周敦煌大乘寺法律尼某乙邈真讚並序》："帔緇就業，八万之細行無虧；禁戒堅持，三千之威儀匪犯。"（《釋錄》第五輯，頁170/4）披緇，穿上緇衣（僧尼之服），指出家。

披 讀作被。［披，《廣韻》敷羈切，平支，滂。被，《廣韻》皮彼切，上紙，並。二字同在止攝開口三等，韻母相同，聲母旁紐。］

伯2305《解座文匯抄》："遇干戈，披鞭拷，地下深藏與他道。"（《校注》頁1176/13）

披 讀作帔。［二字《廣韻》同爲敷羈切，平支，滂。］

伯3416乙未年《某某榮葬名目》："郭貞信餅粟白綿綾一丈二尺黃畫披子七尺。"（《釋錄》第四輯，頁25/10）

pì

僻 讀作劈。［二字《廣韻》同爲普擊切，入錫，滂。］

斯2144《韓擒虎話本》："箭發離弦，勢同僻竹，不東

不西，恰向鹿齊（臍）中箭。"（《校注》頁 303/15）

辟 讀作僻。[辟，《廣韻》房益切，入昔，並。僻，《廣韻》芳辟切，入昔，滂。二字韻母相同，聲母旁紐。]

伯 2305《解座文匯抄》："當情道着莫生嫌，辟病説時徒戒助。"（《校注》頁 1174/9）僻，邪僻。

辟 讀作擗。[二字《廣韻》同爲房益切，入昔，並。]

伯 4638《曹良才畫像讚》："哀子辟踊而無依，閨女傷嗟而滿路。"（《釋録》第五輯，頁 229/27）擗踊，搥胸頓足，表示極度哀痛。

piān

偏 讀作篇。[二字《廣韻》同爲芳連切，平仙，滂。]

伯 2187《破魔變》："大治生靈垂雨露，廣敷釋教讚花偏。"（《校注》頁 536/19）

偏 讀作編。[偏，《廣韻》芳連切，平仙，滂。編，《廣韻》卑連切，平仙，幫。二字韻母相同，聲母旁紐。]

伯 2942 唐永泰年代（公元七六五—七六六年）《河西巡撫使判集》："又判　某乙自到沙州，偏户盡無率税，費用約儉，且得支持。"（《釋録》第二輯，頁 622/54-55）

率稅，唐代的一種雜稅，是由率貸轉化而來的。率貸名義上是官府向富戶借錢，率稅則爲按百姓財産的多少而抽稅。

piāo

漂 讀作飄。[二字《廣韻》同爲撫招切，平宵，滂。]

伯 2187《破魔變》："人漂五色之衣，日照三珠（銖）之服。"（《校注》頁 534/18）

漂 讀作標。[漂，《廣韻》撫招切，平宵，滂。標，《廣韻》甫遥切，平宵，幫。二字同在效攝開口三等，韻母相同，聲母旁紐。]

斯 6537 6V-7V《立社條件（樣式）》："勒截俱件，壹別漂各（名），取衆人意壞（懷），嚴切丁寧，別列事段。"（《釋録》第一輯，頁 283/5-6）

漂遥 讀作嫖姚。[漂，《廣韻》匹妙切，去笑，滂。嫖，《廣韻》毗召切，去笑，並。二字同在效攝開口三等，韻母相同，聲母旁紐。遥、姚二字《廣韻》同爲餘昭切，平宵，以。]

伯 2553《王昭君變文》："漂遥有懼於獫狁，衛霍怯於强胡；不稼（嫁）昭軍（君），紫塞難爲運策定。"（《校注》頁 160/11-12）霍去病，漢武帝時著名將領，被任命爲驃姚校尉，故稱霍驃姚。

piào

慓 讀作標。［慓，《廣韻》匹妙切，去笑，滂。標，《廣韻》甫遥切，平宵，幫。二字同在效攝開口三等，韻母相同，聲母旁紐。］

伯 3730 背《某甲等謹立社條（樣式）》："勒截具件，壹別慓各（名），取衆人意懷。嚴切丁寧，別例（列）［事］段。"（《釋録》第一輯，頁 280/6-7）

pín

嬪 讀作鬢。［嬪，《廣韻》符真切，平真，並。鬢，《廣韻》必刃切，去震，幫。二字同在臻攝開口三等，韻母相同，聲母旁紐。］

斯 2144《韓擒虎話本》："皇后重梳嬋（蟬）嬪，載（再）畫娥媚（蛾眉）。"（《校注》頁 299/5）

pō

頗 讀作叵。［二字《廣韻》同爲普火切，上果，滂。］

伯 2344《祇園因由記》："於中有煩惱重者不賓，而由（猶）頗態（耐）：'終須作計以酬！'"（《校注》頁

603/12）

坡 讀作頗。［二字《廣韻》同爲滂禾切，平戈，滂。］

伯2133《妙法蓮華經講經文（三）》："佛既問，没偏坡，福田沙數等恆河。"（《校注》頁731/9）斯4374《分書（樣式）》："今對六親商量底定，始立分書。既無偏坡，將爲後驗。"（《釋録》第二輯，頁185/10-11）

pū

撲 讀作璞。［撲，《廣韻》蒲角切，入覺，並。璞，《廣韻》匹角切，入覺，滂。二字韻母相同，聲母旁紐。］

俄藏Ф365《妙法蓮華經講經文（四）》："既似撲中有白玉，還如礦内見黄金。"（《校注》頁744/12）

pú

僕 讀作撲。［僕，《廣韻》蒲木切，入屋，並；又蒲沃切，入沃，並。撲，《廣韻》蒲角切，入覺，並。僕在通攝合口一等，撲在江攝開口二等，二攝可旁轉通讀，二字同聲母。］

斯2073《廬山遠公話》："雲慶聞語，舉身自僕，七孔之中，皆流鮮血，良久乃蘇。"（《校注》頁256/4）

僕 讀作㬺。【僕,《廣韻》博木切, 入屋, 幫。㬺,《廣韻》蒲角切, 入覺, 並。僕在通攝合口一等, 㬺在江攝開口二等, 二攝可旁轉通讀。二字聲母旁紐。】

伯2491《燕子賦（一）》:"脊上躭個禖（僕）子, 髩髩亦（欲）高尺五。"(《校注》頁377/21)

【説明】"禖（僕）子", 伯2653作"服子"。"禖"定作"僕"後, 仍讀作"㬺"。這是通攝與江攝的旁轉。業聲之字, 也有入江攝的, 如"璞""樸"。《集韻·屋韻》博木切小紐的"撲"字又音弼角切, 與"㬺"同小紐, 同從"業"聲又同小紐的"禖"讀作"㬺", 應該是可以通得過的。況且,《集韻》中還有不少"暴"聲"業"聲互易而成爲異體的字, 如《覺韻》的"搮、撲",《屋韻》的"氉、氉", 也足爲佐證。㬺, 腫起的包。參"服讀作㬺"條。

葡 讀作匍。[葡,《篇海》蒲胡切, 平模, 並。匍,《廣韻》薄胡切, 平模, 並。二字同音。]

斯6537 6V-7V《立社條件（樣式）》:"諸家若有喪亡, 便須葡匐成以（以成）立, 要車齊心成車, 要舉（轝）亦乃一般。"(《釋錄》第一輯, 頁283/6-7)

蒱 讀作蒲。[二字《廣韻》同爲薄胡切, 平模, 並。]

斯328《伍子胥變文》："偏憐鵲語蒱桃架，念燕雙棲白玉堂。"(《校注》頁6/20。《校注》本徑據丁卷即伯2794錄作"蒲")蒲桃，既然有架，當是葡萄。

pǔ

浦 讀作蒲。[浦，《廣韻》滂古切，上姥，滂。蒲，《廣韻》薄胡切，平模，並。二字同在遇攝合口一等，韻母相同，聲母旁紐。]

斯5647《遺書（樣式）二件》："吾報男某專甲□以年侵浦柳，髮白桑〈爲〉榆，疾病衰羸，漸以沉重。"(《釋錄》第二輯，頁163/（二）1-4。原卷"浦"字實有艹頭)蒲柳，即水楊，一種入秋即凋零的樹木。年侵蒲柳，指到了凋零的年歲。

qī

柒 讀作漆。[二字《廣韻》同爲親吉切，入質，清。]

伯3774丑年（公元八二一年）十二月《沙州僧龍藏牒——爲遺產分割糾紛》："□［漆］梡疊並柒盤□□事，所有緣身𢬸□□□□□□"(《釋錄》第二輯，頁283/1）伯3587年代不明［公元十世紀］《某寺常住什物交割點檢曆》："朱屢柒壘子壹。"(《釋錄》第三輯，頁47/18）伯2049背後唐同光三年（公元九二五年）正月《沙州净土

寺直歲保護手下諸色入破曆祘會牒》："粟壹碩，先善惠手上與畫柒器先生用。"(《釋錄》第三輯，頁 358/269-270)

期 讀作其。[二字《廣韻》同爲渠之切，平之，羣。]

伯 2553《王昭君變文》："賤妾儻期蕃裏死，遠恨家人昭（招）取魂。"(《校注》頁 156/9) 斯 2073《廬山遠公話》："遂乃立期州縣，各自烈（裂）土分疆。"(《校注》頁 266/7)

感 讀作戚。[二字《廣韻》同爲倉歷切，入錫，清。]

伯 4640《陰處士碑稿》："德備周親，賢資近感。"(《釋錄》第五輯，頁 71/37)

qí

齊 讀作濟。[齊，《廣韻》徂奚切，平齊，從。濟，《廣韻》子禮切，上薺，精。二字同在蟹攝開口四等，韻母相同，聲母旁紐。]

北 8418《天下姓望氏族譜殘卷》："齊陽郡三姓 曹州 蔡、丁、江"(《釋錄》第一輯，頁 86/16)

齊 讀作臍。[二字《廣韻》同爲徂奚切，平齊，從。]

斯 2144《韓擒虎話本》："箭發離弦，勢同僻（劈）

竹，不東不西，恰向鹿齊中箭。"（《校注》頁 303/15）斯 6342 咸通二年（公元八六一年）《張議潮收復涼州奏表並批答》："言而不用，死亦甘心。噬齊□□□經祭廟亦彰於唐典。"（《釋錄》第四輯，頁 364/20-21）

綺 讀作騎。[綺，《廣韻》墟彼切，上紙，溪。騎，《廣韻》渠羈切，平支，羣。二字同在止攝開口三等，韻母相同，聲母旁紐。]

斯 328《伍子胥變文》："陣雲鋪於四面，遍野聲滿平源（原）；鐵綺磊落已（以）争奔，勇夫生寧而竞透。"（《校注》頁 11/17-18。原卷實作"綺"，《校注》逕作"騎"）

衹 讀作耆。[衹，《廣韻》巨支切，平支，羣。耆，《廣韻》渠脂切，平脂，羣。二字同在止攝開口三等而韻目鄰近，韻母相近，聲母相同。]

伯 4640《翟家碑》："遣不建存，更建衹闍之窟。"（《釋錄》第五輯，頁 88/32）

【說明】原卷"衹"旁注"耆"。耆闍，即耆闍崛山的簡稱。耆闍崛山，梵語的譯音，又譯爲靈鷲山、靈鳥山、靈鳥頂山。在中印度摩揭陀國王舍城東北，爲釋迦牟尼説法之地。

祁 讀作岐。[祁,《廣韻》渠脂切,平脂,羣。岐,《廣韻》巨支切,平支,羣。二字同在止攝開口三等而韻目鄰近,韻母相近,聲母相同。]

　　伯2553《王昭君變文》:"祁雍更能何處在,只應弩那白雲邊。"(《校注》頁157/20)

其 讀作奇。[其,《廣韻》渠之切,平之,羣。奇,《廣韻》渠羈切,平支,羣。二字同在止攝開口三等而韻目鄰近,韻母相近,聲母相同。]

　　斯133《秋胡變文》:"朕此國中,秋胡揚名而助國,自從封爲宰想(相),有孝有忠,李金石,威名播起於萬里,其顔(彦)獨秀,才德居標。"(《校注》頁234/5-6)奇彦,謂特出之美才。伯2324《難陀出家緣起》:"斷其妻容貌衆皆知,更能端正甚希其。"(《校注》頁590/5)伯2324《難陀出家緣起》:"一瓮兩瓮鉢中少,三瓮五瓮轉希其。"(《校注》頁591/4)俄藏Ф101《維摩詰經講經文(二)》:"其功異乎(手),郢匠賢人,纖毫之卝串枝柯,細旋之起突花樣。"(《校注》頁812/17-18)

其 讀作基。[其,《廣韻》渠之切,平之,羣。基,《廣韻》居之切,平之,見。二字僅聲母有小別,但屬旁紐。]

　　伯2005《沙州都督府圖經殘卷》:"其堤多毀滅,唯東面北面其趾步存。"(《釋録》第一輯，頁 7/122-123）伯2005《沙州都督府圖經殘卷》："古長城，高八尺其闊一丈，上闊四尺。"(《釋録》第一輯，頁 15/320）伯2005《沙州都督府圖經殘卷》："其城破壞，其趾見存。"(《釋録》第一輯，頁 16/339）伯2009《西州圖經殘卷》："丁谷窟有寺一所，並有禪院一所。右在柳中縣界，至北山廿五里丁谷中，西去州廿里，寺其依山搆，揆巘踵階雁塔飛空，虹梁飲漢，岩蠻（巒）紛糺，叢薄阡眠，既切煙雲，亦虧星月，上則危峯迢遰，下[則]輕溜潺湲，寔仙居之勝地，諒栖靈之秘域，見有名額僧徒居焉。"(《釋録》第一輯，頁 55/39-45）斯4632《捨施某物請乞判印公驗疏樣式》："右件捨施所申意者，伏以厮乙自以投師學道，問□參禪，多踏履扵金田，廣穢犯扵佛地，實虧奉報，乃闕獻涑，伏恐一朝捔終，遭沉苦海（旁注：趣），今則閨身強健，敬捨□基，報三寶之慈恩，用津梁扵去徑，雖則施心預發，未果卑情，伏望仁明慈，乞賜疏後判公驗，不令官私侵射，永爲金其佛業，以成卑願，謹疏。"(《釋録》第三輯，頁 109/2-8）

qǐ

玘 讀作杞。[二字《廣韻》同爲墟里切，上止，溪。]

伯2553《王昭君變文》："虞舜妻賢，啼能變竹；玘良

（梁）婦聖，哭烈（裂）長城。"（《校注》頁 158/1）

豈 讀作起。[豈,《廣韻》袪狶切，上尾，溪。起,《廣韻》墟里切，上止，溪。二字同在止攝開口三等而韻目鄰近，韻母相近，聲母相同。]

斯 4654《舜子變》："樂登夫人染疾在床，三年不豈。"（《校注》頁 200/3）又："後阿孃見舜子跪拜四拜，五讀（毒）嗔心便豈：'又不是時朝節日，又不是遠來由喜。政（正）午間跪拜四拜，學得甚媿（鬼）禍述靡（術魅）！'"（《校注》頁 200/12）

啟 讀作稽。[二字《廣韻》同為康禮切，上薺，溪。]

伯 2324《難陀出家緣起》："發心從此轉殷勤，啟首歸衣（依）禮世尊。"（《校注》頁 593/14）

起 讀作豈。[起,《廣韻》墟里切，上止，溪。豈,《廣韻》袪狶切，上尾，溪。二字同在止攝開口三等而韻目鄰近，韻母相近，聲母相同。]

斯 133《秋胡變文》："吾縱放汝尋師，起即立成官宦？"（《校注》頁 232/9-10）伯 2653《燕子賦（二）》："空閑石（拾）得坐，雀兒起自專！"（《校注》頁 413/10-11）

乞 讀作豈。[乞，《廣韻》去訖切，入迄，溪。豈，《廣韻》袪稀切，上尾，溪。乞在臻攝開口三等，豈在止攝開口三等，二字同聲母。]

斯 2144《韓擒虎話本》："使君得教，頂謁再三，啟言和尚：'雖自官家明有宣頭，不得隱藏師僧，且在某乙衙府迴避，乞不好事！'"（《校注》頁 298/14-15）又："別立一作大臣，乞不好事！"（《校注》頁 299/20）又："問言衾虎：'收軍却迴，蠻奴奏上陳王，差使和同作一禮義之國，乞不好事！'"（《校注》頁 301/13）又："陳王聞語，啟言將軍：'容某乙修書與周羅侯降來，乞不好事！'"（《校注》頁 302/21）

乞 讀作迄。[乞，《廣韻》去訖切，入迄，溪。迄，《廣韻》許訖切，入迄，曉。二字韻母相同，聲母同爲牙喉音。]

斯 2144《韓擒虎話本》："乞後來日前朝，應是文武百寮大臣總在殿前。"（《校注》頁 299/21）又："乞後來日前朝，合朝大臣總在殿前，遂色（索）金鑄印，弟一拜楊素爲都招討使，弟二拜賀若弼爲副知節，弟三韓衾虎爲行營馬步使。"（《校注》頁 300/14-15）

qì

訖 讀作屹。[訖，《廣韻》居乙切，入迄，見。屹，《廣韻》

魚迄切,入迄,疑。二字同在臻攝開口三等,韻母相同,聲母旁紐。]

斯 2073《廬山遠公話》:"是時,其筆空中訖然而住。"(《校注》頁 254/11)

契 讀作棄。[契,《廣韻》苦計切,去霽,溪。棄,《廣韻》詰利切,去至,溪。二字同聲母。]

伯 2305《解座文匯抄》:"只那施爲一分時,時時往往虛拋契。"(《校注》頁 1175/4)

氣 讀作起。[氣,《廣韻》去既切,去未,溪。起,《廣韻》墟里切,上止,溪。二字同在止攝開口三等而韻目鄰近,韻母相近,聲母相同。]

伯 2324《難陀出家緣起》:"我佛牟尼大法王,觀見難陀氣慇傷。"(《校注》頁 590/9)

氣 讀作豈。[氣,《廣韻》去既切,去未,溪。豈,《廣韻》袪狶切,上尾,溪。二字同在止攝開口三等,韻母相同,聲母相同,僅聲調有別。]

斯 5812 丑年八月《女婦令孤大娘牒》:"南壁上將舍換廡舍□,張鶯所有見人,共他兄弟相似,及是親情,皆總爲他説説道理。又云,你是女人,不合占得堂舍,氣有

此事。"(《釋錄》第二輯,頁288/20-22)

氣 讀作杞。[氣,《廣韻》去既切,去未,溪。杞,《廣韻》墟里切,上止,溪。二字同在止攝開口三等而韻目鄰近,韻母相近,聲母相同。]

斯4470 1V唐乾寧二年(公元八九五年)三月《歸義軍節度使張承奉副使李弘願迴向疏》:"細氎壹疋,麵貳槃,麨貳槃,絁林子貳槃,狗(枸)氣子一槃。已上施入大眾。"(《釋錄》第三輯,頁84/1-2)

qiān

謙 讀作愆。[謙,《廣韻》苦兼切,平添,溪。愆,《廣韻》去乾切,平仙,溪。謙在咸攝開口四等,愆在山攝開口三等,二字同聲母。韻尾-m與-n合流。]

斯2073《廬山遠公話》:"豈緣一鼠之謙,勞發千均(鈞)之弩。"(《校注》頁265/6)

【説明】《全唐詩》卷870胡曾《戲妻族語不正》"呼十却爲石,唤鍼將作真,忽然雲雨至,總道是天因。"説明唐代已經出現韻尾-p與-k,-m與-n合流的現象。謙讀作愆與天陰讀作天因同類。

謙 讀作嫌。[謙,《廣韻》苦兼切,平添,溪。嫌,《廣韻》

户兼切,平添,匣。二字同在咸攝開口四等,韻母相同,聲母同爲牙喉音。]

斯 3835《百鳥名君臣儀仗》:"雀公身寸惹子大,却謙老鵰没毛衣。"(《校注》頁 1207/17)

阡 讀作千。[二字《廣韻》同爲蒼先切,平先,清。]

伯 3348 背唐天寶四載(公元七四五年)《河西豆盧軍和糴會計牒》:"計貳阡捌伯貳拾貳貫玖伯陸拾貳文八分。"(《釋録》第一輯,頁 426/(一)2)伯 3744 年代未詳[公元八四〇年]《沙州僧張月光兄弟分書》:"文歷已訖,如有違者,一則犯其重罪,入獄無有出期;二乃於官受鞭一阡。"(《釋録》第二輯,頁 145/15-146/17)伯 2049 背後唐長興二年(公元九三一年)正月《沙州淨土寺直歲願達手下諸色入破曆祘會牒》:"……丞(承)前帳迴殘,及一年中間田收、園税、梁課、散施、利閏(潤)所得,麥粟油蘇米麵黄麻麩渾豆布牒紙等總壹阡捌伯叁碩半抄:"(《釋録》第三輯,頁 369/3-5)伯 3720 唐大中五年至咸通十年(公元八五一年—八六九年)《賜僧洪辯、悟真等告身及贈悟真詩》:"切以河西風俗,人皆臻敬空王,僧徒累阡,大行經教。"(《釋録》第四輯,頁 32/(五)6-7)

僉 讀作遷。[僉,《廣韻》七廉切,平鹽,清。遷,《廣韻》

七然切，平仙，清。僉在咸攝開口三等，遷在山攝開口三等，二字同聲母。韻尾 -m 與 -n 合流。〕

伯3100唐景福二年（公元八九三年）《徒眾供英等請律師善才充寺主狀及都僧統悟真判辭》："右件僧精心練行，辯捷臨機，每事有儀，時人稱嘆，一期僉舉，必賴斯人，理務之間，莫過此者。伏望都僧統和尚仁明照察，乞垂僉昇處分。"（《釋錄》第四輯，頁 46/3-8）斯4760宋太平興國六年（公元九八一年）《聖光寺闍梨尼修善等請戒慈等充寺職牒并判辭》："昨者，合徒慎選，總亦堪任准請，若不僉昇，梵宇致令黎壞。"（《釋錄》第四輯，頁 59/6-7）伯4632、伯4631拼合《西漢金山國聖文神武白帝勅宋惠信可攝押衙兼鴻臚卿知客務》："所以勳効既曉，宜獎功流，負德幹材，堪爲僉擢。"（《釋錄》第四輯，頁 292/19-21）伯3556《府君慶德邈真讚並序》："重僉步卒元帥，又選兵馬都權。"（《釋錄》第五輯，頁 176/9）

qián

虔 讀作乾。〔二字《廣韻》同爲渠焉切，平仙，羣。〕

斯2144《韓擒虎話本》："前後不經所（數）旬，裏（果）然司天太監夜官（觀）虔象，知隨州楊堅限百日之内，合有天分，具表奏聞。"（《校注》頁 298/18）

犍 讀作乾。[二字《廣韻》同爲渠焉切,平仙,羣。]

伯3432《龍興寺卿趙石老腳下依蕃籍所附佛像供養具並經目録等數點檢曆》:"大薩遮尼犍子經柒卷。"(《釋録》第三輯,頁3/30)

【説明】原卷"犍"旁注"乾"。

乾 讀作虔。[二字《廣韻》同爲渠焉切,平仙,羣。]

俄藏Φ365《妙法蓮華經講經文(四)》:"不是世尊惜妙法,緣伊相貌不乾恭。"(《校注》頁743/15)斯2575《道場司爲下品尼流去住上都僧統狀稿》:"況且式叉尼員戒,沙彌定昇,五寺額管數人,入網求真,受其精誠,渴仰去積垢而冰清,捐愛恭乾,洗累迷而皎潔。"(《釋録》第四輯,142/4-6)

黔 讀作鈐。[二字《廣韻》同爲巨淹切,平鹽,羣。]

伯4660《故沙州釋門賜紫梁僧政邈真讚》:"僉爲僧政,黔轄高蹤。"(《釋録》第五輯,頁140/7)

前 讀作錢。[前,《廣韻》同爲昨先切,平先,從。錢,《廣韻》昨仙切,平仙,從。前在山攝開口四等,錢在山攝開口三等,二字同聲母。]

斯0126《太子讚》:"買花設誓捨金前,言約過百年。"

錢 讀作前。[錢,《廣韻》昨仙切,平仙,從。前,《廣韻》昨先切,平先,從。錢在山攝開口三等,前在山攝開口四等,二字同聲母。]

俄藏Ф96《雙恩記》:"免招惡逆撓王情,又得依錢庫藏盈。"(《校注》頁933/3)

錢 讀作餞。[錢,《廣韻》昨仙切,平仙,從。餞,《廣韻》才線切,去線,從;又慈演切,上獮,從。二字同在山攝開口三等,韻母相同,聲母相同,僅聲調有別。]

伯3449、伯3864《書儀小册子》:"並蒙眷私,特出祖錢,銘咸(感)空深,指喻尤難,但增(?)提慈(特)之至。"(《釋錄》第五輯,頁355/(一)9-10)

鈐 讀作黔。[二字《廣韻》同爲巨淹切,平鹽,羣。]

伯3553宋太平興國三年(公元九七八年)四月《都僧統鋼惠等上太保狀》:"鈐梨(黎)早詠於重衣,品庶久歌於剩食。"(《釋錄》第五輯,頁28/4)

qiāng

槍槍 讀作蒼蒼。[槍,《廣韻》七羊切,平陽,清。蒼,《廣韻》七岡切,平唐,清。槍在宕攝開口三等,蒼在宕攝開口一等。當以同從倉聲而通讀。]

斯328《伍子胥變文》："爾時吳王夜夢見殿上有神光，二夢見城頭鬱鬱槍槍，[三夢見南壁下有匡、北壁下有匡（筐），]四夢見城門交兵鬥戰，五夢見血流東南。"（《校注》頁16/3-4）

qiǎng

搶 讀作槍。[二字《廣韻》同爲七羊切，平陽，清。]

伯4017《行人轉帖（抄）》："已上行人，今次着上真（直）三日，并弓箭搶排白棒，不得欠少一色，帖至，限今[月]十九日卯時於東門外取齊，如有後到，決丈（杖）七下，一人不來者，官重責。"（《釋錄》第一輯，頁411/1-5）

qiāo

敲 讀作墝。[二字《廣韻》同爲口交切，平肴，溪。]

斯2073《廬山遠公話》："麤者失欺，敲者忘意。"（《校注》頁265/11）

qiáo

橋 讀作喬。[二字《廣韻》同爲巨嬌切，平宵，羣。]

伯3145戊子年閏五月《社司轉帖》："橋兵馬使。"（《釋錄》第一輯，頁337/16）

【說明】此爲姓，當作"喬"。

qié

伽 讀作迦。[伽,《廣韻》求迦切,平戈,羣。迦,《廣韻》居伽切,平戈,見。二字僅聲母有小別,但屬旁紐。]

伯4640《故吴和尚讚文》:"鷲峰祕蜜,鹿菀伽維。"(《釋録》第五輯,頁106/2)伯2913背《大唐敦煌譯經三藏吴和尚邈真讚》:"鷲峰秘蜜,鹿菀伽維。"(《釋録》第五輯,頁162/4)

qiè

妾 讀作切。[妾,《廣韻》七接切,入葉,清。切,《廣韻》千結切,入屑,清。妾在咸攝開口三等,切在山攝開口四等,二字同聲母。韻尾-p與-t合流?]

伯5032《渠人轉帖》:"已上渠人今緣水此褃隨,妾要▢▢▢底何(河)口,人各鍬钁一事,白▢三束▢▢▢"(《釋録》第一輯,頁407/3-4)

妾 讀作接。[妾,《廣韻》七接切,入葉,清。接,《廣韻》即葉切,入葉,精。二字同在咸攝開口三等,韻母相同,聲母旁紐。]

伯2916《癸巳年十一月十二日張馬步女師遷化納贈歷》:"平都頭緑絹内妾二丈、非綾内非錦綾内妾四十尺古

切 讀作竊。[二字《廣韻》同爲千結切,入屑,清。]

伯 2653《燕子賦(一)》:"切聞狐死兔悲,惡傷其類。"(《校注》頁 377/18)伯 3150 癸卯年(公元九四三年)《吳慶順典身契》:"或若到家被惡人構卷,盜切他人牛羊園菜麥粟,一仰慶順祇當,不忓主人之事。"(《釋錄》第二輯,頁 51/5-7)

切 讀作摖。[二字《集韻》同爲七計切,去霽,清。]

斯 5632 辛酉年(公元九六一年)《陳銀山貸絹契》:"若是寶山身東西不在者,一仰口承人男富長祇當,於尺數還本絹者,切奪家資充爲絹主,兩共對商,故勒私契,用爲後憑。"(《釋錄》第二輯,頁 127/4-8)

【說明】《集韻·霽韻》:"摖,挑取也。"

qīng

頃 讀作傾。[二字《廣韻》同爲去營切,平清,溪。]

斯 328《伍子胥變文》:"王見兵仕(士)如此,皆賜重賞。行至江口,未過小江,停歇河邊,有一人上王一瓠之酒,王飲不盡,頃在河中曰:'兵事(士)共寡人同飲。'"(《校注》頁 17/2-3)

清 讀作請。[清，《廣韻》七情切，平清，清。請，《廣韻》七靜切，上靜，清。二字同在梗攝開口三等，韻母相同，聲母相同，僅聲調有別。]

伯2738背唐咸通十年（公元八六九年）前後《社司轉帖》："幸清諸公等，帖至並即今月六日神（辰）時，於宮〈慘〉[樓]蘭若門取齊。"（《釋錄》第一輯，頁310/2-4）伯3071背唐乾寧三年（公元八九六年）《社司轉帖（抄）》："右緣年支李再興，合有曾（贈）臧（送），人各色[物]兩疋、粟斗、幸清支（諸）公等，帖至，限今月十[日]朱（未）時取齊。"（《釋錄》第一輯，頁313/（二）2-4）伯3730背未年（公元八三九年）四月《紇骨薩部落百姓吳瓊岳便粟契》："其粟清限至秋八月末送納。"（《釋錄》第二輯，頁105/2）

清 讀作倩。[清，《廣韻》七情切，平清，清。倩，《廣韻》七政切，去勁，清。二字僅聲調有別。《集韻·勁韻》二字同爲七正切，去勁，清。]

伯3213《伍子胥變文》："手提三尺之劍，清託六尺之軀，萬邦受命。"（《校注》頁1/6）

【説明】諸家"清"讀作"請"，不確。"清"當讀作"倩"。《集韻·勁韻》"倩，假也。"此義即承《方言》卷12"倩，借也"而來。其意如今語之"借助"。唐·白居易《虎丘山》詩："酒熟憑花勸，詩成倩鳥吟。"即其例，"倩鳥吟"就是"藉鳥吟"。《舊唐書·蘇味道傳》："託於味道，援筆而成。"《新唐書》同傳作："倩味道作章，攬筆而具。"是"倩""託"同義（此例是研究生陳琪提供）。變文"清（倩）託六尺之軀"，是"藉託六尺之軀"之意。

清 讀作青。[清，《廣韻》七情切，平清，清。青，《廣韻》倉經切，平青，清。清在梗攝開口三等，青在梗攝開口四等，二字聲母相同。]

斯6836《葉净能詩》："與朕標題，烈（列）於清史。"（《校注》頁341/5）伯2324《難陀出家緣起》："迳速已到清雲里（裏），似降祥雲是不同。"（《校注》頁592/2）伯4640己未年—辛酉年（公元八九九—九〇一年）《歸義衙内破用用紙布曆》："同日賽清苗神支粗紙壹帖。"（《釋錄》第三輯，頁263/165）

青 讀作請。[青，《廣韻》倉經切，平青，清。請，《廣韻》七靜切，上靜，清。青在梗攝開口四等，請在梗攝開口三等，二字聲母相同。]

伯3757背年代不詳[天福八年（公元九四三年）？]《社司轉帖》："右緣年支春坐（座）局席，次至汜奴奴家，人各麥壹斗，粟一斗，幸青。"（《釋錄》第一輯，頁

316/1-2）

卿 讀作輕。［卿，《廣韻》去京切，平庚，溪。輕，《廣韻》去盈切，平清，溪。二字同爲梗攝開口三等而韻目鄰近，韻母相近，聲母相同。］

伯 3627 背壬寅年（公元九四二年）《龍鉢略貸生絹契（抄）》："若於〈鄉〉［卿］慢絹主擘奪家資用憑充絹賈（價）。"（《釋錄》第二輯，頁 121/（一）12-14）

【説明】《敦煌社會契約輯校》"鄉"録作"卿"，"卿"讀作"輕"。

qíng

情 讀作清。［情，《廣韻》疾盈切，平清，從。清，《廣韻》七情切，平清，清。二字韻母相同，聲母旁紐。］

伯 4092《新集雜別紙》："每遇日朗風情，益懷瞻詠。"（《釋錄》第五輯，頁 428/192-193）

qǐng

傾 讀作頃。［傾，《集韻》犬穎切，上静，溪。頃，《廣韻》去穎切，上静，溪。二字同音。］

伯 2721《舜子變》："舜取母語，相別行至山中，見百餘傾空田，心中哽噎。"（《校注》頁 202/21）斯 6836

《葉净能詩》："[净能]作色愠然，又取朱筆書符，吹向空中，化作一使人，身着朱衣，傾刻之間使至。"(《校注》頁334/6-7）又："言訖，傾刻之間，並不相見。"(《校注》頁340/19）伯2305《妙法蓮華經講經文（一）》："不抵門徒彈指傾，王逐仙人到碧峰。"(《校注》頁708/9）斯3050《不知名變文（二）》："其園八十傾。"(《校注》頁1134/13）

qiū

揪 讀作楸。[揪，《字彙》即尤切，平尤，精。楸，《廣韻》七由切，平尤，清。二字韻母相同，聲母旁紐。]

伯2913背《河西歸義軍節度使檢校司徒南陽張府君淮深墓誌銘》："南原之禮，松揪可依。"(《釋錄》第五輯，頁161/13）伯3556《南陽郡張氏淮深女墓志銘稿並序》："刻石彤銘兮；爲旌重德；松揪一鎮兮，留記他時。"(《釋錄》第五輯，頁184/48）

【説明】松楸，松樹與楸樹。墓地多植，因以代稱墳墓。

qiú

毬 讀作裘。[二字《廣韻》同爲巨鳩切，平尤，羣。]

斯6452（1）某年[公元九八一九八二年?]《净土寺

諸色斛斗破曆》："十一月五日，縫皮毯麵壹斜。"（《釋錄》第三輯，頁 223/21）伯 2032 背後晉時代《净土寺諸色入破曆祘會稿》："粟斜壹一升臥酒，中院縫皮毯用。"（《釋錄》第三輯，頁 480/（十二）457）

求 讀作裘。[二字《廣韻》同爲巨鳩切，平尤，羣。]

伯 5032 背丁巳年（公元九五七年或八九七年）九月廿日《酒破曆》："逢（縫）皮求酒一斗付義成。"（《釋錄》第三輯，頁 211/5）

求 讀作救。[求，《廣韻》巨鳩切，平尤，羣。救，《廣韻》居祐切，去宥，見。二字同在流攝開口三等，韻母相同，聲母旁紐。]

斯 3877 5V 丙子年（公元九一六年）《阿吳賣兒契（抄）》："赤心鄉百姓王再盈妻阿吳，爲緣夫主早亡，男女碎小，無人求濟供急（給）衣食，債負深壙（廣）。"（《釋錄》第二輯，頁 47/1-2）

求 讀作賕。[二字《廣韻》同爲巨鳩切，平尤，羣。]

斯 328《伍子胥變文》："王見此佞臣受貨，求之。"（《校注》頁 16/19）伯 3078、斯 4673 拚合唐神龍年代（公元七〇五—七〇六年）《散頒刑部格卷》："受財求者，

准盜人科罪。"(《釋錄》第二輯，頁 568/91）

qū

軀 讀作區。[二字《廣韻》同爲豈俱切，平虞，溪。]

伯 3744 年代未詳[公元八四〇年]《沙州僧張月光兄弟分書》："軀分已定，世代依之。"(《釋錄》第二輯，頁 145/14-15）

佉 讀作祛。[佉，《廣韻》丘伽切，平戈，溪；《字彙》丘於切，平魚，溪。祛，《集韻》丘於切，平魚，溪。如"佉"取丘於切之音，則與"祛"同音。]

伯 3718《後唐河西釋門正僧統馬和尚靈俊邈真讚並序》："況和尚韜年慕道，情佉有爲之風；弱冠之初，秘戀一妙之境。"(《釋錄》第五輯，266/5-6）祛，除去。

蛆 讀作怚。[蛆，《廣韻》七余切，平魚，清。怚，《集韻》聰徂切，平模，清。蛆在遇攝合口三等，怚在遇攝合口一等，二字同聲母。或依同從且得聲而通讀。]

伯 3211《家中漸漸貧》："兩家既不合，角眼相蛆姤。"(《梵志》卷二，頁 155，038 首）2718《相交莫嫉姤》："相交莫嫉姤，相〈勸〉[歡]莫蛆僔。"(《梵志》卷四，頁 549，231 首）伯 2718《尋常慇念善》："心裏無蛆儜，何愁佛不成。"(《梵志》卷四，頁557，236首)伯3418《身是五陰城》："惣在糞尿中，不解相蛆妬。"(《梵志》卷五，頁594，251首)

【説明】項楚解"怚妒"之"怚"爲嫉妒，解"怚儜"之"怚"爲驕傲。按：怚一字，備此二義。"怚儜"反義而成詞，"怚妒"同義而成詞。《祖堂集》卷二十（江西下卷第七曹溪第六代法孫）："似聖王降伏群賊，國界安寧，更無怨賊所怚。"怚即妒義。

區 讀作驅。[二字《廣韻》同爲豈俱切，平虞，溪。]

《李克讓修莫高窟佛龕碑》："假令手能拉日，力可拔山，□□□□□□□□條之露，何用區磀（趍）榮利，棄擲光陰者哉！"(《釋錄》第五輯，頁247/26-27)

【説明】驅趍榮利，謂急速追逐榮利。見"磀讀作趍"條。

屈 讀作崛。[屈，《廣韻》區勿切，入物，溪。崛，《廣韻》衢物切，入物，羣。二字同在臻攝合口三等，韻母相同，聲母旁紐。]

俄藏Φ96《雙恩記》："'耆闍屈山者'，梵語姑栗陀羅矩吒，唐言就（鷲）峰，又云鷲臺，在上茅東北十五里，接北山之陽，孤標特起。"(《校注》頁925/12)

屈 讀作掘。[屈,《廣韻》區勿切,入物,溪。掘,《廣韻》衢物切,入物,羣。二字同在臻攝合口三等,韻母相同,聲母旁紐。]

斯1733年代不明[公元九世紀前期]《諸色斛斗入破曆祘會稿》:"□充縫皮鞋博士及屈井。"(《釋錄》第三輯,頁299/1)

qǔ

娶 讀作取。[娶,《集韻》此主切,上麌,清。取,《廣韻》七庾切,上麌,清。二字同在通攝合口三等,聲韻調全同。]

沙州文錄補宋乾德二年(公元九六四年)《史氾三立嗣文書》:"其男願壽後收□婦漸漸長大,或不孝順父孃,並及姊妹兄弟□且娶妻親之言,不肯作於活之計,猥情是他願壽親生阿耶,並及兄弟姊妹招換不□上下,貪酒看肉,結般盜賊,他人更乃作□者,空身趁出,家中針草,一無□數。"(《釋錄》第二輯,頁156/9-13)

取 讀作娶。[取,《廣韻》七庾切,上麌,清。娶,《集韻》此主切,上麌,清。二字同在通攝合口三等,聲韻調全同。娶字取《集韻》音而捨《廣韻》音,據《古今字音對照手冊》。下同。]

伯3608、伯3252《唐律——職制、户婚、廄庫律殘卷》："若姻有服屬，而尊卑共爲婚姻，及取同母異父姊妹若妻前夫之女者，謂妻所生者，餘條稱前夫之女，准此。亦各以奸（後缺）"（《釋録》第二輯，頁510/（一）152-153）

【說明】"娶"是"取"的孳乳字。

qù

去 讀作起。[去，《廣韻》丘倨切，去御，溪。起，《廣韻》墟里切，上止，溪。去在遇攝合口三等，起在止攝開口三等，二字同聲母。二字有通讀之例。]

伯2553《王昭君變文》："單于不知他怨，至夜方歸。雖還至帳，臥仍不去。"（《校注》頁158/2）

去 讀作氣。[去，《廣韻》丘倨切，去御，溪。氣，《廣韻》去既切，去未，溪。去在遇攝合口三等，氣在止攝開口三等，二字同聲母。二字有通讀之例。]

斯2073《廬山遠公話》："三寸去斷，即是來生。"（《校注》頁260/17）

趣 讀作覷。[趣，《廣韻》七句切，去遇，清。覷，《古今字音對照手册》七慮切，去御，清。二字同在遇攝合口三等

而韻目鄰近，韻母相近，聲母相同。〕

斯2144《韓擒虎話本》："整（正）梳裝之次，鏡內忽見一人，迴故而趣，員（元）是聖人，從坐而起。"（《校注》頁299/6）又："應是文武百寮大臣不册（測）涯濟（際），心內疑或（惑），望殿而趣，見一白羊，身長一丈二尺，張牙利口，便下殿來，哮吼如雷，擬吞合朝大臣。"（《校注》頁299/22-300/1）

quán

詮 讀作痊。〔二字《廣韻》同爲此緣切，平仙，清。〕

伯2583申年《比丘尼修德等施捨疏十三件》："右智性染患，已經累月，不得詮差。"（《釋錄》第三輯，頁66/（五）2）伯2583申年《比丘尼修德等施捨疏十三件》："右弟子所施意者，爲已身染患，經今數旬，藥食雖投，不蒙詮損。"（《釋錄》第三輯，頁69/（十）2-3）

詮 讀作全。〔詮，《廣韻》此緣切，平仙，清。全，《廣韻》疾緣切，平仙，從。二字同在山攝合口三等，韻母相同，聲母旁紐。〕

伯3718《後梁故管內釋門僧政張和尚喜首寫真讚並序》："能詮姑務，例同平直。"（《釋錄》第五輯，頁270/8）原卷"詮"旁注"全"。伯3718《後晉故歸義軍節度押衙知敦煌郡務李潤晟邈真讚並序》："三端別秀，六藝俱詮。"(《釋錄》第五輯，頁289/35-36)伯3541《歸義軍釋門僧正賜紫沙門張善才邈真讚並序》："三乘通達，八藏俱詮。"(《釋錄》第五輯，頁293/30)

què

㱿 讀作確。[㱿，《龍龕手鑒》苦角切，入覺，溪。確，《廣韻》苦角切，入覺，溪。二字同音。]

伯2568《南陽張延綬別傳》："蘊蓄百家之書，靡不精確。"(《釋錄》第五輯，頁163/6)

却 讀作劫。[却，《廣韻》居勺切，入藥，見。劫，《廣韻》居怯切，入業，見。却在宕攝開口三等，劫在咸攝開口三等，二字同聲母。二字韻母距離較遠，可能是誤書。]

斯6537 3V-5V《立社條件(樣式)》："恐後妄生毀巾，故立明文，却石爲期。用流(留)[後]驗。"(《釋錄》第一輯，頁282/40-41)

【説明】劫石喻時間長遠。《大智度論》卷五："佛以譬喻説劫義。四十里石山，有長壽人，每百歲一來，以細軟衣拂拭此大石盡，而劫未盡。""故立明文，劫石爲期"是説這立下的字據，久遠有效。

qún

羣 讀作郡。[羣,《廣韻》渠云切,平文,羣。郡,《廣韻》渠運切,去問,羣。二字同在臻攝合口三等,韻母相同,聲母相同,僅聲調有別。]

伯3544唐大中九年(公元八五五年)九月廿九日《社長王武等再立條件憑》:"燉煌一羣,禮義之鄉,一爲聖主皇帝,二爲建窟之因,三爲先亡父母追凶就吉,共結量緣,用爲後驗。"(《釋錄》第一輯,頁269/4-6)

群 讀作郡。[群同羣,羣,《廣韻》渠云切,平文,羣。郡,《廣韻》渠運切,去問,羣。二字同在臻攝合口三等,韻母相同,聲母相同,僅聲調有別。]

伯4660《入京進論大德兼管內都僧政賜紫沙門故曹僧政邈真讚》:"旋歸本群,誓傳講説。"(《釋錄》第五輯,頁112/10)

裙 讀作羣。[二字《廣韻》同爲渠云切,平文,羣。]

伯4957申年(?)《某寺諸色入破曆祘會牒殘卷》:"麵陸斗、油貳勝(升),充羊裙頭看羊破用。"(《釋錄》第三輯,頁317/15-16)

rán

然 讀作燃。[二字《廣韻》同爲如延切，平仙，日。]

伯4525（11）宋太平興國七年（公元九八二年）二月《立社》："又有新年建福一日，各人爐餅一雙，粟一斗，然燈壹盞，團座設食。"（《釋錄》第一輯，頁279/4-5）伯4525（11）宋太平興國七年（公元九八二年）二月《立社》："若是生死及建福、然燈，齋會之日，或有後到者，罰酒半瓮。"（《釋錄》第一輯，頁279/9-10）伯3620《諷諫今上破鮮于叔明、令孤峘等請試僧尼及不許交易書並批答》："陛下不聞尸毗王割[股]救鴿，剜身然燈，是求輪王之福也。"（《釋錄》第四輯，頁315/19-20）

【說明】"燃"是"然"的後起孳乳字。

ráng

穰 讀作禳。[二字《廣韻》同爲汝陽切，平陽，日。]

斯2073《廬山遠公話》："僧人來投此山，皆是與我山中長福穰災。"（《校注》頁253/10-11）

rǎng

壤 讀作禳。[壤，《廣韻》如兩切，上養，日。禳，《廣韻》汝陽切，平陽，日。二字同在宕攝開口三等，韻母相同，聲母相同，僅聲調有別。壤，《集韻》如陽切，平陽，日。如取此音，則二字同音。]

伯 4640 己未年—辛酉年（公元八九九—九〇一年）《歸義衙内破用用紙布曆》："二日，壤送蝗虫錢財粗紙壹帖。"（《釋録》第三輯，頁 263/176-177）

攘 讀作瀼。[攘，《廣韻》如兩切，上養，日。瀼，《集韻》汝兩切，上養，日。二字同音。]

斯 328《伍子胥變文》："用水頭上攘之，將竹插於腰下；又用木劇到（屐倒）着，并畫地户天門。"（《校注》頁 5/10-11）

【說明】瀼，水淤也。此爲丙卷（斯 328）之文。丁卷（伯 2794）"攘"作"穰"。"攘"、"穰"均當讀"瀼"，水淤也。此三字《集韻》養韻均汝兩切，可通讀。諸家謂當作"禳"，意謂取"作法術以清除災禍"之義，恐未確。下文"子永……占見阿舅頭上有水，定落河傍"，即指伍子胥頭上淤水。伍子胥用此法來欺騙子永，以躲避追捉。

rǎo

遶 讀作嬈。[二字《廣韻》同爲而沼切，上小，日。]

斯 2073《廬山遠公話》："欲得後世無冤，不如今生修於净行，冤家永隔，不遶心腸，男女因緣，其中多少！所

已（以）大師有偈。"（《校注》頁 261/12-13）

ràо

繞 讀作饒。[二字《廣韻》同爲人要切，去笑，日。]

斯 2073《廬山遠公話》："六者、喻如經緯，能成錦綵羅紈，直繞大絹與綾，皆總因他經緯。"（《校注》頁 266/2-3）直饒，縱然。《敦煌歌詞總編》卷四《重句聯章·十無常》："直饒便是轉輪王，不免也無常。"

撓 讀作擾。[撓，《集韻》人要切，去笑，日。擾，《廣韻》而沼切，上小，日。二字同在效攝開口三等，韻母相同，聲母相同，僅聲調有别。]

伯 3591《試太常寺協律郎韓㐂狀》："法德前後經過軍鎮，獲詣貴房，上下數人，莫不叨撓。"（《釋錄》第五輯，頁 41/5-6）

rén

壬 讀作任。[壬，《廣韻》如林切，平侵，日。任，《廣韻》汝鴆切，去沁，日。二字同在深攝開口三等，韻母相同，聲母相同，僅聲調有别。]

伯 3212 背（11）《夫妻相别書一道》："自别已後，願妻再嫁富貴，得高夫厶（某），不再侵凌論理，一似如魚

德（得）水，壬自波遊；馬如拵綱壬山丘。"(《釋錄》第二輯，頁 195/9-11）

仁 讀作人。［二字《廣韻》同爲如鄰切，平真，日。］

俄藏 Ф365《妙法蓮華經講經文（四）》："觀音菩薩乃現佛身，隱卻菩薩容儀，變作金仁之相好。"(《校注》頁 747/8）

人 讀作仁。［二字《廣韻》同爲如鄰切，平真，日。］

伯 2187《破魔變》："致（至）孝人慈超舜禹，文明宣略邁殷湯。"(《校注》頁 536/14）俄藏 Ф96《雙恩記》："人者今朝何必疑，我身只是孤貧子。"(《校注》頁 939/18）伯 4640《李明振氏再修功德記》："夫人南陽郡君張氏溫和雅暢，淑德令聞，深遵陶母之人，至切齊眉之操。"(《釋錄》第五輯，頁 82/45-83/46）伯 4092《新集雜別紙》："久著擒凶之績，素高及物之人。"(《釋錄》第五輯，頁 407/57）

rì

日 讀作若。［日，《廣韻》人質切，入質，日。若，《廣韻》而灼切，入藥，日。日在臻攝開口一等，若在宕攝開口三等，二字同聲母。二字韻母距離較遠，日的指示代詞的用斯2144《韓擒虎話本》："皇帝聞語，亦（一）見衾虎，年登一十三歲，妳腥未落，有日大胸今（襟），阿奴何愁社稷！"（《校注》頁300/12-13）

róng

融 讀作榮。[融，《廣韻》以戎切，平東，以。榮，《廣韻》永兵切，平庚，云。融在遇攝合口三等，榮在在梗攝合口三等，二字聲母分別爲喻母四等和喻母三等。]

伯4092《新集雜別紙》："今者書記侍御專持方賄，遠貢天庭，必詣膺時陪融坐。"（《釋錄》第五輯，頁426/180-181）

容 讀作蓉。[二字《廣韻》同爲餘封切，平鍾，以。]

斯2204《十無常》："奪人眼目扶（芙）容貌，當年少。傑羅官（冠）子呂（鏤）金花，掃煙霞。"

溶 讀作熔。[溶，《廣韻》餘封切，平鍾，以。熔，《古今字音對照手冊》餘封切，平鍾，以。二字同音。]

伯3718《後唐河西節度右馬步都押衙閻子悅寫真讚並序》："恆施要法，不愠溶鑄之顏。"（《釋錄》第五輯，頁260/24）

榮 讀作營。[榮,《廣韻》永兵切,平庚,云。營,《廣韻》余傾切,平清,以。二字同在梗攝合口三等而韻目鄰近,韻母相近。而《集韻》二字有同爲維傾切,平清,以之音。]

伯 3489 戊辰年正月廿四日《旌(?)坊巷女人社社條(稿)》:"戊辰年正月廿四日,旌(?)坊巷女人團座商儀(議)立條合(合)社,商量爲定。各自榮生死者,納麨壹虷,須得齊同,不得怠慢。"(《釋錄》第一輯,頁 276/1-2)伯 3730 背《某甲等謹立社條(樣式)》:"要車齊心榮造,要舁亦乃壹般。"(《釋錄》第一輯,頁 280/9)斯 6537 3V-5V《立社條件(樣式)》:"榮凶食飯,眾意商量,不許專擅改移,一切從頭勒定。"(《釋錄》第一輯,頁 282/25-26)伯 4992 年代未詳[公元十世紀後期]《馬軍氾再晟狀》:"又父在之日,聞道外有一妻,生弟保保,識認骨肉,恩憐務恤,長大成人,與娶新婦,承望同心戮力,共榮家計。"(《釋錄》第二輯,頁 314/3-5)斯 2204《十無常》:"經榮(營)財寶人生分,須平穩。榮花(華)富貴足資財,宿將來。"

榮 讀作熒。[榮,《廣韻》永兵切,平庚,云。熒,《廣韻》户扃切,平青,匣。榮在梗攝合口三等,熒在梗攝合口四等,二字聲母同爲喉音。]

北8418《天下姓望氏族譜殘卷》:"榮陽郡四姓。"(《釋錄》第一輯,頁85/13)

róu

柔 讀作揉。[二字《廣韻》同爲耳由切,平尤,日。]

俄藏Ф365《妙法蓮華經講經文(四)》:"佛性爐中添火燭,真如案上熟柔搓。"(《校注》頁742/10)

rú

儒 讀作濡。[二字《廣韻同爲人朱切,平虞,日。]

伯2942唐永泰年代(公元七六五一七六六年)《河西巡撫使判集》:"官私戮力,薄得霑儒。"(《釋錄》第二輯,頁627/134。《釋錄》"儒"旁注"露",疑誤)

如 讀作而。[如,《廣韻》人諸切,平魚,日。而,《廣韻》如之切,平之,日。如在遇攝合口三等,而在止攝開口三等,二攝有通讀之例,二字同聲母。]

斯2073《廬山遠公話》:"伏願今皇帝道應龍騋(图),德光金圜,握金鏡如曜九天,從神光而臨八表。"(《校注》頁264/4-5)斯3050《不知名變文(二)》:"善惠大雪山南面,不到蓮花城中如住,數處覓其蓮花,並總不得。"(《校注》頁1134/17-18)又:"不用輿價,某乙今劫女人之身，爲他人使，不得自在，如於（衣）不改（蓋）形，食不充口。"（《校注》頁 1135/3-4）伯 2249 背壬戌年（公元九二二年或九八二年）《康保住雇工契》："如內欠闕，佳（皆）自排捭，自雇如後，便須造作，不得拋工壹日。若亡示抱（忙時拋）（以下空白）"（《釋錄》第二輯，頁 71/3-5）斯 2041 唐大中某年《儒風坊西巷村鄰等社約》："丙寅年三月四日，上件巷社，因張曹二家衆集商量從今已後社內十歲已上有凶禍大喪等日，准條贈，不限付名三大，每家三贈了，須智（置）一延，酒一瓮，然後依前例，終如復始。"（《釋錄》第一輯，頁 272/ 四 1-4）伯 3649 背後周顯德四年（公元九五七年）《吳盈順賣田契（抄）》："自賣如後，一任丑撻男女收餘居主，世代爲主。"（《釋錄》第二輯，頁 12/11）

如 讀作茹。[二字《廣韻》同爲人諸切，平魚，日；又同爲人恕切，去御，日。]

北 309：8374 甲戌年（公元九七四年）《竇破蹄雇工契（抄）》："若作兒偷他口［人］瓜菓菜如羊牛等，忽如足（捉）得者，仰在作兒身上。"（《釋錄》第二輯，頁 69/8-9）

rǔ

汝 讀作如。[汝，《廣韻》人渚切，上語，日。如，《廣韻》

人諸切，平魚，日；又《廣韻》人恕切，去御，日。二字同在遇攝合口三等，韻母相同，聲母相同，僅聲調有別。]

伯2324《難陀出家緣起》："[□]（阿）誰能待世尊來，聞早不汝歸家去。"（《校注》頁591/16）

女 讀作汝。[女，《集韻》忍與切，上語，日。汝，《廣韻》人渚切，上語，日。二字同音。]

伯3833《雷發南山上》："天地不能以（已），如女爲身空。"（《梵志》卷三，頁268，084首）

ruǎn

爃 讀作軟。[爃，《龍龕手鏡》而兖反，上獮，日。軟，《廣韻》而兖切，上獮，日。軟有異體字作輭。二字同音。]

伯4906年代不明[公元十世紀]《某寺諸色破用曆》："白麵伍升，造爃併（餅）。"（《釋録》第三輯，頁233/11）

爃 讀作餪。[爃，《龍龕手鏡》而兖反，上獮，日。餪，《廣韻》乃管切，上緩，泥。餪在山攝合口一等，爃在山攝合口三等。二字聲韻都有一定的距離，但仍有相近點。而餪從爃得聲。]

斯1475 2V[申年]五月廿一日（似當爲廿三日）

《社司轉帖》:"五月廿三日,武光暉起病奭腳,人各粟貳㪷,並明日辰時於趙庭璘家納。"(《釋錄》第一輯,頁298)斯1475 3V申年五月《社人王奴子等牒》:"右奴子等,先無兄弟姊妹男女至親及遠行條件奭腳。(《釋錄》第一輯,頁299/2-3)斯1475 3V申年五月《社人王奴子等牒》:"遠行千里外,去日,緣公事送酒兩瓮;迴日奭腳置酒兩瓮。(《釋錄》第一輯,頁299/6-7)

【説明】餪腳,當是對行遠路的人的一種慰勞。詳情待考。

rùn

潤 讀作閏。[二字《廣韻》同爲如順切,去稕,日。]

斯5750己亥年至壬寅年(公元八七九—八八二年)《付索胡子麥粟曆》:"十月廿四日,付索胡子麥兩碩壹、粟兩碩壹㪷,又潤月粮柒㪷,通計四石九斗,充七月至十二月末粮用(押)。"(《釋錄》第三輯,頁175/1-2)

閏 讀作潤。[二字《廣韻》同爲如順切,去稕,日。]

俄藏Ф96《雙恩記》:"太子(半)出自於天時,太半兼歸於地閏。"(《校注》頁933/12)斯5632辛酉年(公元九六一年)《陳銀山貸絹契》:"其絹利閏,見還麥肆碩。"(《釋錄》第二輯,頁127/3-4)伯2504年代未詳

[公元十世紀]《龍勒鄉百姓曹富盈牒（稿）》："都牙累年當官，萬物閏於舍中，富盈雖霑微眷，久受單貧而活，如斯富者欺貧，無門投告，伏乞（後空）"（《釋錄》第二輯，頁313/9-12）伯2049背後唐長興二年（公元九三一年）正月《沙州净土寺直歲願達手下諸色入破曆祘會牒》："……丞（承）前帳迴殘，及一年中間田收、園稅、梁課、散施、利閏所得，麥粟油蘇米麵黃麻麩滓豆布緤紙等總壹阡捌伯叁碩半抄：……"（《釋錄》第三輯，頁369/3-5）伯2040背後晉時期《净土寺諸色入破曆祘會稿》："黄麻貳蚪，張兒兒利閏入。"（《釋錄》第三輯，頁422/（六）339）

sè

色 讀作索。[色，《廣韻》所力切，入職，生。索，《廣韻》山戟切，入陌，生；又山責切，入麥，生。色在曾攝開口三等，索在梗攝開口三等，二字同聲母。]

斯2144《韓擒虎話本》："乞（迄）後來日前朝，合朝大臣總在殿前，遂色金鑄印，弟一拜楊素爲都招討使，弟二拜賀若弼爲副知節，弟三韓粂虎爲行營馬步使。"（《校注》頁300/14-15）又："皇帝亦（一）見，遂詔合朝大臣，總在殿前，色金鑄印，遂拜韓粂虎爲開國公，姚（遥）守陽（揚）州節度；第二拜楊素東京留守；第三賜賀若弼錦綵羅紈、金銀器物。"(《校注》頁303/9-10)又："皇帝宣問：'嬋（單）于色寡人交戰，卿意者[何]？'"(《校注》頁303/12)伯3833《古来服丹石》："人人惣色活,〈注〉[拄]著上頭天。"(《梵志》卷三，頁280，088首)伯3833《讒臣乱人國》："前身有何罪,色得鳩〈盤恭〉[槃荼]！"(《梵志》卷三，頁352，115首)鳩槃荼，又作鳩槃茶，佛經中所說的惡鬼，形容醜陋，專噉人精氣。

sēng

僧 讀作贈。[僧,《廣韻》蘇增切，平登，心。贈,《廣韻》昨亘切，去嶝，從。二字同在曾攝開口一等，韻母相同，聲母旁紐。]

伯2842背乙酉年正月廿九日《孔來兒身故納贈曆》："武社長生褐三丈八尺，乙酉年正月廿九日，孔來兒身故納僧曆。"(《釋錄》第一輯，頁362/1)

shā

沙 讀作紗。[二字《廣韻》同爲所加切，平麻，生。]

伯3841背唐開元廿三年？（公元七三五年？）《沙州會計曆》："貳疋緑沙。"(《釋錄》第一輯，頁420/64)

沙 讀作裟。[二字《廣韻》同爲所加切，平麻，生。]

伯3410年代未詳[公元八四〇年]《沙州僧崇恩處分遺物憑據》："施入合城大眾微薄房資，雙紃緋壇柒條，袈沙一條☐汗衫壹……"（《釋錄》第二輯，頁150/7-8）

煞 讀作殺。[二字《廣韻》同爲所八切，入黠，生。]

伯2193《目連緣起》："昔有目連慈母，號曰青提夫人，住在西方，家中甚富，錢物無數，牛馬成群，在世慳貪，多饒煞害。"（《校注》，1011/1）伯2193《目連緣起》："汝母在生之日，都無一片善心，終朝煞害生靈，每日期（欺）凌三寶。"（《校注》頁1012/9）

【說明】古煞用同殺。

shān

珊 讀作跚。[二字《廣韻》同爲蘇干切，平寒，心。]

伯2653《燕子賦（二）》："幽巖實快樂，山野打盤珊。"（《校注》頁414/11）

shǎng

賞 讀作償。[賞，《廣韻》書兩切，上養，書。償，《廣韻》市羊切，平陽，禪。二字同在宕攝開口三等，韻母相同，

聲母旁紐。]

伯3223《永安寺法律願慶與老宿紹建相諍根由責勘狀》:"不是四面人捉却,打死願慶,一賞萬了。"(《釋錄》第二輯,頁310/3-4)

shàng

上 讀作尚。[二字《廣韻》同爲時亮切,去漾,禪。]

伯2553《王昭君變文》:"瀚海上由(猶)鳴戞戞,陰山的是攧(顛)危危。"(《校注》頁157/5)又:"故知生有地,死有處,可惜明妃,奄從風燭。八百餘年,墳今上在。"(《校注》頁159/15)斯2073《廬山遠公話》:"不見道孔丘雖聖者,久迷對日之言;大覺世尊,上有金槍之難。"(《校注》頁264/19-20)斯2144《韓擒虎話本》:"皇帝聞語,喜不自身(勝):'皇后上自貯(駐)顏,寡人飲了,也莫端正?'"(《校注》頁299/7-8)又:"擬二人總拜爲將,殿前上自如此,領兵在外,必爭人我。"(《校注》頁300/13)

尚 讀作上。[二字《廣韻》同爲時亮切,去漾,禪。]

伯2305《解座文匯抄》:"尚來勸化總須聽,各各自家須使意。"(《校注》頁1172/18)

shāo

捎 讀作梢。[二字《廣韻》同爲所交切，平肴，生。]

伯 2640《常何墓碑》："捎雲聳其勁質，遊霧騁其雄姿。"（《釋錄》第五輯，頁 55/28）

【説明】梢雲，高雲，瑞雲也。

shǎo

少 讀作小。[少，《廣韻》書沼切，上小，書。小，《廣韻》私兆切，上小，心。二字同在效攝開口三等，韻母相同。]

斯 2073《廬山遠公話》："道安答曰：'《涅槃經》譬喻，其數最多，大喻三千，少喻八百。'"（《校注》頁 267/4）斯 6836《葉净能詩》："皇帝遂留衣——少汗衫子一領——在於蜀王殿上。"（《校注》頁 338/9-10）伯 3721《瓜沙兩郡大事記并序殘卷》："況此雖是少事，亦乃記憶易憑。"（《釋錄》第一輯，頁 80/6）斯 6537 1V《放妻書（樣式）》："貓鼠同窠，安能得久。二人違隔，大少不安。"（《釋錄》第二輯，頁 177/9-10）伯 4084 後周廣順貳年（公元九五二年）三月《平康鄉百姓郭憨子牒》："伏以憨子家口碎少，地水不寬，有地五畞，安都頭賣將造園舍（？）便他娟壹疋，五年間中某專甲貸將，是他於官驅使……"（《釋錄》第二輯，頁 301/2-4）

shé

舌 讀作折。[舌,《廣韻》食列切,入薛,船。折,《廣韻》常列切,入薛,禪。二字韻母相同,聲母旁紐。]

北圖殷字四十一(見敦煌雜錄)癸未年(公元九二三年?)七月十五日《張修造雇父駞契》:"使入了,限三日便須田(填)還,更不許推言(延),或若路上賊打,看爲大禮(例),或若病死,舌却雇價,立爲(還)本駞。"(《釋錄》第二輯,頁 38/4-6)

shě

捨 讀作舍。[捨,《廣韻》書冶切,上馬,書。舍,《廣韻》始夜切,去禡,書。二字同在假攝開口三等,韻母相同,聲母相同,僅聲調有別。]

伯 2324《難陀出家緣起》:"不如快送師兄,送到便來歸捨。"(《校注》頁 591/7)伯 2685 年代未詳[公元八二八年?]《沙州善護、遂恩兄弟分家契》:"城外捨:兄西分叁口,[弟]東分叁口;院落西頭小牛舞(廡)捨合捨外空地,各取壹分;"(《釋錄》第二輯,頁 142/7-8)伯 2685 年代未詳[公元八二八年?]《沙州善護、遂恩兄弟分家契》:"城內捨:大郎分,堂壹口,內有庫捨壹口,東邊房壹口;遂恩分:西房壹口,并小房子廚捨壹口。院落并磑捨子合大門外舞（廡）捨地大小不等，後移牆停分。舞捨：西分大郎，東分遂恩。"（《釋錄》第二輯，頁143/26-29）伯3587年代不明［公元十世紀］《某寺常住什物交割點檢曆》："諸家賣捨文契及買道論磑文書一角。"（《釋錄》第三輯，頁46/9-10）

shè

社 讀作射。［社，《廣韻》常者切，上馬，禪。射，《廣韻》神夜切，去禡，船。二字同在假攝開口三等，韻母相同，聲母旁紐。］

斯2144《韓擒虎話本》："皇帝聞奏，即在殿前，遂安社墮（垜），畫二鹿，便交（教）賭射。"（《校注》頁303/14）

shēn

伸 讀作申。［二字《廣韻》同爲失人切，平真，書。］

伯4092《新集雜別紙》："右某伏以履長令節，納祐良辰，合詣階特伸陳賀。"（《釋錄》第五輯，頁423/160-161）

身 讀作神。［身，《廣韻》失人切，平真，書。神，《廣韻》食鄰切，平真，船。二字同在臻攝開口三等，韻母相同，

聲母旁紐。]

斯 4511《金剛醜女緣起》："出到坐延相見了，交（教）著恥辱没精身。"(《校注》頁 1106/9)

【説明】丙卷（斯 2114）作"交我羞恥没精神"。

身 讀作申。[二字《廣韻》同爲失人切，平真，書。]

伯 3266《董延進投社狀（稿）》："伏望三官，乞賜收名入案。於條承望追逐，不敢不身。"(《釋録》第一輯，頁 294/3-4)

身 讀作勝。[身，《廣韻》失人切，平真，書。勝，《廣韻》識蒸切，平蒸，書。身在臻攝開口三等，勝在曾攝開口三等，二字同聲母。韻尾 -n 與 -ng 合流。]

斯 2144《韓擒虎話本》："皇帝聞語，喜不自身：'皇后上（尚）自貯（駐）顏，寡人飲了，也莫端正？'"(《校注》頁 299/7-8)

莘 讀作辛。[莘，《集韻》斯人切，平真，心。辛，《廣韻》息鄰切，平真，心。二字同在臻攝開口三等，聲韻調全同。]

伯 4040 後唐同光三年（公元九二五年）六月一日《宋員進改補充節度押衙牒》："早年納効，先鋒不顧苦莘；疋馬單槍，塵飛處全身直入。"(《釋録》第四輯，頁

295/12-14）伯2945《權知歸義軍節度兵馬留後使某某書狀稿九件》："相公原顏，關津不滯行程，實則上（？）山（？）荷負，瞻禮望日，專持指撝，庶基孤莘，全有濟托。"（《釋錄》第五輯，頁327/28-29）

申 讀作辛。[申，《廣韻》失人切，平真，書。辛，《廣韻》息鄰切，平真，心。二字同在臻攝開口三等，韻母相同。]

斯4613庚申年（公元九六〇年）八月至辛酉年（公元九六一年）三月《後執倉所由抌前執倉所由等手上現領得豆麥粟曆》："申酉年正月廿五日戒德口（等）手上領粟拾碩貳斗，（簽字）。"（《釋錄》第三輯，頁126/22-23）斯4613庚申年（公元九六〇年）八月至辛酉年（公元九六一年）三月《後執倉所由於前執倉所由等手上現領得豆麥粟曆》："申酉年正月廿五日王僧政團手上領得麥四石四斗，三月二日王僧政團手上領得麥壹碩壹斗，粟叁碩玖斗。"（《釋錄》第三輯，頁126/29-31）

shén

神 讀作申。[神，《廣韻》食鄰切，平真，船。申，《廣韻》失人切，平真，書。二字同在臻攝開口三等，韻母相同，聲母旁紐。]

伯4084後周廣順貳年（公元九五二年）三月《平康

鄉百姓郭憨子牒》:"伏乞台慈照見蒼生,與還絹替,特神如憑由,伏請裁下□□□處分。"(《釋錄》第二輯,頁301/7-9)伯4092《新集雜別紙》:"豈期軒騎經由當州,獲神披腹之懇。"(《釋錄》第五輯,頁425/171)

神 讀作辰。[神,《廣韻》食鄰切,平真,船。辰,《廣韻》植鄰切,平真,禪。二字同在臻攝開口三等,韻母相同,聲母旁紐。]

　　伯2738背《唐咸通十年(公元八六九年)前後社司轉帖》:"幸清(請)諸公等,帖至並即今月廿六日神時,於宮慘(樓)蘭若門取齊。"(《釋錄》第一輯,頁310/2-4)

shèn

慎 讀作鎮。[慎,《廣韻》時刃切,去震,禪。鎮,《廣韻》陟刃切,去震,知。二字同韻母。]

　　北圖殷字四十一(見敦煌雜錄)《社司轉帖》:"右緣年支眷座局席,此(次)至慎使,人各粟一斗,油半昇,面一斤。"(《釋錄》第一輯,頁361)

shēng

生 讀作甥。[二字《廣韻》同爲所庚切,平庚,生。]

伯3370戊子年（公元九二八年）六月五日《某寺公廨麥粟出便與人抄錄》："兵馬使曹智盈便粟肆斗，至秋陸斗。口承外生池略（押）。"（《釋錄》第二輯，頁207/4）

伯3931《書啟公文——印度普化大師遊五台山日記和迴鶻上後梁表等》："舅生之好，昔有鐫碑，新頒鏤金之文，寒暑無變。"（《釋錄》第五輯，頁332/1-2）

昇 讀作升。[二字《廣韻》同爲識蒸切，平蒸，書。]

北圖殷字四十一（見敦煌雜錄）《社司轉帖》："右緣年支眘座局席，此（次）至慎（鎮）使，人各粟一斗，油半昇，面一斤。"（《釋錄》第一輯，頁361）

昇 讀作勝。[二字《廣韻》同爲識蒸切，平蒸，書。]

斯2144《韓擒虎話本》："蕃人已（一）見，喜不自昇，拜謝皇帝，當時便射。"（《校注》頁303/14-15）又："皇帝亦（一）見，喜不自昇，遂賜籈虎錦綵羅紈，金銀器物，美人一對，且歸私地（第）憩歇，一月後別有進旨。"（《校注》頁304/12-13）

勝 讀作升。[二字《廣韻》同爲識蒸切，平蒸，書。]

斯2041唐大中某年《儒風坊西巷村鄰等社約》："一、或孝家營葬，臨事主人須投狀，衆共助誠，各助布壹正。不納者，罰油壹勝。"(《釋錄》第一輯，頁271/36-7）伯2685析產文契："壹刞五勝鍋壹，勝半龍頭鐺子壹。"(《釋錄》第二輯，頁142）伯2567背癸酉年（公元七九三年）二月《沙州蓮臺寺諸家散施曆狀》："麵拾碩伍刞伍勝。"(《釋錄》第三輯，頁71/4）斯5495唐天復四年（公元九〇四年）《燈司都師會行深信依梁户朱神德手下領得課油曆》："九月八日，領得油肆勝。☐得油伍勝，又領得油伍勝，朱。"(《釋錄》第三輯，頁115/5-6）伯3490辛巳年（公元九二一或九八一年）《某寺諸色斛斗破曆》："油貳勝後件修金剛中間四日工匠及人夫等抄臛油汾糶等用。"(《釋錄》第三輯，頁187/18-19）

shī

施 讀作絁。［二字《廣韻》同爲式支切，平支，書。］

伯3250《納贈曆》："陳法律紫施壹拾肆尺。"(《釋錄》第一輯，頁372/9）

絁 讀作施。［二字《廣韻》同爲式支切，平支，書。］

伯3161年代不明（公元十世紀）《某寺常住什物交割點檢曆》："新附經案壹，文智絁入。"(《釋錄》第三輯，頁39/7）伯3161年代不明（公元十世紀）《某寺常住什物交割點檢曆》："函大小柒口，又新附函壹官絁入，佛名

壹部，又新附函壹，智圓絁入……"(《釋錄》第三輯，頁39/17-18)

shí

識 讀作織。[識，《廣韻》賞職切，入職，書。織，《廣韻》之翼切，入職，章。二字同在曾攝開口三等，韻母相同，聲母旁紐。]

　　俄藏Ф96《雙恩記》："貧女製衣功紡識，耕夫種植仕（事）田疇。"(《校注》頁930/19)

識 讀作釋。[識，《廣韻》賞職切，入職，書。釋，《廣韻》施隻切，入昔，書。識在曾攝開口三等，釋在梗攝開口三等，二字同聲母。]

　　斯2073《廬山遠公話》："上來七義，各各不同，共識經之[一]字，善慶聞之，還須記取。"(《校注》頁266/5)

石 讀作適。[石，《廣韻》常隻切，入昔，禪。適，《廣韻》施隻切，入昔，書。二字韻母相同，聲母旁紐。]

　　伯2653《燕子賦（二）》："空閑石得坐，雀兒起（豈）自專！"(《校注》頁413/10-11)

碩 讀作石。[二字《廣韻》同爲常隻切，入昔，禪。]

伯2964巳年二月十日《令孤善奴便刉（苅）麥價契稿》："如若依時吉報不收，或欠收刉（苅）不了，其所將斛斗請陪罰叁碩貳斗，當日便須佃（填）納。"（《釋錄》第二輯，頁94/5-6）伯2814背歸義軍曹氏時期《懸泉百姓某乙等乞請緩收稅債狀稿》："右伏惟厮乙先王稅，每户著地稅兩碩（石）伍斗，今以天稅不豐，百姓簿收，伏乞。"（《釋錄》第二輯，頁451/（二）2-4）伯2718《貸人五虯米》："貸人五虯（斗）米，送還一碩粟。"（《梵志》卷四，頁537，222首）

實 讀作什。[實，《廣韻》神質切，入質，船。什，《廣韻》是執切，入緝，禪。實在臻攝開口三等，什在深攝開口三等，二字聲母旁紐。韻尾 -t 與 -p 合流？]

伯3094背《某某雇工契》："所有莊上臃（農）具鞦钁鎌（鐮）鏵鑄袋器實物等，並分付作兒身上。"（《釋錄》第二輯，頁73/3-4）

十 讀作什。[二字《廣韻》同爲是執切，入緝，禪。]

斯5647《分書（樣式）》："右件分割家牙活具十物，叔侄對坐，以諸親近，一一對直，再三准折均亭，拋鈎爲定。"（《釋錄》第二輯，頁169/42-45）

蒔 讀作時。[二字《廣韻》同爲市之切，平之，禪。]

伯3071背唐乾寧三年（公元八九六年）《社司轉帖（抄）》："有曾（贈）送，人各色物一疋、麥二斗，幸請諸公等，帖至，限今月九日辰蒔蘭合（若）門蒔（前）取齊。"（《釋錄》第一輯，頁313/（一）1-3）

時 讀作事。[時，《廣韻》市之切，平之，禪。事，《廣韻》鉏吏切，去志，崇。二字同在止攝開口三等，韻母相同。]

斯2073《廬山遠公話》："夜臥床枕，千轉萬迴，是時不能。"（《校注》頁260/6）

食 讀作石。[食，《廣韻》乘力切，入職，船。石，《廣韻》常隻切，入昔，禪。食在曾攝開口三等，石在梗攝開口三等，二字聲母旁紐。]

斯4373癸酉年（公元九一三或九七三年）六月一日《磑户董流達園磑所用抄錄》："請食匠除磑，五人逐日三時用麵三斟。"（《釋錄》第三輯，頁183/2）

shǐ

始 讀作施。[始，《廣韻》詩止切，上止，書。施，《廣韻》式支切，平支，書。二字同在止攝開口三等而韻目鄰近，韻母相近，聲母相同。]

伯2344《祇園因由記》："言祇樹者，有其因由：其國有大長者號曰能施，生其一子，名號善始，與寶嚴瓔。"（《校注》頁601/3-4）

始 讀作是。[始，《廣韻》詩止切，上止，書。是，《廣韻》承紙切，上紙，禪。二字同在止攝開口三等而韻目鄰近，聲母旁紐。]

伯3257後晉開運二年（公元九四五年）十二月《河西歸義軍左馬步押衙王文通牒及有關文書》："阿龍及孫幸通無路存濟，始過（故）陳狀者，有實。"（《釋錄》第二輯，頁297/（三）21-22）

駛 讀作使。[二字《廣韻》同爲疏士切，上止，生。]

斯2204《十無常》："愚人不信身虛患（幻），得久遠。英雄將爲（謂）沒人過，駛僂羅（儸）。"

shì

示 讀作市。[示，《廣韻》神至切，去至，船。市，《廣韻》時止切，上止，禪。二字同在止攝開口三等而韻目鄰近，韻母相近，聲母旁紐。]

斯328《伍子胥變文》："適別龍顏，遊於纏（鄽）示，見一外國君子，泥塗而獐狂，披髮悲啼，東西馳走。"

(《校注》頁 10/8。原卷實作"示",《校注》徑作"市")斯 0778《大有愚癡君》:"有錢不解用,空手入都示。"(《梵志》卷一,頁 33,007 首。該本徑作"市",也未出原卷作"示"的校記)

示 讀作時。[示,《廣韻》神至切,去至,船。時,《廣韻》市之切,平之,禪。二字同在止攝開口三等而韻目鄰近,韻母相近,聲母旁紐。]

伯 2249 背壬午年(公元九二二年或九八二年)《康保住雇工契》:"如內欠闕,佳(皆)自排捭(備),自雇如後,便須造作,不得拋工壹日。若亡(忙)示抱(拋)(以下空白)"(《釋錄》第二輯,頁 71/3-5)

仕 讀作士。[二字《廣韻》同爲鉏里切,上止,崇。]

斯 2144《韓擒虎話本》:"陳王宣問:'阿奴無得(德),檻(濫)處稱尊,今有隋駕(家)兵仕到來,甚人敵得?'"(《校注》頁 301/5-6)斯 6452(2)辛巳年(公元九八一年)十二月十三日《周僧正於常住庫借貸油麵物曆》:"壬午年正月三日,酒壹瓮打銀梡博仕喫用。同日酒壹瓮大乘寺九日打梡局席酒壹瓮。"(《釋錄》第二輯,頁 239/4-5)斯 6452(2)辛巳年(公元九八一年)十二月十三日《周僧正於常住庫借貸油麵物曆》:"廿六日酒貳

斗，造按枷博仕喫用。"（《釋錄》第二輯，頁 240/20-21）

伯 2555《竇昊爲肅州刺史劉臣壁答南蕃書》："擁旄旎四載，一變五涼；愍戰仕之勞，不忍征伐。護明主之國，謹守封疆。"（《釋錄》第四輯，頁 356/38-39）

仕 讀作事。[仕，《廣韻》鉏里切，上止，崇。事，《廣韻》鉏吏切，去志，崇。二字同在止攝開口三等，韻母相同，聲母相同，僅聲調有別。]

俄藏 Ф96《雙恩記》："貧女製衣功紡識（織），耕夫種植仕田疇。"（《校注》頁 930/19）又："忠孝仕君親，不合逆王意。"（《校注》頁 932/21）又："幻術都來莫會他，神靈也不曾相仕。"（《校注》頁 939/17）

適 讀作釋。[二字《廣韻》同爲施隻切，入昔，書。]

伯 2653《燕子賦（一）》："宜即適放，勿煩案責。"（《校注》頁 379/6-7）

士 讀作事。[士，《廣韻》鉏里切，上止，崇。事，《廣韻》鉏吏切，去志，崇。二字同在止攝開口三等，韻母相同，聲母相同，僅聲調有別。]

伯 2721《舜子變》："解士把我離書來，交（教）[我]離你眼去！"（《校注》頁 201/18）斯 6836《葉淨能詩》：

"況且道士美貌清暢,情傷寬閑,若至太處,性同緩急;一旦意欲遊行,心士只在須臾,日行三萬五萬里。"(《校注》頁333/12)

式 讀作拭。[二字《廣韻》同爲賞職切,入職,書。]

斯4511《金剛醜女緣起》:"便把被衫揩式面,打扳精神强入來。"(《校注》頁1104/16)

世 讀作勢。[二字《廣韻》同爲舒制切,去祭,書。]

斯2144《韓擒虎話本》:"箭既離弦,世同雷吼,不東不西,去蕃人箭閼(括)便中,從榨至鏃,突然便過,去射墮(垛)十步有餘,入土三尺。"(《校注》頁303/19-20)斯2144《韓擒虎話本》:"箭既離弦,世同擗竹,不東不西,況(向)前鵰咽喉中箭,突然而過;況(向)後鵰擗(劈)心便着,雙鵰齊落馬前。"(《校注》頁304/8-9)斯2144《韓擒虎話本》:"天使接世便赫(嚇):'但衾虎弓箭少會些些,隋文皇帝有一百二十指撝,射燕(雁)都盡總好手。'"(《校注》頁304/9-10)

事 讀作司。[事,《廣韻》鉏吏切,去志,崇。司,《廣韻》息兹切,平之,心。二字同在止攝開口三等,韻母相同,聲母同爲齒音。]

斯5631《庚辰年正月十四日社司轉帖》:"帖周,却付本事。"(《釋錄》第一輯,頁336/5-6)

事 讀作侍。[事,《廣韻》鉏吏切,去志,崇。侍,《廣韻》時吏切,去志,禪。二字韻母相同,聲母都屬齒音。]

斯6161、斯3329、斯6973、伯2762綴合《張淮深碑》:"龕内素釋伽牟尼像,並事從一鋪,四壁圖諸經變相一十六鋪。"(《釋錄》第五輯,頁207/131-133)

事 讀作士。[事,《廣韻》鉏吏切,去志,崇。士,《廣韻》鉏里切,上止,崇。二字同在止攝開口三等,韻母相同,聲母相同,僅聲調有別。]

斯2073《廬山遠公話》:"君子不欺闇室,蓋俗事之常談,賤奴擬問經文,座主'忘(望)空便頷'。"(《校注》頁264/20-21)斯2144《韓擒虎話本》:"臣啟大王:不知隋駕(家)兵事多少?"(《校注》頁301/7)斯6836《葉净能詩》:"皇帝依奏,令高力事取劍斬道士,[頭]隨劍落,抛在一邊。"(《校注》頁337/4-5)斯5879、斯5896、斯5897《子年領得常住什物曆》:"大木盆叁一在油量博事邊"(《釋錄》第三輯,頁1/(一)3)

事 讀作是。[事,《廣韻》鉏吏切,去志,崇。是,《廣韻》

承紙切，上紙，禪。二字同是止攝開口三等而韻目鄰近，韻母相近，聲母都屬齒音。]

斯2614《大目乾連冥間救母變文》："生時我舍事吾珍，金軒駟馬駕珠（朱）倫（輪）。"（《校注》頁1027/18）石谷風收藏的《晉魏隋唐殘墨》本"事"作"是"。

事 讀作氏。[事，《廣韻》鉏吏切，去志，崇。氏，《廣韻》承紙切，上紙，禪。二字同在止攝開口三等而韻目鄰近，韻母相近，聲母旁紐。]

斯2630《唐太宗入冥記》："又囗（問）：'是何處人事？'崔子玉奏曰：'臣是蒲州人事。'"（《校注》頁322/9）

拭 讀作飾。[二字《廣韻》同為賞職切，入職，書。]

伯3730寅年正月《尼惠性牒並洪辯判辭》："亡外甥僧賀闍梨鐺一口，鐺三隻，皮裘一領遺書外，鎖兩具，緣窟修拭未終，擬搏鐵，其窟將為減辦。"（《釋錄》第四輯，頁111/2-3）

是 讀作示。[是，《廣韻》承紙切，上紙，禪。示，《廣韻》神至切，去至，船。二字均在止攝開口三等而韻目鄰近，韻母相近，聲母旁紐。]

伯 3889 背《社司轉帖》:"其帖,各自是名遞過者。"(《釋錄》第一輯,頁 342/6)斯 4504《行人轉帖》:"其帖人各自是名遞過者。"(《釋錄》第一輯,頁 413/(一)4)

是 讀作徥。[二字《廣韻》同爲承紙切,上紙,禪。]

俄藏 Φ101《維摩詰經講經文(二)》:"只合貪榮愛樂,御堤馳曜日之車;騁俊爭能,紫陌是追風之足。"(《校注》頁 812/12)

【說明】徥,行也。

是 讀作實。[是,《廣韻》承紙切,上紙,禪。實,《廣韻》神質切,入質,船。是在止攝開口三等,實在臻攝開口三等,二字聲母旁紐。]

伯 4640《沙州釋門索法律窟銘》:"既名蹤兮糟泊,是地久兮天長。"(《釋錄》第五輯,頁 101/76-77)

是 讀作事。[是,《廣韻》承紙切,上紙,禪。事,《廣韻》鉏吏切,去志,崇。二字同是止攝開口三等而韻目鄰近,韻母相近,聲母都屬齒音。]

斯 2073《廬山遠公話》:"只如汝未知時,吾早先知此是。"(《校注》頁 255/4)斯 2073《廬山遠公話》:"牙人聞語,盡言實有此是。"(《校注》頁 257/20-21)斯 2144

《韓擒虎話本》:"是君爲陪(違背),於天不祐,先斬公手(首),在(再)居中營,後[與]周羅侯交戰。"(《校注》頁302/20-21)斯1408背《社司轉帖(抄)》:"右緣年支春坐社司轉帖右緣少是商量,幸請諸公等,帖至,限今日卯時,於佛堂(?)取齊,捉□"(《釋錄》第一輯,頁348/1-3)斯6341壬辰年(公元九三二年?)《雇牛契(樣式)》:"若是自(牸)牛並(病)死者,不關雇人之是。"(《釋錄》第二輯,頁40/3-4)

飾 讀作識。[二字《廣韻》同爲賞職切,入職,書。]

伯3573貞明九年(公元九二三年)《曹留住賣人契》:"中間▭飾認稱爲主記者,仰留住覓拾年歲人充替▭"(《釋錄》第二輯,頁48/4-5)

shǒu

手 讀作首。[二字《廣韻》同爲書九切,上有,書。]

斯2073《廬山遠公話》:"門官有至廳前啓相公:'門手有一生口牙人,今領一賤人見相公,不敢不報。'"(《校注》頁258/3-4)斯2144《韓擒虎話本》:"衾虎答言:'某乙弟三要陳叔保(寶)手進上隋文皇帝,即便卻迴。'"(《校注》頁301/17)又:"是(事)君爲陪(違背),於天不祐,先斬公手,在(再)居中營,後[與]

周羅侯交戰。"(《校注》頁 302/20-21)

守 讀作首。[二字《廣韻》同爲書九切,上有,書。]

斯 2144《韓擒虎話本》:"寄(既)入界守,鄉村百姓具表聞天,皇帝攬(覽)表,似大杵中心。"(《校注》頁 300/7)又:"前後不經旬日,有北蕃大下(夏)嬋(單)于遂差突厥守領爲使,直到長安,遂色(索)隋文皇帝交戰。"(《校注》頁 303/11)又:"前後不經旬日,便到蕃家解(界)守。"(《校注》頁 304/2)伯 3449、伯 3864《書儀小册子》:"辭了一兩程再申感謝狀具銜某某將赴本任,欲守道途。"(《釋錄》第五輯,頁 373/(一)286-287)

首 讀作手。[二字《廣韻》同爲書九切,上有,書。]

伯 2324《難陀出家緣起》:"首托鉢盂光灼灼,足躡祥雲氣異香。"(《校注》頁 590/10)斯 5796《家口惣死盡》:"急首賣資産,與設逆修齋。"(《梵志》卷一,頁 17,003 首)急手,趕快。

shòu

瘦 讀作叟。[瘦,《廣韻》所祐切,去宥,生。叟,《廣韻》蘇后切,上厚,心。瘦在流攝開口三等,叟在流攝開口一等,二字聲母同爲齒音。]

斯4654《舜子變》："夫人唤言苦（瞽）瘦：'妾有姑（孤）男姑（孤）女，流（留）在兒婿手頂（底），願夫莫令邊（鞭）耻。'"（《校注》頁200/4）

受 讀作壽。［二字《廣韻》同爲殖酉切，上有，禪。］

斯613西魏大統十三年（公元五四七年）《瓜州効穀郡（？）計帳》："中女出嫁受昌郡民泣陵申安。"（《釋錄》第一輯，頁117/叁（九）30）斯663（2）《印沙佛文》："伏願威光轉勝福力彌增，救人護國，願使聖躬延受，五穀豐登，管内人安，歌謠滿城。"（《釋錄》第一輯，頁392/9-10）

受 讀作授。［受，《廣韻》殖酉切，上有，禪。授，《廣韻》承呪切，去宥，禪。二字同在流攝開口三等，韻母相同，聲母相同，僅聲調有別。］

伯2049背後唐同光三年（公元九二五年）正月《沙州净土寺直歲保護手下諸色入破曆祘會牒》："粟貳卧，寒苦店内付本雷教受氣絜沙用。"（《釋錄》第三輯，頁359/303-304）伯3556《南陽郡張氏淮深女墓誌銘稿並序》："皇祖諱議潭，歸義軍節度兵馬留後使，後入質歸朝，受金吾衛大將軍。"（《釋錄》第五輯，頁182/14-15）伯3449、伯3864《書儀小册子》："右某［狀］，伏蒙聖恩，除受某

刺史。"(《釋録》第五輯，頁 362/（一）109-110）

售 讀作受。[售，《廣韻》承呪切，去宥，禪。受，《廣韻》殖酉切，上有，禪。二字同在流攝開口三等，韻母相同，聲母相同，僅聲調有別。]

伯 3441 背《康富子雇工契（樣式）》："所有籠具什物等，一仰受雇人收什（拾），若是放畜牧，畔上失却，狼咬熬，一仰售雇人祇當充替。"（《釋録》第二輯，頁 66/3-5）

壽 讀作受。[二字《廣韻》同爲殖酉切，上有，禪。]

伯 3161 年代不明（公元十世紀）《某寺常住什物交割點檢曆》："瓮叁口，壽伍卧，瓮子壹口，小瓮子壹口。"（《釋録》第三輯，頁 40/33）

授 讀作受。[授，《廣韻》承呪切，去宥，禪。受，《廣韻》殖酉切，上有，禪。二字同在流攝開口三等，韻母相同，聲母相同，僅聲調有別。]

斯 6836《葉净能詩》："净能承其帝命，抽身便起，只對殿西角頭一個劍南蠻畫瓮子，可授石已來，净能移心作法，闇求歡樂帝心，娛情在炙。"（《校注》頁 336/13-14）斯 1889《敦煌氾氏家傳殘卷》："氾緒字叔縱，爲西域長史洋之曾孫也，敦方正直，嘗於當郡別駕令狐富授春秋尚書。"（《釋錄》第一輯，頁 107/83-84）斯 1889《敦煌氾氏家傳殘卷》："又吾自少及長未曾授人毛分之遺，君速去，勿以相汙。"（《釋錄》第一輯，頁 107/86）伯 2811 唐廣明元年庚子歲（公元八八〇年）《侯昌葉直諫表》："授爵袟，不逢有德之君；立戟門，佐於無道之主。"（《釋錄》第四輯，頁 333/21）

shū

疏 讀作梳。[二字《廣韻》同爲所葅切，平魚，生。]

伯 2567 背癸酉年（公元七九三年）二月《沙州蓮臺寺諸家散施曆狀》："碁子一副，牙疏子一。"（《釋錄》第三輯，頁 72/30）

殊 讀作珠。[殊，《廣韻》市朱切，平虞，禪。珠，《廣韻》章俱切，平虞，章。二字同在遇攝合口三等，韻母相同，聲母旁紐。]

伯 4638《大番故敦煌郡莫高窟陰處士修功德記》："八十種好，感空落之花園；万變應身，散殊西（星）焕彩。"（《釋錄》第五輯，頁 225/59-60）

殊 讀作銖。[二字《廣韻》同爲市朱切，平虞，禪。]

斯6836《葉净能詩》:"又見數個美人,身着三殊之衣,手中皆擎水精之盤,盤中有器,盡是水精七寶合成。"(《校注》頁339/12)俄藏Φ365《妙法蓮華經講經文(二)》:"經内自云團估價,六殊可以買娑婆。"(《校注》頁723/4)

舒 讀作輸。〔舒,《廣韻》傷魚切,平魚,書。輸,《廣韻》式朱切,平虞,書。二字同在遇攝合口三等而韻目鄰近,韻母相近,聲母相同。〕

斯2144《韓擒虎話本》:"蠻奴是即(積)大(代)名將,乍舒心生不分,從城排一大陣,識也不識?"(《校注》頁302/8-9)

shú

孰 讀作熟。〔二字《廣韻》同爲殊六切,入屋,禪。〕

伯2613唐咸通十四年(公元八七三年)正月四日《沙州某寺交割常住物等點檢曆》:"孰銅疊子壹拾肆。"(《釋録》第三輯,頁11/63)

【説明】"熟"是"孰"的孳乳字。

shǔ

暑 讀作署。〔暑,《廣韻》舒吕切,上語,書。署,《廣韻》

常恕切，去御，襌。二字同在遇攝合口三等，韻母相同，聲母旁紐。]

北圖殷字四十一（見敦煌雜録）《社司轉帖》："其帖，暑名。弟（遞）過者，不得停滯。"（《釋録》第一輯，頁361）

shù

述 讀作術。[二字《廣韻》同爲食聿切，入術，船。]

斯4654《舜子變》："政（正）午間跪拜四拜，學得甚媿（鬼）禍述靡（魅）！"（《校注》頁200/13）斯6836《葉浄能詩》："妾聞葉浄能法述通神，妾欲求子，不敢不奏。"（《校注》頁339/1-2）又："浄能知皇帝福（復）問述法：'其數極多。陛下若擬邊問之，卒無盡理。臣所見只可如斯！'"（《校注》頁340/8）伯2344《祇園因由記》："有一外道，號曰勞度差，此云赤眼，解其咒述。"（《校注》頁603/3）俄藏Φ96《雙恩記》："信爲能入，智爲能度，信爲入法之初基，在爲究竟之玄述。"（《校注》頁924/6）

束 讀作速。[束，《廣韻》書玉切，入燭，書。速，《廣韻》桑谷切，入屋，心。束在通攝合口三等，速在通攝合口一等，二字聲母同爲齒音。]

伯4017《社司轉帖》:"其帖束遞相分付,不得停滯,如滯帖者,准條科罰者。"(《釋錄》第一輯,頁410/5-7)

sī

司 讀作私。[司,《廣韻》息兹切,平之,心。私,《廣韻》息夷切,平脂,心。二字同在止攝開口三等而韻目鄰近,韻母相近,聲母相同。]

北圖殷字四十一(見敦煌雜錄)癸未年(公元九二三年?)七月十五日《張修造雇父駝契》:"恐人無憑,故立司契,用爲後驗。"(《釋錄》第二輯,頁38/9)

斯 讀作司。[斯,《廣韻》息移切,平支,心。司,《廣韻》息兹切,平之,心。二字同在止攝開口三等而韻目鄰近,韻母相近,聲母相同。]

伯3071背唐乾寧三年(公元八九六年)《社司轉帖(抄)》:"帖周仰[赴]本斯,用[憑]告罰。"(《釋錄》第一輯,頁313/(一)7)

斯 讀作嘶。[斯,《廣韻》息移切,平支,心。嘶,《廣韻》先稽切,平齊,心。斯在止攝開口三等,嘶在蟹攝開口四等,二字同聲母。也可能是寫嘶的聲旁。]

俄藏Ф96《雙恩記》:"滿城驚訝出門看,人鬧馬斯皆

總歸。"(《校注》頁 930/7）

思 讀作斯。[思,《廣韻》息茲切,平之,心。斯,《廣韻》息移切,平支,心。二字同在止攝開口三等而韻目鄰近,韻母相近,聲母相同。]

斯 2073《廬山遠公話》:"夫子留教,上（尚）遣如思,不與你下愚之人解説。"(《校注》頁 264/14）又:"若作如思,還失其子羽。"(《校注》頁 265/1）又:"據思行即不合真宗,所出言辭,何殊外道!"(《校注》頁 265/10）伯 2344《祇園因由記》:"作思計已,並集徒黨。"(《校注》頁 603/3-4）俄藏 Φ365《妙法蓮華經講經文（二）》:"思量全賴如來,方得如思美事。"(《校注》頁 722/1）

sì

似 讀作寺。[似,《廣韻》詳里切,上止,邪。寺,《廣韻》祥吏切,去志,邪。二字同在止攝開口三等,韻母相同,聲母相同,僅聲調有別。]

斯 2073《廬山遠公話》:"我憶昔在廬山之日,初講此經題目,便敢（感）得大石摇動,百草亞身;瑞鳥靈禽,飛來滿似。"(《校注》頁 261/18-19）

以 讀作似。[以,《集韻》象齒切,上止,邪。似,《廣韻》詳里切,上止,邪。二字同在止攝開口三等,聲韻調全同。]

斯 328《伍子胥變文》:"波上唯見一人,唱謳歌而撥棹,手持輪鉤,欲以魚(漁)人,即出蘆中,乃喚言:……"(《校注》頁 7/15-16)斯 2073《廬山遠公話》:"我佛雖有慈悲,爭那佛力不以他業力,如此之[流],難爲救度。"(《校注》頁 266/16)

嗣 讀作祠。[嗣,《廣韻》祥吏切,去志,邪。祠,《廣韻》似茲切,平之,邪。二字同在止攝開口三等,韻母相同,聲母相同,僅聲調有別。]

伯 2344《祇園因由記》:"其迴之處,在天嗣傍,其須達先友因食致患,身子、目連與看病,聞法已死,得生於四天王宮,遂往帝釋,乞在王舍城南安置。依願與之,其天得生此天嗣中。"(《校注》頁 601/19-602/2)

兕 讀作矢。[兕,《廣韻》徐姊切,上旨,邪。矢,《廣韻》式視切,上旨,書。二字同爲止攝開口三等,韻母相同,聲母同爲齒音。]

斯 328《伍子胥變文》:"老臣監監,兕(原卷實作兕)呪我國!"(《校注》頁 16/9)

【說明】"兇"字，原卷實作"咣"，"咣"是"兇"的異體字，"兇"讀作"矢"，矢有直義，又有誓義，用於此處皆可通。

sòu

嗽 讀作叜。[嗽，《廣韻》蘇奏切，去候，心。叜，《廣韻》蘇后切，上厚，心。二字同在流攝開口一等，韻母相同，聲母相同，僅聲調有別。]

斯4654《舜子變》："苦（瞽）嗽喚言舜子：'我舜子小（少）失却阿孃，家裏無人主領。阿耶取一個計（繼）阿孃來，我子心裏何似？'"（《校注》頁200/6）

sū

蘇 讀作酥。[二字《廣韻》同爲素姑切，平模，心。]

伯2133《妙法蓮華經講經文（三）》："或乳糜蘇洛（酪），香飲朝嚴，同寶積之所陳，似純陀之所獻。"（《校注》頁729/17-18）斯5578《放妻書（樣式）》："□蘇乳之合，尚恐異流；貓鼠同窠，安能得久。"（《釋録》第二輯，頁175/14-15）

sú

俗 讀作贖。[俗，《廣韻》似足切，入燭，邪。贖，《廣韻》

神蜀切，入燭，船。二字同在通攝合口三等，韻母相同，聲母同爲齒音。]

斯 466 後周廣順三年（公元九五三年）《龍章祐、祐定兄弟出典土地契》："其地佃種，限肆年内，不喜（許）地主收俗。若於年限滿日，便仰地主辨還本麥者，便仰地主收地。"（《釋錄》第二輯，30/5-7）

sù

訴 讀作素。[二字《廣韻》同爲桑故切，去暮，心。]

斯 2144《韓擒虎話本》："皇后問言：'阿耶朝庭與甚人訴善？'"（《校注》頁 299/15-16）

肅 讀作繡。[肅，《廣韻》息逐切，入屋，心。繡，《廣韻》息救切，去宥，心。肅在通攝合口三等，繡在流攝開口三等，二字同聲母。可能是用聲旁來通讀。]

伯 2837 背辰年《支剛剛等施入疏十四件》："白綾頭肅襪一量，草禄絹衫子一，已上施入修造。"（《釋錄》第三輯，頁 62/（十一）1）

素 讀作甦。[素，《廣韻》桑故切，去暮，心。甦，《集韻》孫租切，平模，心。二字同在遇攝合口一等，韻母相同，聲母相同，僅聲調有别。]

斯 6537 2V3V《遺書（樣式）》："今醒素之時，對兄弟子侄諸親等遺囑，房資產業莊園宅舍，一一各支分數，例名如下。"（《釋錄》第二輯，頁 180/2-4）

素 讀作塑。[二字《廣韻》同爲桑故切，去暮，心。]

伯 2991 背《燉煌社人平詘子十一人刱於宕泉建窟一所功德記》："於是，龕内素釋迦佛一軀，二上足，二菩薩，蓮臺寶座，拂師子之金毛，閬㽵鈴音，砌微風而響振，諸壁上變相悉像維城，侍從龍天皆依法製。"（《釋錄》第一輯，頁 387/8-10）斯 6161、斯 3329、斯 6973、伯 2762 綴合《張淮深碑》："龕内素釋伽牟尼像，並事（侍）從一鋪，四壁圖諸經變相一十六鋪。"（《釋錄》第五輯，頁 207/131-133）伯 4638《大番故敦煌郡莫高窟陰處士修功德記》："龕内素釋迦像並聲聞菩薩神等共七軀。"（《釋錄》第五輯，頁 225/53-54）斯 4860《創建伽藍功德記並序》："蘭若内素釋迦牟尼尊佛並侍從，縹（似當爲綵）畫功畢。"（《釋錄》第五輯，頁 230/10-11）斯 2113 5V《唐沙州龍興寺上座德勝宕泉創修功德記》："遂捨房資，於北大像南邊創造新龕一所，内素釋迦如來並諸侍從，四壁繪諸經變相，門兩頰畫神兩軀，窟簷頂畫千佛，北壁畫千手千眼菩薩。"（《釋錄》第五輯，頁 242/20-243/23）

suī

雖 讀作須。[雖,《廣韻》息遺切,平脂,心。須,《廣韻》相俞切,平虞,心。雖在止攝合口三等,須在遇攝合口三等,二攝有通讀之例,二字同聲母。]

伯3989唐景福三年(公元八九四年)五月十日《立社條件憑記》:"若有凶禍之時,便取主人指撝,不問車轝便雖營辦,色物臨事商量。"(《釋錄》第一輯,頁273/5-6)伯3989唐景福三年(公元八九四年)五月十日《立社條件憑記》:"立條後,各自説大敬小,切雖存禮,不得緩慢。"(《釋錄》第一輯,頁273/6-7)斯6417後唐長興二年(公元九三一年)正月《普光寺尼徒衆圓證等狀并海晏判辭》:"普光弘基極大,衆内詮練綱維,並是釋中眉首,事須治務任持,且雖敬上愛下,人户則有憐敏之能。"(《釋錄》第四輯,頁54/14-17。《釋錄》原標點有誤)

suí

隨 讀作隋。[二字《廣韻》同爲旬爲切,平支,邪。]

後晉天福十年(公元九四五年)《壽昌縣地境一本》:"隨置善鄩鎮。隨亂,其地乃空。"(《釋錄》第一輯,頁52)伯3721《瓜沙兩郡大事記并序殘卷》:"隨文皇帝,姓

楊，名堅，受周禪，辛丑歲二月十五日，改爲開皇元年。"（《釋録》第一輯，頁81/26-27）

suì

遂 讀作隨。[遂，《廣韻》徐醉切，去至，邪。隨，《廣韻》旬爲切，平支，邪。二字同在止攝合口三等而韻目鄰近，聲母相同。]

伯2482《常樂副使田員宗啟》："後齊遂兵馬至到山南下磧，便見賊蹤壹拾捌騎腳下煞小牛叁頭，又向陳（塵）土較多。"（《釋録》第四輯，頁501/3-5）

誶 讀作倅。[誶，《廣韻》蘇内切，去隊，心。倅，《廣韻》七内切，去隊，清。二字韻母相同，聲母旁紐。]

伯4092《新集雜別紙》："洺州判　判官誶事，榮佐英賢。"（《釋録》第五輯，頁420/137）

sǔn

損 讀作薰[損，《廣韻》蘇本切，上混，心。薰，《廣韻》許雲切，平文，曉。損在臻攝合口一等，薰在臻攝合口三等，二字聲母距離較遠。]

斯133《秋胡變文》："花藥、茂樹，並是白檀、烏楊、歸樟、蘇方（枋）、梓檀、騰（藤）女，損凡（風）香

氣。"(《校注》頁 233/3-4）

【說明】"凡"字潘重規校作"風"，甚是。"損"字不可解，疑以其聲旁"員"而通讀於"薰"。《廣韻》元韻中"塤、壎"同字，文韻中"勛、勳"同字，是其聲旁可通讀之證。"員"在《廣韻》中有王分切一音，雲母文韻合口三等，"薰"，許雲切，曉母文韻合口三等，二字韻全同，聲母雖略別而有轉化之迹，是有通讀的語音基礎的。"薰風"與"香氣"並舉，則其意可明。在這個例子中，如果僅根據二字的反切來談通讀，就顯得生硬了，雖然二字的韻母距離不遠，但聲母相距是比較遠的。我們是這樣設想的："薰"以音近而寫作"員"，"員"字輾轉傳抄而誤作"損"。也就是"損"字是以其聲旁"員"而讀爲"薰"的。

suǒ

所 讀作數。[所，《廣韻》疎舉切，上語，生。數，《廣韻》色句切，去遇，生。二字同在遇攝合口三等而韻目鄰近，韻母相近，聲母相同。]

斯 2144《韓擒虎話本》："前後不經所旬，裹（果）然司天太監夜官（觀）虔（乾）象，知隨州楊堅限百日之内，合有天分，具表奏聞。"(《校注》頁 298/18）

tài

態 讀作耐。[態,《廣韻》他代切,去代,透。耐,《廣韻》奴代切,去代,泥。二字同韻母。]

伯2344《祇園因由記》:"於中有煩惱重者不賓,而由(猶)頗(叵)態:'終須作計以酬!'"(《校注》頁603/12)

tán

譚 讀作潭。[二字《廣韻》同爲徒含切,平覃,定。]

北8418《天下姓望氏族譜殘卷》:"長沙郡四姓 譚州劉、茹、曾、秦"(《釋錄》第一輯,頁87/34)斯330太平興國七年(公元九八二年)正月八日《沙州三界寺授惠意程氏八戒牒》:"牒得前件弟子,白月垂光,入寒譚而是幻。"(《釋錄》第四輯,頁84/3)斯1183太平興國九年(公元九八四年)《沙州三界寺授住奴八戒牒》:"牒得前件弟子,白月垂光,入[寒]譚而是幻。"(《釋錄》第四輯,頁95/3-4)

談 讀作淡。[談,《廣韻》徒甘切,平談,定。淡,《廣韻》徒濫切,去闞,定;又徒敢切,上敢,定。二字同在咸攝開口一等,韻母相同,聲母相同。]

斯1845丙子年四月十七日《祝定德阿婆身故納贈曆》："安集子并粟　斜談青褐一丈八尺談青斜褐一丈四尺。"(《釋錄》第一輯，頁368/38)

彈 讀作殫。[彈，《廣韻》徒干切，平寒，定。殫，《廣韻》都寒切，平寒，端。二字韻母相同，聲母旁紐。]

伯4092《新集雜別紙》："雖託緘封，未彈情懇。"(《釋錄》第五輯，頁429/198)

壇 讀作檀。[二字《廣韻》同爲徒干切，平寒，定。]

伯2187《保護寺院常住戶不受侵犯帖》："應是戶口家人，壇越將持奉獻，永充寺舍居業，世人共薦光揚，不合侵陵，就加添助，資益崇修，不陷不修，號曰常住。"(《釋錄》第四輯，頁158/6-8)伯3931《書啟公文——印度普化大師遊五台山日記和迴鶻上後梁表等》："請閱梵文，便知懑昧。願爲壇越，勿見恓遲。"(《釋錄》第五輯，頁333/16)檀越，即施主。

táng

唐 讀作糖。[二字《廣韻》同爲徒郎切，平唐，定。]

伯3303《印度制糖法殘卷》："西天五印度出三般甘蔗（蔗）：一般苗長八尺，造沙唐多不妙；苐（第）二校一二

尺矩（短），造好沙唐及造最上煞割令；苐（第）三般亦好。"（《釋錄》第五輯，頁 453/1-3。原錄文有漏字）

tǎng

儻 讀作黨。[儻，《廣韻》他朗切，上蕩，透。黨，《廣韻》多朗切，上蕩，端。二字韻母相同，聲母旁紐。]

俄藏 Ф96《雙恩記》："汝徒儻伴侶今何所在？"（《校注》頁 935/14）伯 3556《府君慶德邈真讚並序》："抱直扶忠，孝悌衆謠於鄉儻。"（《釋錄》第五輯，頁 176/6）伯 4638《曹良才畫像讚》："更乃恪節當官，不犯清闈之道；差科賦役，無稱偏儻之暗；斷割軍州，例欵均平之好。"（《釋錄》第五輯，頁 228/17-229/19）伯 3718《後唐河西節度右馬步都押衙閻子悅寫真讚並序》："一從受位，無儻無偏。三端曉備，六藝俱懸。"（《釋錄》第五輯，頁 261/41）

tàng

躺 讀作蕩。[躺，明刊本《重刊詳校篇海》卷四《身部》他曠切，去宕，透。蕩，《廣韻》徒朗切，上蕩，定。躺，在宕攝開口一等，蕩在宕攝開口一等，二字聲母旁紐。]

斯 0778《王梵志時集序》："查郎躺子生慚愧，諸州游客憶家鄉。"（《梵志》序，頁 1）

【說明】據項楚引，明刊本《重刊詳校篇海》卷四《身部》："軉，他曠切，音盪。"據反切下字，在宕攝合口一等，但宕攝合口一等只有牙喉音，其他聲母不存在這音節，於是按宕攝開口一等透母處理；據音同，在宕攝開口一等，定紐，與"蕩"同音。

tāo

濤 讀作淘。[濤，《廣韻》徒刀切，平豪，定。淘，《集韻》徒刀切，平豪，定。二字同音。]

伯2721《舜子變》："舜聞濤井，心裏知之，便脫衣裳井邊，跪拜入井濤泥。"(《校注》頁202/13)又："孝順父母感於天，舜子濤井得銀錢。"(《校注》頁203/17)伯3813背唐[公元七世紀後期？]《判集存十九道》："崇乃用錢百文，雇憲濤井。"(《釋錄》第二輯，頁600/29)斯4649、斯4657拚合庚午年(公元九七〇年)二月十日《沿寺破曆》："六日，粟貳蚪，沽酒小和尚濤麥用。"(《釋錄》第三輯，頁215/(一)12)伯3713年代不明[公元十世紀]《粟破曆》："八月五日粟二斗，指撝就寺濤麥用。"(《釋錄》第三輯，頁236/3)

韜 讀作綯。[韜，《篇海類編》他刀切，平豪，透。綯，《廣韻》土刀切，平豪，透。二字同音。]

伯2553《王昭君變文》："遂差漢使楊少徵杖節來吊，金重錦韜繒，入於虜廷，慰問蕃王。"(《校注》頁159/15-16)

táo

洮 讀作淘。[洮，《廣韻》土刀切，平豪，透。淘，《集韻》徒刀切，平豪，定。二字韻母相同，聲母旁紐。]

列1456《他見見我見》："唯見他長短，不肯自洮〈練〉[揀]。"(《梵志》卷六，頁861，374首)洮揀，即"陶簡"，選擇，區別。

桃 讀作逃。[二字《廣韻》同爲徒刀切，平豪，定。]

伯4065《歸義軍曹氏表文稿三件》："賊軍大敗，兵馬桃生。"(《釋錄》第五輯，頁331/25)

陶 讀作淘。[陶，《廣韻》徒刀切，平豪，定。淘，《集韻》徒刀切，平豪，定。二字同音。]

斯4648 1-8V 年代不明[公元十世紀]《某寺諸色斛斗入破祘會牒殘卷》："麵貳㪷，陶麥僧喫用。"(《釋錄》第三輯，551/104-105)

tè

貸 讀作貣。[貸，《集韻》惕得切，入德，透。貣，《廣韻》

他德切，入德，透。二字同音。]

伯3211《村頭語户主》："在縣用紙多，從吾相便貸。"（《梵志》卷二，頁134，031首）伯2718《借物索不得》："借物索不得，貸錢不肯還，頻來論即鬭，過在阿誰邊？"（《梵志》卷四，頁496，190首）伯2718《貸人五卧米》："貸人五卧米，送還一碩（石）粟。"（《梵志》卷四，頁537，222首）伯2718《家貧從力貸》："家貧從力貸，不得嬾乖慵。"（《梵志》卷四，頁568，242首）

【説明】貣義爲從人借貸。項楚説。

téng

騰 讀作藤。[二字《廣韻》同爲徒登切，平登，定。]

斯328《伍子胥變文》："至溄、蕩山間：石壁侵天萬丈，入地騰竹從（縱）横。"（《校注》頁9/13-14）斯4511《金剛醜女緣起》："玉葉不生端正相，金騰結朵野田花。"（《校注》頁1106/16）

騰 讀作謄。[二字《廣韻》同爲徒登切，平登，定。]

伯3608、伯3252《唐律——職制、户婚、廄庫律殘卷》："諸稽緩詔書一日，笞五十，騰詔敕符移之類皆是。"（《釋録》第二輯，頁501/（一）21）

tí

提 讀作緹。[二字《廣韻》同爲杜奚切，平齊，定。]

伯2187《破魔變》："假使有拔山舉頂（鼎）之士，終埋在三尺土中；直饒玉提金繡之徒，未免於一槭灰燼。"（《校注》頁531/5-6）緹，厚繒。槭，箧。

蹄 讀作騠。[二字《廣韻》杜奚切，平齊，定。]

斯6161、斯3329、斯6973、伯2762綴合《張淮深碑》："北方獫狁，款少駿之駃蹄；南土蕃渾，獻崑崗之白璧。"（《釋錄》第五輯，頁205/105-106）

tì

替 讀作體。[替，《廣韻》他計切，去霽，透。體，《廣韻》他禮切，上薺，透。二字同在蟹攝開口四等，韻母相同，聲母相同，僅聲調有別。]

伯3128《社齋文》："加以傾心三寶，攝念無生，越愛染於徇（稠）林，悟真如之境界，替榮花之非實，攬人事之虛無。"（《釋錄》第一輯，頁388/6-7）

tián

佃 讀作填。[二字《廣韻》同爲徒年切，平先，定。]

伯 2964 巳年二月十日《令孤善奴便刬（茢）麥價契稿》："如若依時吉報不收，或欠收刬（茢）不了，其所將斛斗請陪罰叄碩（石）貳斗，當日便須佃（填）納。"（《釋錄》第二輯，頁 94/5-6）

田 讀作填。[二字《廣韻》同爲徒年切，平先，定。]

北圖殷字四十一（見敦煌雜錄）癸未年（公元九二三年？）七月十五日《張修造雇父駝契》："使入了，限三日便須田還，更不許推言（延），或若路上賊打，看爲大禮（例），或若病死，舌（折）却雇價，立爲（還）本駝。"（《釋錄》第二輯，頁 38/4-6）北圖殷字四十一（見敦煌雜錄）癸未年（公元九二三年？）三月二十八日《王勻勻敦貸生絹契》："伊州使到來之日，限十五日便須田還，不許推延。"（《釋錄》第二輯，頁 114/（一）3-4）伯 3192 背唐大中十二年（公元八五八年）《孟憨奴便麥契稿》："如爲（違）不還者，揮奪家資雜勿（物）田充。"（《釋錄》第二輯，頁 108/3-4）

tiáo

調 讀作彫。[調，《廣韻》徒聊切，平蕭，定。彫，《廣韻》都聊切，平蕭，端。二字韻母相同，聲母旁紐。]

伯 2695《沙州都督府圖經殘卷》："昔年寇盜，禾麥調

傷，四人擾擾，百姓遑遑。"（《釋録》第一輯，頁26/74-75）

條 讀作調。[二字《廣韻》同爲徒聊切，平蕭，定。]

伯2032背後晉時代《净土寺諸色入破曆祘會稿》："粗麵一斗條培用。"（《釋録》第三輯，頁465/（三）189）

齠 讀作髫。[齠，《集韻》田聊切，平蕭，定。髫，《廣韻》徒聊切，平蕭，定。二字同音。]

伯4640《翟家碑》："次侄懷恩，齠齔聰惠，智有老成；文勘師古，文（武）濟臨危。"（《釋録》第五輯，頁87/24-25）伯3556《歸義軍應管内外都僧統氾和尚邈真讚並序》："遂乃齠齔落髮，歸依極教之風；立政摧邪，頓證中途之理。"（《釋録》第五輯，頁166/12-13）伯3556《後周敦煌郡靈修寺闍梨尼張氏戒珠邈真讚並序》："齠齔（旁：辭榮）慕道，戒行孤精。"（《釋録》第五輯，頁181/23-24）

[**説明**] 齠齔，垂髫換齒之時，也就是七八歲的時候。齠，讀作髫，但書寫時常類化從齒作"齠"，於是"齠"也有換齒之義。

tiē

帖 讀作怗。[二字《廣韻》同爲他協切，入帖，透。]

伯 3016 天興七年（公元九五六年？）十一月《于闐迴禮使索子全狀》："兆枕南山，帖然皎靖。"（《釋錄》第四輯，頁 404/7）

tīng

廳 讀作聽。[二字《廣韻》同爲他丁切，平青，透。]

斯 2073《廬山遠公話》："夫人蒙屈，來至西門前，相公與夫人來廳念經，直至天明。"（《校注》頁 258/21）又："相公每日朝下，常在福光寺內廳道安講經，納錢一百貫文。"（《校注》頁 259/8）

tíng

亭 讀作停。[二字《廣韻》同爲特丁切，平青，定。]

伯 3764 背乙亥年（公元九一五年）九月十六日《社司轉帖》："其帖速遞相分付不得亭滯。"（《釋錄》第一輯，頁 318/5-6）伯 5032《社司轉帖》："其帖立弟（遞）相分付，不得亭滯。"（《釋錄》第一輯，頁 403/5）

庭 讀作廷。[二字《廣韻》同爲特丁切，平青，定。]

斯 1889《敦煌氾氏家傳殘卷》："面折庭争，憚攝公卿，禍福斯易，子孫羅駢。"（《釋錄》第一輯，頁 104/23）伯 3608 背《前鄭滑節度兼右丞相賈潾直諫表》：

"獻策千條，不蒙一問，羈孤貧病，流落風塵；眷戀闕庭，願除去瀆陛下左右賢明，臣之愚拙，如有堪理亂者，臣請爲奴僕事。"(《釋錄》第四輯，頁328/39-41)《釋錄》注："眷戀闕庭，願除去瀆"，不好通解，《全唐文》作"眷戀朝庭而不願去"。伯3449、伯3864《書儀小冊子》："某自到闕庭，久陪譚唤，實受獎憐之惠，但深激荷之誠。"(《釋錄》第五輯，頁371/（一）256-257）

tóu

頭 讀作投。[二字《廣韻》同爲度侯切，平侯，定。]

斯133《秋胡變文》："學問晚（完）了，辭先生出山。便即不歸，却頭魏國，意欲覓官。"(《校注》頁233/6）斯2144《韓擒虎話本》："道由（猶）言訖，此陣便圓，緣無將來頭，心生疑或（惑）。"(《校注》頁302/10-11）又："衾虎亦（一）見，處分左右，册起蠻奴：'具（拒）狄（敵）者殺，來頭便是一家，容某乙奏上隋文皇帝，請作叔父恩養，即是衾虎願足。'"(《校注》頁302/15-16）又："衾虎聞言，或（忽）遇（語）將軍：'具（拒）狄（敵）者殺，來頭便是一家。'"(《校注》頁303/5）伯2837背辰年《支剛剛等施入疏十四件》："右所施意者，爲慈母舍化以來，不知神識，今頭道場，請爲懺念。"(《釋錄》第三輯，頁60/（四）2-3）伯2837背辰年《支剛剛

等施入疏十四件》:"右弟子所施意者,願報平安,今頭道場,請爲念誦。"(《釋錄》第三輯,頁61/(六)2-3)

頭 讀作兜。[頭,《廣韻》度侯切,平侯,定。兜,《廣韻》當侯切,平侯,端。二字韻母相同,聲母旁紐。]

斯2144《韓擒虎話本》:"坐由(猶)未定,惚(忽)然十字地烈(裂),涌出一人:身披黃金鏁甲,頂戴鳳翅頭毛(牟),按三丈(杖)低頭高聲唱喏。"(《校注》頁304/14-15)

tú

徒 讀作途。[二字《廣韻》同爲同都切,平模,定。]

斯2144《韓擒虎話本》:"使君蒙詔,不感(敢)久住,遂與來使登徒進發,迅速不停,直至長安十里有餘常樂驛安下。"(《校注》頁298/19-299/1)斯2144《韓擒虎話本》:"先送二十萬軍衣甲,然後草繩自縛,直到將軍馬前,啟而言曰:'某乙緣是敗君(軍)之將,死活二徒,伏乞將軍一降。'"(《校注》頁303/4-5)斯2144《韓擒虎話本》:"蕃將聞語,驚怕非常,當時便辭,登徒進發。"(《校注》頁303/21-304/1)

徒 讀作圖。[二字《廣韻》同爲同都切,平模,定。]

斯2144《韓擒虎話本》："楊妃蒙間，繫（喜）從天降，啟言聖人：'但臣妾一遍梳裝，須飲此酒一盞，一要軟髮，二要貯（駐）顏。且徒供奉聖人，別無餘事。'"（《校注》頁299/7-8）伯2653《燕子賦（一）》："總是轉關作呪，徒擬誑惑大王。"（《校注》頁377/14）俄藏Φ365《妙法蓮華經講經文（二）》："不是暫時徒淨潔，一千餘載苦形骸。"（《校注》頁723/21）俄藏Φ365《妙法蓮華經講經文（四）》："不徒滅罪兼增福，且要歡心展皺眉。"（《校注》頁743/20）俄藏Φ101《維摩詰經講經文（二）》："佛意比來徒教化，人心只是愛榮（花）華。"（《校注》頁808/18）伯2305《解座文匯抄》："當情道着莫生嫌，辟病說時徒戒勖（勖）。"（《校注》頁1174/9）斯0778《吾富有錢時》："徒財不顧人，且看來時道。"（《梵志》卷一，頁14，002首）

徒 讀作屠。[二字《廣韻》同爲同都切，平模，定。]

斯328《伍子胥變文》："楚王便獄中喚出伍奢子尚，處法徒刑。"（《校注》頁2/20）"處法徒刑"，謂用法而處以屠戮之刑。

駼 讀作圖。[二字《廣韻》同爲同都切，平模，定。]

斯2073《廬山遠公話》："伏願今皇帝道應龍駼，德光

tuō

託 讀作飥。[二字《廣韻》同爲他各切,入鐸,透。]

斯 5008 年代不明 [公元十世紀中期]《某寺諸色入破曆祘會牒殘卷》:"白麵壹斛、油壹抄,造託僧官喫用。"(《釋錄》第三輯,頁 555/12)

tuò

柘 讀作橐。[柘,當是拓字之訛。拓、橐二字《廣韻》同爲他各切,入鐸,透。]

伯 2553《王昭君變文》:"須□(叟)命驟駞柘駝叢叢作舞,倉牛亂歌。"(《校注》頁 156/20)

【説明】駱駝,又作"橐駝"。

wān

剜 讀作捥。[剜,《廣韻》一丸切,平桓,影。捥,《集韻》鄔管切,上緩,影。二字同在山攝合口一等,韻母相同,聲母相同,僅聲調有别。]

伯 2653《燕子賦(一)》:"左推右聳,剜耳摑顋。"(《校注》頁 376/8)

wǎn

宛 讀作苑。[二字《廣韻》同爲於阮切，上阮，影。]

俄藏Ф101《維摩詰經講經文（二）》："頻頻緩步，宕宕移身，見御堤之柳色和煙，睹禁宛之桃花笑日。"(《校注》頁810/16-17)(《釋録》第一輯，頁4/45-48) 伯4660《故沙州釋門賜紫梁僧政邈真讚》："霜彫柰菀，鶴樹枝崩。"(《釋録》第五輯，頁140/10) 伯2913背《大唐敦煌譯經三藏吳和尚邈真讚》："鷲峰秘蜜，鹿菀伽維。"(《釋録》第五輯，頁162/4) 伯4638《大番故敦煌郡莫高窟陰處士修功德記》："鵝思步步，隱隱含珠；鹿菀清清，應應如是。"(《釋録》第五輯，頁226/88-227/89)

菀 讀作宛。[二字《廣韻》同爲於阮切，上阮，影。]

伯2005《沙州都督府圖經殘卷》："西涼異物志云：漢貳師將軍李廣利西伐大菀，迴至此山，兵士眾渴乏，廣乃以掌拓山，仰天悲誓，以佩劍刺山，飛泉湧出，以濟三軍。"(《釋録》第一輯，頁4/45-48)

晚 讀作完。[晚，《廣韻》無遠切，上阮，微。完，《廣韻》胡官切，平桓，匣。晚在山攝合口三等，完在山攝合口一等，聲母存在唇音與牙喉音的對轉關係。]

斯133《秋胡變文》:"學問晚了,辭先生出山。便即不歸,却頭(投)魏國,意欲覓官。"(《校注》頁233/6)

wàn

萬 讀作挽。[萬,《廣韻》無販切,去願,微。挽,《廣韻》無遠切,上阮,微。二字同在山攝合口三等,韻母相同,聲母相同,僅聲調有別。]

斯5818《請處分寫孝經判官安和子狀》:"又酒家徵撮,比日之前,手寫大乘,口常穢言不斷,皆是牽萬翁婆祖父羞恥耆年。"(《釋錄》第五輯,頁1/4-6)牽挽,牽連。

腕 讀作椀。[腕,《廣韻》烏貫切,去換,影。椀,《廣韻》烏管切,上緩,影。二字同在山攝合口一等,韻母相同,聲母相同,僅聲調有別。]

伯3574《沙州上都進奏院上本使狀》:"押衙三人,各十五疋,銀腕各一口,熟線綾綿衣各一副。"(《釋錄》第四輯,頁368/25)伯3574《沙州上都進奏院上本使狀》:"尚書答信物七十疋,寄信物五十疋,衣一副,銀檻一具,銀蓋腕一具,勅書一封。"(《釋錄》第四輯,頁368/29-369/30)伯3574《沙州上都進奏院上本使狀》:"判官一人、都押衙一人,各物廿疋,衣一副,銀腕一口。"(《釋

錄》第四輯，頁 369/31）

wáng

亡 讀作忘。[亡，《廣韻》武方切，平陽，微。忘，《廣韻》巫放切，去漾，微。二字同在宕攝合口三等，韻母相同，聲母相同，僅聲調有別。]

　　斯 529《定州開元寺僧歸文啟》："歸文啟，歸文伏自辭違後，雖曾有狀，難亡攀戀之懷。"（《釋錄》第五輯，頁 13/1-2）

亡 讀作望。[二字《廣韻》同爲武方切，平陽，微。]

　　斯 2073《廬山遠公話》："亡（望）空便額！我佛如來妙典，義里（理）幽玄，佛法難思，非君所會。"（《校注》頁 264/11-12）又："相公憂懼作禮，亡空虔誠啟告：'大師有無邊之力，伏願乞捨慈悲，且依君王請（清）命！'"（《校注》頁 268/17-18）

　　【説明】"望空便額"是個討論多次的問題，現在學界多數認可的解釋是：無緣故的斥責。

亡 讀作忙。[亡，《廣韻》武方切，平陽，微。忙，《廣韻》莫郎切，平唐，明。亡在宕攝合口三等，忙在宕攝開口一等，二字聲母同爲脣音。]

伯2249背壬午年（公元九二二年或九八二年）《康保住雇工契》："如内欠闕，佳（皆）自排捭（備），自雇如後，便須造作，不得抛工壹日。若亡示抱（時抛）（以下空白）"（《釋錄》第二輯，頁71/3-5）

wǎng

王 讀作往。[王，《字彙》羽枉切，上養，云。往，《廣韻》于兩切，上養，云。二字同在宕攝合口三等，聲韻調全同。]

北圖殷字四十一（見敦煌雜錄）癸未年（公元九二三年？）七月十五日《張修造雇父駝契》："癸未年七月十五日，張修造王於西州充使，欠闕駝棄（乘）遂於押衙價廷德面上雇六歲父駝一頭。"（《釋錄》第二輯，頁38/1-3）

往 讀作枉。[往，《廣韻》于兩切，上養，云。枉，《廣韻》紆往切，上養，影。二字同在宕攝合口三等，韻母相同，聲母旁紐。]

伯2305《解座文匯抄》："往施爲，没計避，一點點怨家相逢值。"（《校注》頁1174/17）

網兩 讀作魍魎。[網、魍二字《廣韻》同爲文兩切，上養，微。兩、魎二字《廣韻》同爲良獎切，上養，來。]

斯3050《不知名變文（二）》："善惠發四弘盛願，言道四部僧眾，不先是上界菩薩，不先是下界腰（妖）精望兩（魍魎），便是善惠口稱我是上界菩薩，不是下界腰精網兩。"（《校注》頁1134/6-7）

wàng

忘 讀作妄。[二字《廣韻》同爲巫放切，去漾，微。]

斯2073《廬山遠公話》："既有纏縛，即有忘想；既有忘想，即有無明。"（《校注》頁262/19）又："若夫涅槃之義，本無攀緣；若有攀緣，皆屬忘想。"（《校注》頁269/6-7）伯2133《妙法蓮華經講經文（三）》："爭那忘心貪愛縛，萬劫輪迴不暫閑。"（《校注》頁728/15）又："净土高飛未有程，凡夫顛到（倒）忘心生。"（《校注》頁728/16）伯2305《解座文匯抄》："富者貪心日日生，貧人忘念朝朝起。"（《校注》頁1174/14）

忘 讀作亡。[忘，《集韻》武方切，平陽，微。亡，《廣韻》武方切，平陽，微。二字同音。]

伯3813背唐[公元七世紀後期？]《判集存十九道》："兵部以臨陣忘弓，棄其勞效，以愚管見，竊未弘通。"（《釋録》第二輯，頁602/64-65）伯3257後晉開運二年（公元九四五年）十二月《河西歸義軍左馬步押衙王文通牒及有關文書》："問得侄索佛奴稱，先有親叔索進君幼小落賊，已經年載，並不承忘，地水屋舍，並總支分已訖。"(《釋錄》第二輯，頁296/（三）4-5）承亡，繼承亡人。

忘 讀作望。[二字《廣韻》同爲巫放切，去漾，微。]

斯2073《廬山遠公話》："千生萬死，便即悶絕莫知，命若懸絲，不忘再活。"(《校注》頁259/21）又："君子不欺闇室，蓋俗事（士）之常談，賤奴擬問經文，座主'忘空便額'。"(《校注》頁264/20-21）斯0343 11V《析產遺囑（樣式）》："吾今桑榆已逼，鍾（鐘）漏將窮，疾病纏身，暮年不差，日日承忘痓損，月月漸復更加，想吾四體不安，吾則似當不免。"(《釋錄》第二輯，頁159/1-2）伯3257後晉開運二年（公元九四五年）十二月《河西歸義軍左馬步押衙王文通牒及有關文書》："艮（懇）求得處，安存貧命，今阿龍男義成身死，更無丞（承）忘處男女恩親。"(《釋錄》第二輯，頁295/（一）11-13）

忘 讀作罔。[忘，《廣韻》巫放切，去漾，微。罔，《廣韻》文兩切，上養，微。二字同在宕攝合口三等，聲母相同，僅聲調有別。]

斯2073《廬山遠公話》："縱有些些施利，旋總盤纏齋供，實無財帛，不敢誑忘將軍。"(《校注》頁255/14）

又："遠公曰：'争敢誑忘相公？'"(《校注》頁259/5）伯2305《妙法蓮華經講經文（一）》："不敢虛言相狂（誑）忘，唯願仙人察我心！"(《校注》頁709/17）

忘 讀作惘。[忘，《廣韻》巫放切，去漾，微。惘，《廣韻》文兩切，上養，微。二字同在宕攝合口三等，聲母相同，僅聲調有別。]

斯2073《廬山遠公話》："汝心中莫生悵忘。"(《校注》頁256/21）又："遠公蒙（夢）中驚覺，悵忘非常，遂乃起坐，念《涅槃[經]》數卷。"(《校注》頁256/2）

妄 讀作忘。[二字《廣韻》同爲巫放切，去漾，微。]

伯3608、伯3252《唐律——職制、户婚、廄庫律殘卷》："諸受詔妄誤，及寫詔書誤者，事若未失，笞五十。"(《釋錄》第二輯，頁501/（一）23）伯3608、伯3252《唐律——職制、户婚、廄庫律殘卷》："喪制未終，釋服從吉，若妄哀作樂，自作、遣人等徒三年。"(《釋錄》第二輯，頁502/（一）36-37）

望 讀作忘。[二字《廣韻》同爲巫放切，去漾，微。]

斯328《伍子胥變文》："子胥答曰：吾聞'人相知於道術，魚相望於江湖'，下奏（走）身是遊人，豈敢虛相

誑語！……"(《校注》頁 7/19-20）

望兩 讀作魍魎。[望，《廣韻》巫放切，去漾，微。魍，《廣韻》文兩切，上養，微。二字同在宕攝合口三等，韻母相同，聲母相同，僅聲調有別。兩、魎二字《廣韻》同爲良獎切，上養，來。]

斯 3050《不知名變文（二）》："善惠發四弘盛願，言道四部僧眾，不先是上界菩薩，不先是下界腰（妖）精望兩，便是善惠口稱我是上界菩薩，不是下界腰精網兩。"（《校注》頁 1134/6-7）

wēi

微 讀作惟。[微，《廣韻》無非切，平微，微。惟，《廣韻》以追切，平脂，以。二字同在止攝合口三等而韻目鄰近，韻母相近，]

斯 2144《韓擒虎話本》："蠻奴心口思微：'若逢五虎擬山之陣，須排三十六萬人倫槍之陣，擊十日十夜，勝敗由（猶）未知。我把些子兵士，似一片之肉入在虎牙，不蔞咬嚼，博嗟之間，並乃傾盡。我聞公（功）成者去，未來者休，不如擣（倒）戈卸甲來降。'"（《校注》頁 302/13-15）又："衾虎接得，思微中間，忽有雙鵰，爭食飛來。"（《校注》頁 304/6）

wéi

爲 讀作維。[爲,《廣韻》薳支切,平支,云。維,《廣韻》以追切,平脂,以。二字同在止攝合口三等而韻目鄰近,韻母相近,聲母分別爲喻三、喻四。]

伯4640《沙州釋門索法律窟銘》:"蓋乾運三光,羅太虛著象;坤爲八極,溝川岳以爲形。"(《釋錄》第五輯,頁95/2)坤維八極,謂坤維繫八極。

爲 讀作違。[爲,《廣韻》薳支切,平支,云。違,《廣韻》雨非切,平微,云。二字同在止攝合口三等而韻目鄰近,韻母相近,聲母相同。]

斯2144《韓擒虎話本》:"皇帝宣問:'阿奴無得(德),檻(濫)處爲軍(君),今有金璘(陵)陳叔寶便生爲背,不順阿奴,今擬拜將出師剪戮,甚人去得?'"(《校注》頁300/8-9)斯2144《韓擒虎話本》:"責而言曰:'尀耐遮賊,心生爲倍(背),効(淆)亂中圓(原),今日把來,有甚李(理)說!'"(《校注》頁302/18)伯2305《妙法蓮華經講經文(一)》:"誓願不爲於說者,碎身粉骨効驅馳。"(《校注》頁710/21)伯2964《巳年二月十日令狐善奴便轢麥價契稿》:"如主人麥熟吉報,依時請收剗,如法策縛了。不得爲時限。"(《釋錄》第二輯,頁94/3-5)斯5818《請

處分寫孝經判官安和子狀》:"安和爲衆例,還道媱母,別有人犯者,並甘心受罰。"(《釋録》第五輯,頁1/7-2/8)

爲 讀作撝。[爲,《廣韻》薳支切,平支,云。撝,《廣韻》許爲切,平支,曉。二字韻母相同,聲母旁紐。]

伯3556《歸義軍應管内外都僧統氾和尚邈真讚並序》:"文開百法通依,説盡瑜珈,論立千門,合理指爲。"(《釋録》第五輯,頁167/19-20)

爲 讀作唯。[爲,《廣韻》薳支切,平支,云。唯,《廣韻》以追切,平脂,以。二字同在止攝合口三等而韻目鄰近,韻母相近,聲母分别爲喻母三等和喻母四等。]

斯2073《廬山遠公話》:"爲有善慶紛紛下淚,善慶口即不言,心裏思量……"(《校注》頁261/18)斯3491《破魔變》:"於是魔王既觀下界,又不見五逆之男,又不見孝順之子,爲見我南閻浮提净飯大王悉達太子成登正覺之時。"(《校注》頁532/14)

嵓 讀作危。[嵓,此處同峗。峗、危二字《廣韻》同爲魚爲切,平支,疑。]

伯4640《翟家碑》:"蓋敦煌固封,控三嵓而作鎮;龍堆旁磧,透弱水而川流。"(《釋録》第五輯,頁86/2)伯

4640《吳僧統碑》:"中有三嵓極峻,化出長巖,宏谷虛通,神生石壁,龍天一舍,佛應千身。"(《釋錄》第五輯,頁91/3-4)

峗 讀作危。[二字《廣韻》同爲魚爲切,平支,疑。]

伯4040後唐同光三年(公元九二五年)六月一日宋《員進改補充節度押衙牒》:"致使東朝入貢,不辭涉歷艱峗,親覩龍顏。"(《釋錄》第四輯,頁294/9-295/11)

違 讀作爲。[違,《廣韻》雨非切,平微,云。爲,《廣韻》薳支切,平支,云。二字同聲母。]

伯2685年代未詳[公元八二八年?]《沙州善護、遂恩兄弟分家契》:"如有故違,山河違誓。"(《釋錄》第二輯,頁142/5-6)

韋 讀作違。[二字《廣韻》同爲雨非切,平微,云。]

伯4092《新集雜別紙》:"曾未啟申,遽茲韋遠。"(《釋錄》第五輯,頁428/191)

唯 讀作爲。[唯,《廣韻》以追切,平脂,以。爲,《廣韻》薳支切,平支,云。二字同在止攝合口三等而韻目鄰近,韻母相近,聲母分別爲喻母三等和喻母四等。]

北圖殷字四十一（見敦煌雜錄）癸未年（公元九二三年？）四月十五日《沈延慶貸布契》："恐人無信，故口（立）此契，用唯後驗，書紙爲憑。"（《釋錄》第二輯，頁115/6-7）

唯 讀作遺。［二字《廣韻》同爲以追切，平脂，以。］

斯2199唐咸通六年（公元八六五年）《尼靈惠唯書》："恐後無憑，並對諸親，遂作唯書，押署爲驗。"（《釋錄》第二輯，頁153/6-7）

唯 讀作惟。［二字《廣韻》同爲以追切，平脂，以。］

斯328《伍子胥變文》："子胥心口思唯：……"（《校注》頁8/4。原卷實作"唯"，《校注》逕作"惟"）斯2073《廬山遠公話》："然净意澄心，思唯佛道；念浮生［之］不久，想凡世而無堪。"（《校注》頁269/12-13）伯3449、伯3864《書儀小冊子》："緬唯哀苦，下，寢膳如常。"（《釋錄》第五輯，頁383/（二）56-57）伯4092《新集雜別紙》："緬唯英鑒，必未怪及。"（《釋錄》第五輯，頁434/230）

wěi

猥 讀作偎。［猥，《廣韻》烏賄切，上賄，影。偎，《廣韻》

烏恢切,平灰,影。二字同在蟹攝合口一等,韻母相同,聲母相同,僅聲調有別。]

斯4511《金剛醜女緣起》:"鬼神大囇僂儸,不敢猥門傍户。"(《校注》頁1105/12)

愇 讀作韋。[愇,《廣韻》于鬼切,上尾,云。韋,《廣韻》雨非切,平微,云。二字同在止攝合口三等,韻母相同,聲母相同,僅聲調有別。]

斯5879、斯5896、斯5897《子年領得常住什物曆》:"愇皮三張。"(《釋錄》第三輯,頁1/(三)1)

wèi

謂 讀作違。[謂,《廣韻》于貴切,去未,云。違,《廣韻》雨非切,平微,云。二字同爲止攝合口三等而韻目鄰近,韻母相近,聲母相同。]

伯3565甲子年(公元九六四年或九〇四年)《氾懷通兄弟貸生絹契》:"兩共對面,貸絹爲定,不許謂格者。"(《釋錄》第二輯,頁128/5-6)

謂 讀作爲。[謂,《廣韻》于貴切,去未,云。爲,《廣韻》于僞切,去寘,云。二字同爲止攝合口三等而韻目鄰近,韻母相近,聲母相同。]

俄藏Ф96《雙恩記》:"謂之悲喜兩盈懷,大願今朝已允諧。"(《校注》頁936/12)伯3418《吾頭何謂白》:"吾頭何謂〈自〉[白]?子孫滿堂宅。"(《梵志》卷五,頁705,287首)伯4640《翟家碑》:"僉謂卓犖丈夫,寔號鼎鼐。"(《釋錄》第五輯,頁87/25-26)

爲 讀作謂。[爲,《廣韻》于僞切,去寘,云。謂,《廣韻》于貴切,去未,云。二字同爲止攝合口三等而韻目鄰近,韻母相近,聲母相同。]

斯4654《舜子變》:"舜子忽聞次言,將爲是真無爲(僞)。"(《校注》頁201/2)斯2073《廬山遠公話》:"弟子伏事和尚,積載年深,學藝荒蕪,自爲愚鈍。"(《校注》頁252/5)斯6836《葉净能詩》:"皇帝爲高力士曰:'葉净能移山覆海,變動乾坤,製(制)約宇宙,昇虛空而自在,變化無難,朕擬殺之,恐將難矣!卿有何計,與朕殺之?'"(《校注》頁340/3-4)伯2187《破魔變》:"莫爲久住,看則去時。"(《校注》頁531/6)俄藏Ф101《維摩詰經講經文(二)》:"君(居)士語寶積曰:此是嬌(驕)奢恣意,煩惱愚癡,汝等爲色世之榮華,我道是沈淪之苦[海]。"(《校注》頁810/22-811/1)俄藏Ф101《維摩詰經講經文(二)》:"準承顏色長喜少,將爲身長不改移。"(《校注》頁810/6)伯2718《有恩須報上》:"但看千里井，誰爲重来尋。"(《梵志》卷四，頁529，217首）斯2204《十無常》："愚人不信身虛患（幻），得久遠。英雄將爲没人過，馺傻羅（儸）。"

爲 讀作位。[爲，《廣韻》于僞切，去寘，云。位，《廣韻》于愧切，去至，云。二字同在止攝合口三等而韻目鄰近，韻母相近，聲母相同。]

斯2144《韓擒虎話本》："衆虎亦（一）見，領軍便來，高聲便問："上將姓字名誰，官居何爲？"(《校注》頁301/9)

爲 讀作僞。[爲，《廣韻》于僞切，去寘，云。僞，《廣韻》危睡切，去寘，疑。二字同韻母。]

斯4654《舜子變》："舜子忽聞次言，將爲（謂）是真無爲。"(《校注》頁201/2)俄藏Ф96《雙恩記》："境勝難爲別是非，心頭豈解分真爲。"(《校注》頁924/19)

未 讀作牟。[未，《廣韻》無沸切，去未，微。牟，《廣韻》莫浮切，平尤，明。未在止攝合口三等，某在流攝開口三等，二字聲母同爲唇音。可能是字訛。]

伯2691《沙州城土鏡》："實則二部之内，一粿未尼之珠；三教之中，兩隻冲天之翼；將料執如意杖，坐師子床；洒法雨而活於蒼生，設緣喻而勸迷俗；奈何火風賠敗，地水乖違，歸一性於天中，抛六根於土上。"(《釋錄》第一輯，頁44/36-39)

wén

文 讀作聞。[二字《廣韻》同爲無分切，平文，微。]

伯2324《難陀出家緣起》："吟　天女當時文語，便即却報難陀。"(《校注》頁592/15)又："寶偈才文增福惠，今（金）言兹益善自生。"(《校注》頁593/17)伯3128《社齋文》："靈（令）譽播於寰中，秀雅文於掌（宇）内。"(《釋錄》第一輯，頁388/5)

彣 讀作文。[二者《廣韻》同爲無分切，平文，微。]

伯2641《莫高窟再修功德記》："其窟乃彫彣剋漏（刻鏤），綺飾分明，云云。"(《釋錄》第五輯，頁233/15)

wèn

聞 讀作問。[二字《廣韻》同爲亡運切，去問，微。]

斯2073《廬山遠公話》："夫人又聞，何名爲'病苦'？"(《校注》頁260/9-10)斯6836《葉净能詩》："忽於一日，皇帝意欲求仙，詔净能於大内顧聞。"(《校注》頁336/2)

問 讀作聞。〔問，《廣韻》亡運切，去問，微。聞，《廣韻》無分切，平文，微。二字同在臻攝合口三等，韻母相同，聲母相同，僅聲調有別。〕

斯4654《舜子變》："舜子問道摘桃，心裏當時歡喜。"（《校注》頁200/17）斯2073《廬山遠公話》："白莊問語，呵呵大笑：'你也大錯！我若之（諸）處買得你來，即便將舊契券，即賣得你。況是擄得你來，交（教）我如何賣你！'"（《校注》頁256/9-10）斯6836《葉净能詩》："净能再問帝説，不覺哂然。"（《校注》頁339/17）伯2653《燕子賦（二）》："昔問古人語：'三鬮始成親。'"（《校注》頁415/9）

問 讀作聞。〔問，《廣韻》亡運切，去問，微。聞，《廣韻》亡運切，去問，微。二字同音。〕

伯2625《敦煌名族志殘卷》："次子仁協禀靈敦直，愛撫字人，兼五材聘高九德織仁徂義令問斯彰。"（《釋錄》第一輯，頁100/21-22）伯2625《敦煌名族志殘卷》："幹長［子］嗣業，自天聰明，博諳經史，訓諸方岳，愛好琴書，令問久彰，清聲遠著。"（《釋錄》第一輯，頁100/26-28）伯3016天福十年（公元九四五年）五月《牒二件》："今當傳轉，宜示優恩，尔其善保迺圖，無隳令問，更勵鷹揚之志，別呈隼擊之能，佇當陸以□霄，必

擺鱗於張羽，勉崇懿續，勿怠初心，事項改補充衙前兵馬使，牒知者，故牒。(《釋錄》第四輯，頁300/（一）7-11）

wò

握 讀作渥。[二字《廣韻》同爲於角切，入覺，影。]

伯4640《陰處士碑稿》："飲握水之分流，聲添驥響；眊平河之溉濟，韇賦馬鳴。"(《釋錄》第五輯，頁72/43-44）伯4050《與男女書等六件》："仰計優握，巧妙日新，儻不棄遺，分惠一兩事，以充匱贈，是周厚也。"(《釋錄》第五輯，頁350/（二）8-10）

握 讀作幄。[二字《廣韻》同爲於角切，入覺，影。]

伯4004、斯4706、伯3067、斯4908庚子年（公元九四〇或一〇〇〇年）《後某寺交割常住什物點檢曆》："握帳伍，又徐法律握帳貳，內壹在法律惠興，並在寺內。"(《釋錄》第三輯，頁33/（二）5-6）

wū

鎢 讀作圬。[二字《廣韻》同爲哀都切，平模，影。]

伯4040背金山國時期《修文坊巷社再緝上祖蘭若，標畫兩廊大聖功德讚并存》："今綴緝上祖蘭若，敬繪兩廊大聖，兼以鎢鏝惣畢，奉我爲拓西金山王永作西垂之主。"
(《釋錄》第一輯，頁386/21-24)

wú

吾 讀作吳。[二字《廣韻》同爲五乎切，平模，疑。]

伯2653《燕子賦（二）》："昔本吾王殿，燕子作窟巢。"(《校注》頁414/3)

吾 讀作悟。[吾，《廣韻》五乎切，平模，疑。悟，《字彙》五故切，去暮，疑。二字同在遇攝合口一等，韻母相同，聲母相同。]

斯2073《廬山遠公話》："若是吾逆之子，如何分免（娩）！"(《校注》頁259/22-260/1)

吴 讀作誤。[吴，《廣韻》五乎切，平模，疑。誤，《廣韻》五故切，去暮，疑。二字同在遇攝合口一等，韻母相同，聲母相同，僅聲調有别。]

俄藏Ф96《雙恩記》："王曰：'汝極錯吴。人之世間，貧富隨業，皆須衣而裹體，復籍（藉）食以養身……'"(《校注》頁930/14)

無 讀作誣。[二字《集韻》同爲微夫切，平虞，微。]

斯2073《廬山遠公話》:"這下等賤人心裏不改間無!"(《校注》頁257/12-13)

【説明】《集韻·虞韻》:"䛐:《説文》:'加也。'"就是誇説,欺騙。

wǔ

武 讀作鵡。[二字《廣韻》同爲文甫切,上麌,微。]

伯4638《大番故敦煌郡莫高窟陰處士修功德記》:"竊聆使臣經過貴府,深沐恩私,邀宴賞於紅樓,動經宵夜;拽鸚武之金杯,重添玉燭。"(《釋録》第五輯,頁327/35-36)

武 讀作撫。[武,《廣韻》文甫切,上麌,微。撫,《廣韻》芳武切,上麌,敷。二字韻母相同,聲母旁紐。]

伯2193《目連緣起》:"且知慈母罪深,雨淚渾摭自武。"(《校注》頁1014/6)

【説明】撫,擊也。《慧琳音義》卷29,頁16a:"推(當爲椎)胸:以捧(拳)撫膺也。"撫膺就是捶胸。

武 讀作舞。[二字《廣韻》同爲文甫切,上麌,微。]

斯2144《韓擒虎話本》:"衆虎拜武謝恩,便來私佳(家)憩歇。"(《校注》頁304/13)

儛 讀作憮。〔二字《廣韻》同爲文甫切,上麌,微。〕

伯4092《新集雜別紙》:"自寰宇大定,車書混同,方始謗(訪)尋,近知所止。去歲專令舍弟就彼儛寧,嫁得百姓王溫,見在貴府居住,更無骨肉,只有一身。"(《釋錄》第五輯,頁430/205-206)儛,哀憐。

仵 讀作午。〔二字《廣韻》同爲疑古切,上姥,疑。〕

伯3875背丙子年(公元九七六或九一六年)《修造及諸處伐木油麵粟等破曆》:"麵壹斜、粟叁斜,看□日仵食用。麵壹斜博士放木日仵食用。"(《釋錄》第三輯,頁218/29-219/30)伯3875背丙子年(公元九七六或九一六年)《修造及諸處伐木油麵粟等破曆》:"麵四斗,粗麵五斗,粟二斗,油一抄,亦第五日日仵看博□(士)食用。麵壹斗五升,酒壹角,第二日氾家莊載木到來仵時看博士食用,道力。"(《釋錄》第三輯,頁220/54-56)伯3875背丙子年(公元九七六或九一六年)《修造及諸處伐木油麵粟等破曆》:"麵壹斗五升,早上、日仵、夜頭看錯鋸博士食用。"(《釋錄》第三輯,頁220/61-62)

舞 讀作廡。〔二字《廣韻》同爲文甫切,上麌,微。〕

伯2685年代未詳〔公元八二八年?〕《沙州善護、遂恩兄弟分家契》:"城外捨(舍):兄西分叁口,〔弟〕東分叁口；院落西頭小牛舞捨（舍）合捨（舍）外空地，各取壹分；"（《釋錄》第二輯，頁 142/7-8）伯 2685 年代未詳 [公元八二八年？]《沙州善護、遂恩兄弟分家契》："城内捨（舍）：大郎分，堂壹口，内有庫捨（舍）壹口，東邊房壹口；遂恩分：西房壹口，并小房子廚捨（舍）壹口。院落并碨捨（舍）子合大門外舞捨（舍）地大小不等，後移牆停分。舞捨（舍）：西分大郎，東分遂恩。"（《釋錄》第二輯，頁 143/26-29）

午 讀作伍。[二字《廣韻》同爲疑古切，上姥，疑。]

　　伯 2653《燕子賦（二）》："午子胥罰（伐）楚，二邑亦無言。"（《校注》頁 415/11）伯 3399《幽州都督張仁亶上九諫書》："是以紀信亡身於高祖，午胥盡節於吴王。"（《釋錄》第四輯，頁 307/5）

wù

誤 讀作忤。[二字《廣韻》同爲五故切，去暮，疑。]

　　伯 2653《燕子賦（一）》："家兄觸誤明公，下走實增厚愧。"（《校注》頁 377/18）又："比來觸誤，請公哀矜。"（《校注》頁 379/8）

務 讀作霧。[二字《廣韻》同爲亡遇切，去遇，微。]

伯4640《陰處士碑稿》："輕紗淺綠，對細務而未開；重錦深紅，本無風而似動。"（《釋錄》第五輯，頁74/63-64）伯4640《沙州釋門索法律窟銘》："大士陵虛，排彩雲而務集；神通護世，威振慴於邪魔。"（《釋錄》第五輯，頁99/44-45）

勿 讀作物。[二字《廣韻》同爲文弗切，入物，微。]

北圖周字六十六（見敦煌雜錄）辛酉年四月廿四日《社司轉帖》："幸請諸公等，帖至，限今月廿五日卯時，并身及勿，於顯德る（寺）門前取賞（齊）。"（《釋錄》第一輯，頁361）斯5578戊申年（公元九四八年？）《李員昌雇工契（抄）》："若忙時抛［功］一日，尅勿二斗，閑［時］抛功一日，尅勿一斗，兩共［面］對平章，不許休悔。"（《釋錄》第二輯，頁63/11-14）伯2451乙酉年（公元九二五年或九八五年）二月十二日《乾元寺僧寶香雇百姓鄧忤子契》："餘殘月取勿，春依（衣）長袖一並襴袴一腰，皮鞋一量。"（《釋錄》第二輯，頁70/3-4）伯3608、伯3252《唐律——職制、户婚、廄庫律殘卷》："事不枉者，以受所監臨財勿論。"（《釋錄》第二輯，頁504/（一）76）伯2641《莫高窟再修功德記》："人賢地傑，勿産珍奇。"（《釋錄》第五輯，頁235/23-24）

物 讀作勿。〔二字《廣韻》同爲文弗切,入物,微。〕

斯 2144《韓擒虎話本》:"陳王聞語,便交點檢:'物令遲滯!'"(《校注》頁 301/8)

悟 讀作誤。〔二字《廣韻》同爲五故切,去暮,疑。〕

斯 4511《金剛醜女緣起》:"佛告波斯匿王:諦聽諦聽,汝當有事悟汝,與說宿世因緣。"(《校注》頁 1108/10)伯 3399《幽州都督張仁亶上九諫書》:"志在鋤草養苗,不覺悟煞禾豆。"(《釋錄》第四輯,頁 309/24)

xī

西 讀作夕。〔西,《廣韻》先稽切,平齊,心。夕,《廣韻》祥易切,入昔,邪。西在蟹攝開口四等,夕在梗攝開口三等,二字聲母旁紐。〕

伯 4640《沙州釋門索法律窟銘》:"何圖晡西萱草,拒豁淪悲;異畝嘉禾,傷歧碎蕙;美角先折,今夜即亡,春秋六十有三矣。"(《釋錄》第五輯,頁 97/28-30)伯 4660《陰文通邈真讚》:"晡西萱草,妖謝紅顏。"(《釋錄》第五輯,頁 138/7)斯 530《索法律和尚義責窟銘》:"何圖晡西萱草,巨豁淪悲;異畝嘉禾,傷歧碎穗;美角先折,今夜即亡,春秋六十有三矣。"(《釋錄》第五輯,頁 154/28-29)斯 6161、斯 3329、斯 6973、伯 2762 綴合

《張淮深碑》:"於戲！晡西暄草，巨壑淪悲；異畝嘉禾，傷岐碎穗。"(《釋錄》第五輯，頁 203/80-204/82) 伯 3718《後唐故歸義軍節度押衙曹盈達寫真讚並序》:"晡西萱草，妖赴奄纏。"(《釋錄》第五輯，頁 263/29) 晡夕，傍晚。

西 讀作星。[西，《廣韻》先稽切，平齊，心。星，《廣韻》桑經切，平青，心。西在蟹攝開口四等，星在梗攝開口四等，二字同聲母。二字韻母距離甚遠，這種語音現象值得注意。]

伯 4638《大番故敦煌郡莫高窟陰處士修功德記》:"八十種好，感空落之花園；万變應身，散殊（珠）西煥彩。"(《釋錄》第五輯，頁 225/59-60)

悉 讀作息。[悉，《廣韻》息七切，入質，心。息，《廣韻》相即切，入職，心。悉在臻攝開口三等，息在曾攝開口三等，二字同聲母。韻尾 -t 與 -ng 合流。]

斯 2073《廬山遠公話》:"三塗地獄，悉苦停酸；法界眾生，同霑此福。"(《校注》頁 264/6)

悉 讀作熄。[悉，《廣韻》息七切，入質，心。熄，《字彙》思積切，入昔，心。悉在臻攝開口三等，熄在梗攝開口三等，二字同聲母。韻尾 -t 與 -ng 合流。]

伯 3164 背乙酉年十二月廿六日《親情社轉帖》："右緣康郎悉婦身故，准例合有吊酒一瓮，人各粟一斗。"（《釋錄》第一輯，頁 353/2-3）

悉 讀作膝。[二字《廣韻》同爲息七切，入質，心。]

斯 4654《舜子變》："兒逆阿耶長段（腸斷），步琴悉上安智（置）。"（《校注》頁 200/10）

奚 讀作攜。[奚，《廣韻》胡雞切，平齊，匣。攜，《廣韻》戶圭切，平齊，匣。奚在蟹攝開口四等，攜在蟹攝合口四等，二字聲母相同。]

伯 2553《王昭君變文》："嗟呼數月遭非禍，誰爲（謂）今冬急解奚？"（《校注》頁 160/3）解攜，分手，離別。

昔 讀作趞。[昔，《廣韻》思積切，入昔，心。趞，《集韻》七迹切，入昔，清。二字同在梗攝開口三等，韻母相同，聲母旁紐。]

伯 2553《王昭君變文》："行經數月，途程向盡，歸家啼遥。迅昔不停，即至牙帳。"（《校注》頁 156/13）

【説明】《集韻·昔韻》："趞：忽遽也。"（上海古籍出版社據述古堂影宋抄本影印本作"忽遽也",兹據《類篇》改)通讀作"速",音韻有隔。今通讀作"趣",音韻無礙,更主要是發掘出"趣"字在文獻中存在的音韻痕跡。

昔 讀作惜。[二字《廣韻》同爲思積切,入昔,心。]

伯2553《王昭君變文》:"可昔未殃(央)宮裏女,嫁來胡地碎紅粧。"(《校注》頁159/2)斯2073《廬山遠公話》:"聽經時光可昔,汝不解,低頭莫語,用意專聽。"(《校注》頁264/14-15)伯2305《解座文匯抄》:"可昔心,錯鈍擬,在後兒孫不勘(堪)矣。"(《校注》頁1175/7)

膝 讀作漆。[膝,《廣韻》息七切,入質,心。漆,《廣韻》親吉切,入質,清。二字韻母相同,聲母旁紐。]

伯2945《權知歸義軍節度兵馬留後使某某書狀稿九件》:"況以龍沙孤戍,以其河朔陸疆積囚使人往來,願於一家之好,既許義同膠膝,[荷]負上山千載而一朝 紹緒恩深望捐(？)私百生(？)而榮昇萬固。"(《釋錄》第五輯,頁328/52-53)膠漆,比喻情誼極深,親密無間。

兮 讀作奚。[二字《廣韻》同爲胡雞切,平齊,匣。]

斯2144《韓擒虎話本》:"我爲皇后,榮得兮爲!"

(《校注》頁 299/4）

錫 讀作賜。[錫,《廣韻》先擊切,入錫,心。賜,《廣韻》斯義切,去寘,心。錫在梗攝開口四等,賜在止攝開口三等,二字同聲母。上古音同在錫部,錫常讀作賜。]

伯 3720 唐大中五年至咸通十年（公元八五一—八六九年）《賜僧洪辯、悟真等告身及贈悟真詩》："詔迴應錫賚,殊寵一層層。"（《釋錄》第四輯,頁 35/（七）27-36/（七）28）斯 446 唐天寶七載（公元七四八年）《冊尊號赦》："朕刻意直（真）經,虔誠至道,冀憑玄祐,永錫黔黎,每朝禮三清,則霄衣忘霞（寢）,或齋戒一室,則蔬食屬厭,不以勤躬爲倦,務以徇物爲心。"（《釋錄》第四輯,頁 261/14-16）斯 6161、斯 3329、斯 6973、伯 2762 綴合《張淮深碑》："錫壤千畦,地守義川之分。錫者,賜也。義谷川有莊,價直百千萬貫。"（《釋錄》第五輯,頁 201/49-50）伯 4092《新集雜別紙》："割符錫賚,知朝倫之憂（優）崇；煮海分權,見聖君倚注,凡在恩顧,孰不忻怡。"（《釋錄》第五輯,頁 417/120-121）

xí

席 讀作滯。[席,《廣韻》祥易切,入昔,邪。滯,《廣韻》直例切,去祭,澄。席在梗攝開口三等,滯在蟹攝開口三等，二字音相距較遠，須進一步研究。]

伯3071背唐乾寧三年（公元八九六年）《社司轉帖（抄）》："其[帖]速遞相分付，不[得]停席。如席者，准條科罰。"（《釋錄》第一輯，頁314/（三）5-7）

席 讀作籍。[席，《廣韻》祥易切，入昔，邪。籍，《廣韻》秦昔切，入昔，從。二字韻母相同，聲母旁紐。]

斯4899戊寅年（公元九一八或九七八年）《諸色斛斗破曆》："十八日粟壹碩壹尅、麥叁尅付丑子卧酒屈肅州僧用，粟壹尅勘僧席用。"（《釋錄》第三輯，頁184/6-8）

xǐ

喜 讀作許。[喜，《廣韻》虛里切，上止，曉。許，《廣韻》虛吕切，上語，曉。二字同聲母。喜在止攝開口三等，許在遇攝合口三等，敦煌此時止攝、遇攝有相通讀之例。]

斯466後周廣順三年（公元九五三年）《龍章祐、祐定兄弟出典土地契》："其地佃種，限肆年內，不喜地主收俗（贖）。若於年限滿日，便仰地主辨（辦）還本麥者，便仰地主收地。"（《釋錄》第二輯，頁30/5-7）斯466後周廣順三年（公元九五三年）《龍章祐、祐定兄弟出典土地契》："兩共對面平章爲定，更不喜休悔。（《釋錄》第二輯，頁30/7-8）伯3964乙未年（公元九三五年)《趙僧子典兒契》："若不滿之時，不喜修（收）贖。"（《釋錄》第二輯，頁50/8）伯3324背唐天復四年（公元九〇四年）《衙前押衙兵馬使子弟隨身等狀》："右伏緣伏事在衙已來，便即自辦駝馬駈馳，不諫三更半夜，喚召之，繼聲鼓亦須先到，恐罪有敗闕（？）身役本無處身説□馳商量更亦無一人貼，遂針草自便，典家買（賣）舍□置（？）鞍馬，前使後使見有文憑，復令衙前軍將子弟隨身等判下文字，若有户内别居兄弟者則不喜霑摊。"（《釋錄》第二輯，頁450/2-9）伯3324背唐天復四年（公元九〇四年）《衙前押衙兵馬使子弟隨身等狀》："如若一身，餘却官布、地子烽子、官柴草等大禮，餘者知雜役次，並總矜免，不喜差遣。"（《釋錄》第二輯，頁450/9-11）

xì

繫 讀作喜。[繫，《廣韻》胡計切，去霽，匣。喜，《廣韻》虛里切，上止，曉。繫在蟹攝開口四等，喜在止攝開口三等，二字聲母旁紐。]

斯2144《韓擒虎話本》："楊妃蒙問，繫從天降，啟言聖人：'但臣妾一遍梳裝，須飲此酒一盞，一要軟髮，二要貯（駐）顏。且徒（圖）供奉聖人，别無餘事。'"（《校注》頁299/7-8）

xiá

俠 讀作挾。[二字《廣韻》同爲胡頰切,入帖,匣。]

伯 3608、伯 3252《唐律——職制、户婚、廄庫律殘卷》:"諸因官俠勢及豪强之人乞索者,坐贓論減一等,將送者爲從。親故自相與者,勿論。"(《釋録》第二輯,頁 505/(一)95)

狹 讀作挾。[狹,《廣韻》侯夾切,入洽,匣。挾,《廣韻》胡頰切,入帖,匣。狹在咸攝開口二等,挾在咸攝開口四等,二字同聲母。]

伯 2625《敦煌名族志殘卷》:"以父老請侍,孝誠肯切,蒙涼州都督郭元振判録奏,謀略克宣,勤勞久著,當王涼之西面,處四鎮之東門,彈厭(壓)山川,控禦緩急,寇不敢犯,塵不得飛,將士有投醪之歡,吏人承狹纊之惠,防援既衆,功效實多,利潤倍深,孳課尤剩。"(《釋録》第一輯,頁 102/60-65)挾纊,指披着綿衣,以喻受人撫慰而感到温暖。

xià

下 讀作夏。[二字《廣韻》同爲胡雅切,上馬,匣。]

斯 2144《韓擒虎話本》:"前後不經旬日,有北蕃大

下嬋（單）于遂差突厥守（首）領爲使，直到長安，遂色（索）隋文皇帝交戰。"(《校注》頁303/11)

xiān

先 讀作仙。[先,《廣韻》蘇前切，平先，心。仙,《廣韻》相然切，平仙，心。先在山攝開口四等，仙在山攝開口三等，二字韻母相近，聲母相同。]

俄藏Ф101《維摩詰經講經文（二）》："金綿縷成雙鳳舞，銀條結就獻花先。"(《校注》頁813/14)

先 讀作鮮。[先,《廣韻》蘇前切，平先，心。鮮,《廣韻》相然切，平仙，心。先在山攝開口四等，鮮在山攝開口三等，二字韻母相近，聲母相同。]

斯4654《舜子變》："阿孃見後園果子非常，最好紅桃先味。"(《校注》頁200/16-17)伯4991壬申年六月廿四日《社司轉帖》："右緣李□□兄弟身亡，准條合有贈□（送），油粟，先净褐緤色物叁仗（丈）。"(《釋錄》第一輯，頁335/3)伯3889背《社司轉帖》："右緣賀保新父身故，准例合有贈送，人各先净楪（緤）褐（似當爲褐緤）色物三仗（丈），柴粟併（餅）油。"(《釋錄》第一輯，頁342/2-3)

xián

纖 讀作鑯。[二字《集韻》同爲將廉切，平鹽，精。]

伯3048《金剛醜女緣起》："十指纖纖如露柱，一雙眼子似木槌䉼。"（《校注》頁1103/5）

【説明】鑯，尖利，常借用"纖"字。隋·達摩笈多譯《起世因本經》卷2："手指自然自有鐵爪生，鑯長尖利，並皆鋒芒。""手指又復生鐵刀子半鐵刀子，極長鑯利。"卷3："其樹有刺，鑯長尖利，鋒穎若磨。""又迫彼等鑯利鐵刺，並剃刀林，怖守獄者。"（大正藏册1，No.25，頁376上、378中、下）例中"鑯"均爲鋭利義。露柱上有掛燈籠的鉤子等物，故謂十指尖利如露柱。

咸 讀作感。[咸，《廣韻》胡讒切，平咸，匣。感，《廣韻》古禫切，上感，見。咸在咸攝開口二等，感在咸攝開口一等，二字聲母同爲牙喉音。]

伯3449、伯3864《書儀小册子》："並蒙眷私，特出祖錢（餞），銘咸空深，指喻尤難，但增（？）提慈（特）之至。"（《釋録》第五輯，頁355/（一）9-10）

咸 讀作喊。[咸，《廣韻》胡讒切，平咸，匣。喊，《廣韻》下斬切，上豏，匣。二字同在咸攝開口二等，韻母相同，

上面相同，僅聲調有別］

伯 2324《難陀出家緣起》："牛頭叫喊連天，獄子發聲動地。"(《校注》頁 593/10)

xiàn

現 讀作見。[現，《廣韻》胡甸切，去霰，匣。見，《廣韻》古電切，去霰，見。二字韻母相同，聲母相同，僅聲調有別。]

斯 2144《韓擒虎話本》："是我今日朝現，必應遭他毒手。"(《校注》頁 299/2)又："思量言訖，遂命天使同共商量，後來日朝現。"(《校注》頁 299/2)伯 2344《祇園因由記》："勞度差起，至道場心不現。"(《校注》頁 603/5)

見 讀作現。[二字《廣韻》同爲胡甸切，去霰，匣。]

伯 2005《沙州都督府圖經殘卷》："又云，周宣王時，白狼見，犬戎服者。"(《釋錄》第一輯，頁 21/462-463)斯 3011 7V 辛酉年（公元九〇一或九六一年）《李繼昌雇工契（抄）》："見與春三個月價，更殘六個月價 ☐（到秋後）還（下空）"(《釋錄》第二輯，頁 57/4-5)北 6903 唐開元二十五年（公元七三七年）《律疏——名例律疏殘卷》："從見任解者，叙法在獄官令；"

(《釋録》第二輯，頁521/11-12）北6903唐開元二十五年（公元七三七年）《律疏——名例律疏殘卷》："又云，行、守者各以本品當，仍合解見任。"（《釋録》第二輯，頁522/25）伯2583申年《比丘尼修德等施捨疏十三件》："右弟子所施者，爲見存慈母，卒染時疾，藥食雖投，未蒙痊損，慮恐多生垢感，見世王尤。"（《釋録》第三輯，頁63/（十二）2-4）

xiāng

香 讀作鄉。[二字《廣韻》同爲許良切，平陽，曉。]

伯3569背唐光啟三年（公元八八七年）四月《爲官酒户馬三娘、龍粉堆支酒本和祘會牒附判詞》："廿一日都香口賽青苗神用酒壹瓮。"（《釋録》第三輯，頁624/36）

xiáng

詳 讀作祥。[二字《廣韻》同爲似羊切，平陽，邪。]

斯6836《葉净能詩》："是此異詳，本使勒臣奏聞。"（《校注》頁338/17）

xiǎng

想 讀作相。[想，《廣韻》息兩切，上養，心。相，《廣韻》息亮切，去漾，心。二字同在宕攝開口三等，韻母相同，

聲母相同，僅聲調有別。]

斯133《秋胡變文》："朕此國中，秋胡揚名而助國，自從封爲宰想，有孝有忠，李金石，威名播起於萬里，其顏（奇彥）獨秀，才德居標。"（《校注》頁234/5-6）伯2324《難陀出家緣起》："若得出家修道去，菩提佛想一心救。"（《校注》頁593/14）

xiàng

向 讀作況。[向，《廣韻》許亮切，去漾，曉。況，《廣韻》許訪切，去漾，曉。向在宕攝開口三等，況在宕攝合口三等，二字聲母相同。]

伯2553《王昭君變文》："昨感來表知其向，今嘆明妃奄逝殂。"（《校注》頁159/19）

向 讀作餉。[二字《廣韻》同爲式亮切，去漾，書。]

斯6836《葉净能詩》："推五岳即須臾，喝太陽海水時向逆流。通幽動[微]，制約宇宙，造化之內，無人可皆。"（《校注》頁333/6）又："當時却領張令妻歸衣（於）店内，不經時向中間，張令妻即再蘇息。"（《校注》頁334/16）伯3418《有生必有死》："縱[得]百年活，須臾一向子。"（《梵志》卷五，頁579，246首）

像 讀作象。[二字《廣韻》同爲徐兩切，上養，邪。]

伯4640《李明振氏再修功德記》："源夫天垂万像，以遵中極之官；四輔匡持，翼一人於元首。"(《釋録》第五輯，頁79/1)伯4640《沙州釋門索法律窟銘》："含隆万像，覆載無疆。"(《釋録》第五輯，頁100/67)

像 讀作匠。[像，《廣韻》徐兩切，上養，邪。匠，《廣韻》疾亮切，去漾，從。二字同在宕攝開口三等，韻母相同，聲母旁紐。]

伯2049背後唐長興二年（公元九三一年）正月《沙州净土寺直歲願達手下諸色入破曆祘會牒》："粟壹碩肆㪷，造起傘局席及屈諸工像當寺徒衆等用。"(《釋録》第三輯，頁378/207-209)

象 讀作相。[象，《廣韻》徐兩切，上養，邪。相，《廣韻》息良切，平陽，心。二字同在宕攝開口三等，韻母相同，聲母旁紐。]

斯6583背《社司轉帖（稿）》："其帖，立遞象分付，不得停滯。"(《釋録》第一輯，頁350/（一）7-8)

xiāo

霄 讀作宵。[二字《廣韻》同爲相邀切，平宵，心。]

斯 6342 咸通二年（公元八六一年）《張議潮收復涼州奏表並批答》："臣不可伏匿所知，偷安爵位，俾國家勞侵忍，霄旰憂勤。"（《釋錄》第四輯，頁 364/18-19）伯 3553 宋太平興國三年（公元九七八年）四月《都僧統鋼惠等上太保狀》："伏惟太保上稟三光，下臨五郡；闡易俗移風之化，彰霄衣肝食之能。"（《釋錄》第五輯，頁 28/2-4）伯 4638《大番故敦煌郡莫高窟陰處士修功德記》："竊聆使臣經過貴府，深沐恩私，邀宴賞於紅樓，動經霄夜；拽鸚武之金杯，重添玉燭。"（《釋錄》第五輯，頁 327/35-36）伯 3449、伯 3864《書儀小冊子》："退省實知於忝幸，夙霄佩切於澆榮，此皆某遠賜贊揚，曲垂導薦，感銘之外，牋幅爰申。"（《釋錄》第五輯，頁 361/（一）104-107）伯 4092《新集雜別紙》："動靜有經倫之妙，夙霄持勤謹之規。今則徭重少農，職司大飯。拜計全資於臂細，地征倍致於殷農。"（《釋錄》第五輯，頁 409/70-410/72）

霄 讀作消。[二字《廣韻》同爲相邀切，平宵，心。]

斯 2073《廬山遠公話》："願諸王太子，金支（枝）永固，玉葉恒春；公主貴妃，貞華永曜；朝廷卿相，盡孝盡忠；郡縣官寮，唯清唯直；座下善男善女，千災霧卷，瘴逐雲霄。"（《校注》頁 264/5-6）

逍 讀作消。〔二字《廣韻》同爲相邀切，平宵，心。〕

斯2578《薛九安致張都頭索都頭狀》："昨九安遠聞男員通遂往南山，手内把却，聞其此語，九安日夜恒憂一子，逍瘦總盡，願二都頭知悉、知悉。"（《釋録》第五輯，頁39/4-6）

驍 讀作曉。〔驍，《廣韻》古堯切，平蕭，見。曉，《廣韻》馨皛切，上篠，曉。二字同在效攝開口四等，韻母相同，聲母相同，僅聲調有别。〕

伯2553《王昭君變文》："驍夜不離喪側，部落豈敢東西？"（《校注》頁158/18）

xiǎo

小 讀作少。〔小，《廣韻》私兆切，上小，心。少，《廣韻》書沼切，上小，書。二字韻母相同，聲母同爲齒音。〕

斯4654《舜子變》："我舜子小失却阿孃，家裏無人主領。"（《校注》頁200/6）斯2073《廬山遠公話》："只是小水，無處捉尋。"（《校注》頁253/20）斯2073《廬山遠公話》："相公問牙人曰：'此個厮兒，要多小來錢賣？'"（《校注》頁258/7-8）俄藏Φ96《雙恩記》："伏願慈尊，遥垂覆護，小賜威光，却得會中，同集教法。"（《校注》頁924/10）伯2877背乙丑年正月十六日《行人轉帖》：

"已上行人，次着上直三日，并弓箭槍排白棒，不得欠小壹色。"（《釋錄》第一輯，頁 412/4-5）斯 3877 3V4V 唐乾寧四年（公元八九七年）《張義全賣宅舍地基契約（抄）》："從乾寧肆年丁巳歲正月拾貳日，平康[鄉]百姓張義全，爲緣闕小糧用，遂將上件祖父舍兼屋木出買（賣）與洪潤鄉百姓令孤信通兄弟。"（《釋錄》第二輯，頁 6/4-6）伯 3303《印度制糖法殘卷》："旋寫一鐺，着筯瘨（摸）小許。冷定，打。"（《釋錄》第五輯，頁 453/5）

xiào

効 讀作淆。[効，《廣韻》胡教切，去效，匣。淆，《廣韻》胡茅切，平肴，匣。二字同在效攝開口二等，韻母相同，聲母相同，僅聲調有別。]

斯 2144《韓擒虎話本》："責而言曰：'時耐遮賊，心生爲倍（違背），効亂中圓（原），今日把來，有甚李（理）說！'"（《校注》頁 302/18）

肖 讀作消。[肖，《廣韻》私妙切，去笑，心。消，《廣韻》相邀切，平宵，心。二字同在效攝開口三等，韻母相同，聲母相同，僅聲調有別。]

斯 2144《韓擒虎話本》："緣衾虎領軍三萬五千，臣願

請軍三萬五千，不肖展陣開旗，聞蠻奴之名，即便降來。"（《校注》頁 301/7-8）

笑 讀作嘯。[笑，《廣韻》私妙切，去笑，心。嘯，《廣韻》蘇弔切，去嘯，心。笑在效攝開口三等，嘯在效攝開口四等，二字同聲母。]

斯 2073《廬山遠公話》："猿啼幽谷，虎笑深溪。"（《校注》頁 252/13）

xié

頡 讀作纈。[二字《廣韻》同爲胡結切，入屑，匣。]

伯 4975 辛未年三月八日《沈家納贈歷》："非綾一疋，甲頡一段。"（《釋錄》第一輯，頁 364/背面 1-2）伯 2613 唐咸通十四年（公元八七三年）正月四日《沙州某寺交割常住物等點檢曆》："夾頡團傘子貳，白絹裹羅錦者舌青絹裙。"（《釋錄》第三輯，頁 9/5）

挾 讀作協。[二字《廣韻》同爲胡頰切，入帖，匣。]

伯 2187《破魔變》："昭王之世，挾祥夢於千秋；壬午之年，棄皇宮於雪嶺。"（《校注》頁 532/3）

叶 讀作协。[二字《廣韻》同爲胡頰切，入帖，匣。]

俄藏 Ф96《雙恩記》:"匡扶社稷咸忠政(正),陶鑄生靈盡叶和。(《校注》頁 933/9)

斜 讀作邪。[二字《廣韻》同爲似嗟切,平麻,邪。]

伯 3718《後唐河西歸義軍左馬步都虞候梁幸德邈真讚並序》:"一自製鐻,内外唱太平之聲;民無告勞,囹圄息奸斜之響。"(《釋録》第五輯,頁 279/13)伯 3718《後唐河西歸義軍左馬步都虞候梁幸德邈真讚並序》:"恩詔西陲而准奏,面遷左散騎常侍兼使臣七十餘人,意着珠珍,不可籌度,一行匡泰,逍遥往還,迴程屬此鬼方,忽值奸邪之略。"(《釋録》第五輯,頁 279/15-18)

xiě

寫 讀作卸。[寫,《廣韻》悉姐切,上馬,心。卸,《廣韻》司夜切,去禡,心。二字同在假攝開口三等,韻母相同,聲母相同,僅聲調有别。]

斯 1441《鹿兒讚文》:"國王聞此語,即便寫弓弦。弓作蓮花樹,箭作蓮花枝,翅作蓮花葉,忍辱頗(叵)思議。"伯 3211《佐史非臺補》:"解寫除却名,揩赤將頭放。"(《梵志》卷二,頁 118,028 首)揩赤,項楚説:謂以朱筆抹去簿書中姓名,表示了結。

xiè

解 讀作廨。[解,《廣韻》胡懈切,去卦,匣。廨,《廣韻》古隘切,去卦,見。二字同在蟹攝開口二等,韻母相同,聲母同爲牙喉音。]

斯 7963 年代不明《公廨司出便物名目》:"☐☐☐☐肆月十八日公解司出便物名目。"(《釋錄》第二輯,頁 250/1)

解 讀作械。[解,《廣韻》胡懈切,去卦,匣。械,《廣韻》胡介切,去怪,匣。二字同在蟹攝開口二等而韻母鄰近,韻母相近,聲母相同。]

伯 2567 背癸酉年(公元七九三年)二月《沙州蓮臺寺諸家散施曆狀》:"器解一副,鏘一張,越(鉞)鉄一……"(《釋錄》第三輯,頁 72/29)原卷解旁注械。

解 讀作懈。[解,《廣韻》胡懈切,去卦,見。懈,《廣韻》古隘切,去卦,見。二字同音。]

斯 6537 1V《放妻書(樣式)》:"忽有不照驗約,倚巷曲街,點眼弄眉,思尋舊事,便招解脫之罪。"(《釋錄》第二輯,頁 178/21-22)

瀉 讀作寫。[二字《廣韻》同爲悉姐切,上馬,心。]

伯4640 己未年一辛酉年（公元八九九一九〇一年）《歸義徇内破用用紙布曆》:"又同日,奉判支與設司瀉祢案細紙壹帖。"(《釋録》第三輯,頁262/162）又:"四月二日支與設司瀉祢案細紙壹帖。"(《釋録》第三輯,頁269/263-264）

揳 讀作洩。[揳,《廣韻》先結切,入屑,心;《集韻》私列切,入薛,心。洩,《集韻》私列切,入薛,心。揳取《廣韻》反切,則在山攝開口四等,而洩在山攝開口三等,韻母相近,聲母相同;如揳取《集韻》反切,則二字同音。]

斯328《伍子胥變文》:"敕既行下,水楔（原卷實作揳）不通。"(《校注》頁3/4）

xīn

新 讀作辛。[二字《廣韻》同爲息鄰切,平真,心。]

伯2305《妙法蓮華經講經文（一）》:"新懃而不憚春秋,驅使而豈辭寒冷。"(《校注》頁708/12）又:"奉事仙人,心不渀（莽）鹵,終日新懃,千秋已度。"(《校注》頁708/16）伯2193《目連緣起》:"將爲世間無善惡,何期今日受新殃。"(《校注》頁1013/12）斯4452後晉開運三年（公元九四六年）《某寺祘會破除外見存曆稿二件》："准帳尾麥肆石五斗、粟肆石三斗，伏緣都師造簷一年周新苦，和尚及衆徒矜放福信。"（《釋録》第三輯，頁522/（二）8-10）

xīng

星星 讀作惺惺。[二字《廣韻》同爲桑經切，平青，心。]

伯3724《相將歸去来》："生受刀光苦，意裏極星星。"（《梵志》卷五，頁626，263首）伯3418《兀兀自繞身》："智者星星行，愚人自纏遶。"（《梵志》卷五，頁702，285首）伯3418《男女有亦好》："閇門無呼唤，耳裏〈挓皇皇〉[極星星]。"（《梵志》卷五，頁707，288首）項楚説：惺惺，表示清醒寧静。

xíng

刑 讀作形。[二字《廣韻》同爲户經切，平青，匣。]

伯2553《王昭君變文》："丹青寫刑遠稼（嫁），使兇（匈）奴拜首，萬代信義號罷征。"（《校注》頁160/8）斯788《沙州志殘卷》："東鹽池。縣東五十里，其鹽出水中自爲塊。人就水漉出曝乾，並是顆鹽，味咳於河東者，印刑相類。"（《釋録》第一輯，頁42/2-3）伯2511《諸道山河地名要略殘卷》："郡望地名：上黨壺關山名。刑似壺古

（口），乃於此置關。"（《釋錄》第一輯，頁76/191-192）伯3792《後晉河西敦煌郡和尚遷真讚並序》："乃命丹青而仿佛，懇盼生儀寫真刑。"（《釋錄》第五輯，頁296/33）伯3502《張敖撰新集諸家九族尊卑書儀一卷》："賤妾憂心，刑容憔悴。"（《釋錄》第五輯，頁307/124）斯5474《身如圈裏羊》："羊即披毛走，人着好衣裳。脱却赤體立，刑段不如羊。"（《梵志》卷一，頁21,004首）形段，意爲形體。項楚説。

刑 讀作邢。[二字《廣韻》同爲户經切，平青，匣。]

斯2052《新集天下姓望氏族譜一卷并序》："瀛州河間郡出八姓 刑、俞、家、玄、堯、劉、詹、税。"（《釋錄》第一輯，頁94/44）

形 讀作慶。[形，《廣韻》户經切，平青，匣。慶，《廣韻》丘敬切，去映，溪。二字音相近。形在梗攝開口四等，慶在梗攝開口三等，二字聲母同爲牙喉音。]

伯4640《沙州釋門索法律窟銘》："瑞草秀七净之蓮臺，形雲逞五色之佳氣。"（《釋錄》第五輯，頁95/8-9）

形 讀作刑。[二字《廣韻》同爲户經切，平青，匣。]

斯2073《廬山遠公話》："事既彰露，便被州縣捉來，遂即送入形獄，受他考（拷）楚，文案既成，招伏愆罪，領上法場，看看是死。"（《校注》頁266/15-16）伯2187《保護寺院常住户不受侵犯帖》："或有不依此式仍抑所由具狀申官，其人重加形責，常住之物，却入寺中，所出價直，任主自折。"（《釋錄》第四輯，頁158/11-12）伯4044乾寧六年（公元八九九年）《某甲差充右一將第一隊副隊帖等稿二件》："如有拗東掖西，兼浪言狂語者，使頭記名將來，到州重當形法者。"（《釋錄》第四輯，頁290/8-10）

xìng

姓 讀作性。[二字《廣韻》同爲息正切，去勁，心。]

斯2073《廬山遠公話》："不辭與汝解脱（説），似頑石安在水中，水體姓本潤，頑石無由入得。"（《校注》頁264/12-13）

性 讀作姓。[二字《廣韻》同爲息正切，去勁，心。]

伯2324《難陀出家緣起》："如今説着性名，凡是人皆總識。"（《校注》頁592/8）俄藏Φ101《維摩詰經講經文（二）》："可極自娛自樂，何知於萬性煎熬；獨貴獨高，豈念於生靈逼迫。"（《校注》頁811/1）俄藏Φ101《維摩詰經講經文（二）》："金階還往人知識，玉殿何曾問性名。"

(《校注》頁 811/6）伯 3449、伯 3864《書儀小册子》："年月日具全銜臣性某狀奏。"（《釋録》第五輯，頁 376/（一）340）

xiōng

兇 讀作匈。[二字《廣韻》同爲許容切，平鍾，曉。]

伯 2553《王昭君變文》："丹青寫刑（形）遠稼（嫁），使兇奴拜首，萬代信義號罷征。"（《校注》頁 160/8）

兇 讀作胸。[兇，《廣韻》許容切，平鍾，曉。胸亦作匈，匈，《廣韻》許容切，平鍾，曉。二字同音。]

斯 2073《廬山遠公話》："忽至冬年節歲，六親悉在眼前，忽憶在外之男，遂即氣咽填兇，此即名爲'愛別離苦'。"（《校注》頁 261/17）

凶 讀作匈。[二字《廣韻》同爲許容切，平鍾，曉。]

伯 2640《常何墓碑》："其年八月，凶奴至便橋，授馬軍副總管。"（《釋録》第五輯，頁 60/94）伯 4640《李明振氏再修功德記》："晉昌要嶮，能補頗牧之威；巨野大荒，屏蕩凶奴之跡。"（《釋録》第五輯，頁 84/60-61）

凶 讀作胸。[凶，《廣韻》許容切，平鍾，曉。胸亦作匈，訇，《廣韻》許容切，平鍾，曉。二字同音。]

斯328《伍子胥變文》："嘆言：'痛哉！苦哉！'自撲搥凶：'共弟前身何罪，受此孤恓！……"（《校注》頁5/2-3）

【說明】"自撲搥凶"爲丁卷（伯2794）之文，丙卷（斯328）作"自摸（撲）魂（渾）搥"。

胸 讀作兇。[胸亦作訇，訇，《廣韻》許容切，平鍾，曉。兇，《廣韻》許容切，平鍾，曉。二字同音。]

斯6537 3V-5V《立社條件（樣式）》："一，凡爲邑義，雖有尊卑，局席齋延（筵），切憑禮法，飲酒醉亂，胸悖粗豪，不守嚴條，非理作鬧，大者罰醲釀一席，少者決仗（杖）十三□忽有抅挾無端，便任逐出社內。"（《釋錄》第一輯，頁282/32-35）

xiū

修 讀作收。[修，《廣韻》息流切，平尤，心。收，《廣韻》式州切，平尤，書。二字同在流攝開口三等，韻母相同，聲母同爲齒音。]

斯1398宋太平興國七年（公元九八二年）《呂住盈、阿鸞兄弟典賣土地契（稿）》："自賣餘後，任☐☐☐若住盈、阿鸞二人能辯修潰此地來，便容許☐☐☐兄弟及別人修瀆此地來者，便不容許修續（贖）▢▢"（《釋錄》第二輯，頁 13/5-7）伯 3964 乙未年（公元九三五年）《趙僧子典兒契》："其限滿足，容許修贖。"（《釋錄》第二輯，頁 50/7-8）伯 3964 乙未年（公元九三五年）《趙僧子典兒契》："若不滿之時，不喜（許）修贖。"（《釋錄》第二輯，頁 50/8）

修 讀作羞。[二字《廣韻》同爲息流切，平尤，心。]

伯 2653《燕子賦（二）》："雀兒修欲死，無處可安身。"（《校注》頁 415/8）

脩 讀作修。[二字《廣韻》同爲息流切，平尤，心。]

日藏羽 432《漢書·匡衡傳》"君遵脩法度，勤勞公家。""脩"今本作"修"。

羞 讀作脩。[二字《廣韻》同爲息流切，平尤，心。]

伯 2653《燕子賦（一）》："通容放到明日，還有些些束羞。"（《校注》頁 377/4）

xiù

繡 讀作肅。[繡，《廣韻》息救切，去宥，心。肅，《廣韻》息逐切，入屋，心。繡在流攝開口三等，肅在通攝合口三等，二字同聲母。當是以繡從肅得聲而通讀。]

伯4706年代不明《王寡婦借麥糾紛牒（稿）》："故男江清（旁注："別居之時"）共何王腹生富盈招住信都頭絹一疋，江清絹半疋，還住信（旁注："斷"字）子殘何王男半疋故男往於甘繡州充使送路立機緤一疋（後缺）"（《釋錄》第二輯，頁318/（二）3-4）

xū

呼 讀作吁。[呼，《廣韻》荒烏切，平模，曉。吁，《廣韻》況于切，平虞，曉。呼在遇攝合口一等，吁在遇攝合口三等，二字同聲母。]

伯2721《舜子變》："泣淚呼嗟之次，又見商人數個，舜子問云：'冀郡姚家人口，平善好否？'"（《校注》頁203/2-3）

須 讀作誰。[須，《廣韻》相俞切，平虞，心。誰，《廣韻》視佳切，平脂，禪。須在遇攝合口三等，誰在止攝合口三等，二字聲母同爲齒音。二攝有通讀之例。]

斯3050《不知名變文（二）》："蓮花成（城）節度使出敕：須人買（賣）卻蓮花者，付五百文金錢須人。"（《校注》頁1134/18）

xù

序 讀作緒。〔二字《廣韻》同爲徐呂切，上語，邪。〕

伯 2305《解座文匯抄》："況今情序頓昏沉，由（猶）不悟〔無常抛暗號〕。"（《校注》頁 1175/20）

畜 讀作蓄。〔二字《廣韻》同爲許竹切，入屋，曉。〕

伯 2305《解座文匯抄》："溢倉圇，收麥粟，萬石千車盡收畜。"（《校注》頁 1174/5）伯 3558《兄弟須和順》："財物同相（箱）櫃，房中莫畜私。"（《梵志》卷四，頁 447，152 首）

續 讀作贖。〔續，《廣韻》似足切，入燭，邪。贖，《廣韻》神蜀切，入燭，船。二字同在通攝合口三等，韻母相同，聲母同爲齒音。〕

伯 3212 辛丑年五月三日《惠深牒（？）》："其惠深寺（録文右旁有□）多有不及洗立機，惠深且交達家漢兒洗去來，其洗了就送家中也，無人，是他漢兒石家店內典酒五升，被至小師續……"（《釋録》第二輯，頁 312/1-4）又："其薛家地收續之時，舊持文書大開……"（《釋録》第二輯，頁 312/7-8）

xuān

宣 讀作揎。[二字《廣韻》同爲須緣切,平仙,心。]

斯2073《廬山遠公話》:"於是遠公爲破疑情,宣其左膊,果然腕有肉環,放大光明,聽眾皆普見。"(《校注》頁267/13)

暄 讀作萱。[二字《廣韻》同爲況袁切,平元,曉。]

斯6161、斯3329、斯6973、伯2762綴合《張淮深碑》:"於戲!晡西暄草,巨壑淪悲;異畝嘉禾,傷岐碎穗。"(《釋錄》第五輯,頁203/80-204/82)

喧 讀作喧。[二字《廣韻》同爲況袁切,平元,曉。]

伯3813背唐[公元七世紀後期?]《判集存十九道》:"其妻阿宋,喧訟公庭,云其夫亡,乃由郭泰。"(《釋錄》第二輯,頁605/137)伯3630後梁《河西管内釋門都僧政會恩闍和尚邈真讚並序》:"悟佛教,頓捨煩喧;煉一心,而投師慕道。"(《釋錄》第五輯,頁159/6-7)

xuán

玄 讀作懸。[二字《廣韻》同爲胡涓切,平先,匣。]

伯2553《王昭君變文》:"度嶺看玄瓮,臨行望覆盆。"

(《校注》頁 158/12）伯 3394 唐大中六年（公元八五二年）《僧張月光、呂智通易地契》："又月光園內有大小樹子少多，園牆壁及井水閞道功直解（價）出買（賣）與僧呂智通，斷作解（價）直：青草驢壹頭陸歲，麥兩碩壹斗，布叁丈叁尺，當日郊（交）相分付，一無玄欠。"（《釋錄》第二輯，頁 2/11-13）斯 3877 3V4V 唐乾寧四年（公元八九七年）《張義全賣宅舍地基契約（抄）》："其上件舍價，立契當日交相分付訖，壹無玄欠。"（《釋錄》第二輯，頁 6/7-8）斯 1285 後唐清泰三年（公元九三六年）《楊忽律哺賣宅舍地基契》："其舍及物當日交相分付訖，更無玄欠。"（《釋錄》第二輯，頁 9/7-8）斯 5700《某某出賣宅舍與姚文清契（抄）》："其物及舍，當日交相分付，並無玄欠升合。"（《釋錄》第二輯，頁 10/6-8）

懸 讀作縣。[懸，《廣韻》胡涓切，平先，匣。縣，《廣韻》黃練切，去霰，匣。二字同在山攝合口四等，韻母相同，聲母相同，僅聲調有別。]

斯 6836《葉淨能詩》："經數日，得至華州華陰懸東五里已來。其年四月選，悉皆赴任。有常州無錫懸（縣）令張令將妻及男女於華岳神前過。"（《校注》頁 333/17-18）又："康太清夫婦號天叫地，高聲唱：'走投懸門，告玄都觀道士把劍殺人！'"（《校注》頁 335/9-10）伯 4004、斯

4706、伯3067、斯4908庚子年（公元九四〇或一〇〇〇年）《後某寺交割常住什物點檢曆》："又鄧懸令鑠壹副並鑰匙具全，在花嚴藏。"（《釋錄》第三輯，頁36/（四）20-21）伯4697辛丑年（公元九四一年？）《粟酒破用曆》："廿日，酒壹斛，迎懸令用。"（《釋錄》第三輯，頁208/6）伯6002（1）辰年《某寺諸色入破曆祈會牒殘卷》："……麥兩碩柒斛［迴］造白麵入麥壹碩柒斛張懸丞施入。"（《釋錄》第三輯，頁314/28-29）

縣 讀作懸。［二字《廣韻》同爲胡涓切，平先，匣。］

伯3899唐開元十四年（公元七二六年）《沙州敦煌縣勾徵懸泉府馬社錢案卷》："今蒙開元十三年十一月十日制，諸色逋縣欠負官物，合當免限。"（《釋錄》第四輯，頁433/18-19）

xuàn

渲 讀作宣。［渲，《廣韻》息絹切，去線，心。宣，《廣韻》須緣切，平仙，心。二字同在山攝合口三等，韻母相同，聲母相同，僅聲調有別。］

斯2073《廬山遠公話》："道安上人，大能説法，闍梨開經講讚，渲佛真宗。"（《校注》頁264/7-8）

xué

穴 讀作抌。〔二字《集韻》同爲胡決切,入屑,匣。〕

斯 328《伍子胥變文》:"天道相饒,雔心必穴。"(《校注》頁 11 /14-15)

【説明】這個"穴"字,是蔣紹愚録定的。《敦煌變文集》作"宄",《校注》作"允",察原卷字形,作"穴"是。穴何所取義,當讀"抌"。《集韻》屑韻此二字同爲胡決切,可通讀。"抌"下云:"抌,揰擊。""揰"義也爲"擊也"(見《集韻·庚韻》),則"抌"即擊義。"雔心必穴",謂報仇之心,必付之一擊。伯 3633 號《辛未年(911 年)七月沙州百姓等一萬人上迴鶻大聖天可汗狀》有云:"當爾之時,見有吐蕃節兒鎮守沙州。太保見南蕃離亂,乘勢共沙州百姓同心同意穴白趁却節兒,却着漢家衣冠,永抛蕃醜。"文中"穴白"一詞不可解,有以爲"宂迫"者,也難講通。今與此參校,可知"穴"也可讀"抌",取擊義。而"白"可讀"擤",(《集韻》陌韻,此二字同爲博陌切),也取擊義。"穴白(抌擤)"爲同義複詞。"穴白趁却節兒",即"打擊趕走節兒"之意。依此解,文從字順。

學 讀作覺。〔學,《廣韻》胡覺切,入覺,匣。覺,《廣韻》

古岳切，入覺，見。二字韻母相同，聲母同爲牙喉音。]

伯3140乾德四年（公元九六六年）正月十五日《沙州三界寺授李憨兒八關齋戒牒》："遂乃離火宅之苦空，向無涯之學路。"（《釋錄》第四輯，頁82/5-6）

xūn

勳 讀作薰。[二字《廣韻》同爲許云切，平文，曉。]

伯2187《破魔變》："奴家愛着綺羅裳，不勳沉麝自然香。"（《校注》頁535/6）

薰 讀作莘。[二字《廣韻》同爲許云切，平文，曉。]

斯6829戌年（公元八〇六年）八月《氾元光施捨房舍入乾元寺牒並判》："右元光自生已來，不食薰茹，白衣道向，曆卅餘年。"（《釋錄》第三輯，頁73/1-2）伯3556《歸義軍應管內外都僧統氾和尚邈真讚並序》："和尚乃生之奇異，母乳而了別莘薰；長自天聰，卅歲而虛埃永罷。"（《釋錄》第五輯，頁166/8-9）伯3556《內外都僧統河西佛法主陳和尚法嚴邈真讚並序》："星塵永罷，了別薰莘。"（《釋錄》第五輯，頁169/3）伯3556《後周敦煌大乘寺法律尼某乙邈真讚並序》："辭親割愛，接乳而不近薰莘；頓棄煩喧，捨俗而囂塵永罷。"（《釋錄》第五輯，頁170/3）伯3556《後周敦煌大乘寺法律尼某乙邈真讚並序》："薰莘

不染，頓棄煩籠。"(《釋錄》第五輯，頁171/11）

xùn

訓 讀作勳。[訓，《廣韻》許運切，去問，曉。勳，《廣韻》許云切，平文，曉。二字同在臻攝合口三等，韻母相同，聲母相同，僅聲調有別。]

斯2144《韓擒虎話本》："陳王聞語，念見名將即（積）大功訓，處分左右，放起頭稍。"(《校注》頁302/5-6）

徇 讀作殉。[二字《廣韻》同爲辭閏切，去稕，邪。]

斯5706《放良書（樣式）》："汝等皆亡軀徇節，供〈奉〉命輸誠。"(《釋錄》第二輯，頁188/3-4。《釋錄》注：奉右旁有點，當是刪除號，應不讀）伯3399《幽州都督張仁亶上九諫書》："驅驅徇名利，屑屑貪榮祿，懼君父之威，不能死諫，遂令家破國危，忝爲臣子，偷生何用。"(《釋錄》第四輯，頁308/9-10）

巽 讀作瞬。[巽，《廣韻》蘇困切，去慁，心。瞬，《廣韻》舒閏切，去稕，書。巽在臻攝合口一等，瞬在臻攝合口三等，二字聲母同爲齒音。]

斯3050《不知名變文（二）》："轉巽有一個小下女人族（取）水如（而）來，甕中有七支蓮花。"(《校注》頁

1134/19-1135/1）

yā

押 讀作壓。[二字《廣韻》同爲烏甲切，入狎，影。]

斯328《伍子胥變文》："俗（俗）捧崑崙之（而）押卵，何得不摧；執炬火已（以）燔毛，如何不盡！"（《校注》頁15/10-11）

厭 讀作壓。[厭，《廣韻》於葉切，入葉，影。壓，《廣韻》烏甲切，入狎，影。厭在咸攝開口三等，壓在咸攝開口二等，二字聲母相同。厭，《集韻》乙甲切，入狎，影。如取此音，則二字同音。]

伯2625《敦煌名族志殘卷》："以父老請侍，孝誠肯切，蒙涼州都督郭元振判録奏，謀略克宣，勤勞久著，當王涼之西面，處四鎮之東門，彈厭山川，控禦緩急，寇不敢犯，塵不得飛，將士有投醪之歡，吏人承狹（挾）纊之惠，防援既衆，功效實多，利潤倍深，孳課尤剩。"（《釋録》第一輯，頁102/60-65）

yá

衙 讀作牙。[二字《廣韻》同爲五加切，平麻，疑。]

斯2144《韓擒虎話本》："迴睹此陣，虎無爪牙，争恐（肯）猛利，遂抽衙隊弓箭五百人，已（以）安爪衙。"
（《校注》頁 302/11）

芽 讀作牙。[二字《廣韻》同爲五加切，平麻，疑。]
　　伯 3399《幽州都督張仁亶上九諫書》："又按尚書云：伊尹去而桀亡，箕子囚而紂滅，傅説相如殷盛，姜芽用而周興。"（《釋録》第四輯，頁 310/48-49）

牙 讀作崖。[牙，《廣韻》五加切，平麻，疑。崖，《廣韻》五佳切，平佳，疑。牙在假攝開口二等，崖在蟹攝開口二等，二字同聲母。]
　　伯 2653《燕子賦（二）》："不能別四海，心裏戀洪牙。"（《校注》頁 414/10）
　　【説明】洪崖，仙人名。在江西洪崖山煉丹得道。

牙 讀作芽。[二字《廣韻》同爲五加切，平麻，疑。]
　　斯 6417《仰沙佛文》："功德寶（？）念念慈繁；智惠善牙，運運曾（增）長。"（《釋録》第一輯，頁 391/12-13）斯 663（2）《印沙佛文》："遂乃妙因宿殖，善牙發於今生，業果先淳，道心堅於此日。"（《釋録》第一輯，頁 392/5-6）斯 663（2）《印沙佛文》："今世後世，莫絶善緣。此世他生，善牙增長。"（《釋録》第一輯，頁

392/12）伯 2942 唐永泰年代（公元七六五一七六六年）《河西巡撫使判集》："仍與洗削文案，杜絶萌牙；俾其後昆，免有牽挽。"（《釋録》第二輯，頁 624/77-78）

yà

俹 讀作亞。[二字《廣韻》同爲衣嫁切，去禡，影。]

伯 3720 後唐清泰六年（公元九三九年）《河西都僧統海晏墓誌銘並序》："弱冠之初，道俹生融之跡，業資惠海，德重華山。"（《釋録》第五輯，頁 185/5-6）伯 3718 後唐《河西釋門故僧政范和尚海印寫真讚並序》："戒圓朗月，鵝珠未比於才公。德俹法蘭，遺教溥霑於有識。"（《釋録》第五輯，頁 254/10-255/11）伯 3718《敦煌程和尚政信邈真讚並序》："談經海決，德俹坐睿之公。解釋論端，辯答世親之美。"（《釋録》第五輯，頁 276/10-11）

yān

烟 讀作燕。[烟，《廣韻》烏前切，平先，影。燕，《廣韻》於甸切，去霰，影。二字同在山攝開口四等，韻母相同，聲母相同，僅聲調有别。]

斯 6537 3V《分書（樣式）》："堂烟習習，冬夏推移；庭前荆樹，猶自枯觜（悴）。分離四海，中（終）歸一别。"（《釋録》第二輯，頁 181/3-4）

yán

言 讀作延。[言,《廣韻》語軒切,平元,疑。延,《廣韻》以然切,平仙,以。二字同在山攝開口三等而韻目鄰近,韻母相近。]

北圖殷字四十一(見敦煌雜錄)癸未年(公元九二三年?)七月十五日《張修造雇父駝契》:"使入了,限三日便須田(填)還,更不許推言,或若路上賊打,看爲大禮(例),或若病死,舌(折)却雇價,立爲(還)本駝。"(《釋錄》第二輯,頁38/4-6)伯2504背辛亥年(公元九五一年)《康幸全貸絹契(稿)》:"忽若推言,掣奪家資。"(《釋錄》第二輯,頁124/6)

顔 讀作彦。[顔,《廣韻》五姦切,平删,疑。彦,《廣韻》魚變切,去線,疑。顔在山攝開口二等,彦在山攝開口三等,而顔從彦得聲,二字同聲母。]

斯133《秋胡變文》:"朕此國中,秋胡揚名而助國,自從封爲宰想(相),有孝有忠,李金石,威名播起於萬里,其顔獨秀,才德居標。"(《校注》頁234/5-6)奇彦謂特出之美才。

延 讀作筵。[二字《廣韻》同爲以然切,平仙,以。]

俄藏 Ф365《妙法蓮華經講經文（二）》："花下愛漼（催）《南浦子》，延中偏送《剪春羅》。"(《校注》頁719/6）斯 2041 唐大中某年《儒風坊西巷村鄰等社約》："丙寅年三月四日，上件巷社，因張曹二家衆集商量從今已後社内十歲已上有凶禍大喪等日，准條贈，不限付名三大，每家三贈了，須智（置）一延，酒一瓮，然後依前例，終如復始。"(《釋錄》第一輯，頁 272/ 四 1-4）伯 3730 背《某甲等謹立社條（樣式）》："立條已後，一取三官裁之，不許紊亂條嚴，上下有此之輩，決丈（杖）七下，［罰］膿膩（醲釄）一延。"(《釋錄》第一輯，頁 280/17-19）斯 6537 3V-5V《立社條件（樣式）》："一，凡爲邑義，雖有尊卑，局席齋延，切憑禮法，飲酒醉亂，胸（兇）悖粗豪，不守嚴條，非理作鬧，大者罰醲釄一席，少者決仗（杖）十三□忽有拘挾無端，便任逐出社内。"(《釋錄》第一輯，頁 282/32-35）斯 6537 7V-8V《立社條件（樣式）》："一，社内不諫大少，無格席上喧拳，不聽上下，衆社各決丈（杖）卅棒，更罰濃（醲）釄一延，衆社破用，其身賓（擯）出社外，更無容〈始〉［免］者。"(《釋錄》第一輯，頁 284/13-15）

巡 讀作沿。［巡，《集韻》余專切，平仙，以。沿，《廣韻》與專切，平仙，以。二字同音。］

伯3211《觀内有婦人》："貧無巡門乞，得穀相共湌。"（《梵志》卷二，頁96，024首）湌，同餐。

莚 讀作筵。［二字《廣韻》同爲以然切，平仙，以。］

斯527後周顯德六年（公元九五九年）正月三日《女人社再立條件》："或有社内不諫大小，無格在席上暄（喧）拳，不聽上人言教者，便仰衆社就門罰釀醵一莚，衆社破用。"（《釋錄》第一輯，頁274/9-11）斯6537 6V-7V《立社條件（樣式）》："不許衆社紊亂條［流］，凶掃（？）上下有此之輩，汱（決）丈（杖）十七，［罰］釀（釀）醵壹莚。"（《釋錄》第一輯，頁283/14-15）斯2596背唐咸通七年（公元八六六年）《投社人替替狀》："投□□□□（社人替替狀）右□□□□之日三官錄事等許替替投社，當日莚屈社人，已後社内若有文帖行下，替替依例承文，帖知，承三馱。"（《釋錄》第一輯，頁292/1-6）

yǎn

儼 讀作嚴。［儼，《廣韻》魚埯切，上儼，疑。嚴，《廣韻》語輚切，平嚴，疑。二字同在咸攝開口三等，韻母相同，聲母相同，僅聲調有別。］

伯3718後唐《河西歸義軍左馬步都虞候梁幸德邈真讚並序》："三餘之暇，儼守公條。"（《釋錄》第五輯，頁

278/8-9）

淹 讀作掩。［淹，《集韻》衣檢切，上琰，影。掩，《廣韻》衣儉切，上琰，影。二字同音。］

俄藏 Ф96《雙恩記》："憫念眾生業所爲，袖淹雙淚旋還垂。"（《校注》頁 930/6）

奄 讀作菴。［奄，《廣韻》衣儉切，上琰，影。菴，《廣韻》烏含切，平覃，影。奄在咸攝開口三等，菴在咸攝開口一等，二字同聲母。］

斯 2073《廬山遠公話》："道安欲擬忏心，若座（坐）奄羅會上。"（《校注》頁 264/2）

揜 讀作奄。［揜，《廣韻》衣檢切，上琰，影。奄，《廣韻》衣儉切，上琰，影。二字同音。］

伯 3718《後唐河西釋門故僧政范和尚海印寫真讚並序》："緇流顧戀，恨師揜逝。"（《釋錄》第五輯，頁 256/29-30）

yàn

彦 讀作諺。［二字《廣韻》同爲魚變切，去線，疑。］

斯 2073《廬山遠公話》："故知俗彥有語云：'人發

善願，天必從之；人發惡願，天必除之。'"（《校注》頁254/20-21）又："俗彥有語云：'入山不避狼虎者，是樵父之勇也；入水不避蛟龍者，是魚（漁）父之勇也。'"（《校注》頁263/20）

燕 讀作宴。[二字《廣韻》同爲於甸切，去霰，影。]

伯3718後唐《河西歸義軍左馬步都虞候梁幸德邈真讚並序》："故得皇王暢悅，每詔内燕而傳盃；宜依復還，捧授奇琛而至府。"（《釋録》第五輯，頁278/10-279/11）伯3718後唐《故河西節度都頭知玉門軍事張明德邈真讚並序》："府主詔就於塏庭，别擢崇班，内燕全歡而偏獎。"（《釋録》第五輯，頁281/11-12）

燕 讀作雁。[燕，《廣韻》於甸切，去霰，影。雁，《廣韻》五晏切，去諫，疑。燕在山攝開口四等，雁在山攝開口二等，二字聲母同爲牙喉音。]

斯2144《韓擒虎話本》："天使接世（勢）便赫（嚇）：'但衆虎弓箭少會些些，隋文皇帝有一百二十指撝，射燕都盡總好手。'"（《校注》頁304/9-10）

厭 讀作饜。[二字《廣韻》同爲於豔切，去豔，影。]

斯1399《告知賢貴等》："〈造〉[告]知賢貴等，各

yāng

殃 讀作央。[二字《廣韻》同爲於良切，平陽，影。]

伯2553《王昭君變文》："可昔（惜）未殃宫裏女，嫁來胡地碎紅粧。"(《校注》頁159/2）伯2553《王昭君變文》："寒風入帳聲猶苦，曉日臨行哭未殃。"(《校注》頁159/3）

央 讀作殃。[二字《廣韻》同爲於良切，平陽，影。]

伯3490背《於當居創造佛刹功德記》："願使諸佛擁護，府主壽福於千年；賢聖照臨，百福應時如合會；災央殄滅，邊方無燧火之憂；神理加持，長見年豐歲稔；亡過二親幽識承斯生净土連宫；已躬及見在宗親得壽，年長命遠。"(《釋錄》第五輯，頁237/21-25）

yáng

洋 讀作伴。[二字《廣韻》同爲與章切，平陽，以。]

斯6836《葉净能詩》："陛下但詔净能上殿賜座，殿後蜜（密）排五百口劍，陛下洋洋問法，净能道法之次，洋洋振龍威。"(《校注》頁340/5-6）

楊 讀作揚。[二字《廣韻》同爲與章切，平陽，以。]

斯1889《敦煌氾氏家傳殘卷》："擢秀西州，聲楊上國。"（《釋錄》第一輯，頁106/51）伯3813背唐［公元七世紀後期？］《判集存十九道》："郭泰、李膺同爲利涉，楊帆鼓枻，庶免傾〈免〉[危]。"（《釋錄》第二輯，頁606/138）

楊 讀作陽。[二字《廣韻》同爲與章切，平陽，以。]

斯4654《舜子變》："阿耶暫到遼楊，沿路覓些些宜利。"（《校注》頁200/8-9）斯2073《廬山遠公話》："是時也，春光楊艷，薰色芳菲，淥（綠）柳隨風而婀娜；望雲山而迢遞，睹寒鴈之歸忙。"（《校注》頁252/9-10）又："一者、喻若春楊既動，萬草皆生，不論淺谷深谿，處處盡皆花發。"（《校注》頁265/20）伯4640《吳僧統碑》："末由訴免，因授建康軍使，廿餘載，屬大漠風煙，楊關路阻，元戎率武，遠守敦煌，警候安危，連年匪解，隨軍久滯，因爲敦煌縣人也。"（《釋錄》第五輯，頁91/9-12）

揚 讀作陽。[二字《廣韻》同爲與章切，平陽，以。]

伯2691《沙州城土鏡》："沙州城土鏡：東去京師三千七[百]五十九里，去浴（洛）揚四千六百九里，四至，東西（至）瓜州三百一十九里，西至石城一千五百八十里，西北

至西州一千三百八十里。"(《釋録》第一輯，頁 43/5-7)

昜 讀作揚。[二字《廣韻》同爲與章切，平陽，以。]

伯 2049 背後唐同光三年（公元九二五年）正月《沙州浄土寺直歲保護手下諸色入破曆祘會牒》："倉内昜麥兩日眾僧食用。"(《釋録》第三輯，頁 361/343) 伯 2049 背後唐長興二年（公元九三一年）正月《沙州浄土寺直歲願達手下諸色入破曆祘會牒》："粟柒㪷，僧録窟上昜沙用。"(《釋録》第三輯，頁 378/210-211)

陽 讀作楊。[二字《廣韻》同爲與章切，平陽，以。]

伯 4638《瓜州牒狀》："況當親懿（旁注：意），德合潘陽；久輔轅門，頗修職業，專城符竹，須藉明仁；剖析疆埸，必憑武略。"(《釋録》第四輯，頁 374/10-11) 伯 4640《李明振氏再修功德記》："於是乃慕秦晉，遂申伉儷之儀；將奉承桃，世祚潘陽之美；公其時也。"(《釋録》第五輯，頁 80/14-15)

【説明】潘楊，代指姻親交好關係。

陽 讀作揚。[二字《廣韻》同爲與章切，平陽，以。]

斯 2144《韓擒虎話本》："皇帝亦（一）見，遂詔合朝大臣，總在殿前，色（索）金鑄印，遂拜韓僉虎爲開國公，姚（遥）守陽州節度；第二拜楊素東京留守；第三賜賀若弼錦綵羅紈、金銀器物。"(《校注》頁303/9-10）伯3633《西漢金山國張安左生前邈真讚並序》："性唯烈直，剛志不謝於王珪；轉運資官，寔有弘陽之作。"(《釋錄》第四輯，頁384/14-385/15）

羊 讀作楊。[二字《廣韻》同爲與章切，平陽，以。]

斯2174天復九年（公元九〇九年）《董加盈兄弟三人分家契》："白羊樹一、季（李）子樹一，懷子、懷盈二人爲主，不關加盈、加和之助。"(《釋錄》第二輯，頁148/16-17）

錫 讀作揚。[二字《廣韻》同爲與章切，平陽，以。]

斯328《伍子胥變文》："玉響清泠，金鞍瓘錫。"(《校注》頁15/6）

【説明】"瓘錫"讀作焕揚，光彩四照也。

yǎng

佒 讀作央。[佒，《廣韻》魚兩切，上養，疑。央，《廣韻》於良切，平陽，影。二字同在宕攝開口三等，韻母相同。]

伯4660《前河西都僧統翟和尚邈真讚》："一如荼毗，涕淚無佒。"(《釋錄》第五輯，頁131/18）

yāo

要 讀作腰。[二字《廣韻》同爲於宵切，平宵，影。]

斯5583某年（公元九四八年？）《雇工契（抄）》："每月麥粟壹馱，春衣壹對，裌袖衣襴形襠壹要，皮鞋壹兩。"（《釋錄》第二輯，頁64/1-4）伯2680丙申年《氾恆安等納綾絹等曆》："氾恆安紅錦兩疋各准絹捌疋，又折絹壹疋，白花羅一疋准絹柒疋，樓綾小綾子一疋共准絹肆疋，要帶准絹兩疋，漏顔兩緞子折絹兩疋……"（《釋錄》第三輯，頁135/2-4）

【說明】"腰"是"要"的孳乳字。

妖 讀作夭。[二字《廣韻》同爲於喬切，平宵，影。]

斯2144《韓擒虎話本》："自故（古）有言：'軍慢即將妖，主慢即國傾。'"（《校注》頁301/2）伯2305《解座文匯抄》："人生百歲尋常道，阿那個得七十身不妖？"（《校注》頁1176/1）

腰 讀作妖。[腰，《廣韻》於宵切，平宵，影。妖，《廣韻》於喬切，平宵，影。妖在效攝開口三等，腰重紐，二字極近。]

斯3050《不知名變文（二）》："善惠發四弘盛願，言道四部僧眾，不先是上界菩薩，不先是下界腰精望兩（魍魎），便是善惠口稱我是上界菩薩，不是下界腰精綱兩（魍魎）。"（《校注》頁 1134/6-7）

yáo

姚 讀作遥。[二字《廣韻》同爲餘昭切，平宵，以。]

斯 2144《韓擒虎話本》："皇帝亦（一）見，遂詔合朝大臣，總在殿前，色（索）金鑄印，遂拜韓衾虎爲開國公，姚守陽（揚）州節度；第二拜楊素東京留守；第三賜賀若弼錦綵羅紈、金銀器物。"（《校注》頁 303/9-10）

姚 讀作堯。[姚，《廣韻》餘昭切，平宵，以。堯，《廣韻》五聊切，平蕭，疑。姚在效攝開口三等，堯在效攝開口四等。]

斯 4654《舜子變》："姚王里（理）化之時，日洛（落）千般祥瑞。"（《校注》頁 200/3）

媱 讀作瑶。[二字《廣韻》同爲餘昭切，平宵，以。]

斯 5818《請處分寫孝經判官安和子狀》："安和爲（違）衆例，還道媱母，別有人犯者，並甘心受罰。"（《釋錄》第五輯，頁 1/7-2/8）斯 5818《請處分寫孝經判官安和子狀》："去有此言，媱母者，果何言歟。"（《釋錄》第

五輯，頁2/10-11）

【説明】瑤母，瑤池西王母的省稱。

摇 讀作遥。[二字《廣韻》同爲餘昭切，平宵，以。]

斯2073《廬山遠公話》："善慶聞語，轉爲高聲，摇指道安。"（《校注》頁265/8-9）斯6836《葉净能詩》："净能奏曰：'臣與陛下摇採仙藥去。'"（《校注》頁336/2）

yào

藥 讀作樂。[藥，《廣韻》以灼切，入藥，以。樂，又五教切，去效，疑。藥在宕攝開口三等，樂在效攝開口二等。藥當以從樂得聲而通讀。]

斯5629《燉煌郡等某乙社條壹道（樣式）》："一，若有不藥社事，罰麥五馱，舉社人數每人決丈（杖）五棒。"（《釋錄》第一輯，頁286/（一）29-31）

yé

耶 讀作邪。[耶，《廣韻》以遮切，平麻，以。邪，《廣韻》似嗟切，平麻，邪。二字同在假攝開口三等，韻母相同。在作疑問詞時通用，于是也就在作實詞時通用。]

斯6836《葉净能詩》："不禁小耶，忽（或）要拔地移山，即使一神符。"（《校注》頁333/9）

yě

也 讀作夜。[也，《廣韻》羊者切，上馬，以。夜，《廣韻》羊謝切，去禡，以。二字同在假攝開口三等，韻母相同，聲母相同，僅聲調有別。]

斯 2073《廬山遠公話》："相公是也又爲夫人説其'老苦'。"(《校注》頁 260/3-4) 又："相公是也又爲夫人説其'愛別離苦'者。"(《校注》頁 261/15)

yè

夜 讀作也。[夜，《廣韻》羊謝切，去禡，以。也，《廣韻》羊者切，上馬，以。二字同在假攝開口三等，韻母相同，聲母相同，僅聲調有別。]

斯 2073《廬山遠公話》："是日夜，揀鍊神兵，閃電百般，雷鳴千鍾（種），徹曉喧喧，神鬼造寺。"(《校注》頁 253/13-14)

葉 讀作業。[葉，《廣韻》與涉切，入葉，以。業，《廣韻》魚怯切，入業，疑。二字同在咸攝开口三等而韻目鄰近，韻母相近。]

斯 5629《燉煌郡等某乙社條壹道（樣式）》："厮乙等，宿因葉寡，方乃不得自由。"(《釋錄》第一輯，頁

285/（一）4-5）伯3730寅年八月《沙彌尼法相牒並洪辯判辭》："葉報纏身，據眾咸委，慈心振濟，雅合律宗。"（《釋錄》第四輯，頁115/10-11）

yī

意 讀作衣。[意，《集韻》於其切，平之，影。衣，《廣韻》於希切，平微，影。二字同在止攝開口三等而韻目鄰近，韻母相近，聲母相同。]

斯2073《廬山遠公話》："賜遠公如意數珠[一]串，六環錫杖一條，意着僧依（衣）數對。"（《校注》頁268/12-13）

衣 讀作於。[衣，《廣韻》於希切，平微，影。於，《廣韻》央居切，平魚，影。衣在止攝開口三等，於在遇攝合口三等，二攝有通讀之例，二字同聲母。]

斯6836《葉净能詩》："當時却領張令妻歸衣店内，不經時向（餉）中間，張令妻即再蘇息。"（《校注》頁334/16）

衣 讀作依。[二字《廣韻》同爲於希切，平微，影。]

斯2144《韓擒虎話本》："陳王聞語：'衣卿所奏。'"（《校注》頁300/5）斯2630《唐太宗入冥記》："皇帝遂衣催子玉所請，進步而行。"(《校注》頁 320/11-12）伯 2324《難陀出家緣起》："發心從此轉殷勤，啟（稽）首歸衣禮世尊。"(《校注》頁 593/14）斯 0367 唐光啟元年（公元八八五年）《書寫沙州伊州地志殘卷》："鄯善質子尉屠耆歸，單弱，請天子，國中有伊循城，城肥美，願遣一將屯田，積穀，得衣其威重。"(《釋錄》第一輯，頁 39/13-15）斯 6417（2）《社邑文》："歸衣者無幽不燭，迴向者有感必通。"(《釋錄》第一輯，頁 390/4）

依 讀作衣。[二字《廣韻》同爲於希切，平微，影。]

斯 2073《廬山遠公話》："放貧道卻入寺內，脫此僧依在於寺中，却來至此，願隨將軍旌旗。"(《校注》頁 255/19-20）又："賜遠公如意數珠［一］串，六環錫杖一條，意（衣）着僧依數對。"(《校注》頁 268/12-13）伯 2451 乙酉年（公元九二五年或九八五年）二月十二日《乾元寺僧寶香雇百姓鄧忏子契》："餘殘月取勿（物），春依長袖一並襴袴一腰，皮鞋一量。"(《釋錄》第二輯，頁 70/3-4）斯 6537 6V《放妻書一道（樣式）》："千万永辭，布施歡喜，三年依糧，便獻柔儀。"(《釋錄》第二輯，頁 183/10）伯 4624 唐大中七年（公元八五三年）八月廿六日《鄧榮施入疏》："今將生前受用微尠依物，叩觸三尊，謹因此晨，伏願慈悲，希垂迴向。"(《釋錄》第三輯，頁

82/11-12）

依 讀作於。［依，《廣韻》於希切，平微，影。於，《廣韻》央居切，平魚，影。依在止攝開口三等，於在遇攝合口三等，二攝有通讀之例，二字同聲母。］

伯 3616 背丁亥年《社司轉帖》："右緣少事商量，幸請諸公等，帖至限今月卅［日］齋時，依金光明寺門前取齊。"（《釋錄》第一輯，頁 338/1-2）伯 2769《某寺上座爲設日臨近轉帖》："帖至，限今月廿五日卯時依城東園頭取齊。"（《釋錄》第四輯，頁 150/4-5）

依 讀作挹。［依，《廣韻》於希切，平微，影。挹，《廣韻》伊入切，入緝，影。依在止攝開口三等，挹在深攝開口三等，二字同聲母。此二字依聲母而通讀，韻母距離較遠，有待深入研究。］

斯 2073《廬山遠公話》："若夫佛法，盡總歸依，輕塵［足］嶽，墜露添流，依［之］莫惻（測）其源，遵之罕窮其濟（際）。"（《校注》頁 266/10-11）

悠 讀作依。［二字《廣韻》同爲於希切，平微，影。］

伯 3718 後唐《故河西節度都頭知玉門軍事張明德邈真讚並序》："葫悠顧盼，預戀生前。"（《釋錄》第五

輯，頁 282/17）

yí

疑 讀作儀。[疑，《廣韻》語其切，平之，疑。儀，《廣韻》魚羈切，平支，疑。二字同在止攝開口三等而韻目鄰近，韻母相近，聲母相同。]

斯 2144《韓擒虎話本》："皇帝才問，蕃使不識朝疑，越班走出：'臣啟陛下：蕃家弓箭爲上，賭射只在殿前。……'"（《校注》頁 303/12-13）

疑 讀作宜。[疑，《廣韻》語其切，平之，疑。宜，《廣韻》魚羈切，平支，疑。二字同在止攝開口三等而韻目鄰近，韻母相近，聲母相同。]

伯 4640《陰處士碑稿》："職久公徒，所疑君（軍）政。"（《釋錄》第五輯，頁 75/78）

疑 讀作擬。[疑，《廣韻》語其切，平之，疑。擬，《廣韻》魚紀切，上止，疑。二字同在止攝開口三等，韻母相同，聲母相同，僅聲調有別。]

斯 2073《廬山遠公話》："於是道安心疑答，口不能答；口擬答，心不能答。"（《校注》頁 267/7-8）斯 2144《韓擒虎話本》："有先逢（鋒）使探得周羅侯領軍二十餘萬，疑劫本主。"（《校注》頁 302/19-20）伯 2324《難陀出家緣起》："吟　佛知難陀之意，疑取天女爲妻。"（《校注》頁 592/21）伯 3266《董延進投社狀（稿）》："金（今）過貴社，欲疑投入，追凶逐吉。"（《釋錄》第一輯，頁 294/2-3）伯 4525 宋太平興國某年《內親從都頭某某牒》："昨去前月廿九日從雍歸有南山伍人到來，口云道部落盡於雍歸鞍下，欲疑瓜州下來。"（《釋錄》第五輯，頁 27/2-4）

移 讀作夷。[移，《廣韻》弋支切，平支，以。夷，《廣韻》以脂切，平脂，以。二字同在止攝開口三等而韻目鄰近，韻母相近，聲母相同。]

斯 2144《韓擒虎話本》："此是左掩右移陣，見前面津口紅旗，下面總是鹿巷，李（裏）有硇（撓）勾搭索，不得打着，切須既（記）當！"（《校注》頁 301/20-21）

儀 讀作議。[儀，《廣韻》魚羈切，平支，疑。議，《廣韻》宜寄切，去寘，疑。二字同在止攝開口三等，韻母相同，聲母相同，僅聲調有別。]

伯 3489 戊辰年正月廿四日《旌（？）坊巷女人社社條（稿）》："戊辰年正月廿四日，旌（？）坊巷女人團座商儀立條，嵐（合）社商量爲定。各自榮生死者，納豺壹虳，

須得齊同，不得怠慢。"(《釋錄》第一輯，頁 276/1-2）

儀 讀作義。[儀，《廣韻》魚羈切，平支，疑。義，《廣韻》宜寄切，去寘，疑。二字同在止攝開口三等，韻母相同，聲母相同，僅聲調有別。]

斯 527 後周顯德六年（公元九五九年）正月三日《女人社再立條件》："夫邑儀者，父母生其身，朋友長其值，遇危則相扶，難則相救，與朋友交，言如信，結交朋友，世語相續。"(《釋錄》第一輯，頁 274/2-3）伯 4536 背《社齋文》："加以傾心三寶，攝念無生，越愛染於擣林，悟真如之境界，體榮華之非實，監（鑑）人事之虛無，志在歸依，情存彼岸，故能共崇邑儀，同結良緣，每歲三長，建資福會……"(《釋錄》第一輯，頁 388/3-5）

宜 讀作疑。[宜，《廣韻》魚羈切，平支，疑。疑，《廣韻》語其切，平之，疑。二字同在止攝開口三等而韻目鄰近，韻母相近，聲母相同。]

斯 2144《韓擒虎話本》："法華和尚心內有宜，發言便問：'啟言老人，住居何處？姓字名誰？每日八人齊來，君子因何後到？'"(《校注》頁 298/4-5）

宜 讀作義。[宜，《廣韻》魚羈切，平支，疑。義，《廣韻》

宜寄切，去寘，疑。二字同在止攝開口三等，韻母相同，聲母相同，僅聲調有別。]

斯6537 3V-5V《立社條件（樣式）》："家家不失於尊卑，坊巷禮傳扵孝宜。"（《釋錄》第一輯，頁281/3-4）

夷 讀作移。[夷，《廣韻》以脂切，平脂，以。移，《廣韻》弋支切，平支，以。二字同在止攝開口三等而韻目鄰近，韻母相近，聲母相同。]

斯2144《韓擒虎話本》："蠻奴聞語，迴馬遂排一左掩右夷陣，色（索）隋駕（家）兵士交戰。"（《校注》頁301/19）

yǐ

已 讀作一。[已，《廣韻》羊己切，上止，以。一，《廣韻》於悉切，入質，影。已在止攝開口三等，一在臻攝開口三等，二字聲母同爲喉音。]

斯2144《韓擒虎話本》："蕃人已見，喜不自昇（勝），拜謝皇帝，當時便射。"（《校注》頁303/14-15）

已 讀作依。[已，《廣韻》羊己切，上止，以。依，《廣韻》於希切，平微，影。二字同在止攝開口三等而韻目鄰近，韻母相近，聲母同爲喉音。]

伯3560背《沙州敦煌縣行用水細則與渠人（社）行人轉帖》："右件渠若兩支已下水多不昇（？），已次放利子等渠。"（《釋錄》第一輯，頁394/6-7）

已 讀作以。[二字《廣韻》同爲羊己切，上止，以。]

斯328《伍子胥變文》："俗（俗）捧崑崙之（而）押（壓）卵，何得不摧；執炬火已燔毛，如何不盡！"（《校注》頁15/10-11）斯2073《廬山遠公話》："遠公曰：'但貧道若得一寺舍伽藍住持，已免風霜，便是貧道所願也。'"（《校注》頁253/5-6）斯2144《韓擒虎話本》："若已後爲君，事須再興佛法，即是某乙等願足。"（《校注》頁298/9-10）伯2344《祇園因由記》："遂語長者：'其空地及樹不許致（置）金，吾自便將此地已充門樓之地。樹亦盡迴，供養佛僧。'"（《校注》頁602/18-19）列1456《你今意況大聰》："迷人已南作北，又亦不辯（辨）西東。"（《梵志》卷七，頁875，381首）伯3620《封常清謝死表聞》："臣今將死抗表，陛下必已臣爲失律之後，狂妄爲詞。"（《釋錄》第四輯，頁313/21-22）

倚 讀作依。[倚，《廣韻》於綺切，上紙，影。依，《廣韻》於希切，平微，影。二字同在止攝開口三等而韻目鄰近，韻母相近，聲母相同。]

斯0778《使者門前唤》："三魂無倚住，七魄散頭飛。"（《梵志》卷一，頁68，015首）

以 讀作已。[二字《廣韻》同爲羊己切，上止，以。]

伯2553《王昭君變文》："如今以暮（沐）單于德，昔日還承漢帝恩。"（《校注》頁156/7）又："千里之内，以伐醮（樵）薪；周匝一川，不案□馬。"（《校注》頁159/5-6）斯2144《韓擒虎話本》："皇后宣問：'主上以龍歸倉（滄）海，今擬册立隨州楊使君爲乾坤之主，卿意若何？'"（《校注》頁299/21-22）伯2696唐中和五年（公元八八五年）三月《車駕還京師不赦詔》："自中和五年三月十四日昧爽以前，應天下大辟罪已下，以發覺，未發覺，以結正，未結正，見禁囚徒，罪無輕重，常赦所不原者，咸赦除之。"（《釋録》第四輯，頁263/11-264/12-13）

以 讀作矣。[以，《廣韻》羊己切，上止，以。矣，《廣韻》于紀切，上止，云。二字韻母相同，聲母同爲喉音。]

伯4640《李明振氏再修功德記》："其公（功）乃[大]以，筆何宣哉。"（《釋録》第五輯，頁82/39）

以 讀作與。[以，《廣韻》羊己切，上止，以。與，《廣韻》余吕切，上語，以。以在止攝開口三等，與在遇攝合口三等，二字同聲母。二攝有通讀之例。]

斯 6537 3V-5V《立社條件（樣式）》："恐時僥伐（代）之（衍）薄，人情以往日不同，互生分（紛）然，復怕各生己見。"（《釋録》第一輯，頁 281/4-5）斯 5647《遺書（樣式）二件》："迴今以汝別，痛亦何言，他劫來生，無因再剖，汝當奉教。"（《釋録》第二輯，頁 163/（二）11-164/（二）14）斯 2575 後唐天成四年（公元九二九年）三月六日《應管內外都僧統置方等戒壇牓》："盍（？）檢校大德未可以新戒齊眉，禮法之間，固令加色，准依新戒食外，更添餡餅一枚。"（《釋録》第四輯，頁 139/71-74）伯 3541《歸義軍釋門僧正賜紫沙門張善才邈真讚並序》："居襁褓以眾不群，長至齠年，超□□歲辭貴而樂出家，弱冠之齡，習業□□乘歲曉，窮海藏而該通，三教俱明，馨龍宮而通覽。"（《釋録》第五輯，頁 292/4-7）伯 4640《陰處士碑稿》："舊制封官，近將軍之裂棘；先賢世禄，以都護之同堂。"（《釋録》第五輯，頁 72/42-43）

yì

疫 讀作役。[二字同爲《廣韻》營隻切，入昔，以。]

斯 0778《他家笑吾貧》："你富户疫高，差科並用却。"（《梵志》卷一，頁 29,006 首）

敦煌文獻通讀字

亦 讀作一。[亦,《廣韻》羊益切,入昔,以。一,《廣韻》於悉切,入質,影。亦在梗攝開口三等,一在臻攝開口三等,韻尾 -k 與 -t 合流?]

伯 2721《舜子變》:"後阿孃亦見舜子,五毒嗔心便起:"(《校注》頁 201/16)斯 2073《廬山遠公話》:"樹神亦見,當時隱卻神鬼之形,化一個老人之體,年侵蒲柳,髮白桑榆,直至菴前,高聲不審和尚。"(《校注》頁 253/1-2)又:"亦見遠公,龍顏大悦,喜也無盡。"(《校注》頁 268/19)斯 2144《韓擒虎話本》:"皇帝亦見,大悦龍顏,應是合朝大臣,一齊拜舞,叫呼萬歲。時韓愈虎亦見箭不解,不恐(肯)拜舞,獨立殿前。"(《校注》頁 303/17-18)斯 6836《葉净能詩》:"門人亦見,走報岳神云:'太一使至。'"(《校注》頁 334/4)

亦 讀作易。[二字《廣韻》同爲羊益切,入昔,以。]

斯 5647《吴再昌養男契(樣式)》:"兩共對面平章爲定,更無改亦。"(《釋録》第二輯,頁 173/15-17)

亦 讀作欲。[亦,《廣韻》羊益切,入昔,以。欲,《廣韻》余蜀切,入燭,以。亦在梗攝開口三等,欲在通攝合口三等,二字同聲母。]

伯 2653《燕子賦(一)》:"脊上縫個服子,髣髴亦高

尺五。"(《校注》頁 377/21)

意 讀作憶。〔意,《廣韻》於記切,去志,影。憶,《廣韻》於力切,入職,影。意在止攝開口三等,憶在曾攝開口三等,二字同聲母。〕

伯 2553《王昭君變文》:"邊塞忽然聞此曲,令妾愁腸每意歸。"(《校注》頁 157/7)斯 2073《廬山遠公話》:"從此意念病成,看承服藥,何時得見。"(《校注》頁 261/16)

弈 讀作弋。〔弈,《廣韻》羊益切,入昔,以。弋,《廣韻》與職切,入職,以。弈在梗攝開口三等,弋在曾攝開口三等,二字同聲母。〕

斯 2589 唐中和四年(公元八八四年)十一月一日《肅州防戍都營田康使君縣丞張勝君等狀》:"皇帝迴駕取今年十月七日□□長安,遊弈使白永吉押衙陰清兒等,十月十八日平善已達嘉麟,緣涼州鬧亂,鄭尚書共□□ ▢▢▢▢ 之次,不敢東行……"(《釋錄》第四輯,頁 486/15-19)斯 5606《賊來輸失狀稿四件》:"右今月某日夜某處火出,遂差都知遊弈尋探,某處種田人灼火錯看,此件虛謬無賊。"(《釋錄》第四輯,頁 503/(二)9-11)

議 讀作儀。〔議,《廣韻》宜寄切,去寘,疑。儀,《廣韻》

魚覊切，平支，疑。二字同在止攝開口三等，韻母相同，聲母相同，僅聲調有別。］

伯3608《大唐隴西李氏莫高窟修功德記》："開府議同三司。"（《釋錄》第五輯，頁209/13-14）

議 讀作義。［二字《廣韻》同爲宜寄切，去寘，疑。］

斯6537 7V-8V《立社條件（樣式）》："大者如兄，少者若弟。讓議先燈（登）。"（《釋錄》第一輯，頁284/3-4）斯4654背丙午年（公元九四六年）前後《沙州敦煌縣慈惠鄉百姓王盈子兄弟四人狀（稿）》："右以盈子等兄弟四人，是同胎共氣兄弟，父母亡没去後，各生無議之心，所有父母居產田莊屋舍四人各支分，弟盈進共兄君一處同活，不經年載，其弟盈進身得患累，經數月險治不可（？）。昨者至□更兼盈進今歲次着重役，街□無人替當便作流户，役價未可填還，更緣盈進病亡時弟債油麵債將甚繁多，無人招當，並在兄盈君上□其亡弟盈進分了城外有地七畝，有舍壹，城内有舍［　　　］□況與兄盈君□□□取填還債負如後。"（《釋錄》第二輯，頁300/2-9）

億 讀作憶。［二字《廣韻》同爲於力切，入職，影。］

斯2144《韓擒虎話本》："法華和尚聞語，億得龍王委囑，不感（敢）久住。"（《校注》頁298/15）又："億得亡父委囑：'若巳後爲將，到金璘（陵）之日，有一名將任蠻奴與阿耶同堂學業，傳筆抄書。見面之時，切須存其父子之禮。'"（《校注》頁301/10-11）

易 讀作亦。[二字《廣韻》同爲羊益切，入昔，以。]

斯斯0778《王梵志詩集序》："非但智士迴意，實易愚夫改容。"（《梵志》，頁1）

異 讀作易。[異，《廣韻》羊吏切，去志，以。易，《廣韻》以豉切，去寘，以。二字同在止攝開口三等而韻目鄰近，韻母相近，聲母相同。]

斯2630《唐太宗入冥記》："卿與我出一個異問頭，朕必不負卿！"（《校注》頁322/2）伯2324《難陀出家緣起》："受限此人緣異盡，房中所以獨孤栖。"（《校注》頁592/11）俄藏Ф96《雙恩記》："若論大眾，不異側（測）量，或是聖賢，或是龍鬼。"（《校注》頁929/14）

義 讀作儀。[義，《廣韻》宜寄切，去寘，疑。儀，《廣韻》魚羈切，平支，疑。二字同在止攝開口三等，韻母相同，聲母相同，僅聲調有別。]

斯5520《立社條件》："□（結）義之後，但有社內身遷故，贈送營辦葬義車轝□（一）仰社人助成，不德

（得）臨事疏遺，忽合乖嘆，仍須社衆改口送至墓所，人各借布一疋，色物一疋。"(《釋録》第一輯，頁289/6-8)

義 讀作擬。[義，《廣韻》宜寄切，去寘，疑。擬，《廣韻》魚紀切，上止，疑。二字同在止攝開口三等而韻目鄰近，韻母相近，聲母相同。]

伯4651《張願興王祐通投社狀（稿）》："今見龍沙貴社，欲義投取。"(《釋録》第一輯，頁293/3)

憶 讀作意。[憶，《廣韻》於力切，入職，影。意，《廣韻》於記切，去志，影。憶在曾攝開口三等，意在止攝開口三等，二字同聲母。]

伯2553《王昭君變文》："何期遠遠離京兆，不憶冥冥臥朔方。"(《校注》頁159/4)

yīn

音 讀作瘖。[二字《廣韻》同爲於金切，平侵，影。]

斯3050《不知名變文（二）》："道大雪山北面，言道王舍大城，有一大富長者，常年四月八日，設個無遮大會，供養八萬個僧：並是猛（盲）聾音啞，無數供養。"(《校注》頁1134/4-5)又："箭（餞）濟貧人，並戀僿貝漏（攣躄背僂）、猛（盲）聾音啞，捨財無數，名爲給孤長

者。"(《校注》頁 1134/15-16）

蔭 讀作諳。[蔭,《集韻》於金切，平侵，影。諳,《廣韻》烏含切，平覃，影。蔭在深攝開口三等，諳在咸攝開口一等，二字聲母相同，韻母同爲閉口韻，可以旁轉。]

　　斯 328《伍子胥變文》："有一婦人出應，遠蔭弟聲，遙知是弟子胥。"(《校注》頁 4/19）諳，熟悉也。

蔭 讀作陰。[蔭,《集韻》於金切，平侵，影。陰,《廣韻》於金切，平侵，影。二字同音。]

　　斯 2073《廬山遠公話》："相公是也（夜）又爲夫人說'五蔭苦'。五蔭苦者，人生在世，由（猶）如晝夜。"(《校注》頁 260/19-20）

因 讀作姻。[二字《廣韻》同爲於真切，平真，影。]

　　斯 5700《某某出賣宅舍與姚文清契（抄）》："後若房從兄弟及親因論諠（諍）來者，爲鄰覓上好舍充替。"(《釋錄》第二輯，頁 10/12-16）伯 3649 背後周顯德四年（公元九五七年）《吳盈順賣田契（抄）》："若右（有）親因論治此舍來者，一仰丑撻並鄰［近］覓上好舍充替一院。"(《釋錄》第二輯，頁 12/11-12）伯 2641《莫高窟再修功德記》："亡過宗祖，邀遊切利之天；現在親因，恆壽康強之慶。"(《釋錄》第五輯，頁234/18-235/19）伯3449、伯3864《書儀小册子》："叨在懿因，常承顧遇。"（《釋錄》第五輯，頁356/（一）33）

yǐn

隱 讀作穩。[隱，《廣韻》於謹切，上隱，影。穩，《廣韻》烏本切，上混，影。隱在臻攝開口三等，穩在臻攝合口一等，二字同聲母。]

斯6537 6V-7V《立社條件（樣式）》："更有事改（段）幾般，一取衆人亭隱。"（《釋錄》第一輯，頁283/9）

【說明】亭有均平義。《淮南子·原道》："味者，甘立而五味亭矣。"高誘注："亭，平也。"亭穩，均平妥帖。辭書有"停穩"而未見"亭穩"。斯5647《分書（樣式）》："右件分割家牙活具十物，叔侄對坐，以諸親近，一一對直，再三准折均亭，抛鈎爲定。"（《釋錄》第二輯，頁169/42-45）伯3212背（11）《夫妻相別書一道》："今對兩家六親眷屬，團坐亭騰商量，當便相別分離。"（《釋錄》第二輯，頁195/8-9）此兩例之"亭"均是均平義，不必讀作"停"。

yìn

印 讀作迎。[印，《廣韻》於刃切，去震，影。迎，《廣韻》

語京切，平庚，疑。印在臻攝開口三等重紐，迎在梗攝開口三等。韻尾 -n 與 -ng 合流？］

伯3449、伯3864《書儀小冊子》："少事出入，有闕祇印。"（《釋錄》第五輯，頁374/（一）301-302）

yīng

膺 讀作應。［膺，《廣韻》於陵切，平蒸，影。應，《廣韻》於證切，去證，影。二字同在曾攝開口三等，韻母相同，聲母相同，僅聲調有別。］

伯3813背唐［公元七世紀後期？］《判集存十九道》："雖恭順有聞，更無瑞膺。"（《釋錄》第二輯，頁605/127-128）斯2575《道場司爲下品尼流去住上都僧統狀稿》："所以披陳聖側，靈光往往而潛通；發露尊前，瑞膺頻頻而降現。"（《釋錄》第四輯，頁142/6-7）

英 讀作應。［英，《廣韻》於驚切，平庚，影。應，《廣韻》於陵切，平蒸，影。英在梗攝開口三等，應在曾攝開口三等，二字同聲母。］

伯3048《金剛醜女緣起》："我佛慈悲世莫（當爲英誤）誇，救度眾生遍河沙。"（《校注》頁1102/9）

【說明】敦煌寫經，"英""莫"二字常混淆。北京大學圖書館學系所藏《下女夫詞》第19行："既是高門君子，貴勝莫流"（見《敦煌變文集補編》頁143），"莫流"應是"英流"，查所附照片，實應定作"英"；列藏φ96《雙恩記》第64行："英明立敕揀偏頗"，"英"字《敦煌變文集補編》頁3錄作"莫"；斯328號《伍子胥變文》"倘值明主得遷達，施展英雄一片心"，"英"字在伯2794號中作"莫"，都是二字混淆的例子。此條據劉瑞明說。

嬰 讀作纓。[二字《廣韻》同爲於盈切，平清，影。]

伯2187《破魔變》："男則朱嬰奉國，筐負（匡輔）聖朝；小娘子眉奇（齊）龍樓，身臨帝闕。"（《校注》頁531/19）

鸚 讀作鶯。[二字《廣韻》同爲烏莖切，平耕，影。]

俄藏Φ101《維摩詰經講經文（二）》："鸚藏綠柳朝霞散，燕語紅梁景像衰。"（《校注》頁810/10）伯4638《大番故敦煌郡莫高窟陰處士修功德記》："擬鵰冠之爪利，致果毅雄；選黃鸚之未調，緩飛鄉貢。"（《釋錄》第五輯，頁222/22）

yǐng

影 讀作景。[影，《廣韻》於丙切，上梗，影。景，《廣韻》居影切，上梗，見。二字同韻母。]

斯 0778《夫婦相對坐》："日〈理〉[埋]幾千般，光影急迅速。"（《梵志》卷一，頁 50，010 首）

【說明】"影"是"景"的孳乳字。

yōng

邕 讀作雍。[二字《廣韻》同爲於容切，平鍾，影。]

斯 5578《放妻書（樣式）》："遠近似父子之恩，九族邕怡，四時而不曾更改。"（《釋錄》第二輯，頁 175/7-8）斯 3344《唐開元戶部格殘卷》："其義，必須累代同居，一門邕穆：尊卑有序，財食無私；遠近欽承，州閭推伏；州縣親加案驗，知狀迹殊尤，使覆同者，准令申奏。"（《釋錄》第二輯，頁 570/6-8）伯 4660《金光明寺故索法律邈真讚並序》："繢像真影，睛盻邕邕。"（《釋錄》第五輯，頁 109/15）

yóng

遇 讀作壅。[遇，《集韻》魚容切，平鍾，疑。壅，《廣韻》於容切，平鍾，影。二字韻母相同，聲母同爲牙喉音。]

斯 328《伍子胥變文》："遇藥傷蛇，由（猶）能返報。"（《校注》頁 8/20）壅藥，以藥封之。

【說明】此用隋珠故事，見干寶《搜神記》卷 20。然"遇"字何所取義？頗費斟酌。《集韻·冬韻》，"遇"有魚容切一音，而"壅"爲於容切，二字韻母相同，聲母旁紐，疑"遇"讀"壅"，"壅藥"即《搜神記》之"以藥封之"。

yǒng

踴 讀作勇。[踴，同踊，踊，《廣韻》余隴切，上腫，以。勇，《廣韻》余隴切，上腫，以。二字同音。]

伯2305《妙法蓮華經講經文（一）》："大王修行，身心踴猛；抛却王宫，願居雪嶺。"（《校注》頁708/12）

yōu

憂 讀作優。[二字《廣韻》同爲於求切，平尤，影。]

伯4092《新集雜別紙》："割符錫賚，知朝倫之憂祟；煮海分權，見聖君倚注，凡在恩顧，孰不忻怡。"（《釋錄》第五輯，頁417/120-121）

優 讀作憂。[二字《廣韻》同爲於求切，平尤，影。]

斯2073《廬山遠公話》："但請阿郎勿懷優慮，的無此事。"（《校注》頁257/14）斯2073《廬山遠公話》："無明緣行，行緣識，識緣名色，名色緣六入，[六入]緣觸，觸緣受，受緣愛，愛緣取，取緣有，有緣生，生緣老病死優悲苦惱，[老病死優悲苦惱緣]無名（明）。"（《校注》頁263/11-13）伯2942唐永泰年代（公元七六五一七六六年）《河西巡撫使判集》："沙州兵健，軍合支持。既欲優憐，復稱無物。"（《釋錄》第二輯，頁622/40）斯4667《智果致僧錄和尚啟》："伏乞和尚智果前有少多功物日夜愁優，其處安置，和尚啟箇處分。"（《釋錄》第五輯，頁49/7-9）

yóu

疣 讀作尤。〔二字《廣韻》同爲羽求切，平尤，云。〕

伯2583申年《比丘尼修德等施捨疏十三件》："右真意所施意者，奉爲亡妣捨化，不知神識託生何道，及爲己身染患，經餘累月，未能痊損，醫療無方，慮恐過去宿業，現世王疣，敢此纏痾，疼痛苦楚。"（《釋錄》第三輯，頁65/（三）4-7）伯3730吐蕃申年十月《報恩寺僧崇聖狀上并教授乘恩判辭》："右崇聖一奉大眾驅使，觸事不允眾意，又淹經歲，趣事無能，雖然自寸栽園林，猶若青雲口護（？）菓物每供僧眾不憫（？），今崇聖限年遊蒲柳，歲當桑榆，疾苦疣加，無人替代。"（《釋錄》第四輯，頁41/2-5）

油 讀作由。〔二字《廣韻》同爲以周切，平尤，以。〕

斯4613庚申年（公元九六○年）八月至辛酉年（公

元九六一年）三月《後執倉所由扵前執倉所由等手上現領得豆麥粟曆》："十一月廿五日後所油法律惠澄等五人於前。"（《釋錄》第三輯，頁 125/17）伯 4092《新集雜別紙》："傾翹徒切，啟導無油。"（《釋錄》第五輯，頁 424/167）

遊 讀作猶。[二字《廣韻》同爲以周切，平尤，以。]

斯 2144《韓擒虎話本》："道遊言訖，忽然不見。"（《校注》頁 298/10）

猶 讀作由。[二字《廣韻》同爲以周切，平尤，以。]

斯 6836《葉净能詩》："净能對皇帝前，便作結壇場，書符五道，先追五嶽直官要雨，五嶽曰：'皆猶天曹。'"（《校注》頁 337/15-16）日藏羽 432《漢書・張禹傳》："詔令禹授太子《論語》，猶是遷光禄大夫。""猶是"今本《漢書》作"由是"。

由 讀作油。[二字《廣韻》同爲以周切，平尤，以。]

伯 3352（11）丙午年（公元八八六或九四六年）《三界寺提司法松諸色入破曆祘會牒殘卷》："口百六十九石八斗五升麥粟由麵黃麻夫（麩）豆布甋等自年新附入。"（《釋錄》第三輯，頁 334/30）伯 2032 背後晉時代《净土寺諸色入破曆祘會稿》："油壹升，由窟門用。"(《釋錄》第三輯，頁466/（三）215）伯2032背後晉時代《净土寺諸色入破曆祘會稿》："寒食付梁户押由用。"(《釋錄》第三輯，頁502/（十八）767）斯420年代不明［公元十世紀］《某寺入破曆祘會稿》："由伍斗一升。"(《釋錄》第三輯，頁560/18）

由 讀作有。［由，《廣韻》以周切，平尤，以。有，《廣韻》云久切，上有，云。二字同在流攝開口三等，韻母相同，聲母同爲喉音。］

　　斯4654《舜子變》："又不是時朝節日，又不是遠來由喜。"(《校注》頁200/12-13）

由 讀作猶。［二字《廣韻》同爲以周切，平尤，以。］

　　斯328《伍子胥變文》："飛騰千里，恰似魚鱗；萬卒行行，由如雁翅。"(《校注》頁11/18）斯2144《韓擒虎話本》："若逢五虎擬山之陣，須排三十六萬人倫槍之陣，擊十日十夜，勝敗由未知。"(《校注》頁302/13-14）伯2187《破魔變》："魔王見此，且却迴車；羅刹叩頭，由稱死罪。"(《校注》頁533/18）俄藏Ф365《妙法蓮華經講經文（二）》："此唱經文，喜見菩薩服香油了，腹内清净，由如蓮花，又取香油塗身皮，令身肉净，如宫内有摩身粉。"(《校注》頁724/4)伯3721《瓜沙兩郡大事記并序殘卷》："刺史遂乃蜜索弓箭，射着龍喉，便即拔劍砍下龍頭囗其屍由有神通，却入泉内。"(《釋錄》第一輯，頁81/46-48)伯3556《南陽郡張氏淮深女墓誌銘稿並序》："夫金僊偈内，由嗟生死之源；仲尼書中，每嘆逝川之水。"(《釋錄》第五輯，頁182/2-3)

yǒu

有 讀作宥。[有，《廣韻》云久切，上有，云。宥，《廣韻》于救切，去宥，云。二字同在流攝開口三等，韻母相同，聲母相同，僅聲調有別。]

伯2696唐中和五年(公元八八五年)三月《車駕還京師不赦詔》："其有直生難，委命全身，偶脱豺牙，潛逃賊網，可以湔滌瑕穢，寬有罪辜。"(《釋錄》第四輯，頁263/7-9)

有 讀作友。[二字《廣韻》同爲云久切，上有，云。]

斯5647《分書(樣式)》："結義之有，尚囗(懷)讓金之心。"(《釋錄》第二輯，頁164/6-165/7)

有 讀作右。[有，二字《廣韻》同爲云久切，上有，云。]

伯3779乙酉年四月廿七日《徒眾轉帖》："有件軍將

立便於官家院取件［齊］，軍將帖至，限今月卯時於寺（後缺）"（《釋錄》第一輯，頁357/13-14）

有 讀作猶。［有，《廣韻》云久切，上有，云。猶，《廣韻》以周切，平尤，以。二字同在流攝開口三等，韻母相同，聲母分別爲喻三、喻四。］

俄藏Φ101《維摩詰經講經文（二）》："火坑要滿沒休時，佛道擬成應有遠。"（《校注》頁807/13）

友 讀作有。［二字《廣韻》同爲云久切，上有，云。］

伯3070［乾寧三年？（公元八九六？）］《行人轉帖》："帖至，限今月十三日南門取齊，官友罰，弓箭槍排不欠，小官量罰。"（《釋錄》第一輯，頁411/4-5）

友 讀作右。［二字《廣韻》同爲云久切，上有，云。］

伯3692背壬午年十一月二日《社司轉帖》："友緣年支小（少）事商量，幸請諸公等，帖至限今月三日卯時於靈圖寺門前取齊，如有後到者，罰酒一角，全不來者，罰酒半瓮。"（《釋錄》第一輯，頁326/1-4）

yòu

右 讀作祐。［二字《廣韻》同爲于救切，去宥，云。］

敦煌文獻通讀字　　　　　　　　　　　　　　　　　497

　　伯 3290、斯 4172 宋至道元年（公元九九五年）正月《沙州曹妙令等戶狀》："戶陳殘右。"（《釋錄》第二輯，頁 483/（一）5）

右 讀作有。[二字《廣韻》同爲云久切，上有，云。]

　　斯 2894 背壬申年（公元九七二年）十二月廿一日《親情社轉帖》："右緣裴留奴壹女亡，合右偈（贈）送，人各麵壹斗，油壹合，粟壹尅，柴壹束，鮮净綾絹色物叁丈。"（《釋錄》第一輯，頁 334/2-3）斯 3714《親情社轉帖（抄）》："右緣王郎身故，准條合右吊酒壹瓮，人各粟一斗。"（《釋錄》第一輯，頁 354/1-2）伯 3649 背後周顯德四年（公元九五七年）《吴盈順賣田契（抄）》："若右親因（姻）論治此舍來者，一仰丑撻並鄰覓上好舍充替一院。"（《釋錄》第二輯，頁 12/11-12）

又 讀作有。[又，《廣韻》于救切，去宥，云。有，《廣韻》云久切，上有，云。二字同在流攝開口三等，韻母相同，聲母相同，僅聲調有別。]

　　北圖殷字四十一（見敦煌雜錄）癸未年（公元九二三年？）七月十五日《張修造雇父駝契》："又人悔者，罰麥壹碩，充入不悔人。"（《釋錄》第二輯，頁 38/8）

yú

於 讀作衣。[於,《廣韻》央居切,平魚,影。衣,《廣韻》於希切,平微,影。於在遇攝三等合口,衣在止攝開口三等,二攝有通讀之例,二字同聲母。]

斯 3050《不知名變文(二)》:"不用與價,某乙今劫女人之身,爲他人使,不得自在,如(而)於不改(蓋)形,食不充口。"(《校注》頁 1135/3-4)

於 讀作依。[於,《廣韻》央居切,平魚,影。依,《廣韻》於希切,平微,影。於在遇攝合口三等,依在止攝開口三等,二攝有通讀之例,二字同聲母。]

斯 133《秋胡變文》:"今將身求學,勤心皆於故(古)人,三二年間,定當歸舍!"(《校注》頁 232/8)

於 讀作伊。[於,《廣韻》央居切,平魚,影。伊,《廣韻》於脂切,平脂,影。於在遇攝三等合口,伊在止攝開口三等,二攝有通讀之例。]

俄藏 Φ101《維摩詰經講經文(二)》:"争知於是一場夢,未會人爲四毒蛇。"(《校注》頁 808/19)又:"君與於,禮如來,無漏之言直敢猜。"(《校注》頁 809/9)

【説明】《校注》將"争知於是一場夢"之"於"校作

"如",將"君與於"之"於"錄作"相",恐皆未是。

於 讀作爲。[於,《廣韻》央居切,平魚,影。爲,《廣韻》薳支切,平支,云。於在遇攝合口三等,爲在止攝合口三等,二攝有通讀之例,二字聲母同爲喉音。]

伯2344《祇園因由記》:"太子即是於王,夫人王也,出語成敕,一言之後,不合改移。太子旦(但)[合]領金,其園須與長者。"(《校注》頁602/14-15)

於 讀作惟。[於,《廣韻》央居切,平魚,影。惟,《廣韻》以追切,平脂,以。於在遇攝合口三等,惟在止攝合口三等,二攝有通讀之例,二字聲母同爲喉音。]

伯2187《破魔變》:"然後衙前大將,盡孝盡忠;隨從公寮,惟清於直。"(《校注》頁531/20)

于 讀作盂。[二字《廣韻》同爲羽俱切,平虞,云。]

斯6537 7V-8V《立社條件(樣式)》:"一,凡有七月十五日,造于蘭盤,兼及春秋二局,各納油麵,仰〈緣〉[緑]事於時出帖納物。"(《釋錄》第一輯,頁284/11-12)

【說明】"緣"校作"緑","緑"讀作"録"。

于 讀作玉。[于,《廣韻》羽俱切,平虞,云。玉,《廣韻》

魚欲切，入燭，疑。于，遇攝合口三等，玉，通攝合口三等。這是遇攝與通攝通讀之例。]

俄藏 Ф101《維摩詰經講經文（二）》："于鑒洗粧呈素面，青聰抠日弄紅鸚。"（《校注》頁 811/9）《校注》謂"青聰"讀作"青葱"，借代樹之枝葉。"抠"即"匤"的增旁字，同"翳"。其意爲青葱的枝葉遮蔽了日光。

魚 讀作漁。[二字《廣韻》同爲語居切，平魚，疑。]

斯 328《伍子胥變文》："波上唯見一人，唱謳歌而撥棹，手持輪鉤，欲以（似）魚人，即出蘆中，乃喚言：……"（《校注》頁 7/15-16）斯 2073《廬山遠公話》："俗彦（諺）有語云：'入山不避狼虎者，是樵父之勇也；入水不避蛟龍者，是魚父之勇也。'"（《校注》頁 263/20）伯 2133《妙法蓮華經講經文（三）》："美女摘時皆却去，魚人不見又須迴。"（《校注》頁 732/6）伯 2555《竇昊爲肅州刺史劉臣壁答南蕃書》："傾（頃）安禄山背恩，史思明構亂，結黨遼水，扇動幽燕，敢以狂兵拒扞河洛，外生未能以助兵靜亂，反更侵魚，襲人之危，深不義也。"（《釋錄》第四輯，頁 355/25-27）

榆 讀作譽。[榆，《廣韻》羊朱切，平虞，以。譽，《廣韻》羊洳切，去御，以。二字同在遇攝合口三等而韻目鄰近，

韻母相近，聲母相同。]

伯 2539《沙州令公書等二六件》："伏蒙恩私猥貽榮誨，認褒榆之太過，積慚感以交深。"(《釋録》第五輯，頁 392/65-66)

蝸 讀作愚。[二字《廣韻》同爲遇俱切，平虞，疑。]

斯 6405《僧恆安謝司空賜正段狀》："且恆安生自邊土，智乏老誠，才業荒殘，學無所□　□(司)空仁瑞，天與孤貞，槐　□，伏蒙司空猥録蠢蝸，遠寄縑緗。"(《釋録》第五輯，頁 6/3-7)

愚 讀作遇。[愚，《廣韻》遇俱切，平虞，疑。遇，《廣韻》牛具切，去遇，疑。二字同在遇攝合口三等，韻母相同，聲母相同，僅聲調有別。]

斯 2073《廬山遠公話》："時愚晉文皇帝王化東都，道安開講，敢(感)得天花亂墜，樂(藥)味花香。"(《校注》頁 256/10) 又："只此身智，不愚相逢，所已(以)沈輪(淪)惡道。"(《校注》頁 263/3) 斯 6836《葉净能詩》："今乃愚唐朝天子，三皇五帝開闢以來，未似我[玄]宗皇帝聖明。"(《校注》頁 333/13-14) 伯 3649 背後周顯德四年(公元九五七年)《吴盈順賣田契(抄)》："或愚恩勅大赦流行，亦不在論治之限。"(《釋録》第二

輯，頁 12/12-13）

喻 讀作愉。[喻，《集韻》容朱切，平虞，以。愉，《廣韻》羊朱切，平虞，以。二字同音。]

斯 2073《廬山遠公話》："闍梨適來所説言詞大遠，講讚經文大錯，總是信口落荒，只要悦喻門徒，順耳且聽。"（《校注》頁 266/21）

舁 讀作輿。[二字《廣韻》同爲以諸切，平魚，以。]

伯 3730 背《某甲等謹立社條（樣式）》："要車齊心榮（營）造，要舁亦乃壹般。"（《釋録》第一輯，頁 280/9）

歟 讀作輿。[二字《廣韻》同爲以諸切，平魚，以；又同爲羊洳切，去御，以。]

伯 4660《唐河西節度押衙兼侍御史鉅鹿索公邈真讚》："輒申狂讚，歟訟美焉。"（《釋録》第五輯，頁 127/9）

餘 讀作以。[餘，《廣韻》以諸切，平魚，以。以，《廣韻》羊己切，上止，以。餘在遇攝合口三等，以在止攝開口三等，二攝有通讀之例，二字聲母相同。]

斯 1398 宋太平興國七年（公元九八二年）《吕住盈、阿鸞兄弟典賣土地契（稿）》："自賣餘後，任⬜若住盈、阿鸞二人能辯修瀆此地來，便容許☐☐兄弟及別人修瀆此地來者，便不容許修續（贖）☐☐"（《釋錄》第二輯，頁 13/5-7）

yǔ

語 讀作與。[語，《廣韻》魚巨切，上語，疑。與《廣韻》余呂切，上語，以。二字同韻母。]

斯 527 後周顯德六年（公元九五九年）正月三日《女人社再立條件》："夫邑儀者，父母生其身，朋友長其值，遇危則相扶，難則相救，與朋友交，言如信，結交朋友，世語相續。"（《釋錄》第一輯，頁 274/2-3）

語 讀作義。[語，《廣韻》魚巨切，上語，疑。義，《廣韻》宜寄切，去寘，疑。語在遇攝合口三等，義在止攝開口三等，二攝有通讀之例，二字同聲母。]

斯 527 後周顯德六年（公元九五九年）正月三日《女人社再立條件》："大者若姊，小者若妹，讓語先登，立條件與後。"（《釋錄》第一輯，頁 274/4）

宇 讀作雨。[二字《廣韻》同爲王矩切，上麌，云。]

伯 4640《沙州釋門索法律窟銘》："然則拯拔煩籠，如來以如來（此二字斯 530 號作乘時）出現；隨機透迪，降

法宇於大千。"(《釋錄》第五輯,頁 95/3-4)

與 讀作語。[與,《廣韻》余吕切,上語,以。語,《廣韻》魚巨切,上語,疑。二字同在遇攝合口三等,韻母相同,聲母同爲牙喉音。]

　　伯 3201《王錫上吐蕃贊普書二件》:"若隨軍旅,犯封境,作威作福,乍寒乍暑,臣必緘其口而不能言,韄其舌而不能與。"(《釋錄》第四輯,頁 358/(一)8-10)

與 讀作以。[與,《廣韻》余吕切,上語,以。以,《廣韻》羊己切,上止,以。與在遇攝合口三等,以在止攝開口三等,二攝有通讀之例,二字同聲母。]

　　伯 2721《舜子變》:"天知至孝,自有郡(群)猪與觜耕地開墾,百鳥銜子拋田,天雨澆溉。"(《校注》頁 202/21-203/1)伯 2324《難陀出家緣起》:"自世尊種種方便教化難陀不得,忽於一日,難陀共妻飲次,世尊與他心惠明,遥觀見難陀根性熟,便即教化。"(《校注》頁 590/7-8)伯 2305《解座文匯抄》:"閑來託手自思量,也是與[身爲大患]。"(《校注》頁 1173/3)斯 3877 5V 丙子年(公元九一六年)《阿吴賣兒契(抄)》:"其兒慶德自出賣與後,永世一任令狐進通家☐☐(世代爲主),不許別人論理。"(《釋錄》第二輯,頁 47/5-7)

與 讀作轝。〔二字《廣韻》同爲以諸切，平魚，以。〕

伯3931《書啓公文——印度普化大師遊五臺山日記和迴鶻上後梁表等》："薊門賊臣安禄山叛逆，傾陷中國，殄滅賢良，社稷烟灰，鑾（鑾）與西幸。"（《釋録》第五輯，頁345/243-245）

與 讀作餘。〔與，《廣韻》余吕切，上語，以。餘，《廣韻》以諸切，平魚，以。二字同在遇攝合口三等，韻母相同，聲母相同，僅聲調有别。〕

斯3877 4V戊戌年（公元八七八年）《令孤安定雇工契（抄）》："現與春肆箇月價，與收勒到秋，春衣壹對，汗衫形襦並鞋壹兩，更無交加。"（《釋録》第二輯，頁55/3-5）

yù

預 讀作喻。〔預，《廣韻》羊洳切，去御，以。喻，《廣韻》羊戍切，去遇，以。二字同在遇攝合口三等而韻母鄰近，韻母相近，聲母相同。〕

斯2073《廬山遠公話》："預若採花胡蝶，般（盤）旋只在虚空，忽見一窠牡丹，將身便採芳藥。"（《校注》頁261/8-9）又："不覺蜘蛛在於其上，團團結就，百匝千遭，胡蝶被裹，在於其中，萬計無由出得。此者預苦。"

(《校注》頁 261/9-10）

遇 讀作語。[遇，《廣韻》牛具切，去遇，疑。語，《廣韻》午倨切，去御，疑。二字同在遇攝合口三等而韻目鄰近，韻母相近，聲母相同。]

斯 2144《韓擒虎話本》："僉虎亦（一）見，破顏微笑，或（忽）遇諸將：'蠻奴是即（積）大（代）名將，乍舒（輸）心生不分，從城排一大陣，識也不識？'"（《校注》頁 302/8）又："僉虎聞言，或（忽）遇將軍：'具（拒）狄（敵）者殺，來頭（投）便是一家。'"（《校注》頁 303/5）又："僉虎聞語，或（忽）遇五道大神：'但某乙請假三日，得之已府（否）？'"（《校注》頁 304/17）

遇 讀作愚。[遇，《廣韻》牛具切，去遇，疑。愚，《廣韻》遇俱切，平虞，疑。二字同在遇攝合口三等，韻母相同，聲母相同，僅聲調有別。]

伯 2721《舜子變》："從此後阿耶兩目不見，母即頑遇，負薪詣市。"（《校注》頁 203/4）羅振玉舊藏唐大順元年（公元八九〇年）正月《沙州百姓索咄兒等請地狀》："右咄兒先代癡直，迷遇無目，從太保合户已來，早經四十年餘，中間總無言語。"（《釋錄》第二輯，頁 473/2-

3）伯2754《唐安西判集殘卷存六道》："下遇管見，猶自生疑。"（《釋錄》第二輯，頁611/33）斯5474《大有愚癡君》："大有遇癡君，獨身無兒子。"（《梵志》卷一，頁33，007首）

或 讀作淢。[或，《集韻》越逼切，入職，云。淢，《廣韻》雨逼切，入職，云；《集韻》越逼切，入職，云。二字同音。]

斯328《伍子胥變文》："江水淼漫波濤舉，連天沸或淺或深。"（《校注》頁7/7）淢，疾流也。

喻 讀作愈。[喻，《廣韻》羊戍切，去遇，以。愈，《廣韻》以主切，上麌，以。二字同在遇攝合口三等，韻母相同，聲母相同，僅聲調有別。]

斯6836《葉淨能詩》："净能曰：'此病是野狐之病，欲得除喻，但將一領氈來，大釘四枚，醫之立差。'"（《校注》頁335/7-8）病愈之愈，後有專字作"癒"。

yuān

冤 讀作怨。[二字《廣韻》同爲於袁切，平元，影。]

斯2073《廬山遠公話》："世人枉受邪言，未病在床，便冤神鬼，燒錢解禁，枉殺眾生。"（《校注》頁260/13）

yuán

緣 讀作沿。[二字《廣韻》同爲與專切,平仙,以。]

伯3211《你道生時樂》:"死即長夜眠,生即緣長道。"(《梵志》卷二,頁216,060首)

源 讀作淵。[源,《廣韻》愚袁切,平元,疑。淵,《廣韻》烏玄切,平先,影。源在山攝合口三等,淵在山攝合口四等,二字聲母同爲牙喉音。]

伯3556《後周敦煌郡靈修寺闍梨尼張氏戒珠邈真讚並序》:"六親哀切,恨珠溺於深源;九族悲號,痛光沉於大夜。"(《釋錄》第五輯,頁181/19-20)

源 讀作原。[二字《廣韻》同爲愚袁切,平元,疑。]

斯328《伍子胥變文》:"陣雲鋪於四面,遍野聲滿平源;鐵綺(騎)磊落已(以)争奔,勇夫生寧而竞透。"(《校注》頁11/17-18。原卷字實作"源",《校注》徑作"原")

園 讀作原。[園,《廣韻》雨元切,平元,云。原,《廣韻》愚袁切,平元,疑。二字同韻母。]

斯2144《韓擒虎話本》:"衾虎亦(一)見,責而言

曰：'冏耐小獸，便意生心，擾亂中園。如今殿前，有何理説！'"（《校注》頁 303/21）

員 讀作元。[員，《廣韻》王權切，平仙，云。元，《廣韻》愚袁切，平元，疑。二字同在山攝合口三等而韻目鄰近，韻母相近，二字聲母同爲牙喉音。]

斯 2144《韓擒虎話本》："整（正）梳裝之次，鏡内忽見一人，迴故而趣（覷），員是聖人，從坐而起。"（《校注》頁 299/6）

員 讀作圓。[二字《廣韻》同爲王權切，平仙，云。]

斯 5698 癸酉年三月十九日《社户羅神奴乞求除名狀》："癸酉年三月十九日，社户羅神奴及男文英、義□三人，乞求除名狀□緣家貧闕乏，種種不員。"（《釋録》第一輯，頁 296/1-2）

圓 讀作園。[圓，《廣韻》王權切，平仙，云。園，《廣韻》雨元切，平元，云。二字同在山攝合口三等而韻目鄰近，韻母相近，聲母相同。]

伯希和非漢文文書 336 年代不明《麥粟入破曆》："又粟兩碩五斗看圓（園）人粮用□麥八斗，於張長使邊納。"（《釋録》第三輯，頁 132/2-3）伯 4640《陰處士碑稿》：

"復舊來之井賦，樂已忘亡；利新益之圓池，光流境歲。"（《釋錄》第五輯，頁 71/35-36）伯 3718 後唐《河西釋門正僧政馬和尚靈俊邈真讚並序》："花萎（旁注：凋）寶樹，葉變祇圓。門人動哭，泣淚潸湲。"（《釋錄》第五輯，頁 268/29）

圓 讀作原。[圓，《廣韻》王權切，平仙，云。原，《廣韻》愚袁切，平元，疑。二字同在山攝合口三等而韻目鄰近，韻母相近，聲母同為牙喉音。]

斯 2144《韓擒虎話本》："責而言曰：'叫耐遮賊，心生為倍（違背），効（淆）亂中圓，今日把來，有甚李（理）說！'"（《校注》頁 302/18）

原 讀作元。[二字《廣韻》同為愚袁切，平元，疑。]

斯 4504 乙未年（公元八七五年或九三五年）《就弘子等貸生絹契（抄）》："若得壹個月不還者，逐月於鄉原生裏（利）。"（《釋錄》第二輯，頁 110/（一）5）伯 2817 背辛巳年（公元九二一年？）四月二十日《郝獵丹貸絹契（抄）》："其絹利頭填還麥粟肆碩，其絹限至來年田（填）還。若於限不還者，便看鄉原生利。"（《釋錄》第二輯，頁 113/3-4）Ch969—72 唐[開元九年？]《于闐某寺支出簿》："出錢壹伯文，新莊先陳狀，又請掏山水渠，鄉原沽酒，供百姓用，付直歲僧'幽潤'。"(《釋錄》第三輯，頁292/（一）16）Ch969—72唐［開元九年？］《于闐某寺支出簿》："出錢壹伯捌拾文，西舊園狀請兩處掏渠，鄉原沽酒，供百姓用，付直歲僧'智寅'。"(《釋錄》第三輯，頁292/（一）17）

【説明】鄉元，鄉裏的慣例。

yuàn

怨 讀作冤。［二字《廣韻》同爲於袁切，平元，影。］

伯2324《難陀出家緣起》："斷　佛與（以）慈悲出世間，不但怨親總一般。"(《校注》頁593/2)

苑 讀作宛。［二字《廣韻》同爲於阮切，上阮，影。］

伯4640《住三窟禪師伯沙門法心讚》："若乃相好千尊，苑然虚洞；十方大士，方丈重臻。"(《釋錄》第五輯，頁105/22)

yuè

説 讀作悦。［二字《廣韻》同爲弋雪切，入薛，以。］

伯3813背唐［公元七世紀後期？］《判集存十九道》："面欣斷當，心説交關。入井求錢，明非抑遣。"(《釋錄》第二輯，頁600/32)

樂 讀作藥。[樂,《廣韻》五角切,入覺,疑。藥,《廣韻》以灼切,入藥,以。樂在江攝開口二等,藥在宕攝開口三等,二字聲母同爲牙喉音。當用聲旁通讀。]

斯 2073《廬山遠公話》:"時愚(遇)晉文皇帝王化東都,道安開講,敢(感)得天花亂墜,樂味花香。"(《校注》頁 256/10)

越 讀作鉞。[二字《廣韻》同爲王伐切,入月,云。]

伯 2567 背癸酉年(公元七九三年)二月《沙州蓮臺寺諸家散施曆狀》:"器械(旁注:解)一副,鐯一張,越鈇一,"(《釋録》第三輯,頁 72/29)伯 3718《後晉故歸義軍都頭守常樂縣令薛善通邈真讚並序》:"方欲報其旌越,何圖業盡難留。"(《釋録》第五輯,頁 286/18-19)

越 讀作悦。[越,《廣韻》王伐切,入月,云。悦,《廣韻》弋雪切,入薛,以。二字同在山攝合口三等而韻目鄰近,韻母相近,聲母同爲喉音。]

斯 3050《不知名變文(二)》:"給孤長者心中大越,偏(徧)布施五百頭童男,五百個童女,五百頭牸牛並犢子、金錢、舍勒、三故,便是請佛爲王説法。"(《校注》頁 1134/10-11)

曰 讀作越。[二字《廣韻》同爲王伐切,入月,云。]

斯2614《大目乾連冥間救母變文》:"聞道將來入地獄,但(檀)曰知其消息否?"(《校注》頁1028/3)

【説明】"但曰"讀作檀越。石谷風收藏的《晉魏隋唐殘墨》本"但曰"作"檀越"。

yùn

運 讀作允。[運,《廣韻》王問切,去問,云。允,《廣韻》余凖切,上凖,以。二字同在臻攝合口三等而韻目鄰近,韻母相近,聲母同爲喉音。]

伯4640《陰處士碑稿》:"記曰:天成厥壤,運姓曾居;地載流沙,陶唐所治。"(《釋録》第五輯,頁69/2)允姓,古代部族名,陰戎之祖。

運 讀作渾。[運,《廣韻》王問切,去問,云。渾,《廣韻》戶昆切,平魂,匣。運在臻攝合口三等,渾在臻攝合口一等,二字聲母同爲喉音。]

伯2324《難陀出家緣起》:"兄弟之情還教切,運身便即現威光。"(《校注》頁590/9)

蘊 讀作愠。[蘊,《廣韻》於粉切,上吻,影。愠,《廣韻》於問切,去問,影。二字同在臻攝合口三等,韻母相同,

聲母相同，僅聲調有別。]

伯3490背《修佛刹功德記》："所以奉上僉薦，主將邊方，星環五年，士無蘊色。"（《釋錄》第五輯，頁238/10-11）

zài

再 讀作在。[二字《廣韻》同爲昨代切，去代，從。]

斯5700《某某出賣宅舍與姚文清契（抄）》："中間或有恩勅流行，亦不再（在）論理知限。"（《釋錄》第二輯，頁10/16-19）

再 讀作載。[二字《廣韻》同爲作代切，去代，精。]

斯2144《韓擒虎話本》："遂陷居（車）而再，同朝隋文皇帝，迅速不停，直到新安界守（首）。"（《校注》頁302/19）斯5937庚子年（公元九四〇年？）十二月廿二日《都師願通沿常住破曆》："又麨兩石，雇車牛索僧正車亦千渠莊再木用。"（《釋錄》第三輯，頁207/9-10）

在 讀作再。[二字《廣韻》同爲昨代切，去代，從。]

斯2073《廬山遠公話》："聽經時光可昔（惜），汝不解，低頭莫語，用意專聽。上座講筵，聽眾宣揚，普皆聞法。不事在作一個問法之人。"（《校注》頁264/15）斯

2144《韓擒虎話本》:"是(事)君爲陪(違背),於天不祐,先斬公手(首),在居中營,後[與]周羅侯交戰。"(《校注》頁302/20-21)

載 讀作再。[二字《廣韻》同爲作代切,去代,精。]

斯2144《韓擒虎話本》:"皇后重梳嬋嬪(蟬鬢),載畫娥媚(蛾眉)。"(《校注》頁299/5)又:"任蠻奴不分,册起頭稍:'合負大王萬死,乞載請軍,與隋駕(家)兵士交戰。'"(《校注》頁302/4-5)

載 讀作在。[二字《廣韻》同爲昨代切,去代,從。]

斯2073《廬山遠公話》:"初見汝説,實載驚疑,將爲腦(惱)亂講筵,有煩聽眾。"(《校注》頁265/14-15)

載 讀作戴。[載,《廣韻》作代切,去代,精;又昨代切,去代,從。戴,《廣韻》都代切,去代,端。二字同韻母。]

斯5861、伯3191《天下姓望氏族譜殘卷》:"宋州 譙國郡九姓 載、李、石、醮、曹、安、桓、龐、夏。"(《釋錄》第一輯,頁90/14)

zàn

贊 讀作簪。[贊,《廣韻》則旰切,去翰,精。簪,《廣韻》

作含切，平覃，精。贊在山攝開口一等，簪在咸攝開口一等，二字同聲母。韻尾 -n 與 -m 合流。]

伯4092《新集雜別紙》："伏以尚書道冠品流，名光贊紱。"(《釋錄》第五輯，頁 403/32)

zào

噪 讀作懆。[噪，《廣韻》蘇到切，去號，心。懆，《廣韻》采老切，上晧，清。二字同在效攝開口一等，韻母相同，聲母旁紐。]

伯2305《解座文匯抄》："劈星言，劈星道，劈面道時合醒噪。"(《校注》頁 1175/14)

zé

擇 讀作澤。[二字《廣韻》同爲場伯切，入陌，澄。]

斯328《伍子胥變文》："恩擇不用語人知，幸願娘子知懷抱。"(《校注》頁 4/9) 伯2653《燕子賦（一）》："賴值鳳凰恩擇，放你一生草命。"(《校注》頁 379/11) 伯3004乙巳年（公元九四五年）《徐富通欠絹契》："乙巳年六月五日立契，龍興寺上座深善先於官中有恩擇絹柒疋，當便兵馬使徐富通，招將覓職。"(《釋錄》第二輯，頁 122/1-2) 伯3472戊申年（公元九四八年）《徐富通欠絹契》："戊申年四月十六日，兵馬使徐富通往於西州充使，所有些些小事，兄弟三人對面商議，其富通覓官職之時，招鄧上座絹，恩擇還納，更欠他鄧上座絹價叁疋半。"（《釋錄》第二輯，頁123/1-4）

嚁 讀作澤。[嚁，《洪武正韻》直格切，入陌，澄。澤，《廣韻》場伯切，入陌，澄。二字同在梗攝開口二等，聲韻調全同。]

伯3813背唐［公元七世紀後期？］《判集存十九道》："用天分地，今古共遵，南畝東嚁，貴賤同美。"（《釋錄》第二輯，頁601/43）

zè

昃 讀作仄。[昃，《集韻》札色切，入職，莊。仄，《廣韻》阻力切，入職，莊。二字同在曾攝開口三等，聲韻調全同。]

伯2344《祇園因由記》："太子曰：'必若須賣者，地則昃補（布）黃［金］，樹須盡挂銀錢。'"（《校注》頁602/9-10）

【說明】"昃布"之"昃"何所取義？《釋氏要覽》卷1："金地，或云金田，即舍衛國。給孤長者側布黃金，買祇陀太子園建精舍請佛居之。"《根本說一切有部毘奈耶雜事》卷3："時給孤獨長者側布黃金買逝多林，奉佛僧已，令剃髮人往入寺中爲眾剃髮。"字作"側布","側"又何所取義?《集韻·職韻》札色切下,有"側""仄""昃"等字,又有"𡿦"字,云:"山連皃。"是"側""仄""昃"等字均以其音而取連接之義。

zēng

繒 讀作曾。[繒,《廣韻》疾陵切,平蒸,從。曾,《廣韻》昨棱切,平登,從。繒在曾攝開口三等,曾在曾攝開口一等,二字同聲母。]

斯2614《大目乾連冥間救母變文》:"業報若來過此界,大王繒亦得知否?"(《校注》頁1027/9)

增 讀作曾。[增,《廣韻》作滕切,平登,精。曾,《廣韻》昨棱切,平登,從。二字同在曾攝開口一等,韻母相同。]

斯6537 1V《放妻書(樣式)》:"遠近似父子之恩,九族邕怡,四時如不增更改。"(《釋錄》第二輯,頁177/4-5)

曾 讀作增。[二字《廣韻》同爲作滕切,平登,精。]

斯6417《仰沙佛文》:"功德寶(?)念念慈繁;智惠善牙,運運曾長。"(《釋錄》第一輯,頁391/12-13)

曾 讀作贈。[曾,《廣韻》作滕切,平登,精。贈,《廣韻》昨亙切,去嶝,從。二字同在曾攝開口一等,韻母相同,聲母旁紐。]

伯3071背唐乾寧三年（公元八九六年）《社司轉帖（抄）》:"有曾送,人各色物一疋、麥二斗,幸請諸公等,帖至,限今月九日辰蒔（時）蘭含（若）門蒔（前）取齊。"(《釋錄》第一輯,頁313/（一）1-3)伯3071背唐乾寧三年（公元八九六年）《社司轉帖（抄）》:"右緣年支李再興,合有曾迷（送）,人各色[物]兩疋、粟斗、幸清（請）支（諸）公等,帖至,限今月十[日]朱（未）時取齊。"(《釋錄》第一輯,頁313/（二）2-4)伯3071背唐乾寧三年（公元八九六年）《社司轉帖（抄）》:"右緣年李再興身亡,合[有]曾送,人各[色]物兩疋、餅三十。"(《釋錄》第一輯,頁314/（三）2-3)

曾 讀作憎。[二字《廣韻》同爲作滕切,平登,精。]

伯2553《王昭君變文》:"心驚恐怕牛羊吼,頭痛生曾乳酪羶。"(《校注》頁157/19)斯6537 1V《放妻書（樣式）》:"相曾終日,甚時得見。"(《釋錄》第二輯,頁177/14)

憎 讀作增。[二字《廣韻》同爲作滕切,平登,精。]

俄藏 Ф96《雙恩記》:"善友承恩眾具瞻,頭頭憐惜認憎添。"(《校注》頁 936/18)斯 6537 2V《家童再宜放書一道(樣式)》:"下品之中,亦有兩種,一般恭勤孝順,長報曹主恩;一類更憎深王,長作後生惡業。"(《釋錄》第二輯,頁 179/6-8)

憎 讀作曾。[憎,《廣韻》作滕切,平登,精。曾,《廣韻》昨棱切,平登,從。二字同在曾攝開口一等,韻母相同,聲母旁紐。]

斯 4511《金剛醜女緣起》:"獸頭渾是可憎貌(原卷實作見),國內計應無比並。"(《校注》頁 1103/2)謂其容貌如獸頭可曾見過。

zhān

沾 讀作佔。[沾,《廣韻》張廉切,平鹽,知。佔,《集韻》陟陷切,去陷,知。沾在咸攝開口三等,佔在咸攝開口二等,聲母相同。]

斯 328《伍子胥變文》:"中有先鋒、猛將,賞緋各賜金魚;執毒(纛)旌兵,皆沾班位;自餘戰卒,各悉酬柱國之勳。"(《校注》頁 15/15-16。原卷實作"沾",《校注》逕作"佔")

粘 讀作沾。[粘,《廣韻》女廉切,平鹽,娘。沾,《廣韻》張廉切,平鹽,知。二字同韻母。]

伯2305《解座文匯抄》:"破除罪垢休粘惹,辟牒還須見地頭。"(《校注》頁1175/9)

zhǎn

搌 讀作顫。[搌,《廣韻》知演切,上獮,知。顫,《廣韻》之膳切,去線,章。二字同在山攝開口三等,韻母相同。]

伯2553《王昭君變文》:"瀚海上由(尚猶)鳴戛戛,陰山的是搌危危。"(《校注》頁157/5)

zhāng

章 讀作張。[章,《廣韻》諸良切,平陽,章。張,《廣韻》陟良切,平陽,知。二字同在宕攝開口三等,韻母相同。]

北圖殷字四十一(見敦煌雜錄)癸未年(公元九二三年?)四月十五日《沈延慶貸布契》:"黑頭還羊皮壹章。"(《釋錄》第二輯,頁115/3)

【說明】《釋錄》注:黑疑爲里,里頭即利頭。

章 讀作將。[章,《廣韻》諸良切,平陽,章。將,《廣韻》即良切,平陽,精。二字同在宕攝開口三等,韻母相同。]

伯3094背《某某雇工契》:"或若作兒賊打章去,一

看大領（例）。"（《釋錄》第二輯，頁73/6）

彰 讀作張。[彰，《廣韻》諸良切，平陽，章。張，《廣韻》陟良切，平陽，知。二字同在宕攝開口三等，韻母相同。]

斯6537 3V-5V《立社條件（樣式）》："少者一知（如）赤子，必不改彰。"（《釋錄》第一輯，頁281/7）斯6537 3V-5V《立社條件（樣式）》："本身若也盡終，便須男女承受，一准先例，更不改彰。"（《釋錄》第一輯，頁282/36-37）

彰 讀作漳。[二字《廣韻》同爲諸良切，平陽，章。]

伯4092《新集雜別紙》："況襄國名都，刑臺重鎮，是聖上隱潛之地，□親豎□□□□□扑英髦，孰當倚賴，雖雕陰土麂，不及劉寵之錢；而彰浦生民，即受玉沉之穀。"（《釋錄》第五輯，頁418/129-419/131）

zhǎng

掌 讀作嶂。[掌，《廣韻》諸兩切，上養，章。嶂，《廣韻》之亮切，去漾，章。二字同在宕攝開口三等，韻母相同，聲母相同，僅聲調有別。]

斯2073《廬山遠公話》："且見其山非常，異境何似生：嵯峨萬岫，疊掌千嶒（層），崒屼高峰，崎嶇峻嶺。"

(《校注》頁252/12-13)

zhàng

仗 讀作杖。[二字《廣韻》同爲直兩切，上養，澄。]

斯6537 3V-5V《立社條件（樣式）》："一，凡爲邑義，雖有尊卑，局席齋延（筵），切憑禮法，飲酒醉亂，胸（兇）悖粗豪，不守嚴條，非理作鬧，大者罰釀（醞）酌一席，少者決仗十三口忽有拘掖無端，便任逐出社内。"（《釋錄》第一輯，頁282/32-35）

仗 讀作丈。[二字《廣韻》同爲直兩切，上養，澄。]

伯3721《瓜沙兩郡大事記并序殘卷》："其神怕懼，乃現一龍，身長數仗，出現就檀，嗜於牲酒，久而不去，或則傍瞻人物，或則仰望雲霞，擺頭搖尾，都不檢身。"（《釋錄》第一輯，頁81/44-46）伯4991壬申年六月廿四日《社司轉帖》："右緣李口口兄弟身亡，准條合有贈口（送），油粟，先（鮮）净褐緤色物叁仗。"（《釋錄》第一輯，頁335/3）伯3889背《社司轉帖》："右緣賀保新父身故，准例合有贈送，人各先（鮮）净楪（緤）褐色物三仗，柴粟併（餅）油。"（《釋錄》第一輯，頁342/2-3）斯1398壬午年（公元九八二年）《郭定成典身契（抄）》："今租自身於押衙壬永繼家内只（質）典，斷價壹仗捌尺福（幅）貳尺，土布壹疋。"（《釋錄》第二輯，頁53/2-3）伯3565甲子年（公元九六四年或九〇四年）《氾懷通兄弟貸生絹契》："甲子年三月一日立契，當巷氾懷通兄弟等，家內欠少疋白（帛），遂於李法律面上貸白生絹壹疋，長叁仗捌尺，福（幅）闊貳尺半寸。"（《釋錄》第二輯，頁128/1-3）

杖 讀作仗。[二字《廣韻》同爲直兩切，上養，澄。]

斯6836《葉淨能詩》："力士既奉進旨，遂於金吾杖取五百人，刀劍悉如雪霜，伏於殿後，不令人知。"（《校注》頁340/6-7）

杖 讀作丈。[二字《廣韻》同爲直兩切，上養，澄。]

伯3250《納贈曆》："道岸紅絹壹杖捌尺。"（《釋錄》第一輯，頁372/12）伯3458辛丑年（公元九四一年）四月三日《羅賢信貸生絹契》："辛丑年四月三日立契，押衙羅賢信入奏充使，欠闕疋帛，遂於押衙范慶住面上貸生絹壹疋，長叁杖玖尺，幅闊壹尺玖寸。"（《釋錄》第二輯，頁119/1-3）伯3453辛丑年（公元九四一年）十月二十五日《賈彥昌貸生絹契》："又貸帛絁綿綾壹疋，長貳杖叁尺陸寸，幅壹尺玖寸半。自貸後，西州迴日，還利頭好立機兩疋，各長貳杖伍尺。"（《釋錄》第二輯，頁

120/3-6）伯2040背後晉時期《净土寺諸色入破曆祘會稿》："褐貳杖，安生人事入。"（《釋錄》第三輯，頁432/（八）509-510）

丈 讀作杖。[二字《廣韻》同爲直兩切，上養，澄。]

斯2144《韓擒虎話本》："坐由（猶）未定，惚（忽）然十字地烈（裂），涌出一人：身披黄金鏁甲，頂戴鳳翅頭（兜）毛（牟），按三丈低頭高聲唱喏。"（《校注》頁304/14-15）三丈，兵器。斯6537 7V-8V《立社條件（樣式）》："一，社内不諫大少，無格席上喧拳，不聽上下，衆社各決丈卅棒，更罰濃（醲）醖一延（筵），衆社破用，其身賓（擯）出社外，更無容〈始〉[免]者。"（《釋錄》第一輯，頁284/13-15）斯5629《燉煌郡等某乙社條壹道（樣式）》："一，若有不藥社事，罰麥五馱，舉社人數每人決丈五棒。"（《釋錄》第一輯，頁286/（一）29-31）伯4017《行人轉帖（抄）》："已上行人，今次着上真（直）三日，并弓箭搶排白棒，不得欠少一色，帖至，限今[月]十九日卯時於東門外取齊，如有後到，決丈七下，一人不來者，官重責。"（《釋錄》第一輯，頁411/1-5）斯371戊子年（公元九二八年？）十月一日《净土寺試部帖》："集衆後到及全不來，看臨時，大者罰酒半瓮，少者決丈十五，的無容免者。"（《釋錄》第四輯，頁130/6-8）

丈 讀作長。[丈，《廣韻》直兩切，上養，澄。長，《廣韻》直良切，平陽，澄。二字同在宕攝開口三等，韻母相同，聲母相同，僅聲調有別。]

斯1946宋淳化二年（公元九九一年）《韓願定賣妮子契》："內熟絹壹疋，斷出褐陸段，白褐陸段，計拾貳段，各丈一丈二，比至五月盡還也（押）。"（《釋錄》第二輯，頁49/17-18）

障 讀作章。[障，《廣韻》之亮切，去漾，章。章，《廣韻》諸良切，平陽，章。二字同在宕攝開口三等，韻母相同，聲母相同，僅聲調有別。]

斯6341壬辰年（公元九三二年？）《雇牛契（樣式）》："兩共對面〈張〉平障，不許休悔。"（《釋錄》第二輯，頁40/4-5）平章，商酌。

長 讀作帳。[長，《廣韻》直亮切，去漾，澄。帳，《廣韻》知亮切，去漾，知。二字同在宕攝開口三等，韻母相同，聲母旁紐。]

斯1475 11V12V某年[公元八二三年？]《僧義英便麥契》："□年二月一日，當寺僧義英於海清手上便佛長青貳碩捌斗，並漢斗其麥自限至秋八月內還足。"（《釋錄》第二輯，頁88/1-2）

zhāo

招 讀作詔。[招,《廣韻》止遥切,平宵,章。詔,《廣韻》之少切,去笑,章。二字同在效攝開口三等,韻母相同,聲母相同,僅聲調有別。]

俄藏Ф101《維摩詰經講經文(二)》:"當時寶積道心生,一切交(教)招是净名。"(《校注》頁813/19)俄藏Ф101《維摩詰經講經文(二)》:"皆是維摩指示,居士教招,忽然異口同音,不覺禮瞻居士。"(《校注》頁812/10-11)教詔,教導。

昭 讀作招。[二字《廣韻》同爲止遥切,平宵,章。]

伯2553《王昭君變文》:"賤妾儼期(其)蕃裏死,遠恨家人昭取魂。"(《校注》頁156/9)

剑 讀作軺。[剑,《廣韻》止遥切,平宵,章。軺,《廣韻》餘昭切,平宵,以;又音市昭切,平宵,禪。二字同在效攝開口三等,韻母相同,如軺取又音,則聲母旁紐。]

俄藏Ф101《維摩詰經講經文(二)》:"聖〈劍〉[剑]每將悲願重,法舡長用惠(慧)竿〈掉〉[撑]。"(《校注》頁811/15)

【說明】"劍"疑當校爲"剑"。剑讀作軺,使車也。

zhào

照 讀作昭。[照,《廣韻》之少切,去笑,章。昭,《廣韻》止遙切,平宵,章。二字同在效攝開口三等,韻母相同,聲母相同,僅聲調有別。]

斯 328《伍子胥變文》:"照王聞子胥兵馬欲至,遂乃徵發天兵,簡練驍雄五戎之士,多賜絹帛,廣立功勳。"(《校注》頁 12/5-6)伯 2522《貞元十道錄殘卷》:"下,直(真)州,上三千六百,東三千八百直符一下,維川一下,照德一下,照遠一下廢。"(《釋錄》第一輯,頁 68/10)伯 4092《新集雜別紙》:"兼竊話仆射已獲照雪,即降絲綸。"(《釋錄》第五輯,頁 426/176-177)伯 2696《唐中和五年(公元八八五年)三月車駕還京師不赦詔》:"其有先爲黃巢脅從,僞署官秩,已從貶降及旋賜照洗者,即聽守官。"(《釋錄》第四輯,頁 265/30-32)

zhě

堵 讀作者。[堵,《廣韻》章也切,上馬,章。者,《廣韻》章也切,上馬,章。二字同音。]

伯 3833《天下惡風俗》:"屍櫃陰地臥,知堵是誰家?"(《梵志》卷三,頁 357,116 首)

【説明】堵、者,指示代詞。故堵字不取《廣韻》當古切（上姥，端）之音，而取章也切之音。

zhēn

珍 讀作准。[珍，《廣韻》陟鄰切，平真，知。准，《廣韻》之尹切，上準，章。珍在臻攝開口三等，准在臻攝合口三等。]

斯 5927 背唐天復二年（公元九〇二年）《樊曹子劉加興租佃土地契（稿）》："是日，一任租地人三年奠（佃）種許劉加興，三年除外並不珍劉加興論限。"（《釋錄》第二輯，頁 25/（一）10-11）

貞 讀作禎。[二字《廣韻》同爲陟盈切，平清，知。]

伯 2305《妙法蓮華經講經文（一）》："日日滿空呈瑞綵，時時四遠有貞祥。"（《校注》頁 706/5）

禎 讀作楨。[二字《廣韻》同爲陟盈切，平清，知。]

伯 2305《解座文匯抄》："更遺言，相委記（記），畫取閻王禎（楨）子跪。"（《校注》頁 1173/17）閻王楨子，畫閻王的畫幅。

zhēng

䦼 讀作爭。[䦼，《集韻》甾莖切，平耕，莊。爭，《廣韻》

側莖切，平耕，莊。二字同在梗攝開口二等，聲韻調全同。]

斯5647《遺書（樣式）二件》："或有五逆之子，不憑吾之委囑，忽有諍論，吾作死鬼，亦乃不與擁護。"(《釋錄》第二輯，頁162/（一）2-6）伯3774丑年（公元八二一年）十二月《沙州僧龍藏牒——爲遺產分割糾紛》："昨齊周與大哥以理商量，分割什物及房室畜生等，所有好者，先進大哥收檢，齊周亦不諍論。"(《釋錄》第二輯，頁286/59-62）斯4489背宋雍熙二年（公元九八五年）六月《慈惠鄉百姓張再通牒（稿）》："況再通已經年歲，至到甘州迴來，收贖本身，諍論父祖地水屋舍。"(《釋錄》第二輯，頁307/4-5）斯542 2V《堅意請處分普光寺尼光顯狀》："昨因尼光顯修舍，於寺院內開水道修治，因茲餘尼取水，光顯便即相諍。"(《釋錄》第四輯，頁116/3-5）斯528《三界寺僧智德狀》："伏乞令公阿郎念見口承邊鎮百姓些些，分壞毛時亦要諍論。"(《釋錄》第四輯，頁156/10-11）

徵 讀作懲。[徵，《廣韻》陟陵切，平蒸，知。懲，《廣韻》直陵切，平蒸，澄。二字同在曾攝開口三等，韻母相同，聲母旁紐。]

斯328《伍子胥變文》："隱藏之者，法有常刑：先

斬一身，然誅九族；所由寬縱，解任科徵。"(《校注》頁3/3-4）

【說明】"科懲"爲同義並列複詞，懲罰之意，如韓愈《應所在典貼良人男女等狀》："仍勒長吏嚴加檢責，如有隱漏，必重科懲。""科徵"雖有徵收賦稅之義，但不適用於此。

zhěng

整 讀作正。[整，《廣韻》之郢切，上静，章。正，《廣韻》之盛切，去勁，章。二字同在梗攝開口三等，韻母相同，聲母相同，僅聲調有別。]

斯2144《韓擒虎話本》："整梳裝之次，鏡内忽見一人，迴故而趣（覷），員（元）是聖人，從坐而起。"(《校注》頁299/6）又："恰到第三日，整歌歡之此（次），忽見一人着紫，忽見一人着緋，乘一朶黑雲，立在殿前，高聲唱喏。"(《校注》頁305/1-2）伯2187《破魔變》："況是後生身美貌，整是貪歡逐樂時。"(《校注》頁534/14）俄藏Φ101《維摩詰經講經文（二）》："便使平持御路，掃灑天街，九衢之春雨乍收，萬井之祥煙整合。"(《校注》頁812/16）

zhèng

正 讀作政。[二字《廣韻》同爲之盛切,去勁,章。]

伯2305《妙法蓮華經講經文(一)》:"脫窮子弊垢之衣,繫親友醉中之寶,所以捐捨國位,委正太子,不樂大内嬌奢,豈愛深宮快樂!"(《校注》頁709/4-5)

政 讀作證。[政,《廣韻》之盛切,去勁,章。證,《廣韻》諸應切,去證,章。政在梗攝開口三等,證在曾攝開口三等,二字同聲母。]

斯2073《廬山遠公話》:"願我一朝再登高座,重政十地之果,與一切眾生消災。"(《校注》頁259/10-11)

政 讀作正。[二字《廣韻》同爲之盛切,去勁,章。]

斯4654《舜子變》:"政午間跪拜四拜,學得甚媿(鬼)禍述靡(術魅)!"(《校注》頁200/13)斯2073《廬山遠公話》:"早是入吾師位,待我拜謝相公,迴來与汝宣揚政法。"(《校注》頁267/15-16)

政 讀作整。[政,《廣韻》之盛切,去勁,章。整,《廣韻》之郢切,上静,章。二字同在梗攝開口三等,韻母相同,聲母相同,僅聲調有別。]

伯2187《破魔變》："封疆再政還依舊，墻壁重修轉更新。"(《校注》頁536/17)

争 讀作諍。[二字《廣韻》同爲側迸切，去諍，莊。]

伯3399《幽州都督張仁亶上九諫書》："父有争子，不陷於不義；君有争臣，不失於天下。"(《釋錄》第四輯，頁308/10-11)

zhī

織 讀作識。[織，《廣韻》之翼切，入職，章。識，《廣韻》賞職切，入職，書。二字同在曾攝開口三等，韻母相同，聲母旁紐。]

俄藏 Ф96《雙恩記》："意今普令含織，無事安寧，着自然之衣，食天賜之飯。"(《校注》頁934/5-6)伯2625《敦煌名族志殘卷》："次子仁協稟靈敦直，愛撫字人，兼五材騁高九德織仁徂義令問斯彰。"(《釋錄》第一輯，頁100/21-22)

之 讀作諸。[之，《廣韻》止而切，平之，章。諸，《廣韻》章魚切，平魚，章。之在止攝開口三等，諸在遇攝合口三等，二攝有通讀之例，二字同聲母。]

斯2073《廬山遠公話》："白莊問（聞）語，呵呵大笑：'你也大錯！我若之處買得你來，即便將舊契券，即賣得你。況是擄得你來，交（教）我如何賣你！'"（《校注》頁256/9-10）斯2073《廬山遠公話》："濕生者：如是之人，多受匪法，得一句一偈，不曾説向之人，貪愛潤己，不解爲眾宣揚。"（《校注》頁262/13-14）斯3491《破魔變》："魔王忿怒在逡巡，廣點妖邪之鬼神。"（《校注》頁532/17）俄藏Φ96《雙恩記》："内之法門，度之人眾，故云乞士。"（《校注》頁927/8）

之 讀作至。[之，《廣韻》止而切，平之，章。至，《廣韻》脂利切，去至，章。二字同在止攝開口三等而韻目鄰近，韻母相近，聲母相同。]

　　伯2249背壬午年（公元九二二年或九八二年）《康保住雇工契》："從正月之九月末，斷作每月壹馱，春［衣］壹對，汗衫壹領，形襠壹腰，皮鞋壹兩。"（《釋録》第二輯，頁71/2-3）

之 讀作而。[之，《廣韻》止而切，平之，章。而，《廣韻》如之切，平之，日。二字同韻母。]

　　斯328《伍子胥變文》："俗（俗）捧崑崙之押（壓）卵，何得不摧；執炬火已（以）燒毛，如何不盡！"（《校注》頁15/10-11）

之 讀作祇。[之,《廣韻》止而切,平之,章。祇,《廣韻》旨夷切,平脂,章。二字同在止攝開口三等而韻目鄰近,韻母相近,聲母相同。]

北圖殷字四十一(見敦煌雜録)癸未年(公元九二三年?)七月十五日《張修造雇父駝契》:"若是駝高走煞,不[關駝]主諸(之)事,一仰修造之當。"(《釋録》第二輯,頁38/6-7)祇當,承擔。

之 讀作墀。[之,《廣韻》止而切,平之,章。墀,《廣韻》直尼切,平脂,澄。二字同在止攝開口三等而韻目鄰近,韻母相近。]

伯4660《金光明寺故索法律邈真讚並序》:"鉅鏞律公,貴門子也,丹之遠碑。"(《釋録》第五輯,頁108/3)

之 讀作知。[之,《廣韻》止而切,平之,章。知,《廣韻》陟離切,平支,知。二字同在止攝開口三等而韻目鄰近,韻母相近。]

斯2073《廬山遠公話》:"弟九多足者,萬法皆通,是(事)無不會,世間之事,盡總皆之。"(《校注》頁263/7-8)斯6836《葉净能詩》:"帝曰:'如何令人得之朕自看燈來?'"(《校注》頁338/7-8)伯2344《祇園因由記》:"須達既見,將爲天明,嚴駕順路行至城南,到天祠邊，其名（明）即没，方之半夜。"（《校注》頁601/18）斯3050《不知名變文（二）》："四部僧眾却道：'之聞。'"（《校注》頁1134/8）伯3140乾德四年（公元九六六年）正月十五日《沙州三界寺授李憨兒八關齋戒牒》："吾今覩斯真意，方施戒牒，仍牒之者，故牒。"（《釋錄》第四輯，頁82/6-7）

支 讀作諸。[支，《廣韻》章移切，平支，章。諸，《廣韻》章魚切，平魚，章。支在止攝開口三等，諸在遇攝合口三等，二攝有通讀之例。二字同聲母。]

伯3071背唐乾寧三年（公元八九六年）《社司轉帖（抄）》："右緣年支李再興，合有曾（贈）臧（送），人各色［物］兩疋、粟斗、幸清（請）支公等，帖至，限今月十［日］朱（未）時取齊。"（《釋錄》第一輯，頁313/（二）2-4）

支 讀作衹。[支，《廣韻》章移切，平支，章。衹，《廣韻》旨夷切，平脂，章。二字同在止攝開口三等而韻目鄰近，韻母相近，聲母相同。]

伯2305《解座文匯抄》："恰到病來臥在牀，一無支抵前程道。"（《校注》頁1176/3）衹抵，應付、承當。

支 讀作枝。[二字《廣韻》同爲章移切,平支,章。]

斯2073《廬山遠公話》:"願諸王太子,金支永固,玉葉恒春;公主貴妃,貞華永曜;朝廷卿相,盡孝盡忠;郡縣官寮,唯清唯直;座下善男善女,千災霧卷,瘴逐雲霄(消)。"(《校注》頁264/5-6)

支 讀作肢。[二字《廣韻》同爲章移切,平支,章。]

伯2305《解座文匯抄》:"四支沉重難行,形貌汪尫憔悴。"(《校注》頁1173/13)

【說明】可以將"肢"字看作後起孳乳字。

枝 讀作肢。[二字《廣韻》同爲章移切,平支,章。]

俄藏Φ365《妙法蓮華經講經文(二)》:"五藏馨香無穢染,四枝皎潔絕纖瑕。"(《校注》頁724/1)

脂 讀作支。[脂,《廣韻》旨夷切,平脂,章。支,《廣韻》章移切,平支,章。二字同在止攝開口三等而韻目鄰近,韻母相近,聲母相同。]

伯3556《府君慶德邈真讚並序》:"單槍疋馬,捨軀命而張掖河邊;仗劍輪刀,建功勳於燕脂山下。"(《釋錄》第五輯,頁177/11-12)燕支,山名。

知 讀作諸。〔知,《廣韻》陟離切,平支,知。諸,《廣韻》章魚切,平魚,章。知在止攝開口三等,諸在遇攝合口三等,二攝有通讀之例。〕

斯 2073《廬山遠公話》:"但知會下座(坐)者,不逆其意。"(《校注》頁 264/15-16)

知 讀作之。〔知,《廣韻》陟離切,平支,知。之,《廣韻》止而切,平之,章。二字同在止攝開口三等而韻目鄰近,韻母相近。〕

斯 5700《某某出賣宅舍與姚文清契(抄)》:"中間或有恩勅流行,亦不再(在)論理知限。"(《釋錄》第二輯,頁 10/16-19)北圖殷字 41(見敦煌雜錄)癸未年(公元九二三年?)四月十五日《張修造雇父駝契》:"若非里(理)押損走却,不〔關〕駝主知事,一仰修造(下缺)"(《釋錄》第二輯,頁 38/4-5)

知 讀作抵。〔知,《廣韻》陟離切,平支,知。抵,《廣韻》都禮切,上薺,端。知在止攝開口三等,抵在蟹攝開口四等。敦煌此時韻母是否靠近?聲母則是知仍舊歸端的情況。〕

斯 0126《太子讚》:"六藝〈用〉〔周〕備體無常,生死難知當(擋)。"

zhí

䜒 讀作識。[䜒，同職。職，《廣韻》之翼切，入職，章。識，《廣韻》賞職切，入職，書。二字同在曾攝開口三等，韻母相同，聲母旁紐。]

斯5629《燉煌郡等某乙社條壹道（樣式）》："況一家之内，各各惣是弟兄，便合䜒大敬少，互相口重。"（《釋録》第一輯，頁285/（一）7-9）斯5629《燉煌郡等某乙社條壹道（樣式）》："況家之内，各各惣是弟兄，便合職大敬少，牙（互）相（後空）"（《釋録》第一輯，頁287/（二）7-9）

䜒 讀作織。[䜒，同職。職織二字《廣韻》同爲之翼切，入職，章。]

斯542 2V《堅意請處分普光寺尼光顯狀》："因兹便即羅䜒所由，種種輕毀，三言無損。"（《釋録》第四輯，頁116/6）

䜒 讀作適。[䜒，同職。職，《廣韻》之翼切，入職，章。適，《廣韻》施隻切，入昔，書。職在曾攝開口三等，適在梗攝開口三等，二字聲母旁紐。]

伯2794《伍子胥變文》："䜒（職）別龍顔，遊於市廛

(即纏之訛俗體，讀作鄹)。"

【說明】丙卷（斯328）"韯"作"適"。職之讀適，上古有例，楊樹達《小學述林·詩袞職有闕解》釋《詩·大雅·丞民》"袞職有闕，仲山甫補之"云："職者，適也，乍也，言袞乍有闕，則仲山甫即補之也。袞爲上服，補爲補衣，二字文義上下相承。知職當訓適者，成公十六年《左傳》曰：'識見不穀而趨，無乃傷乎？'王念孫云：'識猶適也。《晉語》作屬見不穀而下。韋昭注云：屬，適也。'（見《經傳釋詞》卷九）職與識聲類同，識可訓適，知職亦可訓適也。"

直 讀作擲。[直，《廣韻》除力切，入職，澄。擲，《廣韻》直炙切，入昔，澄。直在曾攝開口三等，擲在梗攝開口三等，二字同聲母。]

伯3441背《康富子雇工契（樣式）》："一定已後，比年限滿，中間不得拋直。"（《釋錄》第二輯，頁66/5-6）

直 讀作置。[二字《集韻》同爲直吏切，去志，澄。]

伯2193《目連緣起》："目連蒙佛賜威雄，須臾直鉢便騰空。"（《校注》頁1012/19）

【說明】《校注》讀"直"爲"擲"，求佛借七寶之鉢而擲之，實不可解。故改爲讀作"置"，放置在合適之處。《集韻·職韻》逐力切下，也有"直"字，同小紐有"値"，云："値：措置也。"如將此文之"直"讀作"値"，也通。

zhǐ

旨 讀作指。〔二字《廣韻》同爲職雉切，上旨，章。〕

伯 3257 後晉開運二年（公元九四五年）十二月《河西歸義軍左馬步押衙王文通牒及有關文書》："陳狀寡婦阿龍右手中旨節。"（《釋錄》第二輯，頁 297/（三）23）

指 讀作旨。〔二字《廣韻》同爲職雉切，上旨，章。〕

俄藏 Ф96《雙恩記》："詔殊藩，宣近輔，綸指普天廣流布。"（《校注》頁 931/21）

指 讀作置。〔指，《廣韻》職雉切，上旨，章。置，《廣韻》陟吏切，去志，知。二字同在止攝開口三等而韻目鄰近，韻母相近。〕

斯 6342 咸通二年（公元八六一年）《張議潮收復涼州奏表並批答》："捉守，則內有金湯之安；廢指，則外無牆塹之固。"（《釋錄》第四輯，頁 364/14-15）

指 讀作脂。〔指，《廣韻》職雉切，上旨，章。脂，《廣韻》

旨夷切，平脂，章。二字同在止攝開口三等，韻母相同，聲母相同，僅聲調有別。]

俄藏Ф96《雙恩記》："府縣凋殘填納庫，生靈指血進王官（宫）。"（《校注》頁932/11）

只 讀作質。[只，《廣韻》諸氏切，上紙，章。質，《廣韻》之日切，入質，章。只在止攝開口三等，質在臻攝開口三等，質，《廣韻》又有陟利切，去至，知，則也在止攝開口三等，二字同聲母。]

斯466後周廣順三年（公元九五三年）《龍章祐、祐定兄弟出典土地契》："廣順叁年歲次癸丑十月廿二日立契，莫高鄉百姓龍章祐、弟祐定，伏緣家内窘闕，無物用度，今將父祖口分地兩畦子共貳畝中半，只典己蓮畔人押衙羅思朝。"（《釋錄》第二輯，頁30/1-4）伯3964乙未年（公元九三五年）《趙僧子典兒契》："今有腹生男苟子，只典與親家翁賢者李千定。"（《釋錄》第二輯，頁50/2-3）北275：8151背辛巳年五月八日《何通子典兒契（稿）》："辛巳年五月八日立契，洪池鄉百姓何通子伏緣家中常虧物用，經求無地，攙設謀機，遂將腹生男善宗只典與押牙（下空）"（《釋錄》第二輯，頁52/1-3）斯389《肅州防戍都狀》："其弟推患風疾不堪充只，更有地次弟一人及兒二人☐☐☐☐内堪者發遣一人及十五家只，得不

敦煌文獻通讀字　　　　　　　　　　　　　　543

得，取可汗處分。"(《釋錄》第四輯，頁 488/27-489/30)
斯1398壬午年（公元九八二年）《郭定成典身契（抄）》："今租自身於押衙壬永繼家内只典，斷價壹□仗（丈）捌尺福（幅）貳尺，土布壹疋。"(《釋錄》第二輯，頁 53/2-3)

趾 讀作址。[二字《廣韻》同爲諸市切，上止，章。]

伯2005《沙州都督府圖經殘卷》："其城頹毀，其（基）趾猶存。"(《釋錄》第一輯，頁 15/313)又："其城破壞，其趾見存。"(《釋錄》第一輯，頁 16/339)

zhì

至 讀作旨。[至，《廣韻》脂利切，去至，章。旨，《廣韻》職雉切，上旨，章。二字同在止攝開口三等，韻母相同，聲母相同，僅聲調有別。]

斯2144《韓擒虎話本》："卿二人且歸私地（第），後來日前朝，別有宣至。"(《校注》頁 300/13-14)又："皇帝亦（一）見，大悦龍顔：'賜卿且歸私地（第）憩歇。後（候）楊素到來，別有宣至。'"(《校注》頁 303/6-7)

至 讀作志。[至，《廣韻》脂利切，去至，章。志，《廣韻》職吏切，去志，章。二字同在止攝開口三等而韻目鄰近，

韻母相近，聲母相同。]

　　伯 2305《妙法蓮華經講經文（一）》："若能不退從前至，妙法多應便得聞。"（《校注》頁 709/7）伯 4640《住三窟禪師伯沙門法心讚》："職業嵩隆，以有懸車之至。"（《釋錄》第五輯，頁 103/4）

至 讀作指。[至，《廣韻》脂利切，去至，章。指，《廣韻》職雉切，上旨，章。二字同在止攝開口三等，韻母相同，聲母相同，僅聲調有別。]

　　伯 3192 背唐大中十二年（公元八五八年）《孟憨奴便麥契稿》："恐人無信，故立私契，用爲後驗，畫至爲記。"（《釋錄》第二輯，頁 108/4-5）

至 讀作智。[至，《廣韻》脂利切，去至，章。智，《廣韻》知義切，去寘，知。二字同在止攝開口三等而韻目鄰近，韻母相近。]

　　斯 3491《破魔變》："今經六載苦行，四至周圓。"（《校注》頁 532/8）

致 讀作持。[致，《廣韻》陟利切，去至，知。持，《廣韻》直之切，平之，澄。二字同在止攝開口三等而韻目鄰近，韻母相近，聲母旁紐。]

伯2305《解座文匯抄》："莫推男女成行，準望他家修致。"(《校注》頁1173/15)

製 讀作制，[二字《廣韻》同爲征例切，去祭，章。]

斯6836《葉净能詩》："皇帝爲（謂）高力士曰：'葉净能移山覆海，變動乾坤，製約宇宙，昇虛空而自在，變化無難，朕擬殺之，恐將難矣！卿有何計，與朕殺之？'"(《校注》頁340/3-4)

袟 讀作秩。[二字《廣韻》同爲直一切，入質，澄。]

伯3078、斯4673拚合唐神龍年代（公元七〇五—七〇六年）《散頒刑部格卷》："其内外官人，有恃其班袟故犯，情狀可責者，文武六品以下，勛官二品以下并蔭人，並聽量情決杖，仍不得過六十。"(《釋錄》第二輯，頁568/103-105) 斯446唐天寶七載（公元七四八年）《册尊號赦》："朕（睦）親之義，恩心不忘，前開府儀同三司寶櫃頃[以]容納微人，頗虧典憲，永懷舅氏，追感渭陽，宜申國恩，再復榮袟，可開府儀同三司，仍放優閑，不須朝會。"(《釋錄》第四輯，頁261/22-262/24) 斯4363後晉天福七年（公元九四二年）七月《史再盈改補充節度押衙牒》："念以久經駈策，榮超非次之班；憲袟崇階，陟進押衙之位。(《釋錄》第四輯，頁299/16-18) 伯2811唐廣明元年庚子歲（公元八八〇年）《侯昌葉直諫表》："授爵袟，不逢有德之君；立戟門，佐無道之主。"（《釋錄》第四輯，頁333/21）

志 讀作識。[二字《廣韻》同爲職吏切，去志，章。]

伯2005《沙州都督府圖經殘卷》："嘉納堂。右按西涼錄，涼王李暠庚子五年興立泮宫，增高門學生五百人，起嘉納堂於後園，圖讚所志。"（《釋錄》第一輯，頁14/292-295）

志 讀作至。[志，《廣韻》職吏切，去志，章。至，《廣韻》脂利切，去至，章。二字同在止攝開口三等而韻目鄰近，韻母相近，聲母相同。]

俄藏Ф96《雙恩記》："或有能楊（揚）邪辯，擊論鼓而魔黨頃（傾）心；也有妙運法音，説志理而天花落座。"（《校注》頁929/15-16）斯1889《敦煌氾氏家傳殘卷》："縣令李充到官，稱志孝合禮，衆心乃化，遂皆出葬東西石。"（《釋錄》第一輯，頁108/92-93）伯3620《封常清謝死表聞》："死生酬恩，不任感激，臣常清無任，永辭聖代，悲戀之志，謹奉表以聞。"（《釋錄》第四輯，頁313/27-28）伯4660《大唐沙州譯經三藏大德吴和尚邈真讚》："黃金百溢，馹使親馳。空王志理，浩然卓奇。"

(《釋錄》第五輯，頁136/8）

志 讀作治。[志,《廣韻》職吏切,去志,章。治,《廣韻》直吏切,去志,澄。二字同韻母。]

斯6836《葉净能詩》:"皇帝意樂長生不死之術,净能奏曰:'有録（籙）符之昇天地,除其精魅魍魎妖邪之病;合陳神丹,不得阻隔。陛下若求志里（理）長生不死之法,亦將易矣。'"（《校注》頁335/19-20）

志 讀作智。[志,《廣韻》職吏切,去志,章。智,《廣韻》知義切,去寘,知。二字同在止攝開口三等而韻目鄰近,韻母相近。]

伯3490背《於當居創造佛刹功德記》:"故得志謀廣博,能懷辨捷之功;得眾寬弘,乃獲怡和之性。"（《釋錄》第五輯,頁236/8-9）斯0778《身如圈裏羊》:"愚人廣造罪,志者好思量。"（《梵志》卷一,頁21,004首）斯0778《富者辦棺木》:"志者入西方,愚人墮地獄。"（《梵志》卷一,頁56,011首）

質 讀作贄。[質,《廣韻》陟利切,去至,知。贄,《廣韻》脂利切,去至,章。二字同在止攝開口三等,韻母相同。]

伯3720《張淮深造窟記》:"加以河西異族校雜,羌龍、嗢末、退渾數十萬眾，馳城奉質，願効軍鋒。"(《釋錄》第五輯，頁 189/11-12)奉贄，进献见面礼品，谓拜见。

雉 讀作稚。[雉，《廣韻》直几切，上旨，澄。稚，《廣韻》直利切，去至，澄。二字同在止攝開口三等，韻母相同，聲母相同，僅聲調有別。]

伯 3718 後晉《故歸義軍都頭守常樂縣令薛善通邈真讚並序》："孤妻號叫於穹蒼，雉女悲啼於枳地。"(《釋錄》第五輯，頁 286/20-21)伯 3718 後晉《故歸義軍都頭守常樂縣令薛善通邈真讚並序》："孾兒號叫，雉女搥兌（胸）。圖形寫影，万載留蹤。"(《釋錄》第五輯，頁 286/29)

智 讀作志。[智，《廣韻》知義切，去寘，知。志，《廣韻》職吏切，去志，章。二字同在止攝開口三等而韻目鄰近，韻母相近。]

伯 4640《沙州釋門索法律窟銘》："智求珠綴，尅石爲堂。"(《釋錄》第五輯，頁 101/76)

智 讀作置。[智，《廣韻》知義切，去寘，知。置，《廣韻》陟吏切，去志，知。二字同爲止攝開口三等而韻目鄰近，韻母相近，聲母相同。]

斯4654《舜子變》："兒逆阿耶長段（腸斷），步琴悉（膝）上安智。"（《校注》頁200/10）斯2041唐大中某年《儒風坊西巷村鄰等社約》："丙寅年三月四日，上件巷社，因張曹二家衆集商量從今已後社内十歲已上有凶禍大喪等日，准條贈，不限付名三大，每家三贈了，須智一延，酒一瓮，然後依前例，終如復始。"（《釋録》第一輯，頁272/四1-4）

zhōng

中 讀作終。[中，《廣韻》陟弓切，平東，知。終，《廣韻》職戎切，平東，章。二字同在通攝合口三等東韻，韻母相同。]

斯6537 3V《分書（樣式）》："堂烟（燕）習習，冬夏推移；庭前荆樹，猶自枯髇（悴）。分離四海，中歸一別。"（《釋録》第二輯，頁181/3-4）伯4638《大番故敦煌郡莫高窟陰處士修功德記》："塞門八陣，掠地中身；野載十年，留連已此，至今爲敦煌縣。"（《釋録》第五輯，頁221/14-15）

中 讀作忠。[二字《廣韻》同爲陟弓切，平東，知。]

伯3720唐大中五年至咸通十年（公元八五一—八六九年）《賜僧洪辯、悟真等告身及贈悟真詩》："獷悍皆除，中貞是激。虔恭教旨，夙夜修行。"(《釋錄》第四輯，頁33/（六）6-7）伯3718《後唐故歸義軍節度押衙張公明集寫真讚並序》："孝家中國，納力慇勤。"(《釋錄》第五輯，頁253/18）伯3718後梁《故管內釋門僧政張和尚喜首寫真讚並序》："舌動花飛，言行中讜。"(《釋錄》第五輯，頁270/22）忠讜，忠誠正直。伯4092《新集雜別紙》："仁唯及物，中以匡君。"(《釋錄》第五輯，頁417/119）

忠 讀作中。[二字《廣韻》同爲陟弓切，平東，知。]

斯4654《舜子變》："舜子府（撫）琴忠間，門前有一老人立地。"(《校注》頁200/10-11）

鍾 讀作種。[鍾，《廣韻》職容切，平鍾，章。種，《廣韻》之隴切，上腫，章。二字同在通攝合口三等，韻母相同，聲母相同，僅聲調有別。]

斯2073《廬山遠公話》："是日夜（也），揀鍊神兵，閃電百般，雷鳴千鍾，徹曉喧喧，神鬼造寺。"(《校注》頁253/13-14）

鍾 讀作鐘。[二字《廣韻》同爲職容切，平鍾，章。]

斯2144《韓擒虎話本》："遂搥鍾打鼓，聚集文武百寮

（寮）大臣，總在殿前。"（《校注》頁301/5）斯6583背《社司轉帖（稿）》："幸請諸公等，帖至，限今月廿九日齋時鍾聲，於宋家蘭若取齊。"（《釋錄》第一輯，頁350/（一）3-5）伯2718《聞鍾身須側》："聞鍾身須側，卧轉莫纏眠。"（《梵志》卷四，頁564，240首）

zhǒng

種 讀作鍾。[種，《廣韻》之隴切，上腫，章。鍾，《廣韻》職容切，平鍾，章。二字同在通攝合口三等，韻母相同，聲母相同，僅聲調有別。]

伯3502《張敖撰新集諸家九族尊卑書儀一卷》："春曰青陽律呂名正月太簇，二月夾種，三月姑洗。"（《釋錄》第五輯，頁300/10）夾鍾亦作夾鐘。

zhòng

重 讀作種。[重，《廣韻》直隴切，上腫，澄。種，《廣韻》之隴切，上腫，章。二字僅聲母有別。]

俄藏Φ96《雙恩記》："時牧牛人即將善友還歸其家，與重重飲食，誡敕家中男女大大小：'汝等供侍此人，如我不異。'"（《校注》頁940/1-2）伯3432《龍興寺卿趙石老脚下依蕃籍所附佛像供養具並經目錄等數點檢曆》："大蓮花佛座，長兩託，及上方座肆重，並降橋金渡。"（《釋

錄》第三輯，頁2/4）

重 讀作動。〔重，《廣韻》柱用切，去用，澄。動，《集韻》杜孔切，上董，定。重在通攝合口三等，動在通攝合口一等，當由動從重得聲而通讀。〕

　　斯328《伍子胥變文》："風吹草重，即便藏形。"（《校注》頁10/2-3。原卷實作"重"。）

重 讀作仲。〔重，《廣韻》柱用切，去用，澄。仲，《廣韻》直衆切，去送，澄。二字同爲通攝合口三等而韻目鄰近，韻母相近，聲母相同。〕

　　伯3502大中六年一十九年（公元八五二一八六五年）《氾文信等狀四件》："五月重夏成熟（盛熱），伏惟大郎等，動止萬福。"（《釋錄》第五輯，頁310/5）伯3502《張敖撰新集諸家九族尊卑書儀一卷》："重夏成熟（盛熱），伏性（惟）和尚法體勝常，證心幽寂，攝性禪林，感動衆心，歸依正覺。"（《釋錄》第五輯，頁311/14-15）

中 讀作衆。〔中，《廣韻》陟仲切，去送，知。衆，《廣韻》之仲切，去送，章。二字同在通攝合口三等，韻母相同。〕

　　斯4373癸酉年（公元九一三或九七三年）六月一日《磑户董流達園磑所用抄録》："麪肆卧、酒壹角，中僧修

橋來食用。"(《釋錄》第三輯,頁 183/5)

眾 讀作種。[眾,《廣韻》之仲切,去送,章。種,《廣韻》之隴切,上腫,章。二字同在通攝合口三等而韻目鄰近,韻母相近,聲母相同。]

伯 2187《破魔變》:"妖邪萬眾,有耳不聞;器械千般,何曾眼見!"(《校注》頁 533/2)

zhōu

州 讀作周。[二字《廣韻》同爲職流切,平尤,章。]

伯 3774 丑年(公元八二一年)十二月《沙州僧龍藏牒——爲遺産分割糾紛》:"一、齊州差瓜州送果物並分種田麥。"(《釋錄》第二輯,頁 285/39)

【説明】齊周爲人名,前文屢見。

zhóu

軸 讀作妯。[二字《廣韻》同爲直六切,入屋,澄。]

斯 5578《放妻書(樣式)》:"家饒不盡之才,軸里(娌)稱長延之喜。"(《釋錄》第二輯,頁 175/10-11)

zhòu

驟 讀作縐。[驟,《廣韻》鋤祐切,去宥,崇。縐,《集韻》

側救切,去宥,莊。二字僅聲母有清濁之別。]

斯328《伍子胥變文》:"大丈夫兒(當定作見)天道通,提戈驟甲遠從戎。"(《校注》頁15/3)

【說明】《集韻·宥韻》:"驟,鞁也。"謂以鞍加於馬上,引申有裝束義。

zhū

諸 讀作之。[諸,《廣韻》章魚切,平魚,章。之,《廣韻》止而切,平之,章。諸在遇攝合口三等,之在止攝開口三等,二攝有通讀之例,二字同聲母。]

北圖殷字四十一(見敦煌雜錄)癸未年(公元九二三年?)七月十五日《張修造雇父駝契》:"若是駝高走煞,不[關駝]主諸事,一仰修造之(祇)當。"(《釋錄》第二輯,頁38/6-7)斯6341壬辰年(公元九三二年?)《雇牛契(樣式)》:"若馱高走煞,不關牛主諸事。"(《釋錄》第二輯,頁40/3-4)

珠 讀作主。[珠,《廣韻》章俱切,平虞,章。主,《廣韻》之庾切,上麌,章。二字同在遇攝合口三等,韻母相同,聲母相同,僅聲調有別。]

斯3835《百鳥名君臣儀仗》:"人衷般糧總不如,籠裏將來獻明珠。"(《校注》頁1207/14)

珠 讀作殊。[珠,《廣韻》章俱切,平虞,章。殊,《廣韻》市朱切,平虞,禪。二字韻母相同,聲母旁紐。]

斯 6836《葉净能詩》:"觀看樓殿臺閣,與世人不同;門窗[户]牖,全珠異世。"(《校注》頁 339/11)伯 4638《大番故敦煌郡莫高窟陰處士修功德記》:"帳門兩面畫文珠普賢菩薩並侍從。"(《釋録》第五輯,頁 225/54)

珠 讀作銖。[珠,《廣韻》章俱切,平虞,章。銖,《廣韻》市朱切,平虞,禪。二字韻母相同,聲母旁紐。]

伯 2187《破魔變》:"人漂(飄)五色之衣,日照三珠(銖)之服。"(《校注》頁 534/18)又:"身掛天宫三珠(銖)服,足躡巫山一片雲。"(《校注》頁 534/20)

朱 讀作珠。[二字《廣韻》同爲章俱切,平虞,章。]

俄藏 Φ96《雙恩記》:"此時更得朱歸去,看我如冤轉被嫌。"(《校注》頁 936/19)

銖 讀作殊。[二字《廣韻》同爲市朱切,平虞,禪。]

斯 2073《廬山遠公話》:"敕既行下,内外咸知,[公]卿宰相排比,何銖鼎沸!"(《校注》頁 268/13)

zhǔ

主 讀作住。〔主,《廣韻》之庾切,上麌,章。住,《廣韻》持遇切,去遇,澄。二字同在遇攝合口三等,韻母相同。〕

伯 3649 背後周顯德四年(公元九五七年)《吳盈順賣田契(抄)》:"自賣如(之)後,一任丑撻男女收餘居主,世代爲主。"(《釋録》第二輯,頁 12/11)

主 讀作注。〔主,《廣韻》之庾切,上麌,章。注,《廣韻》之戍切,去遇,章。二字同在遇攝合口三等,韻母相同,聲母相同,僅聲調有別。〕

斯 2630《唐太宗入冥記》:"臣緣□□,昔言已主得五年歸生路。臣與李乾風爲知己□□(朝廷),將書來苦囑,非不殷勤。"(《校注》頁 321/15-16)

囑 讀作屬。〔囑,《廣韻》之欲切,入燭,章。屬,《廣韻》市玉切,入燭,禪。二字同在通攝合口三等,韻母相同,聲母旁紐。〕

斯 6836《葉净能詩》:"時囑初秋之月,涼風漸侵。大内宴賞,與賓(嬪)妃飮樂,同飲數巡,歌吹濱(繽)紛。"(《校注》頁 336/12-13)斯 4327《不知名變文(一)》:"輝華囑對如生艷,灼樂連行似有光。"(《校注》

頁1131/10）斯5812丑年八月《女婦令孤大娘牒》："絲綿部落無賴□相羅識人張鸑鸑見住舍半分（下文小字夾注：尊嚴舍總是東行人舍收得者爲主居住，兩家總無憑據，後閻開府上尊嚴有文判，四至内草院不囑張鸑分，强構扇見人侵奪，請檢處實。）"（《釋錄》第二輯，頁287/1）又："今經一十八年，於四月内，張鸑因移大門，不向舊處安置，更侵尊嚴地界已北，共語便稱須共你分却門道，量度分割，盡是張鸑，及至分了，並壘牆了，即（？）道，廡舍草院，先亦不囑杜家。"（《釋錄》第二輯，頁287/13-288/16）斯2113 5V唐《沙州龍興寺上座德勝宕泉創修功德記》："七世眷囑，託質西方。"（《釋錄》第五輯，頁243/34-35）

zhù

註 讀作注。［二字《廣韻》同爲之戍切，去遇，章。］

伯3792《後晉河西敦煌郡張和尚邈真讚並序》："海口波濤，宣吐而瓶註水。"（《釋錄》第五輯，頁295/11）

住 讀作注。［住，《廣韻》持遇切，去遇，澄。注，《廣韻》之戍切，去遇，章。二字同韻母。］

斯6836《葉净能詩》："便開符讀之，脚下分明悉住鬼神名字，皆論世上精魅。"（《校注》頁333/8-9）

住 讀作柱。[住,《廣韻》持遇切,去遇,澄。柱,《廣韻》直主切,上麌,澄。二字同在遇攝合口三等,韻母相同,聲母相同,僅聲調有別。]

　　斯1776後周顯德五年(公元九五八年)《某寺法律尼戒性等交割常住什物等點檢曆狀》:"青繡盤龍傘壹副兼帛綿綾裹並裙住帶具全。"(《釋録》第三輯,頁22/(一)16-17)

注 讀作住。[注,《廣韻》之戍切,去遇,章。住,《廣韻》持遇切,去遇,澄。二字同韻母。]

　　伯3718後晉《故歸義軍節度押衙知敦煌郡務李潤晟邈真讚並序》:"注持數載,人無勞苦。"(《釋録》第五輯,頁288/16)

柱 讀作住。[柱,《廣韻》直主切,上麌,澄。住,《廣韻》持遇切,去遇,澄。二字同在遇攝合口三等,韻母相同,聲母相同,僅聲調有別。]

　　伯2653《燕子賦(二)》:"當時無柱處,堂梁寄一宵。"(《校注》頁414/3)

貯 讀作駐。[貯,《廣韻》丁吕切,上語,知。駐,《廣韻》中句切,去遇,知。二字同在遇攝合口三等而韻目鄰近,

敦煌文獻通讀字

韻母相近，聲母相同。]

斯2144《韓擒虎話本》："楊妃蒙問，繫（喜）從天降，啟言聖人：'但臣妾一遍梳裝，須飲此酒一盞，一要軟髮，二要貯顏。且徒（圖）供奉聖人，別無餘事。'"（《校注》頁299/7-8）又："皇帝聞語，喜不自身（勝）：'皇后上（尚）自貯顏，寡人飲了，也莫端正？'"（《校注》頁299/7-8）

築 讀作竹。[二字《廣韻》同爲張六切，入屋，知。]

斯2073《廬山遠公話》："脩築蕭蕭四序春，交橫流水净無塵。"（《校注》頁253/18）

zhuāng

裝 讀作妝。[二字《廣韻》同爲側羊切，平陽，莊。]

斯3879《爲釋迦誕大會念經僧尼於報恩寺雲集帖》："若有不稟條流，面掃裝眉，納鞋赴眾，髮長逐伴者，施罰不輕。"（《釋錄》第四輯，頁153/8-10）伯3556《南陽郡張氏淮深女墓誌銘稿並序》："嗟乎，裝臺之上，不逢囗鏡之春；騘㯭之中，空見隙駒之影。"（《釋錄》第五輯，頁183/32-184/33）

莊 讀作裝。[二字《廣韻》同爲側羊切，平陽，莊。]

伯3490辛巳年（公元九二一或九八一年）《某寺諸色斛斗破曆》："麵伍勝城西郭家莊載金剛骨木人食用。"（《釋錄》第三輯，頁190/64）斯5937庚子年（公元九四〇年？）十二月廿二日《都師願通沿常住破曆》："又麨兩石，雇張義成車千渠暮容使君莊載木用。"（《釋錄》第三輯，頁207/8-9）

zhuō

棳 讀作輟。[棳，《集韻》朱劣切，入薛，章。輟，《廣韻》陟劣切，入薛，知。二字同在山攝合口三等，韻母相同。]

伯2553《王昭君變文》："驍（曉）夜不離喪側，部落豈敢東西？日夜哀吟，無由暫棳，慟悲切調，乃哭明妃處若爲陳説……"（《校注》頁158/18-19）

掇 讀作蹠。[二字《集韻》同爲株劣切，入薛，知。]

伯2653《燕子賦（二）》："問燕何山鳥，掇地作音聲"（《校注》頁413/6）伯3211《生住无常界》："向前黑如柒（漆），直掇入深坑。"（《梵志》卷二，頁188，049首）

【説明】説者謂"掇"讀作"踏"，但兩字字音相距太遠，恐未可從。今謂當讀同音的"蹠"，蹠，跳也。《集韻·薛韻》株劣切下："蹠、趠：跳也。或从走。"此義用於上面兩例，非常切合。《燕子賦（二）》謂跳地大喊，王梵志詩謂跳入深坑。

焯 讀作卓。[焯，《廣韻》之若切，入藥，章。卓，《廣韻》竹角切，入覺，知。焯在宕攝開口三等，桌在江攝開口二等。]

　　伯3556後周《應管內釋門僧正賈清和尚邈影讚並序》："志性天假而瓌偉，兴口神資而焯絶。"(《釋錄》第五輯，頁172/7-8)

zhuó

酌 讀作灼。[二字《廣韻》同爲之若切，入藥，章。]

　　伯2187《破魔變》："東鄰美女，實是不如；南國娉人，酌然不及。"(《校注》頁534/16-17)

勺 讀作灼。[二字《廣韻》同爲之若切，入藥，章。]

　　斯3835《百鳥名君臣儀仗》："花照勺，色輝鮮，花初發而笑日，葉含芳而起津。"(《校注》頁1207/2-3)

濁 讀作濯。[二字《廣韻》同爲直角切，入覺，澄。]

　　斯3491《破魔變》："下山欲久(救)眾生苦，洗濁垢膩在熙蓮。"(《校注》頁532/11)

濯 讀作擢。〔二字《廣韻》同爲直角切，入覺，澄。〕

伯4092《新集雜別紙》："六月伏以時溽暑，雨號濯拔，庭槐未浪於熱風，澤爪方宜於淥水。"（《釋錄》第五輯，頁402/27）

叕 讀作輟。〔二字《廣韻》同爲陟劣切，入薛，知。〕

伯4660《金光明寺故索法律邈真讚並序》："鄰人叕春，聞者傷悼。"（《釋錄》第五輯，頁108/9-10）伯4660《敦煌管内僧政兼勾當三窟曹公邈真讚》："遐邇悲悼，一郡叕春。"（《釋錄》第五輯，頁111/12）伯4660《康通信邈真讚》："他鄉殞歿，孤捐子孫。憐人叕（輟）春，聞者悲辛。"（《釋錄》第五輯，頁113/11。《釋錄》"叕"誤錄作"綴"）

zī

資 讀作姿。〔二字《廣韻》同爲即夷切，平脂，精。〕

伯4638《張斯乙敬圖觀世菩薩並侍從壹鋪》："其像乃千花百葉，德相熙怡，滿月資容，迢神光而布世，八部嚇（赫）弈，護國安民，刁斗絕音，永無征戰。"（《釋錄》第五輯，頁214/6-7）

資 讀作兹。〔資，《廣韻》即夷切，平脂，精。兹，《廣韻》

子之切，平之，精。二字同在止攝開口三等而韻目鄰近，韻母相近，聲母相同。〕

斯 2073《廬山遠公話》："所已（以）後聖道從資取。"（《校注》頁 266/4-5）

滋 讀作兹。〔二字《廣韻》同爲子之切，平之，精。〕

斯 527 後周顯德六年（公元九五九年）正月三日《女人社再立條件》："顯德六年己未歲正月三日，女人社，因滋新歲初來，各發好意，再立條件。"（《釋錄》第一輯，頁 274/1）

孳 讀作貲。〔孳，《廣韻》子之切，平之，精。貲，《廣韻》即移切，平支，精。二字同在止攝開口三等而韻目鄰近，韻母相近，聲母相同。〕

伯 2625《敦煌名族志殘卷》："以父老請侍，孝誠肯切，蒙涼州都督郭元振判錄奏，謀略克宣，勤勞久著，當王涼之西面，處四鎮之東門，彈厭（壓）山川，控禦緩急，寇不敢犯，塵不得飛，將士有投醪之歡，吏人承狹纊之惠，防援既衆，功效實多，利潤倍深，孳課尤剩。"（《釋錄》第一輯，頁 102/60-65）貲課，賦稅。

兹 讀作緇。〔兹，《廣韻》子之切，平之，精。緇，《廣韻》

側持切，平之，莊。二字同在止攝開口三等，韻母相同。]

斯6836《葉净能詩》："天師兹流，爲朕求一子，在其國計。"（《校注》頁339/2-3）

zǐ

子 讀作紫。[子，《廣韻》即里切，上止，精。紫，《廣韻》將此切，上紙，精。二字同在止攝開口三等而韻目鄰近，韻母相近，聲母相同。]

伯2553《王昭君變文》："牙官少有三公子，首領多饒五品緋。"（《校注》頁157/4）

zì

自 讀作牸。[自，《廣韻》疾二切，去至，從。牸，《廣韻》疾置切，去志，從。二字同在止攝開口三等而韻目鄰近，韻母相近，聲母相同。]

斯6341壬辰年（公元九三二年？）《雇牛契（樣式）》："壬辰年十月生六日洪池鄉百姓厮（某）乙闕少牛畜，遂雇同鄉百姓雷粉堆黃自牛一頭，年八歲，十月至九月末，斷作雇價每月壹石，春價被四月叁匹。"（《釋錄》第二輯，頁40/1-3）斯6341壬辰年（公元九三二年？）《雇牛契（樣式）》："若是自牛並（病）死者，不關雇人之是（事）。"（《釋錄》第二輯，頁40/3-4）伯2685年代未詳

[公元八二八年？]《沙州善護、遂恩兄弟分家契》："黑自牛壹半對草馬與太郎。"(《釋錄》第二輯，頁143/21-22)

自 讀作字。[自，《廣韻》疾二切，去至，從。字，《廣韻》疾置切，去志，從。二字同在止攝開口三等而韻目鄰近，韻母相近，聲母相同。]

斯2073《廬山遠公話》："其人入得寺中，一人於善法堂中坐定，聽得一自之妙法，入於心身，便即心生歡喜；忽憶不來之人，即便心生肺忘。"(《校注》頁262/10-11)

自 讀作是。[自，《廣韻》疾二切，去至，從。是，《廣韻》承紙切，上紙，禪。二字同在止攝開口三等而韻目鄰近，韻母相近，聲母同為齒音。]

斯4276《管內三軍百姓奏請表》："臣聞五涼舊地，昔自漢家之疆；一道黎明，積受唐風之化。"(《釋錄》第四輯，頁386/6-7)

字 讀作自。[字，《廣韻》疾置切，去志，從。自，《廣韻》疾二切，去至，從。二字同在止攝開口三等而韻目鄰近，韻母相近，聲母相同。]

斯466後周廣順三年（公元九五三年）《龍章祐、祐定兄弟出典土地契》："字今已後，物無利頭，地無雇價。"

(《釋録》第二輯，頁30/4-5）伯3281背《押衙馬通達狀稿三件》："今蒙大夫親字制置，不敢辭（？）退。"(《釋録》第四輯，頁376/（二）2-3）

恣 讀作咨。[恣，《廣韻》資四切，去至，精。咨，《廣韻》即夷切，平脂，精。二字同在止攝開口三等，韻母相同，聲母相同，僅聲調有別。]

斯6836《葉净能詩》："高力士再三瞻矚不分，重觀恣嗟。"(《校注》頁337/6）

事 讀作剚。[二字《廣韻》同爲側吏切，去志，莊。]

伯3418《死去長眠樂》："身是上陳兵，把刀被煞事。"(《梵志》卷五，頁696，282首）剚，以刃刺人。

zōng

宗 讀作崇。[宗，《廣韻》作冬切，平冬，精。崇，《廣韻》鋤弓切，平東，崇。宗在通攝合口一等，崇在通攝合口三等，二字聲母同爲齒音。]

斯6836《葉净能詩》："有宰相璟宗奏曰：'陛下何不問葉净能求雨？'"(《校注》頁337/13-14）

蹤 讀作縱。[二字《廣韻》同爲即容切，平鍾，精。]

伯4092《新集雜別紙》："伏以司空才術蹤橫，器能深偉，而自顯逢休運，卓立明時，果倅名藩，盡彰懿績。"（《釋錄》第五輯，頁417/122-123）

zǒng

總 讀作縱。[總，《廣韻》作孔切，上董，精。縱，《廣韻》子用切，去用，精。總在通攝合口一等，縱在通攝合口三等，二字同聲母。]

伯2305《解座文匯抄》："總交（教）你似石崇家，心中［也是無猒足］。"（《校注》頁1174/6）

zòng

從 讀作縱。[從，《廣韻》疾用切，去用，從。縱，《廣韻》子用切，去用，精。二字同在通攝合口三等，韻母相同，聲母旁紐。]

斯328《伍子胥變文》："至溁、蕩山間：石壁侵天萬丈，入地騰（藤）竹從橫。"（《校注》頁9/13-14）伯2695《沙州都督府圖經殘卷》："皇皇聖母，定從服橫。"（《釋錄》第一輯，頁26/67）

縱 讀作終。[縱，《廣韻》子用切，去用，精。終，《廣韻》職戎切，平東，章。二字同在通攝合口三等而韻目鄰近，韻母相近，聲母同爲齒音。]

斯2073《廬山遠公話》："我今縱須製《涅槃經》之疏抄。"(《校注》頁254/8)

zōu

鄒 讀作皺。[鄒,《廣韻》側鳩切，平尤，莊。皺,《廣韻》側救切，去宥，莊。二字同在流攝開口三等，韻母相同，聲母相同，僅聲調有別。]

伯2305《解座文匯抄》："怕見人，擬求屬，鄒却兩眉難敲觸。"(《校注》頁1174/8)

zòu

奏 讀作走。[奏,《廣韻》則候切，去候，精。走,《廣韻》子苟切，上厚，精。二字同在流攝開口一等，韻母相同，聲母相同，僅聲調有別。]

斯328《伍子胥變文》："子胥答曰：吾聞'人相知於道術，魚相望(忘)於江湖'，下奏身是遊人，豈敢虛相誑語！……"(《校注》頁7/19-20)下走，卑稱自己是被驅使的人。

zū

租 讀作祖。[租,《廣韻》則吾切，平模，精。祖,《廣韻》

則古切，上姥，精。二字同在遇攝合口一等，韻母相同，聲母相同，僅聲調有別。]

伯3711唐大順四年（公元八九三年）正月《瓜州營田使武安君牒並判詞》："伏乞大夫阿郎仁明詳察，沙州是本，日夜上州，無處安下，只憑草料，望在父租田水，伏請判命處分。"（《釋錄》第二輯，頁290/6-7）

zú

族 讀作取。[族，《廣韻》昨木切，入屋，從。取，《廣韻》七庾切，上麌，清；又倉苟切，上厚，清。族在通攝合口一等，取在遇攝合口三等，二字旁紐。此通讀有待繼續研究。]

斯3050《不知名變文（二）》："轉巽有一個小下女人族水如（而）來，瓫中有七支蓮花。"（《校注》頁1134/19-1135/1）

足 讀作捉。[足，《廣韻》即玉切，入燭，精。捉，《廣韻》側角切，入覺，莊。足在通攝合口三等，捉在江攝開口二等，二字同爲齒音。當是寫聲旁來通讀。]

伯3707戊午年四月廿四日《親情社轉帖》："足二人後荝（到），罰酒壹角；全不來，罰酒半瓮。（《釋錄》第一輯，頁352/4-6）北309：8374甲戌年（公元九七四年)《竇破蹄雇工契(抄)》:"若作兒偷他口[人]瓜菓菜如(茹)羊牛等,忽如足得者,仰在作兒身上。"(《釋錄》第二輯,頁 69/8-9)

zǔ

祖 讀作租。[祖,《廣韻》則古切,上姥,精。租,《廣韻》則吾切,平模,精。二字同在遇攝合口一等,韻母相同,聲母相同,僅聲調有別。]

伯 3155 背唐天復四年(公元九〇四年)《令狐法性出租土地契(稿)》:"其前件地,祖與員子貳拾貳年佃種,從今乙丑年至後丙戌年末,却付本地主。"(《釋錄》第二輯,頁 26/5-7)斯 0778《可笑世間人》:"忽起相羅拽,啾唧索祖調。"(《梵志》卷一,頁 24,005 首)

阻 讀作祖。[阻,《廣韻》側吕切,上語,莊。祖,《廣韻》則古切,上姥,精。阻在遇攝合口三等,祖在遇攝合口一等,二字聲母同爲齒音。]

伯 3449、伯 3864《書儀小册子》:"之乖攀送之儀,有曠阻別之念。"(《釋錄》第五輯,頁 387/104-105)

zuǎn

纘 讀作讚。[纘,《廣韻》作管切,上緩,精。讚,《廣韻》

則旰切,去翰,精。䕟在山攝合口一等,讃在山攝開口一等,二字同聲母。]

俄藏 Ф96《雙恩記》:"善友太子説偈䕟已,即入王宮,白父王,曰:'我爲濟貧,開王庫藏;又恐虛竭,不欲破除……'"(《校注》頁934/21)

zuǐ

觜 讀作嘴。[觜,《廣韻》即委切,上紙,精。嘴,《集韻》祖委切,上紙,精。二字同在止攝合口三等,聲韻調全同。]

伯3211《世间慵懒人》:"出語觜頭高,詐作達官子。"(《梵志》卷二,頁149,037首)

觜 讀作悴。[觜,《廣韻》即委切,上紙,精。悴,《廣韻》秦醉切,去至,從。二字同在止攝合口三等而韻目鄰近,韻母相近,聲調有别,聲母旁紐。]

斯6537 3V《分書(樣式)》:"堂烟(燕)習習,冬夏推移;庭前荆樹,猶自枯觜。分離四海,中(終)歸一别。"(《釋録》第二輯,頁181/3-4)

zūn

樽 讀作撙。[樽,《廣韻》祖昆切,平魂,精。撙,《廣韻》兹損切,上混,精。二字同在臻攝合口一等,韻母相同,

聲母相同，僅聲調有別。]

伯2942唐永泰年代（公元七六五一七六六年）《河西巡撫使判集》："自須樽節支給，豈得相次申陳。"（《釋錄》第二輯，頁621/24-25）樽節，節省，節約。

zuǒ

佐 讀作左。[二字《廣韻》同爲則箇切，去箇，精。]

斯2073《廬山遠公話》："師曰：'汝今既去，但往江佐，作意巡禮，逢廬山即住，便是汝修行之處。'"（《校注》頁252/7-8）

zuò

作 讀作祚。[作，《廣韻》則落切，入鐸，精。祚，《廣韻》昨誤切，去暮，從。作在宕攝開口一等，祚在遇攝合口一等，二字聲母旁紐。當以同從乍聲而通讀。]

伯2005《沙州都督府圖經殘卷》："本枝百代，福作萬年。"（《釋錄》第一輯，頁22/481-482）

坐 讀作座。[二字《廣韻》同爲徂卧切，去過，從。]

伯3128《社齋文》："會齋凡聖，連坐花臺；崇敬三尊，希求勝福。"（《釋錄》第一輯，頁388/8）斯1366年代不明[公元九八〇一二年]《歸義軍衙内麵油破用曆》：

"廿七日寒食坐設用：……"（《釋錄》第三輯，頁 285/59）伯 2943 宋開寶四年（公元九七一年）五月一日《內親從都頭知瓜州衙推氾願長等狀》："每有賽神之時，神語只是言説不安置暮容使君坐位，未敢申説。"（《釋錄》第五輯，頁 25/4-5）伯 4640《李明振氏再修功德記》："豈使臨風透闥，哀陳（埃塵）寶坐之前；峞嶺陽烏，抱曝露荼毗之所。"（《釋錄》第五輯，頁 81/34）

座 讀作坐。[座，《廣韻》徂卧切，去過，從。坐，《廣韻》徂果切，上果，從。二字同在果攝合口一等，韻母相同，聲母相同，僅聲調有別。]

斯 2073《廬山遠公話》："道安欲擬忻心，若座奄（菴）羅會上。於是道安手把如意，身座寶臺，廣焚無價寶香，即宣妙義，發聲乃唱，便舉經題云：《大涅槃經·如來壽量品》第一。"（《校注》頁 264/2-3）又："其時道安亦在會下而座。"（《校注》頁 268/8）斯 3491《破魔變》："纔座定，震天宮，故知聖力遍無窮。"（《校注》頁 532/13）俄藏 Φ365《妙法蓮華經講經文（二）》："净明端座寶花臺，普爲人天啟弁（辯）才。"（《校注》頁 720/9）俄藏 Φ96《雙恩記》："朝朝座市弄絃歌，婦女雲奔不那何。"（《校注》頁 941/10）斯 0778《夫婦相對坐》："生座七寶堂，死入土角〈觸〉[觸]。"（《梵志》卷一，頁

50,010首）

【說明】作爲動詞的坐，原本應讀上聲。

祚 讀作作。[祚,《廣韻》昨誤切,去暮,從。作,《廣韻》則落切,入鐸,精。祚在遇攝合口一等,作在宕攝開口一等,二字聲母旁紐。當以同從乍聲而通讀。]

伯4640《李明振氏再修功德記》:"於是乃慕秦晉,遂申伉儷之儀;將奉承祧,世祚潘陽之美;公其時也。"(《釋錄》第五輯,頁80/14-15)

附錄

再説"掉以輕心"

"掉以輕心"是個常用的成語。但其中的"掉"字何所取義，我年輕時是弄不清楚的。一直到上個世紀九十年代，看到一篇敦煌出土的佛經音義鈔卷，方悟其義。一字之義，經三十餘年始得，頗有感慨。寫過一篇文章，由於切入點不明顯，表述不到位，没引起注意，現在又見到新的説法，所以有必要再説説。

新的説法見之 2016 年第 1 期的《古籍整理出版情況簡報》崔文印先生的文章《不重寫字　古籍流傳堪憂》。文章指出印刷物上錯字連篇的情況，這種情況又殃及整理的古籍，他很是擔憂，對此，我是有同感的。但他的文章中提到"掉以輕心"的"掉"應該寫作"吊"，我卻不能贊同。

他説："最典型的一例就是'掉以輕心'。其實，這個'掉'字在這裡根本就講不通，它應寫作'吊'。'吊'是懸掛之意，'吊心'就是'懸心'，就是放心不下。而'掉'則是落地，落地的心，即已放下來的心，除了事後諸葛亮自我表白以外，還有區分輕重的必要嗎？所以，'吊以輕心'，絕不能寫成'掉以輕心'。但'吊'與'上弔'的弔是一個字，不少人嫌棄這個字，就像'死'，很多人都迴避，非用'走了'取代不可，于是'掉'反倒成了大家用的字了。更可悲的是，我們的辭典編輯者也'與時俱進'，居然承認了'一作掉以輕心'的寫法，起到了推波助瀾的作用。"

這個説法，將"掉以輕心"使用的歷史整個説擰了，也將"掉"字完全理解錯了。"吊以輕心"的寫法，在《四庫全書》和《四部叢刊》中都檢索不到，我也從未見到有人使用過。以我的孤陋，也未見辭書用"吊以輕心"立目的，更遑論立目後又寫"一作掉以輕心"。再説，"吊以輕心"是懸掛着一顆輕慢之心嗎？一般來説，我們説的"懸着一顆心"都是指的擔心，含有極端關注的意味，不至於輕慢之心會用懸着的。

據我的考察，"掉以輕心"這個成語，是入清以後方大量使用的。至於它是出自柳宗元的《答韋中立論師道書》則是人所共知的。所以，要理解這個成語中的"掉"字，還得從柳宗元的文章入手。

柳文云："故吾每爲文章，未嘗敢以輕心掉之，懼其剽而不留也。"這句話大體意思是清楚的，就是説：我每次寫文章的時候，都不敢輕慢對待，害怕文章輕浮而不沉凝。但是，落實到每個字，就有個"掉"字不好解釋。

記得1965年我在南通教學實習時，曾經給家父寫過信，信中説自己這回相當認真，不敢掉以輕心。家父來信問"掉以輕心"是什麽意思，我就説是以輕心而搞掉了，也就是搞砸了。現在想來，真是無知妄説了。

柳文中的這個"掉"字，舊注也没有訓詁，僅僅在《增廣注釋音辯唐柳先生集》中留下一個音切："掉，徒弔切。"這個反切和《廣韻》篠韻"掉"字的反切相同，所以今人要給它作注是無舊注可以依傍的。王力先生主編的《古代漢語》解釋道："掉，大摇大擺，指放縱，隨便。後代成語有'掉以輕心'。"（中華書局1963年初版下册第一分册，頁982，1981年修訂本頁1033，1999年校訂重排本頁1041説同）我六十年代初在南京師院讀中文系時是讀過的，但總覺得所釋難以切合"掉"字之義，翻開當年用的書，居然還打了個大問號在上面，旁邊還注"掉之？"所以那時竟然私心將它理解爲搞掉、弄砸。自然也不敢自信，一直心裏存個疙瘩。

九十年代，我讀敦煌文獻，偶然間得到一個確鑿的證據，可以證明這個"掉"字實在是"誂"的通假字，這個疙瘩才算解開。

〔北涼〕曇無讖譯《大般涅槃經》卷17《梵

行品》第八之三云:"善男子,若我弟子受持讀誦書寫演説《涅槃經》者,當正身心,慎無掉戲,輕躁舉動。""掉戲"一詞,也不好解釋。而此詞敦煌遺書伯2172號《大般若涅槃經音一卷》作"誂戲",注音云:"上徒弔反。"(《法國國家圖書館藏敦煌西域文獻》頁349下欄,上海古籍出版社1998年版,見右圖)此反切與《廣韻》去聲嘯韻"掉"字反切徒弔切同,是"掉戲"本字當爲"誂戲"。《廣韻》"誂"字見之於和嘯韻對應的上聲篠韻徒了切下,云:"誂:弄也。俗作'挑'。《説文》曰:'相呼誘也。'"而"掉"在《廣韻》中又有徒了切之音,從這個角度看,這兩字也是同音的。《廣韻》"誂"字下所引《説文》見該書言部。"相呼誘"就是引誘,挑逗。《戰國策·秦策一》:"楚人有兩妻者,人誂其長者,長者詈之;誂其少者,少者許之。"[宋]鮑彪注:"誂,相呼誘也。"正用《説文》的解釋。《史記·吴王濞列傳》:"於是乃使中大夫應高誂膠西王。"誂就是引誘,挑動。從撩逗、戲弄之意引申,就有戲耍、玩弄之意,這就是《廣韻》説的:"誂:弄也。"《左傳》僖公九年"夷吾弱不好弄"的"弄"就是這個意思,杜預注:"弄,戲也。"[唐]菩提流志譯《一字佛頂輪王經》卷2《成像法品》:"常不作諸嘲誂戲論。""嘲誂"連用,可視作同義並列複詞,其爲戲弄義無疑。在唐代,"誂"的戲弄義應該是基本義了,所以《廣韻》將"弄也"放在首位。《涅槃經》"誂戲"便是此義,"誂戲"也爲同義並列複詞。《涅槃經》的意思是:

受持讀誦書寫演說《涅槃經》的人，一定不能戲弄玩忽，輕燥舉動。敦煌遺書《涅槃經音》的異文，證明"掉"當讀"誂"，明乎此，柳文的"以輕心掉之"也就可以理解了，就是以輕慢之心戲耍寫作。這樣，由柳文而來的"掉以輕心"也就可以得到明白的解釋了，就是以輕慢之心來戲弄玩忽所做的事情。佛藏中的多個"掉戲"，如〔後秦〕佛陀耶舍共竺佛念譯《長阿含經》卷 13《第三分阿摩畫經》"斷除掉戲""滅掉戲心"等，也當以"誂戲"解之。

過去由於"掉"字之義不明，對於成語"掉以輕心"的解釋，採取了兩種處理，一種是避開"掉"字不談。如《漢語大詞典》第 6 册，頁 664 對"掉以輕心"的解釋是："輕率，不重視。"（漢語大詞典出版社 1990 年版）《辭海》第六版彩圖本第 1 册，頁 470 對這個成語的解釋是："轻忽；不经意。"（上海辞书出版 2009 年版。第二版至第五版同）我估計所以避開"掉"字而不作解釋的原因，是對這個字的意義吃不準，是審慎的態度。

另一種是勉力對"掉"字做解釋，多數解釋爲"擺弄"，如《辭源》第三版頁 1682 說："掉，擺弄，隨便對待。"（商務印書館 2015 年版）朱祖延主編《漢語成語大詞典》頁 258～259 說："掉：搖動，擺動。指輕率，不在意。"（河南人民出版社 1985 年版）王濤等編寫《中國成語大詞典》頁 273 說："掉：擺弄。以輕心擺弄它，指不重視。"（上海辭書出版社1994年版）宋永培、端木黎明主編《漢語成語詞典》（修訂本）頁172説："掉：擺弄，以無所謂的態度來擺弄。"（四川辭書出版社2001年版）也有作其他解釋的，如劉潔修《成語源流大詞典》頁244（江蘇教育出版社1999年版）説："表示輕率地放過去；不經意而忽略過去。"大概是將"掉"理解爲"放過""忽略"。這是一種想努力説明問題的態度。只是由於資料所限，未能從通假的角度去看問題。

這個戲弄玩忽義的"誂"字，可寫作"掉"，已見於柳文及傳世《大般涅槃經》卷17，按照上引《廣韻》篠韻"誂……俗作'挑'"的説法，也可寫作"挑"字，這個例證我也找到了，[宋]郭熙《林泉高致》云："積昏氣而汨之者，其狀黯猥而不爽，此神不與俱成之弊也。以輕心挑之者，其形脱略而不圓，此不嚴重之弊也。以慢心忽之者，其體疎率而不齊，此不恪勤之弊也。"（《説郛》一百二十卷本之卷91，《説郛三種》頁4168上欄a～b，上海古籍出版社1988年版。文淵閣庫本《林泉高致集》頁7b仍作"以輕心掉之者"）"以輕心挑之"和柳文"以輕心掉之"是完全同義的，"挑""掉"都是"誂"義。但從字義來考察，"掉"的"誂"義是通假，"挑"的"誂"義卻是同源。這三個字在《廣韻》篠韻中都同爲徒了切，"挑：挑戰。亦弄也，輕也。"所謂"弄也，輕也"，就是和"誂"同義。至於"挑戰"之"挑"，也是戲弄引誘之意。

明白"掉"字讀作"誂"，由它組成的一些詞語也就可以解釋得更爲恰當些。如：

【掉戰】語出《三國志·魏志·典韋傳》，文云："布（吕布）有別屯在濮陽西四五十里，太祖夜襲，比明破之。未及還，會布救兵至，三面掉戰。"（中華書局點校本頁544）《漢語大詞典》列此例於"掉"字的"交替，更換"義下（册6，頁663），恐非。盧弼《三國志集解》於此無説，友人吴金華先生《三國志校詁》及其《外編》（《外編》載吴先生《古文獻研究叢稿》中）也未及此。今按："掉戰"之"掉"實應讀"誂"，取撩逗戲弄義，後人通常寫作"挑"字。"掉戰"即是"挑戰"。"三面掉戰"是吕布之兵三面同時挑戰，並不是三面輪換作戰。所以下文"時布身自搏戰，自旦至日昳數十合，相持急"之下又有"時西南又急"之語。《册府元龜》卷879載李蕚爲顏真卿獻策説："公當堅壁，無與掉戰，不數十日，賊必潰而相圖矣。"真卿然之（文淵閣庫本該卷頁15b）。"掉戰"，今中華書局點校《舊唐書·顏真卿傳》作"挑戰"（卷128；頁3591）。這是"掉戰"當讀"挑戰"的直接依據。"掉戰"一詞，唐代還有用例。如《全唐文》卷265李邕《左羽林大將軍臧公神道碑》："屬雜虜侵□（此字缺），別將掎角，橫戈掉戰，匹馬飛行，拜游擊將軍本府折衝都尉，仍長上。"也可單用"掉"字，同篇下文云："吐番恃衆無名，嗇禍有素，遠掠邇牧，橫掉我軍。"敦煌文獻《張淮深碑》："姑臧雖衆，勍寇堅營，忽見神兵動地而至，無心掉戰，有意逃形，奔投星宿嶺南，苟偷生於海畔。"《白孔六帖》卷54《致師》舊注有云："晉趙旃掉戰，夜至楚軍，席於軍門之外，使其徒入之，示無畏。"該處還特立"掉戰"之目，其下引《魏氏春秋》曰："諸葛亮屯渭南，糧少，欲速戰。魏勅司馬宣王堅壁挫其鋒。亮慮，遣書，又致巾幗以怒宣王。宣王將戰，辛毗仗節奉詔勅乃止。巾幗，婦人喪巾。遺之巾幗，言其無勇以悼之。"（文淵閣庫本卷54，頁4）我們既明"掉戰"就是挑戰，則可以知道這裡的"悼之"應該是"掉之"。2009年6月，我曾在復旦大學做過一個學術報告，談到"掉戰"就是挑戰，對《三國志》研究綦深的老友吳金華先生，也認爲所說有理。

【掉訐】《漢語大詞典》據《新唐書·馬緫傳》"蔡人習爲僞惡，相掉訐，獷戾有夷貊風"等立目，釋義作"以言語攻擊"（册6，頁664）。當補釋"掉"讀"誂"，戲弄義。

【掉謔】《漢語大詞典》據〔唐〕谷神子《博異志》"張遵言"條"四郎又戲之，美人怒曰：'……中間許長史於雲林王夫人會上輕言，某已贈語杜蘭香姊妹，至多微言，猶不敢掉謔，君何容易歟'"（出《太平廣記》卷309，頁2450，中華書局版）立目，釋義作"戲謔，開玩笑"（册6，頁666）。釋義是正確的，但編者恐怕是從整個語境而味得此義的，"掉"字仍需落實爲讀"誂"，撩逗、調戲之意。

【調】此字的撩逗、戲弄、欺騙等義（欺騙義與戲弄義有區别，但當從戲弄義引申而來），當是得之於"調"之讀

"誂"。前人未曾言及，今特揭出。"調"，《廣韻》蕭韻徒聊切，與"誂"同爲定母效攝開口四等字，只是聲調有平上之別，不妨礙其通讀。有關的詞條，《漢語大詞典》收羅甚夥，這裏略作補苴。

"調"的欺騙義，《漢語大詞典》謂見於"調欺"條中，出自〔漢〕王符《潛夫論·浮侈》（册11，頁307）。單獨一個"調"字而有欺騙義，友人方一新先生以爲見於《風俗通·怪神》"時客適會，問何因有是餌？客聊調之：'石人能治病，愈者來謝之。'"（見方文《東漢語料與辭彙史研究芻議》，載《中國語文》1996年第2期），而《漢語大詞典》以此例屬"戲弄；嘲笑"義項下（册11，頁297）。細味上下文意，似以戲弄義解爲得之。按理説，東漢既有"調欺""欺調"（下例見方文）同義連用之例，則單獨一個"調"字當已有欺騙義，只是未發現而已。敦煌遺書伯2185號《佛説净土盂蘭盆經》謂清提夫人作散飯食菜茹鹽等狼籍在地，詐稱已設食待客，欺騙其兒，有云："如此其母，妄論詐稱調兒，大慳無情。"是"調"字單用而有欺騙義之例，時代雖後，聊勝於無。

【調子】此詞《漢語大詞典》列五個義項，都是現代的（册11，頁298）。《敦煌變文集·燕子賦》："如今及阿莽次第，五下乃是調子。"劉堅先生以"調伏，調訓"釋"調"（見《近代漢語讀本》頁39），項楚先生注："調：開玩笑，讀平聲。此句言杖脊五下只算開個小玩笑，是挖苦的話。"（見《敦煌變文選注》頁392）我們既然明白"調"可讀"誂"，則自然認爲項說較長。不過"子"字已作詞尾，則此應以"調子"爲詞。這個"調子"和《漢語大詞典》已收的"調子"，語源是完全不同的。

【調弄】此詞的戲耍義，《漢語大詞典》以〔宋〕劉克莊例爲早（册11，頁300）。敦煌遺書北8657（果90）號《佛説善惡因緣經》："熹學人語調弄者，死作鸚鵡鳥。"例更早一些。

【調戲】此詞《漢語大詞典》立戲弄和特指對婦女侮辱性的戲弄兩個義項（册11，頁312）。《大涅槃經後分》卷上："我涅槃後，汝當精勤，以善教誡我諸眷屬，授與妙法，深心誨誘，勿得調戲放逸散心，入諸境界，受行邪法。"（大正藏册12，頁901上欄）此"調戲"爲戲耍玩忽之意，可另立一義項。

【調慢】《泥洹經》卷1《序品》一："血肉筋骨共相依假以爲僞城，手足支節以爲卻敵，爪齒耳目以爲寮孔，幻僞心法以爲寮障，放逸調慢以爲樓觀，惡賊意王居其城內。"（大正藏册12，頁854中欄）"調慢"爲戲怠簡慢之意。《漢語大詞典》未立目，可補。

【調皮】多年前我在錢玄師之前談到"掉"可以讀作"誂"時，錢玄師即說"調皮"一詞的戲弄、搗蛋、欺詐等義，至此也可得其語源。"調"讀"誂"，"皮"則讀"詖"或"恢"，取邪側不正義（《金瓶梅詞話》第20回有"調詖"一詞）。

【嘲調】此詞義爲嘲笑戲弄。"調"仍當讀"誂"。《漢語大詞典》此條下最早的書證是〔宋〕胡仔《苕溪漁隱叢話後集·秦太虛》(册3，頁505)。實際上〔北涼〕曇無讖譯《大般涅槃經》卷31《師子吼菩薩品》第十一之五已有其例，文云："見女人時，或共嘲調，言語戲笑。"

【形調】此詞義爲嘲弄戲耍（見友人王雲路、方一新伉儷著《中古漢語語詞例釋》頁411)。"調"以讀"誂"而有戲耍義。

我所讀的敦煌遺書伯2172號《大般若涅槃經音一卷》，因爲屬于藏內之經，不大有人注意。一般人都認爲，敦煌遺書中的藏內佛經，其文獻價值並不大，迄今無人取敦煌本佛經與傳世本作比勘。我偶讀一篇，即有如此發見，看來其中寶藏尚多，有待努力挖掘。

(王繼如)

伯3303號印度製糖法釋讀商榷

伯3303號一張寫經的背面有印度製糖法的殘卷，王重民先生《伯希和劫經錄》作了著錄，季羨林先生在《一張有關印度製糖法傳入中國的敦煌殘卷》（原載《歷史研究》1982年第1期，收入《季羨林學術論著自選集》中，北京師範學院出版社1991年版）一文中作細緻的錄文後又詳加詮釋。季先生錄文極細緻準確，且加標點，爲便討論，具引如下。當時季先生有疑而後已解決的問題，或筆者略有不同的看法，于括弧中用"引者按"的形式加以說明。

西天五印度出三般甘蘸（蔗）：一般（這裡寫了一個字又塗掉）苗長八尺，造沙唐（糖）多（以上第一行）不妙；第（第）二，挍（？）一二尺矩（？——引者按：挍是相差之義，矩是短的混寫，敦煌抄本常見。挍一二尺短就是短一二尺。此句句法與蔣禮鴻先生《敦煌變文字義通釋》所舉《北里志》王團兒條"尚校數行未滿"相同。季文【後記】已及此），造（這裡又塗掉一個字）好沙唐（糖）及造最（寫完塗掉，又寫在行外）上煞剖

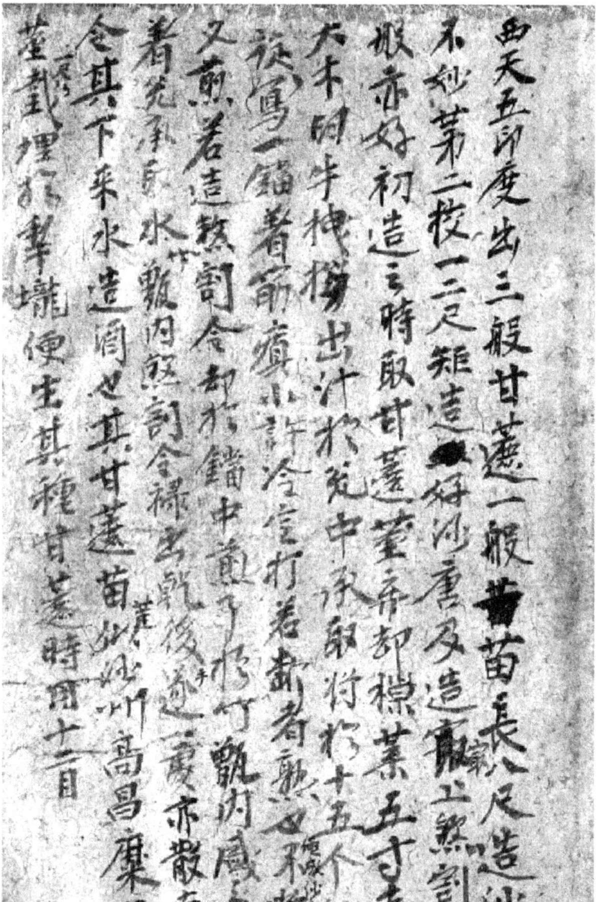

(圖版：敦煌寫本殘片，文字漫漶難以完整釋讀，略)

（割）令；苐（第）三（以上是第二行）般亦好。初造之時，取甘蔗莖，棄卻槮（梢——引者按：字實作槮，應爲樔的俗寫，通讀爲梢。據《廣韻·肴韻》，樔音鉏交切，梢音所交切，僅聲母有崇、生之别，無妨其通讀）葉，五寸截斷，着（以上是第三行）大木臼，牛拽，拶出汁，於（于）甕中承取，將於（于）十五個鐺中煎。（以上第四行）旋寫（瀉）一鐺，著筯（？筋？——引者按：原卷著字作着，與上文着大木臼的着字無異，但敦煌寫本着著二字本混用，下字是筯的俗寫），寘（？置——引者按：此字之義見下文申說）小（少）許。冷定，打。若斷者，熟也，便成沙唐（糖，此四字補寫於行外）。不折，不熟。（以上第五行）又煎。若造煞割（割）令，卻於（于）鐺中煎了，於（于）竹甑内盛之。祿（漉）水下，（行外補寫）閇（關？閞？——引者按：原卷字作閇，即閉字的俗寫）門滿十五日開卻，（以上第六行）着甕承取水（引者按：疑此句當乙轉在閉門滿十五日開卻之前），竹（行外補寫）甑内煞割（割）令祿（漉）出乾（干）後，手（行外補寫——引者按：疑後手成一詞，以後之意，如《朱子語類》卷83："威公每事持重，不是一個率然不思後手者。"今潮汕仍有此語）遂一處，亦散去，曰煞割（割）（以上第七行）令。其下來水，造酒也。其甘蔗苗莖（行外補寫）似沙州、高昌糜，無子。取（以上第八行）莖一尺（此二字行外補寫），截埋於（于）犁壟便生。其種甘蔗時，用十二目（？月？——引者按：當是月字）（以上第九行）。

關於這篇錄文，季先生非常謙虛地說："我自己把它抄過一遍，北大歷史系的盧向前同志也抄過一遍，有一些字是他辨認出來的。"又說："錯誤在所難免，請讀者指正。"大專家如此虛懷若谷，激勵筆者提出一個"瓻"字來討論。

"瓻"字前後的文句，季先生是這樣詮釋的：

> 然後用 15 個鑵來煮煉，再瀉於一個鑵中，放上竹筷子（？），再加上點灰（？）。冷卻後，就敲打，若能打斷，就算熟了，這就是砂糖。否則再煉。

"灰"字從何而來？季先生說：

> 殘卷漏掉了一個"灰"字。煉糖時，甕中插上筷子，中國文獻講得很清楚。《糖霜譜》說："插竹編（引者按：文淵閣庫本字作徧，即遍字，作編恐誤）甕中"，講的就是這種情況。至於煉糖加石灰，《天工開物》說"（每汁一石，）下石灰五合於中"，《物理小識》說"以石灰少許投調"，說得也很明白。

這裏有兩個問題，一個是"插竹徧甕中"的"竹"是筷子嗎？〔南宋〕王灼《糖霜譜》所説是造糖霜之法，不是造砂糖之法。伯3303號用筷子説的是印度造砂糖法，此時尚未有造糖霜之法。《糖霜譜》的作者是南宋紹興中人，書中原委第一篇敘唐大曆中遂寧（在今四川遂寧）繖山鄒和尚始教民黃氏作糖霜的傳説，第二篇則謂糖霜起於近世，云：

> 自古食蔗者始爲蔗漿，宋玉《招魂》所謂"胹鱉炮羔有柘漿"是也（王逸注：柘，藷蔗也。又云：柘，一作蔗）。其後爲蔗錫，孫亮使黃門就中藏吏取交州所獻甘蔗錫是也。其後又爲石密（引者按：應爲蜜，下同），《廣志》云蔗錫爲石密，《南中八郡志》笮甘蔗汁曝成錫謂之石蜜，《本草》亦云煉糖和乳爲石蜜是也。唐史載太宗遣使至摩揭陀國取熬糖法，即詔揚州上諸蔗，柞瀋如其劑，色味愈西域遠甚。……熬糖瀋作劑，似是今之沙糖也。蔗之技盡於此，不言作霜。然則糖霜非古也。戰國後論吳蜀方物如左太沖《三都賦》、論旨味如宋玉《招魂》、……蕭子範《七誘》，水陸動植之產，搜羅殆盡，未有及此者。歷代詩人模奇寫異，不可勝數，亦無一章一句。至本朝元祐間大蘇公過潤州金山寺作詩送遂寧僧圓寶有云："涪江與中泠，共此一味水。冰盤薦琥珀，何似糖霜美？"元符間黃魯直在戎州作頌答梓州雍熙光長老寄糖霜有云："遠寄蔗霜知有味，勝於崔浩水晶鹽。正宗

掃地從誰説，我舌猶能及鼻尖。"遂寧糖霜見於文字實於二公，然則糖霜果非古也。吾意四郡所產，亦起近世耳。

這裏提到糖霜的產地，遂寧之外，只有四郡。那四郡生產糖霜的歷史不會早于遂寧，技術還落後于遂寧。《糖霜譜》原委第一篇云：

> 糖霜，一名糖冰，福唐、四明、番禺、廣漢、遂寧有之。獨遂寧爲冠，四郡所産甚微而〔顆——引者按：據宛委本《説郛》洪邁節録本增〕碎色淺味薄，才比遂之最下者。

> 至結蔗爲霜，則中國之大，止此五郡，又遂寧專美焉。

造糖霜用竹子，是用它來結糖霜的。造糖霜時取糖水法與造砂糖有異，此處不贅。煎糖水法又與造砂糖有異，第四篇云：

> 約糖水七分熟，權入甕，……事竟，歇三日。再取所寄（引者按：義同權）收糖水煎，又候（九分——引者按：此爲夾註，下同）熟，稠如餳（十分太稠則成沙腳，沙音嗄），插竹徧甕中，始正（引者按：正與權、寄義相反，正式）入甕，籔箕覆之。

第五篇就敘述徧插甕中的竹子梢頭結糖霜的情形：

> 糖水入甕，兩日後甕西如粥文，染指視之如細沙。上元後，結小塊，或綴竹梢，如粟穗，漸次增大如豆，

至如指節，甚或成座如假山，俗謂隨果子。結實至五月，春生夏長之氣已備，不復增大，乃瀝甕。霜雖結，糖水猶在。瀝甕者，戽出糖水，取霜，瀝乾。其竹梢上團枝隨長短剪出就瀝，瀝定，曝烈日中，極乾，收。

竹子插甕，其用原在於此，所需者正是竹梢，這自然不是筷子了。糖霜結處不限於竹梢，也不一定竹梢就能結糖霜，甕壁亦可結霜，也有整甕仍爲糖水不能結霜者。糖霜以結於竹梢者爲上品，其中又以"堆疊如假山者爲上，團枝次之"。爲了取得更好的糖霜，有的甚至在竹子上做花樣，第六篇説：

又有巧營利者，破荻竹編俊猊燈球狀，投糖水甕中，霜或就結，比常霜益數倍之直，第不能必其成，又懼州縣强索無以應矣，近歲不作。

從這些材料看來，可以斷言，造砂糖時用筷子是不宜視同造糖霜時用竹子的（爲了説明問題，筆者不能不用較多的篇幅來引用《糖霜譜》的材料，望讀者鑒諒）。另一個問題是，"冷卻後，就敲打，若能打斷，就算熟了"，是讓什麼冷卻？是整鐺的糖水嗎？讓整鐺糖水冷卻後敲打才能判斷它是否已熟，不熟再重新加熱煎煮，這未免太費工費時了。

這裡關鍵的問題是："瘨"字是否就是"置"？然後再來考

慮是否該增"灰"字。

檢原卷,"瘨"字録文無誤。《集韻・先韻》有此字,音亭年切,義爲"病也",不合用此。同小紐有"摼"字,義爲"引也",於此正合[1]。"瘨"當讀"摼"。《集韻》真韻癡鄰切下有云:"伸,申也,引戾也。或作……摼。"亦證"摼"有引義。"著筯摼少許"當作一句讀,意爲用筷子在鐺中沾出一些。十五個鐺中的蔗汁煎後濃縮成一鐺再煎,已經很稠了,要檢驗它是否已熟(成砂糖),方法是用筷子到鐺中沾出一些來。沾出的糖稀下垂成條狀,等它冷卻後,以敲打是否斷折來判斷鐺中的糖稀是否已熟。這在工藝上方是可取的[2]。"斷""折"二字用在這樣的語境中也才恰當。

按照這種理解,不必加"灰"字而文從字順,意思清楚。伯3303號所寫印度製糖法中,實未涉及製糖加石灰的問題。

末了,想對季先生的一個懷疑作點推測。季先生説:

> 敦煌、沙州、高昌一帶一點都不具備(種甘蔗的自然地理條件)。這一帶人爲什麼對甘蔗發生興趣,殊不可解。

---

[1]《集韻》覈韻堂練切下有"楗"字云:"木根相迫緻也。"與"摼"字同源。

[2] 蘇州西園寺佛學研究班〔釋〕廣濟説:其家鄉四川,農家製糖,至今仍用此法。他們用筷子從正在煎煮的糖稀中沾出一點,瞬間即可冷卻,用手指一彈即斷者,便可判斷糖稀已熟,否則,未熟,再煎。

筆者以爲首寫此卷者（不是指抄錄者）即使不是沙州、高昌一帶的人，也必定與沙州、高昌一帶有密切的關係，所以將甘蔗和這一帶的糜子作比較，使這一帶的人想像出甘蔗的樣子，目的只在介紹，並無在此地種蔗之意。但是寫此卷者把甘蔗和沙州、高昌一帶的糜子相比較，卻透露一個重要的資訊，即印度造糖法是經過沙州、高昌而傳往中國內地的（是否是唯一的途徑？不敢說）。

跋

——尋覓冷僻字用例的語音踪迹

編着《敦煌文獻通讀字》，突然悟到，我們覺得比較滿意的發現，就是遇到一個難以講通的字，通過其語音，找到一個語音和它切近的冷僻字，其意義正好用在這句子中，從冷僻字的角度看，則是它的意義，通過和它讀音切近的字，出現在這句子中了。這就是冷僻字用例的語音踪迹。

《漢語大詞典》中，凡是没用例的冷僻字，概不收録。這是有它的道理的，因爲既然文獻中没有出現過用例（字書或韻書出現的不能算作用例），讀者是不會來檢索詞典的。《漢語大字典》是收録冷僻字的，但是，一個没有用例的冷僻字，是僵死的，没有活起來。用例是字詞的生命。現在，如果我們找到那些通過與其語音切近的别的字而在句子中體現其意義的冷僻字，不就是找到這冷僻字的生動的生命搏動了嗎？從這個角度説，這本書，也有尋覓冷僻字用例的語音踪迹的意義。

下面舉幾個例子來説。

例 1

伯 2653《燕子賦（一）》："比來觸誤（忤），請公哀矜。從今已後，別解祗承。人前並地，莫更吩吩。"（《敦煌變文校注》頁 379）

文中"並地"不好理解。《校注》說"'並'爲'背'之借音字"。但並、背二字，韻母差別較大，並，《廣韻》蒲迥切，並母梗攝開口四等上聲迥韻；《集韻》蒲浪切，並母宕攝開口一等去聲宕韻；背，《廣韻》蒲昧切，並母蟹攝合口一等去聲隊韻。二字是否能通讀，有待研究。項楚先生則用"屏"字來解釋。他說：

原文"並"當作"屏"。屏地：背人之處。亦云"屏處"，《大樓炭經》卷六："男人女人，各各相觀，便起淫欲之意，行屏處共作不净行。"《百緣經·波斯匿王醜女緣》："王見此人，共至屏處，密共私語。"甲卷作"隈地"，也是背地之意。"屏"、"隈"皆是背人之處，故亦連文作"屏隈"，《大般涅槃經》卷三："有一童子，不善修習身口意業，在屏隈處盜聽說戒。"（《敦煌變文選注》增訂本頁 533—534）

這個解釋，就音韻來說，勝於上說。屏，《廣韻》薄經切，並母梗攝開口四等青韻，與"並"在《廣韻》中的讀音只有聲調之別，其通讀有語音基礎。但就詞義來說，卻遜於上說。"屏處"是無人之處，而"人前並地"是人前人後的意思，還是有些差別的。人前人後，不要嘮叨個沒完，這是合邏輯的。無人之處，沒有聽者，依然說不要嘮叨，這是不合邏輯的。從詞的組成來說，"屏"與"地"也難以組成類似"屏處"的詞。

我們提出另一個解釋，就是"並"字讀作"塝"。"塝"，《集韻》蒲浪切，與《集韻》"並"字同音。其義爲"地畔也"。也就是在旁邊的意思。這與甲卷（伯2491）作"煨（隈）地"正相應。"隈地"就是在一旁的意思。這句話的意思是：在人前或在旁邊，都不要說個不停。如果這個說法成立，則"塝"的地畔義就得到它使用的語音踪迹了，"塝"字也就活了。

例2

> 伯2652《燕子賦（二）》："問燕何山鳥，掇地作音聲。"（《敦煌變文校注》頁413）

"掇地"不好理解。蔣禮鴻師叔《敦煌變文字義通釋》（增補定本）"踏地 掇地"條以《燕子賦（一）》有"燕子即迴，踏地叫喚"之例，將"掇地作音聲"看作和"踏地叫喚"完全同義的句子，解釋說："蹬腳，感情激動時的動作。"（頁125）確實，就語境來看，"掇地作音聲"和"踏地叫喚"是完全相同的。相同的語境是我們探索疑詞難字的意義的指南。但是，相同的語境，不等於其字詞義完全相同。就這個例子來說，"掇"並不等於"踏"。"掇"，《廣韻》丁括切，端母山攝合口一等末韻；又陟劣切，知母山攝合口三等薛韻；"踏"，《廣韻》他合切，透母咸攝開口一等合韻。這兩個字韻母相距太遠，難以通讀。

我們經過研究，認爲"掇"當讀作同音的"蹶"。《集韻·薛韻》株劣切下："蹶、趹：跳也。或从走。""掇"與同小紐。掇讀作蹶在音韻上完全通得過，而用蹶的跳義來解釋"掇地作音聲"也很貼切，就是從地面跳起來叫喚。今日潮汕話中，還有"跳骸"（骸所指的部位包括腿和足，比普通話"腳"所指爲寬）一詞，用於表示憤怒的場合，如"氣得跳骸"。

> 伯3211《王梵志詩·生住无常界》："雖然畜兩眼，終是一雙盲。向前黑如柒（漆），直掇入深坑。"（《王梵志詩校注》卷二，頁188，049首）

這裏的"直掇入深坑"又有"掇"字，這個例子是蔣禮鴻師叔用來助成"掇地"等於"踏地"的說法的。不過將師叔很謹慎，只是説義同，不説音通。項楚先生卻説"掇，與'踏'同聲通用"，下用上面《燕子賦（二）》的例子以助成。其實，將這裏"直掇入深坑"的"掇"讀作"蹨"，就是直跳入深坑，不是更貼切麽？

既然將"掇"讀作"蹨"，那就要取它們株劣切（陟劣切同）之音，折合今日普通話的讀音，就是 zhuō 了。

《廣雅·釋詁二下》："蹨，跳也。"《廣雅詁林》引王念孫《廣雅疏證》、錢大昭《廣雅疏義》都没能找到它的用例，付之闕如。俞樾《廣雅釋詁疏證拾遺》則引《詩經·召南·草蟲》"未見君子，憂心惙惙"爲證，因爲其上文有"未見君子，憂心忡忡"，毛傳説"忡忡，猶衝衝也"，於是俞樾説："然則忡忡、惙惙並心動之貌也。此作蹨者，文隨義變，心動謂之惙，以心言，故從心；足動謂之蹨，以足言，故從足。"（江蘇古籍出版社 1998 年版，頁 167—168）這個説法相當牽强。忡忡、惙惙都是憂心貌，説成心動，已經有相當的距離了。動還不等於跳，説它就是跳義的蹨，距離更遠。這種牽合，不足採信。現在，因爲有了敦煌變文和王梵志詩將"蹨"寫作"掇"的兩個例子，我們就有了"蹨"使用在文獻中的語音痕跡，它的生命搏動我們就可以窺見了，完全可以用來補證《廣雅》"蹨，跳也"條。

《漢語大詞典》"蹨"下有"跳行"一義項，書證是明代劉基《閽門使劉仲璟遇恩録附長史傳》："會天大雪，公夜半渡盧溝河，冰陷馬斃，公蹨冰躋岸。"這個"蹨"字是跳義無疑。

問題是這個僻字爲什麽這麽晚才見此用例？是劉基襲用古字書呢，還是口語中有？如果是後者，那就是我們說的語詞在口語中的潛在了。

《敦煌變文校注》在《燕子賦（二）》該例下引陳治文先生之校云："'掇'字屬端母，'踏'字屬透母，聲母相近並非相同。'掇'或爲'蹳'字之訛，《廣韻》：'蹳，跳也。'"陳先生的說法已經逼近我們的研究結果了。爲什麽没被《敦煌變文校注》所採用呢？主要原因恐怕是他用字訛來解釋，因爲字訛是字義的引申、字音的通讀都不能解決之後的最後的辦法了。其次是他駁斥"掇"讀作"踏"的表述存在問題，這兩字的距離是韻母方面的，不是聲母方面的，聲母端透旁紐，不妨通讀的。

蔣禮鴻師叔的這個說法，不僅被解讀敦煌變文者所普遍接受，而且被收入《漢語大詞典》中，作爲"掇"字下的第7個義項，這恐怕還得重新研究。

例3

伯3093《佛說觀彌勒菩薩上生兜率天經講經文》：

"經云：'其身舍利，如鑄金像，不動不摇，身圓光中，有首楞嚴三昧般若波羅蜜，字義炳然。時諸天人，尋即爲起衆寶妙塔，供養舍利。'

慚愧慈尊戒定身，修心練行出埃塵。

　　　　堅貞豈算千千劫，不壞何論萬萬春。
　　　　寶塔年多猶尚減，真身歲久色唯新。
　　　　自從一鎮閻浮界，度〈劫〉[却]河沙多少人。"
　（《敦煌變文校注》頁961，錄文據原卷稍作改動）

文中"減"字有難解之處。如以損義解之，於此似也可通，以寶塔尚損來反襯真身（指舍利）唯新。但此塔是眾天人所造，非比尋常。下文云：

　　"問：彼時天人，爭解造塔？答：亦是佛曾有教，意要利益未來。末世眾生不信佛法者，忽因塔及見舍利，便發信心，願求佛果，所以造塔，令人禮敬。
　　　　佛道我滅度後，眾生漸多過咎。
　　　　終朝逐色貪聲，每日追歡戀醉。
　　　　師僧不易勸他，經教大難化誘。
　　　　直須得見遺形，方解發心信受。
　　　　後代之中有惡流，忽因閑暇寺中遊。
　　　　舉頭乍見真身塔，迴目還瞻舍利樓。
　　　　或即散花施供養，或時旋遶小低頭。
　　　　佛緣知有如斯福，普勸人天切要修。"
　（《敦煌變文校注》頁961）

是説寶塔長在，堪化惡流。下文又用不少篇幅來描寫這個眾寶妙塔。

> 由此天人尋即爲起眾寶妙塔，供養舍利。所造之塔還何如？其塔用黄金作柱，白玉爲基，琉璃椽架起七重，瑪瑙枋蔟成八面。摩尼枓栱，琥珀斜梁，瓦斯（？）珊瑚，簾彫玳瑁。真珠羅網交加，聞處處之音聲；寶鐸瓊幡響亮，拂層層之煙霞。梵王稱歎，帝釋觀瞻，竭天上之珍奇，爲人間之寶塔，可謂巍巍屹屹侵雲漢，盡眼方能見相輪。（《敦煌變文校注》頁961。文中斯字與原卷字有異，原卷該字從阝，不識。）

這樣神奇的寶塔，怎麽能説它雖歲月增多而損壞呢？"寶塔年多猶尚減"的"減"字得另外求解了。它絶非減損之意，而應爲安然無損之意。減，《集韻·謙韻》爲下斬切，同小紐有"㺞"字，云："《博雅》：健也。"如是，則減字當讀作同音的㺞。《廣韻·謙韻》㺞釋爲"健皃"。《廣韻》中從"咸"得聲而有健義的字，還有一些，如：如鹽韻巨淹切："羬，羊六尺爲羬"，咸韻五咸切："㺞，羊有力也。""䝟，熊虎絶有力也。""㺞"字本當指生物的強健，此處似擴大而指建築物的強固無損。"寶塔年多猶尚減，真身歲久色唯新"是以寶塔經過多年而仍舊强固與真身（指舍利）經歷多年而色澤如新相比並而言的。

《廣雅·釋詁二上》："憂，健也。"《廣雅詁林》所引諸家都未有例證（頁 145—147）。俞樾《廣雅釋詁疏證拾遺》引《周易》咸卦作解，云："疑憂即咸卦之咸。以其取女言，故變從女，漢時俗書也。《雜卦傳》曰：'咸，速也。'故有健義。"從咸得聲的一些字有健義，已如上述，但咸卦的咸本身，卻難以認定它有健義。俞樾之說，仍舊失之牽强。現在我們看到"寶塔年多猶尚減"中憂的强固義以減的形態出現，也就是憂用減的音來表達自己的意義，這也就看到憂的生命搏動了，可以用變文之例來爲《廣雅》"憂，健也"作補註。

例 4

> 伯 2553《王昭君變文》："行經數月，途程向盡，歸家啼遥。迅昔不停，即至牙帳。"（《敦煌變文校注》頁 156）

文中"迅昔不停"當然是迅速不停之意。但"昔"字何所取義？頗費疑猜。《校注》說：

> 昔，應讀作"速"。斯五六一四《五臟論一卷》："黎蘆除鼻中宿肉。"又："地膽破徵（癥）瘕息肉。""宿

肉"即"息肉","宿"爲"息"之借音字。"宿"、"速"同音,"宿""息"可通,則"速"、"息(疑爲昔的誤植——引者)"亦當可通。(頁163)

這一段文字表達上有些缺項。《校注》的意思可能是"宿""速"同音,"息""昔"同音,既然"宿"可讀作"息",則"速"也可以借音"昔",也就是"昔"可以讀作"速"了。

這裏面臨的首要問題是"宿肉"是否講不通,非讀作"息肉"不可。古醫書上的"宿肉",自然不是《禮記·王制》"五十異粻,六十宿肉,七十貳膳,八十常珍,九十飲食不離寢"的"宿肉",取預留肉過夜,免得求而不得之義,而就字義推求,古醫書上的"宿肉"當是指早先就存在的贅肉,"息肉"則是指還在生長的贅肉("息"亦作"瘜"。今日"息肉"仍是此義),兩者所指略有差別,故《校注》所引《五臟論一卷》同卷出現的"宿肉"和"息肉"是各有所指的,並非完全相同之物。古醫書中"宿肉"時見,並非冷僻,兹舉數例:

[晉]葛洪《肘後備急方》卷5:"又方,柞木皮五升,以酒一斗合煎,熟,出皮,煎汁令得二升,服之,盡,有宿肉出,愈。"(台灣商務印書館影印文淵閣《四庫全書》本,第0734冊,0483a頁)

[唐]王燾《外臺秘要方》卷39:"素扇,一名面玉,

在鼻柱端，督脈氣所發，不宜灸。主䶊衄涕出，中有懸癰宿肉，窒洞不通，不知香臭。"（影印文淵閣《四庫全書》本，第0737冊，0612a—b頁）

[宋]唐慎微《證類本草》卷22："螌（音窒）蟷（音當）有毒，主一切丁腫附骨疽蝕等瘡、宿肉贅瘤，燒為末，和臘月猪脂，傅之。"（影印文淵閣《四庫全書》本，第0740冊，0930d頁）

[宋]闕名《小兒衛生總散論方》卷18："又方，治齇，鼻有宿肉，出氣不快，不聞香臭。右以白礬末和面脂綿裹塞鼻中數日，宿肉隨藥自出。"（影印文淵閣《四庫全書》本，第0741冊，0336c頁）

"宿肉"更早的用例，見之[東漢]鄭玄《周禮注》：

《周禮·天官冢宰下·瘍醫》"凡療瘍，以五毒攻之，以五氣養之，以五藥療之，以五味節之"鄭玄注："既刮殺而攻，盡其宿肉，乃養之也。"孫詒讓《正義》："刮殺者，去其惡肉；養之者，長其新肉也。"

孫氏認為"宿肉"就是一種"惡肉"。

古醫書中自然也常見"息肉"，茲舉數例：

［晉］皇甫謐《鍼灸甲乙經》卷9："嗌中有熱，如有瘜肉，狀如著欲出。"（影印文淵閣《四庫全書》本，第0733冊，0678b頁）

［唐］孫思邈《備急千金要方》卷16有"治齆鼻鼻中息肉不得息方""治鼻中息肉方""治鼻中息肉不聞香臭方""羊肺散治鼻中息肉梁起方"。（影印文淵閣《四庫全書》本，第0735冊，0198a—b頁）

［唐］王燾《外臺秘要方》卷22有"《千金翼》齆鼻鼻中息肉不得息方""崔氏療鼻中息肉不聞香臭方"。（影印文淵閣《四庫全書》本，第0736冊，0721d頁）

上舉例子中，王燾《外臺秘要方》卷22有"息肉"，卷39有"宿肉"。"宿肉"和"息肉"於同卷出現的亦有其例：

［明］朱橚《普濟方》卷294有"治宿肉贅瘤""治瘰根瘤贅瘜肉"。（影印文淵閣《四庫全書》本，第0756冊，0720b—c頁）

就這些例子來看，"宿肉"自有其所指，指已生的贅肉，就字義就可以講通，並非不讀作"息肉"就不可通。

就音韻而言，據《廣韻》，"宿"，息逐切，入聲屋韻心紐，在通攝合口三等；"息"，相即切，入聲職韻心紐，在曾攝開口三等。上古音"宿"在覺部，"息"在職部。要説這兩個字通讀，是困難的。另外，"昔"與"息"，"速"與"宿"在廣切韻系統也不同音，"昔"，思積切，入聲昔韻心紐，在梗攝開口三等；"速"，桑谷切，入聲屋韻心紐，在通攝合口一等。上古音"昔"在鐸部，"速"在屋部。這些不同，在説通讀時，都是不可不思考的。

綜上所述，我認爲説"迅昔"讀作"迅速"根據不足，是不可取的。

我研究的結果是："昔"讀作"趚"。"趚"字，《廣韻》音七迹切，入聲昔韻清紐，與"昔"字同在梗攝開口三等，韻母相同，聲母旁紐。説其通讀是没有困難的。《廣韻》説其義爲"倉卒"，《集韻》同反切下説其義爲"忽遽也"（上海古籍出版社據述古堂影宋抄本影印本作"忽遽也"，兹據《類篇》改，方成珪《集韻考正》已言之），更加明確。此字在《集韻》中三見，除了在昔韻七迹切的"忽遽"義外，其他兩見是在麥韻，一音士革切，云"走皃"；一音查畫切，云"急走也"。音雖有小別，義無不同，正好與"迅"字承接，"迅趚"者，急忙趕路也。

"趚"字，《漢語大字典》有收録，但未有用例，没想到它會在敦煌文獻中以"昔"音出現。今將"昔"通讀作"趚"，"趚"字就活潑潑地顯示出它的字義來。探求這些冷僻字在文獻中存在的音韻痕迹實在是非常有意思的事。

還有一種情況，是其字並不冷僻，但其字的某個意義今日已經晦而不顯，然而此義卻通過語音切近的字在句子中顯示出來，這也顯示了某字某義的生命痕跡，值得我們關注。請看：

例5

　　斯3050《不知名變文》："箭濟貧人，並戀躄貝漏（攣躄背僂）、猛（盲）聾音（瘖）啞，捨財無數，名爲給孤長者。"（《校注》頁1134/15-16）

　　"箭濟貧人"顯然不通，用"接濟"來解即恰然理順。但是，箭，《廣韻》子賤切，精母山攝開口三等線韻，接，《廣韻》即葉切，精母咸攝開口三等葉韻。二字韻母距離太遠，難以通讀。查《集韻・線韻》，子賤切下有箭、餞，"餞：《字林》：'送去食也。'"是箭可以讀作餞。"箭濟貧人"可以理解爲送食濟貧。但是，《説文》對餞的解釋僅僅是"送去"，沒有"食"字，這仍然需要研究。

　　《説文・食部》："餞：送去也。從食，戔聲。詩曰：顯父餞之。"注疏《説文》諸家，多認爲"送去"下脫"食"字，且多以酒食送行爲解。但我們看《説文》所引《詩・大雅・韓奕》的上下文："韓侯出祖，出宿于屠。顯父餞之，清酒百壺。其殽維何？炰鱉鮮魚。其蔌維何？維筍及蒲。其贈維何？乘馬路車。籩豆有且，侯氏燕胥。"可見餞之之物，不僅有酒有魚肉有菜蔬，而且有"乘馬路車"。看來餞的本義就是送去，送去之物有多種，都可以名餞。至於送行飲宴，則僅僅是"送去也"的一端，是其詞義的縮小。今日餞字常見之義就是送行飲宴，其"送去"之義反晦而不章，對"顯父餞之"的理解也局限於送行飲宴，這失之於淺狹。現在，用餞的送去義來解讀"餞濟貧人"，理解爲送物（不僅僅是食物）救濟貧人，則不僅變文的句子怡然理順，而且被掩蓋的餞的本義可以得到彰顯。

（王繼如）

主要參考文獻

1. (宋)陳彭年《廣韻》,北京市中國書店據張氏澤存堂本影印,稱《宋本廣韻》,1982年6月第1版第1次印刷
2. 沈兼士主編《廣韻聲系》,中華書局1985年8月第1版第1次印刷
3. 余迺永《新校互注宋本廣韻》(增訂本),上海辭書出版社2000年7月第1版,2002年1月第2次印刷
4. (宋)丁度《集韻》,上海古籍出版社據上海圖書館藏述古堂影宋鈔本影印,1985年5月第1版第1次印刷
5. 丁聲樹編錄、李榮參訂《古今字音對照手冊》,中華書局1981年10月新1版第1次印刷
6. 中國社會科學院語言研究所《方言調查字表》,商務印書館1983年5月第1版第2次印刷
7. 郭錫良編著《漢字古音手冊》(增訂本),商務印書館2010年8月第1版第1次印刷
8. 《漢語大詞典》,第一卷,上海辭書出版社1986年11月第1版第1次印刷,第二—十二卷,漢語大詞典出版社1988年3月—1993年11月第1版第1次印刷,附錄·索引,漢語大詞

典出版社 1994 年 4 月第 1 版第 1 次印刷

9.《漢語大字典》第二版，湖北長江出版集團·崇文書局、四川出版集團·四川辭書出版社 2010 年 4 月第 1 版第 1 次印刷

10. 周紹良編《敦煌變文彙錄》，上海出版公司 1954 年 12 月第 1 版第 1 次印刷

11. 王重民、王慶菽、向達、周一良、啟功、曾毅公編《敦煌變文集》，人民文學出版社 1957 年 4 月第 1 版，1984 年 8 月第 2 次印刷

12. 潘重規《敦煌變文集新書》，台灣文津出版社 1994 年 12 月第 1 版第 1 次印刷

13. 周紹良、白化文、李鼎霞編《敦煌變文集補編》，北京大學出版社 1989 年 10 月第 1 版第 1 次印刷

14. 黄徵、張湧泉校注《敦煌变文校注》，中华书局 1997 年 5 月第 1 版第 1 次印刷

15. 項楚著《敦煌變文選注》，巴蜀書社 1990 年 2 月第 1 版第 1 次印刷；增訂本，中華書局 2006 年 4 月第 1 版第 1 次印刷

16. 項楚校注《王梵志詩校注》，上海古籍出版社 1991 年 10 月版第 1 版第 1 次印刷

17. 唐耕耦、陸宏基編《敦煌社會經濟文獻真迹釋錄》第一輯，書目文獻出版社 1986 年 11 月版，第二輯，全國圖書館文獻縮微複製中心 7 月版，第三一五輯，全國圖書館文獻縮微複製中心 1990 年 9 月版

18. 季羨林主編《敦煌學大辭典》, 上海辭書出版社 1998 年 12 月第 1 版第 1 次印刷
19. 蔣禮鴻著《敦煌變文字義通釋》(增補定本), 上海古籍出版社 1997 年 10 月新 3 版第 1 次印刷
20. 蔣禮鴻主編《敦煌文獻語言詞典》, 杭州大學出版社 1994 年 9 月第 1 版第 1 次印刷
21. 商務印書館編《敦煌遺書總目索引》, 中華書局 1983 年 6 月新 1 版第 1 次印刷
22. 敦煌研究院編 施萍婷主撰稿 邰惠莉助編《敦煌遺書總目索引新編》, 中華書局 2002 年 3 月第 1 版第 2 次印刷

字目四角號碼索引

說 明

1. 本索引收錄本書的條目，同一處有多個相同條目的祇標出其首個字目的頁碼，複詞條目按其首字字目的四角號碼標示。

2. 條目右邊的數碼是其正文的頁碼。

3. 四角號碼查字法口訣：橫一豎二三點捺，叉四插五方框六，七角八八九是小，點下有橫是零頭。

0010.4		疹	50	疾	168	竟	198	0022.2	
主	556	0014.7		0020.1		鹿	254	序	448
0010.6		疫	480	亭	392	廬	253	彥	461
亶	75	瘦	368	0021.1		0021.4		0022.3	
0011.2		0018.1		麇	272	座	573	齊	308
疣	492	瘨	87	0021.2		0021.5		0022.7	
0012.2		0018.4		充	60	離	225	方	101

高	128	0029.4		0060.1		0124.7		0365.0	
席	424	廩	244	言	458	敲	320	誡	51
膺	488	糜	272	音	485	0128.6		識	357
0023.0		0029.9		0060.3		顏	458	0391.2	
亦	481	康	210	畜	448	0164.6		就	202
0023.1		0033.1		0061.4		譚	383	0442.7	
廳	392	忘	401	註	557	0166.1		効	436
0023.2		0033.6		0062.7		語	503	0460.0	
豪	146	意	471	謗	7	0220.0		計	171
0024.0		意	482	0064.8		剿	95	0466.0	
府	115	0040.0		訐	381	0240.2		諸	554
0024.1		文	412	0071.0		彽	412	0468.6	
庭	392	0040.4		亡	399	0242.2		讀	91
0024.2		妄	403	0071.4		彰	522	0469.4	
底	84	妾	321	毫	146	0260.0		謀	278
0024.7		0040.6		0073.2		訓	454	0512.7	
夜	470	章	521	玄	449	0261.4		靖	199
度	93	0040.8		衣	471	託	396	0541.7	
0026.5		交	188	裏	226	0264.1		孰	372
唐	384	0044.1		裹	144	訴	378	0569.6	
0028.6		辦	18	0080.0		0280.0		諫	184
廣	143	辯	19	六	250	刻	213	0662.7	
0029.3		0044.3		0090.4		0292.1		謂	409
糜	272	弈	482	稟	245	新	440	0664.7	

謾 266	0828.4	談 383	1028.6	1080.4
0668.4	族 569	1002.7	彍 144	奭 343
誤 418	0861.2	丐 123	1030.2	1080.6
0669.4	說 511	1010.0	零 246	賈 178
課 213	0861.4	二 99	1040.0	賈 179
0710.4	詮 332	1010.1	于 499	1080.9
望 403	0861.7	正 532	耳 99	奭 343
望兩 404	訖 313	1010.4	1040.4	1090.0
0742.7	0862.7	王 400	要 467	不 32
郊 189	訡 105	至 543	1040.7	1090.1
0761.7	論 259	1010.8	憂 491	示 360
記 171	0863.7	靈 247	1044.7	1099.4
0762.0	謙 315	1011.2	再 514	霖 243
調 390	0865.1	疏 371	1060.1	1111.1
0762.7	詳 431	1021.5	吾 415	非 103
部 32	0865.3	霍 164	1060.2	1111.4
0765.7	議 482	1022.7	石 357	斑 3
靜 529	0865.7	而 98	面 274	1118.6
0821.2	誨 162	兩 238	1060.4	頭 393
施 356	0925.9	雪 433	西 420	1121.2
0821.4	麟 244	1023.0	1063.1	麗 231
旂 268	0963.1	下 427	醮 192	1128.6
0823.3	讔 76	1024.7	1071.6	頂 90
於 498	0968.9	覆 117	電 87	預 505

1150.6	孤 135	1529.0	1740.4	己 170
輦 10	1260.0	殊 371	娿 330	巳 477
1161.5	副 117	1611.2	1740.7	1790.4
礭 333	酬 61	現 430	子 564	柔 341
1168.6	1273.2	1611.5	1742.7	1812.2
碩 358	裂 242	理 227	耶 469	珍 529
1173.2	1280.9	1613.2	1744.0	1814.0
裴 296	裂 242	環 157	取 330	政 532
1210.0	1314.0	1625.6	1750.1	致 544
到 78	武 416	彈 384	臺 334	1844.0
1210.8	1328.6	1660.2	1752.7	敢 125
登 81	殯 23	砲 283	那 291	1865.1
1220.0	1411.4	1710.9	1760.7	群 334
列 240	瓏 143	丞 52	君 208	1874.0
1223.0	1412.7	1711.7	1762.0	改 122
弘 150	功 131	玘 311	司 374	1915.9
烈 241	1466.1	1714.0	酌 561	璘 243
1240.0	醋 68	珊 347	1762.7	2010.4
刑 441	1519.0	1720.7	郡 209	壬 337
1240.1	珠 554	了 240	1768.2	2010.5
延 458	1523.6	1722.7	歌 129	垂 63
1242.2	融 339	務 418	1769.9	重 551
形 442	1528.0	1733.1	碌 254	2021.4
1243.0	殃 463	恐 216	1771.7	住 557

往	400	手	367	2121.0	項	322	2222.7		
2021.5		2060.1		仁	338	2180.6	觜	571	
儺	290	售	370	2121.2	貞	529	2224.7		
2022.7		2060.4		伍	82	2191.2	後	152	
仿	102	舌	350	徑	199	紅	151	2228.5	
爲	405	2060.9		2121.6	經	198	僕	305	
爲	410	香	431	軀	328	2200.0		2232.7	
傍	7	番	99	2121.7	川	61	鷥	259	
2023.2		2064.8		伍	457	2204.7		2233.1	
依	472	皎	191	2122.0	版	5	態	383	
2023.6		2071.4		何	146	2210.8		2240.8	
億	483	毛	268	2122.1	豈	312	變	20	
2024.1		2074.6		銜	455	豐	106	2245.3	
僻	301	爵	208	2122.7	2211.0		幾	165	
2026.1		2080.4		儒	341	此	64	幾	171
倍	11	奚	422	2124.0	2220.0		2250.4		
倍	297	2091.4		虔	317	例	231	峯	107
2033.3		纏	43	2124.7	側	39	2260.1		
悠	473	2093.2		優	491	劇	204	旨	541
2033.9		穰	335	2128.6	2221.2		2260.2		
悉	421	2110.0		須	447	兇	444	皆	194
2040.7		上	348	傾	325	崇	406	2271.7	
受	369	2120.1		價	180	2221.5		邕	490
2050.0		步	34	2178.6	催	69	2272.1		

斷	94	俄	97	牒	89	彼	13	續	448
2273.2		職	539	2412.7		2426.0		纘	570
製	545	2328.4		動	90	估	136	2510.0	
2277.0		伏	110	2420.0		2428.1		生	354
凶	444	2333.8		付	118	供	132	2520.0	
2290.0		然	335	2421.0		徒	394	仗	523
利	232	2344.0		仕	361	2428.8		2520.6	
2290.4		弁	20	2421.2		侠	176	伸	351
梨	225	2360.4		先	428	俠	427	2522.7	
樂	262	咎	128	佐	572	2432.7		佛	109
樂	512	2371.9		僥	191	勳	453	2528.0	
2291.5		毬	326	2421.4		2441.2		快	466
種	551	2377.2		佳	175	勉	274	2554.0	
2299.4		岱	73	2422.1		2473.2		健	318
綵	35	2380.6		倚	478	裝	559	2590.0	
2322.1		貸	387	2422.7		2480.6		朱	555
儜	286	2393.2		備	12	贊	515	2592.7	
2322.7		稼	180	2423.1		2491.2		繡	446
偏	302	2395.0		德	80	繞	337	2598.6	
2324.0		纖	533	2423.2		2492.1		積	166
代	73	纖	429	佉	328	綺	309	2599.6	
2324.7		2397.2		2424.1		2496.1		練	236
俊	210	秭	166	待	73	結	194	2600.0	
2325.0		2409.4		2424.7		2498.6		白	28

自	564	總	567	2725.2		般	4	2776.2	
2610.4		2694.1		解	195	般	294	韶	391
皇	160	緝	166	解	439	2750.7		2780.0	
堡	8	2699.4		2729.4		爭	533	久	201
2620.0		稞	211	條	391	2752.0		2780.4	
佃	389	2710.2		2732.0		物	420	央	158
伽	321	盤	294	勺	561	2760.2		2780.6	
個	161	2722.0		2733.1		名	275	負	118
2620.2		勿	419	怨	511	2760.3		2788.1	
伯	2	向	432	2733.2		魯	254	疑	288
2621.0		徇	454	忽	153	2760.4		疑	474
但	75	豹	9	2733.3		各	130	2790.1	
2624.1		2722.2		懇	216	2762.0		祭	172
得	81	修	445	2733.6		的	83	2790.2	
2624.8		2722.7		魚	500	2771.2		漿	188
儼	460	脩	446	2733.7		峎	407	2790.4	
2626.0		翱	385	急	168	2771.7		槳	295
侶	258	2723.2		2740.0		色	345	2790.9	
倡	44	象	433	身	351	2772.0		黎	226
2629.4		像	433	2741.2		幻	158	2791.2	
保	8	2724.2		兔	274	2772.7		租	568
2691.4		將	187	2742.7		島	77	2791.7	
程	53	2724.7		鄒	568	2775.4		紀	173
2693.0		假	180	2744.7		峰	107	2792.0	

網兩	400	徵	530	絁	356	3012.3		3032.7	
2792.7		2824.1		2891.7		濟	173	寫	438
移	475	併	24	紇	147	3012.7		3034.2	
2793.2		2824.7		2892.7		滴	146	守	368
緣	508	復	119	綸	260	滴	83	3040.1	
2793.5		2825.3		2896.6		3013.6		宇	503
縫	107	儀	475	繒	518	蜜	273	3040.4	
2794.7		2826.6		繪	162	3020.1		安	1
級	168	僧	346	2898.1		寧	288	3040.7	
綴	63	2826.8		縱	567	3021.2		字	565
2799.9		俗	377	2923.1		宛	397	3050.2	
綠	259	俗	204	儻	385	3021.5		牢	224
2820.0		2828.1		2925.0		雇	139	3060.6	
似	375	從	567	伴	5	3022.7		宮	133
2821.1		2828.6		2928.6		房	102	3060.8	
作	572	儉	183	償	44	寔	141	容	339
2822.7		2833.4		3010.2		窮	133	3062.1	
倫	260	煞	347	宜	476	3023.2		寄	174
2823.1		2870.0		3010.6		家	176	3073.2	
無	417	以	376	宣	449	3028.4		良	236
2824.0		以	479	3011.2		戾	243	3077.7	
仵	417	2876.6		流	249	3030.2		官	142
儌	190	嶒	41	3011.4		之	533	3080.1	
微	404	2891.2		注	558	適	362	定	90

3080.2	3128.6	3230.6	3330.9	3421.0
穴 452	禎 529	近 153	述 373	社 351
3080.6	3130.1	3300.4	3390.4	3424.7
賓 22	逕 199	必 14	梁 236	被 300
實 358	3200.0	3311.6	3411.2	3430.1
寶 9	州 553	洹 451	池 57	遠 336
3081.2	3211.3	3312.7	3411.4	3430.5
窺 219	洮 387	浦 307	灌 143	違 407
3090.1	3211.5	瀉 440	3411.6	3430.9
宗 566	灌 70	3313.2	淹 461	遼 239
3090.6	3214.7	浪 223	3412.7	3490.4
寮 239	浮 112	3315.0	滿 265	柒 307
3112.0	3216.9	減 183	3414.0	3510.6
河 147	潘 292	3316.8	汝 342	冲 60
3116.0	3220.0	溶 339	3414.1	3512.7
沾 520	剡 396	3318.6	濤 386	清 323
3119.1	3224.0	濱 23	3414.7	3513.2
漂 303	祇 309	3322.7	波 26	濃 288
漂遙 303	3228.5	補 31	3418.1	3516.0
3119.6	襆 306	褊 17	洪 151	油 492
源 508	3230.2	3324.2	3418.4	3520.6
3126.6	近 198	褥 29	漠 277	神 353
福 111	3230.3	3330.2	3418.6	3521.8
福 120	巡 459	遍 21	潰 92	禮 228

3528.0		3711.2		淥	255	3812.7		3930.5	
袟	545	泡	296	3721.2		淪	261	遴	245
3530.0		3711.5		祖	570	3813.2		4000.0	
連	234	濯	562	3722.7		滋	563	十	358
3610.2		3712.0		祁	310	3815.1		4001.7	
泊	29	潤	344	3726.7		洋	463	九	202
3611.2		潤	185	裙	334	3821.1		4004.7	
況	218	3712.7		3729.9		祚	574	友	496
3612.7		漏	253	禄	255	3824.0		4010.0	
濁	561	鴻	151	3730.2		啟	312	士	362
3621.2		3714.7		迥	201	3824.7		4010.2	
襯	51	汲	168	過	145	複	120	直	540
3625.6		没	278	3730.5		3830.3		盍	148
禪	43	3716.2		逢	108	遂	381	4011.2	
3630.0		溜	250	運	513	3830.4		境	200
迴	161	3716.4		遲	57	遊	493	4011.6	
3630.1		洛	262	3733.8		3830.6		壇	384
逞	56	3718.1		恣	566	道	79	4013.2	
3630.2		凝	287	3741.3		3912.0		壞	157
遇	490	3718.2		冤	507	沙	346	壤	335
遇	506	次	64	3750.6		3912.7		4018.6	
邊	17	3718.6		軍	208	潦	224	壙	219
3630.3		瀨	222	3780.6		3930.2		4020.0	
還	158	3719.9		資	562	逍	435	才	34

4021.4	古 137	柱 558	斯 374	4375.0
在 514	右 496	4092.7	4290.0	裁 34
4022.7	4060.1	槁 128	刹 42	4380.0
内 282	喜 425	4094.8	4291.3	赴 120
有 495	4064.1	校 192	桃 387	4380.5
4023.1	壽 370	4121.4	4292.7	越 512
赤 59	4071.6	狂 218	橋 320	4385.0
4030.0	奄 461	4126.0	4304.2	戴 74
寸 71	4073.2	帖 391	博 29	4390.9
4033.1	去 331	4128.6	4310.0	求 327
志 546	4080.0	頗 304	式 363	4402.7
4040.0	大 72	4168.6	卦 142	考 211
女 343	大 73	頡 437	4315.0	4410.4
4040.7	4080.6	4196.2	城 53	墓 279
支 536	賣 265	柘 396	4343.2	4411.1
李 229	4080.8	4241.3	嫁 181	菲 104
麥 265	夾 177	姚 468	4345.0	4411.2
4042.7	4080.9	4242.7	娥 97	地 85
嫡 84	灰 161	嬌 190	4346.0	4412.0
4048.2	4090.0	4247.2	始 359	荊 80
姟 122	木 279	媱 468	4348.6	4414.7
4050.6	4090.6	4248.4	孀 304	坡 305
韋 407	寮 239	妖 467	4355.0	4416.0
4060.0	4091.4	4282.1	載 515	堵 528

4416.4	蔭 486	4440.7	蒔 359	4491.2
落 263	4424.0	艾 42	4471.0	蘊 513
4421.0	苻 112	4442.7	芒 267	4494.7
尅 214	4424.1	勃 30	4471.2	枝 537
4421.2	芽 456	募 280	也 470	4496.1
苑 511	4424.7	4443.2	苞 7	藉 169
菀 397	岥 301	菰 136	4471.7	4498.4
4421.4	4426.7	4446.0	世 363	模 277
花 155	蒼蒼 37	姑 136	4472.7	4524.4
莊 559	4428.8	4450.2	劫 195	獹玀 252
4422.1	狹 427	攀 293	勘 210	4541.0
荷 148	4430.5	4450.4	4480.1	姓 443
4422.7	蓮 235	華 156	共 133	4544.4
芬芬 105	蓬 300	4452.7	共 134	嫝 252
芬雲 105	4433.1	蒲 306	其 310	4590.0
苔 167	燕 462	4460.1	4480.5	杖 524
萬 398	薰 453	昔 422	英 488	4600.0
葡 306	4433.2	4460.4	4490.0	加 177
幕 279	葱 67	苦 217	村 70	4623.2
蘭 222	4439.4	4460.8	4490.4	猥 408
4423.1	蘇 377	暮 280	茶 41	4626.0
赫 149	4440.1	4460.9	菜 36	帽 269
4423.2	莘 352	蕃 99	葉 470	4632.7
蒙 271	莚 460	4464.1	藥 469	駕 177

駕	181	均	209	4780.6		4894.1		青	324
4633.0		4721.2		超	47	槱	126	肅	378
想	431	猛	271	4782.0		4894.6		5033.3	
4640.0		4722.0		期	308	樽	571	惠	162
如	341	狗	134	4794.7		4896.7		5033.6	
4641.3		4733.4		椴	560	槍槍	319	忠	550
媿	220	怒	290	穀	138	4928.0		患	158
4644.0		4742.7		4796.4		狄	84	5050.8	
婢	14	努	290	格	130	5000.0		奉	109
4645.6		4744.0		4816.6		丈	525	5060.0	
嬋	43	奴	289	增	518	5000.6		由	493
4661.2		4746.7		4826.4		中	549	5073.2	
靚	93	媚	270	猶	493	中	552	表	22
4680.6		4762.0		4841.7		申	353	5075.7	
賀	149	胡	154	乾	318	5000.7		毒	92
4690.0		4762.7		4842.7		事	363	5080.0	
枷	181	都	91	娣	85	事	566	夫	109
4691.2		4772.0		4844.0		5003.2		央	463
槻	51	切	322	教	193	攘	336	5080.2	
4692.7		却	333	4864.0		5004.8		夷	477
楊	464	4780.1		故	139	挍	194	5080.4	
4699.4		起	312	敬	200	5013.1		奏	568
棵	212	4780.4		4892.1		蟜蟧	190	5090.0	
4712.0		趣	331	榆	500	5022.7		未	411

末 278	採 36	撓 337	捭 3	5707.2
5090.3	5300.0	5404.1	5604.1	掘 208
素 378	掛 142	持 58	擇 516	5708.1
5090.6	5302.7	搗 78	5605.0	擬 284
束 373	捕 32	5404.7	押 455	5708.4
5101.7	5304.0	披 301	5608.1	換 159
拒 205	拭 365	5408.4	提 389	揳 440
5104.0	5304.2	摸 276	5608.6	5709.4
扞 123	搏 31	5408.8	損 381	探 96
5104.6	5304.4	挾 437	5609.4	5711.2
掉 89	按 1	5506.0	操 38	蛆 328
5204.7	5310.0	軸 553	5612.7	5725.7
授 370	或 164	5508.0	蝸 501	静 200
5206.1	或 507	扶 113	5701.4	5780.4
指 541	5320.0	5509.6	握 414	契 314
5206.9	成 54	揀 184	5703.2	5790.3
播 27	咸 184	5560.6	擱 521	繫 426
5207.2	咸 429	曹 38	5704.7	5801.2
搖 469	5333.0	5560.8	掇 95	攬 222
5207.7	感 126	替 389	撥 560	5802.7
韜 386	憾 308	5602.7	5706.1	輪 261
5208.5	5380.1	揚 464	擔 75	5803.2
撲 305	壓 69	暢 47	5706.2	拎 245
5209.4	5401.2	5604.0	招 527	捻 285

5804.6		曰	513	6023.2		固	141	6114.1
捭	461	旦	75	晨	49	暑	372	躡 286
5806.4		6010.1		圜	508	6080.0		6198.6
捨	350	目	281	6028.1		只	542	顆 212
5806.7		6010.4		晨	517	貝	13	6204.9
搶	320	呈	56	6033.0		6080.1		呼 447
5808.1		6010.5		思	375	足	569	6217.7
摐	67	里	230	恩	97	是	365	蹈 78
5810.1		星星	441	6033.2		異	484	6292.2
整	531	量	237	愚	501	6080.4		影 489
5902.0		量	238	6040.0		因	486	6301.6
抄	48	6011.4		田	390	吳	415	暄 449
5902.7		躔	44	6040.1		6080.6		6302.7
捎	349	6011.5		罜	517	員	509	哺 31
5908.0		雖	380	6044.0		買	264	6345.0
揪	326	6012.7		昇	355	圓	509	戩 169
6001.5		蹄	389	6050.0		6088.2		6382.1
唯	407	6021.2		甲	178	眾	553	貯 558
6002.7		見	430	6050.4		6090.9		6385.3
嘀	83	6022.7		畢	15	暴	10	賤 186
6008.6		易	484	6060.0		6091.5		6400.0
曠	219	昜	465	呂	258	羅	261	叶 437
6010.0		6022.8		冒	269	6111.0		6403.1
日	338	界	196	6060.4		趾	543	嚇 149

6404.1	囑 556	喻 502	7121.2	巨 206	
時 359	6706.2	喻 507	陋 253	7171.8	
6406.0	昭 527	6818.1	7123.2	匱 220	
咕 137	6706.4	蹤 566	辰 49	7173.2	
6406.4	略 259	6832.7	7124.0	長 45	
喏 291	6708.2	黔 318	牙 456	長 526	
6408.6	吹 62	6905.0	肝 124	7174.7	
噴 300	嗽 377	畔 295	7124.4	敺 291	
6412.7	6708.4	6908.9	腰 467	7220.0	
跨 217	喚 159	啖 76	7126.9	剛 127	
6601.5	喉 152	7010.4	曆 232	7221.2	
囉 262	6710.2	壁 15	7128.4	臘 221	
6609.4	盟 270	7022.7	厭 455	7222.1	
噪 516	6712.7	防 102	厭 462	斤 196	
6640.4	踢 491	7024.1	7129.6	所 382	
嬰 489	6716.4	辟 15	原 510	7222.2	
6682.7	路 256	辟 302	7171.1	彤 88	
賜 66	6722.0	7024.6	匪 104	7223.7	
6701.2	嗣 376	障 526	7171.2	隱 487	
咀 203	6733.6	7026.1	臣 50	7224.0	
晚 397	照 528	陪 298	既 174	阡 316	
6702.0	6742.7	7121.1	7171.6	7226.1	
明 276	鸚 489	歷 232	區 329	脂 537	
6702.7	6802.1	隴 251	7171.7	7226.2	

腦	283	膝	423	尼	284	又	497	即	169
7233.9		7431.2		兕	376	7740.1		卿	325
懸	450	馳	58	阻	570	閏	412	7773.2	
7260.4		驍	435	7721.5		7740.7		艮	131
昏	163	7521.8		隆	251	學	452	7778.2	
7280.6		馱	113	7722.0		7744.0		歐	292
質	547	7523.2		胸	445	册	40	7780.1	
7299.3		膿	289	陶	387	7744.3		具	206
縣	451	7529.6		7722.7		開	21	巽	454
7321.2		陳	50	阝	121	7744.7		與	504
腕	398	7530.6		7724.7		段	94	7788.2	
7322.7		馼	360	股	139	叕	562	歟	502
陭	31	7622.7		服	113	异	502	7790.6	
7410.4		陽	465	服	122	7750.2		闌	222
墮	96	7700.1		履	258	舉	203	7810.2	
7420.0		門	270	7726.4		7750.8		監	186
附	121	7710.4		居	202	舉	203	7833.4	
7422.7		閨	344	7727.2		7760.1		慇	274
勵	233	7716.4		屈	329	問	413	7839.4	
7423.2		闊	221	7729.1		間	181	騐	395
隨	380	7721.0		際	174	7760.2		7922.7	
7424.7		凡	101	7733.2		留	250	勝	355
陂	10	風	108	驟	553	7772.0		騰	388
7429.9		7721.2		7740.0		印	487	7925.9	

隣	244	令	248	公	133	斜	438	8812.7	
8000.0		令丁	246	兹	563	8511.7		鈴	319
人	338	8033.1		食	359	鈍	95	8814.2	
8002.7		無	415	8080.4		8519.0		簿	34
兮	423	8033.3		奠	88	銖	555	8821.1	
8010.2		慈	63	8081.5		8612.7		籠	251
並	25	8040.0		雉	548	錫	424	8822.1	
差	42	午	418	8088.6		錫	466	箭	187
羞	446	8040.7		僉	316	8660.0		8822.7	
8010.9		孳	563	8091.7		智	548	第	86
金	196	夔	220	氣	314	8680.0		筋	197
8020.7		8044.1		8112.7		知	538	8824.3	
今	197	并	26	鈣	156	8712.7		符	115
8022.1		8050.1		8138.6		鎢	414	8828.4	
前	318	羊	466	領	247	8719.9		簇	69
8022.7		8055.3		8210.0		錄	256	8833.4	
分	105	義	484	釗	527	8732.7		憨	275
弟	86	8060.2		8211.5		鴒	247	8860.1	
8025.1		首	368	鍾	550	8762.2		答	71
舞	417	8060.6		8220.0		舒	372	8871.1	
8026.7		曾	518	創	61	8771.0		筐	217
倉	37	8071.7		8315.3		飢	167	8872.7	
8030.2		乞	313	錢	319	8810.4		飾	367
令	246	8073.2		8490.0		坐	572	8874.0	

敏 275	尚 348	9184.6	9501.0	9699.4
8879.4	常 46	焯 561	性 443	粿 145
餘 502	9033.1	9196.0	9502.7	9701.2
8880.4	黨 77	粘 521	情 325	怩 284
笑 437	9050.0	9200.0	9600.2	9703.2
8890.4	半 6	側 40	怕 292	恨 150
築 559	9050.2	9206.4	9601.0	怱 153
8896.1	掌 522	惛 163	怛 72	9706.4
籍 170	9060.6	9250.0	9601.3	恪 214
9000.0	當 76	判 295	愧 221	9791.2
小 435	9071.2	9281.8	9601.4	粗 68
9001.0	卷 207	燈 82	惶 160	9806.6
忙 267	9080.1	9304.0	9601.5	憎 519
9003.2	糞 106	忒 59	懼 207	9806.7
懷 157	9080.6	9306.4	9602.7	愴 61
9003.6	賞 347	恪 214	愕 97	9844.4
憶 485	9104.0	9393.2	9604.7	弊 16
9004.8	忏 124	粮 237	慢 267	弊例 16
悴 70	9106.1	9401.0	9680.0	9905.9
9020.0	悟 420	忙 268	烟 457	憐 235
少 349	9109.1	9405.6	9681.4	9942.7
9022.7	慓 304	悼 409	煌 160	勞 225
肖 436	9182.7	9408.1	9691.5	9990.4
尚 45	炳 25	慎 354	糧 237	榮 340